权威·前沿·原创

皮书系列为
"十二五""十三五"国家重点图书出版规划项目

BLUE BOOK

智 库 成 果 出 版 与 传 播 平 台

广元蓝皮书

BLUE BOOK OF
GUANGYUAN

广元经济社会发展报告
（2020）

ANNUAL REPORT ON ECONOMIC AND SOCIAL DEVELOPMENT OF
GUANGYUAN (2020)

主　编／杨　浩　彭　战
执行主编／郑　娟　彭　锦

社会科学文献出版社
SOCIAL SCIENCES ACADEMIC PRESS (CHINA)

图书在版编目（CIP）数据

广元经济社会发展报告 . 2020 / 杨浩，彭战主编
. -- 北京：社会科学文献出版社，2020.12
（广元蓝皮书）
ISBN 978 - 7 - 5201 - 7660 - 6

Ⅰ. ①广…　Ⅱ. ①杨…　②彭…　Ⅲ. ①区域经济发展
-研究报告-广元-2020②社会发展-研究报告-广元-
2020　Ⅳ. ①F127. 713

中国版本图书馆 CIP 数据核字（2020）第 235128 号

广元蓝皮书
广元经济社会发展报告（2020）

主　　编 / 杨　浩　彭　战
执行主编 / 郑　娟　彭　锦

出 版 人 / 王利民
责任编辑 / 陈　颖

出　　版 / 社会科学文献出版社·皮书出版分社　（010）59367127
　　　　　地址：北京市北三环中路甲 29 号院华龙大厦　邮编：100029
　　　　　网址：www. ssap. com. cn
发　　行 / 市场营销中心（010）59367081　59367083
印　　装 / 天津千鹤文化传播有限公司

规　　格 / 开本：787mm × 1092mm　1/16
　　　　　印张：29　字数：436 千字
版　　次 / 2020 年 12 月第 1 版　2020 年 12 月第 1 次印刷
书　　号 / ISBN 978 - 7 - 5201 - 7660 - 6
定　　价 / 198. 00 元

赖渲文　彭仕扬　王资耀　杜光举　王卉子
汪　明　姜友凯　张家伟　李虹霖　张廷鑫
李长青　张俊婷　蒋　维　侯　勇　胡春华
隆　斌　王　永　赵紫雄　孟玉静　李多华
徐贵明　赵　飞　刘鹏飞　李　询　胡　杰
赵泽中　宋元柏　陈映儒　郭志耀　吕登凤
张　阳　吴　敏　赵冬梅　李南英　阳玉婷
赵　潜　董汉培　罗中兴　夏　茂　李　坪
陈星霖　赵建林　郑　娟　付　尹　解　钰
王　莉　肖　欣　冯　铖　刘东林　赵晓春
邓　毅　张剑鸣　常达伟　陈　瑾　王克军
彭　瑶　欧　丹　王彦斓　向喜宗　李湖林
施长江　宋代春　白力舟　侯昌华　郑亮德
赵文平　向海平　梁惠琴　李　峰　张佳东
石　平　肖　健　钟冬胜　谭　玲　张　菊
王琼莲　李云鹰　王　媛　梁　玲　欧阳淑一
刘志国　何自力　俞天喜　彭　锦　胥　智
何　燕　王　霏　陈世平　刘继洪　吴志文
刘　爽　梁勤彪　麻文建　谢龙飞　赵文勇
陈　强　卢奕可　张　郁　杜嫣然　杨仕甫
罗彦康　罗启婷　袁小勇　张　健　柳玉强
赵　勇　龙　婷　曾艳玲　陈明忠　刘　琪
李　波　尹国剑　杨雁冰　董红明　吴雨明
李少斌　王　壮　邹贤良　仲明强　喻代斌
吴大春　王国章　周　密　易铭君　孙　亮
王　维

主要编撰者简介

杨　浩　中共广元市委常委、市委秘书长。中央党校经济管理专业在职研究生毕业。历任广元市发展和改革委员会主任,广元市人民政府秘书长,广元市人民政府副市长,中共广元市委常委、宣传部部长、市委秘书长等职。主要研究农业农村、脱贫攻坚、文化旅游等领域。

彭　战　中国社会科学院数量经济与技术经济研究所副编审、《数量经济技术经济研究》编辑部主任。作为主编和主要撰稿人参与了《广元经济社会发展报告(2018)》《广元经济社会发展报告(2019)》编撰工作。

汪　明　中共广元市委副秘书长、政策研究室主任、改革办常务副主任。主要负责综合性调查研究和全面深化改革等工作,为市委提供决策参谋服务。作为副主编和主要撰稿人参与了《广元经济社会发展报告(2019)》编撰工作。

郑　娟　中共广元市委宣传部副部长、广元市新闻出版局(市版权局)局长、广元市社会科学界联合会主席。作为主要撰稿人参与了《广元经济社会发展报告(2019)》撰写工作。

彭　锦　广元市社会科学界联合会副主席,中国社会科学院在职研究生毕业。先后主持省市社科课题多项,作为执行主编和主要撰稿人参与了《广元经济社会发展报告(2018)》《广元经济社会发展报告(2019)》编撰工作。

付　尹　广元市哲学学会会长，广元第七、第八届科技拔尖人才，广元市第二批市委、市政府直接掌握联系高层次人才，广元首届"蜀道英才工程文化领军人才"。作为副主编和主要撰稿人参与了《广元经济社会发展报告（2018）》《广元经济社会发展报告（2019）》编撰工作。

黄　文　中国科学院大学管理学博士，广元市经济技术开发区管委会副主任。曾参与多项国家、省、市研究项目，撰写发表多篇学术论文。作为副主编和主要撰稿人参与了《广元经济社会发展报告（2018）》《广元经济社会发展报告（2019）》编撰工作。

王克军　四川信息职业技术学院教授，《旅游学刊》审稿专家。主要研究领域为旅游市场营销、旅游规划，先后主持参与并完成国家、部委、省厅级课题20余项，累计发表学术论文30余篇，出版专著1部。作为副主编和主要撰稿人参与了《广元经济社会发展报告（2019）》编撰工作。

摘　要

《广元经济社会发展报告（2020）》分析总结了 2019 年以来，广元认真贯彻落实习近平新时代中国特色社会主义思想，创新推动广元经济社会发展的情况。2019 年，广元地区生产总值实现 941.85 亿元，比上年增长 7.5%；人均 GDP 达到 35262 元，较上年增长 7.2%。2020 年 1～9 月，面对突如其来的新冠肺炎疫情侵袭，广元坚持抗疫发展两不误，经济持续稳步回升，全市地区生产总值 703.45 亿元，按可比价格计算，同比增长 3.0%，增幅在四川 21 个地市州中位居第三。广元坚持精准扶贫基本方略，聚焦"两不愁三保障"目标，脱贫攻坚成绩突出，截至 2020 年 10 月底，广元四县三区全部摘帽，739 个贫困村全部退出，34.82 万贫困人口全部脱贫，绝对贫困全面消除。近两年来，广元经济社会发展呈现以下特色：一是农业生产保持稳定；二是工业经济运行平稳；三是固定资产投资较快增长；四是消费市场平稳增长；五是居民收入较快增长；六是城镇就业形势稳定；七是消费活力不断释放。

报告对国家重大战略背景下广元加快建设川陕甘结合部区域中心城市、主动融入成渝地区双城经济圈中深化改革开放进行了现状分析和路径研究；对党的十九届四中全会以来，广元在基层社会治理上坚持党建引领、精准监督走出了一条基层治理的特色之路进行了梳理汇总；对在防控新冠肺炎疫情中，广元坚守四川北大门，27 天实现全市 6 例确诊病例全部治愈出院，至今无新增确诊病例的疫情防控战役进行了总结分析。

《广元经济社会发展报告（2020）》通过分析广元经济社会发展中存在的各种问题，结合广元实际，提出了对策建议，视野开阔，见解独特，路径科学，符合广元发展规律，具有较强的可操作性和实用性。

关键词： 经济发展　社会发展　脱贫攻坚　成渝地区双城经济圈　广元市

Abstract

Annual Report on Economic and Social Development of Guangyuan (2020) analyzes and summarizes the situation that Guangyuan has earnestly implemented Xi Jinping Thought on Socialism with Chinese Characteristics for a New Era and innovatively promoted the economic and social development of Guangyuan since 2019. In 2019, the GDP of Guangyuan reached 94. 185 billion yuan, an increase of 7. 5 percent over the previous year. Per capita GDP reached 35262 yuan, an increase of 7. 2 percent over the previous year. In the face of the unexpected outbreak of COVID – 19 pandemic, Guangyuan has made steady progress in its fight against COVID – 19 pandemic and its economy has continued to pick up steadily. From January to September 2020, the city's GDP reached 70. 345 billion yuan, a year-on-year increase of 3. 0% at comparable prices, ranking the third among 21 subordinate cities and prefectures in Sichuan. Guangyuan adheres to the basic strategy of targeted poverty alleviation and focuses on the goals of "two assurances and three guarantees", making outstanding achievements in poverty alleviation. By the end of October 2020, all the four counties and three districts in Guangyuan have been removed from the poverty list, 739 poverty-stricken villages have been eliminated, and 348200 poor people have been lifted out of poverty, completely eliminating absolute poverty. In recent two years, Guangyuan's economic and social development has presented the following characteristics: first, agricultural production remains stable; second, the industrial economy is running smoothly; third, investment in fixed assets grows rapidly; fourth, steady growth of the consumption market; fifth, Personal income grew rapidly; sixth, Stable employment situation in urban areas; seventh, the vitality of consumption has been continuously released.

The report analyzes and studies the current situation and path of Guangyuan speeding up the construction of a regional central city in the combination of

Sichuan, Shaanxi and Gansu and actively integrating into the Chengdu-Chongqing Economic Circle to deepen the reform and opening up under the background of national major strategies. Since the fourth Plenary Session of the 19th CPC Central Committee, Guangyuan has adhered to the guidance of party construction and accurate supervision on community-level social governance, and walked out of a characteristic road of community-level governance. This book combs and summarizes this. In the prevention and control of COVID-19 pandemic, Guangyuan hold on the north gate of Sichuan province for 27 days, and all the six confirmed cases in the city were cured and discharged from hospital. So far, no new confirmed cases have been reported. This book gives a summary and analysis on the epidemic prevention and control campaign.

Through the analysis of various problems existing in the development of Guangyuan economy and society, combined with the actual situation of Guangyuan, this book puts forward countermeasures with broad vision, unique views, scientific path, in line with the development law of Guangyuan, with strong operability and practicability.

Keywords: Economic Development; Social Development; Poverty Alleviation; Chengdu-Chongqing Economic Circle; Guangyuan City

目　录

Ⅰ　总报告

B.1 广元经济社会发展报告（2019～2020）

　　——从整体连片贫困到同步全面小康跨越的

　　思考与前瞻……………………………… 杨　浩　彭　战 / 001

Ⅱ　经济和社会发展篇

B.2 国家重大战略背景下加快建设川陕甘结合部区域

　　中心城市的研究…………… 冀泽林　喻勇全　胡建鸿　赖渲文 / 021

B.3 广元经济发展报告（2019～2020）

　　……………………… 彭仕扬　王资耀　杜光举　王卉子 / 037

B.4 广元主动融入成渝地区双城经济圈中深化改革开放的思路与

　　路径研究………………… 汪　明　姜友凯　张家伟　李虹霖 / 053

B.5 广元社会基本公共服务均等化发展研究

　　——基于《广元市"十三五"基本公共服务均等化规划》的

　　实践与思考 ………………… 张廷鑫　李长青　张俊婷

　　　　　　　　　　　　　　　　蒋　维　侯　勇　胡春华 / 065

B.6 广元以"4321"精准监督模式推动基层治理的

探索与实践……… 隆 斌 王 永 赵紫雄 孟玉静 李多华 / 083

B.7 广元党建引领城乡基层治理研究

……… 徐贵明 赵 飞 刘鹏飞 李 询 胡 杰 / 101

B.8 广元文旅融合发展报告（2019～2020）

……… 赵泽中 宋元柏 陈映儒 郭志耀 吕登凤 / 120

B.9 广元绿色发展的司法保障研究

……… 张 阳 吴 敏 赵冬梅 李南英 阳玉婷 / 130

B.10 生态发展背景下广元河长制建设的价值与前景研究

……… 赵 潜 董汉培 罗中兴 夏 茂 / 143

Ⅲ 脱贫攻坚篇

B.11 广元脱贫攻坚成果巩固研究（2020）

……………………… 李 坪 陈星霖 赵建林 / 157

B.12 东西部扶贫协作广元实践示范价值研究

——以"浙广合作"为例……… 郑 娟 付 尹 解 钰

王 莉 肖 欣 冯 钺 / 173

B.13 广元市建立脱贫攻坚与乡村振兴有机衔接机制的

对策研究………………………… 汪 明 刘东林 / 190

B.14 广元财政精准助力脱贫攻坚的实践研究

……… 赵晓春 邓 毅 张剑鸣 常达伟 / 200

B.15 广元乡村旅游在脱贫攻坚中的贡献研究

……… 陈 瑾 王克军 彭 瑶 欧 丹 王彦斓 / 217

B.16 后脱贫时代广元建立防控返贫机制必要性研究

……… 向喜宗 李湖林 施长江 / 232

Ⅳ 疫情防控篇

B. 17 广元防控新冠肺炎疫情研究报告

………… 宋代春 白力舟 侯昌华 郑亮德 赵文平 / 243

B. 18 防控新冠肺炎疫情中广元线上教学调查研究

………………… 向海平 梁惠琴 李 峰 张佳东 / 259

B. 19 广元市应对新冠肺炎疫情筛查路径优化

………………… 石 平 肖 健 钟冬胜 谭 玲 张 菊 / 273

B. 20 应对突发公共卫生事件的护理策略与实践研究

——以广元应对新冠肺炎疫情为例

………… 王琼莲 李云鹰 王 媛 梁 玲 欧阳淑一 / 284

Ⅴ 特色产业和特色文化篇

B. 21 广元文物保护利用现状与策略研究

………………… 刘志国 何自力 俞天喜 付 尹 / 298

B. 22 广元茶业历史构成与发展趋势研究

……… 彭 锦 胥 智 何 燕 付 尹 王 霏 陈世平 / 316

B. 23 广元市古树名木资源现状及保护利用对策

………………… 刘继洪 吴志文 刘 爽 梁勤彪 麻文建 / 334

Ⅵ 县域发展篇

B. 24 成渝地区双城经济圈建设背景下阆苍南一体化协同发展

研究报告 ……… 谢龙飞 赵文勇 陈 强 卢奕可 张 郁 / 347

B. 25 剑阁巩固提升天府旅游名县创建成果研究

………………… 杜嫣然 杨仕甫 罗彦康 罗 启 袁小勇 / 358

B.26 旺苍构建"一心两翼四片"城乡发展新格局研究

······ 张　健　柳玉强　赵　勇　龙　婷　曾艳玲 / 370

B.27 青川生态特色优势产业发展现状与趋势研究

············ 陈明忠　刘　琪　李　波 / 384

B.28 脱贫视角下的乡村振兴路径研究

——以利州区为例

······ 尹国剑　杨雁冰　董红明　吴雨明　李少斌 / 399

B.29 昭化安居扶贫模式价值研究

······ 王　壮　邹贤良　仲明强　喻代斌　吴大春 / 407

B.30 朝天创新路径脱贫攻坚研究报告

······ 王国章　周　密　易铭君　孙　亮　王　维 / 420

皮书数据库阅读**使用指南**

CONTENTS

I General Report

B.1 Report on Economic and Social Development in Guangyuan(2019-2020)
— *Thoughts and Foresight on the Leap from Overall Contiguous*
Poverty to Synchronized All-Round Well-Off

Yang Hao,Peng Zhan / 001

II Economic and Social Development Reports

B.2 Research on Accelerating Construction of Regional Central City
in Combination of Sichuan, Shaanxi and Gansu under the Background
of National Major Strategy

Ji Zelin, Yu Yongquan, Hu Jianhong and Lai Xuanwen / 021
B.3 Report on Economic Development in Guangyuan (2019-2020)

Peng Shiyang, Wang Ziyao, Du Guangju and Wang Huizi / 037
B.4 Research on Guangyuan's Thinking and Path of Deepening Reform and
Opening up in Chengdu-Chongqing Economic Circle

Wang Ming, Jiang Youkai, Zhang Jiawei and Li Honglin / 053

广元蓝皮书

B.5   Research on Equalization of Basic Public Services in Guangyuan Society
　　　 —*Based on the Practice and Thinking of the "Plan for Equalization of*
　　　 Basic Public Services in The 13th Five-Year of Guangyuan City"
　　　　　 Zhang Tingxin, Li Changqing, Zhang Junting, Jiang Wei, Hou Yong and Hu Chunhua / 065
B.6   Exploration and Practice of Guangyuan Promotes Community-Level
　　　 Grassroots Governance with the"4321"Precise Supervision Mode
　　　　　　 Long Bin, Wang Yong, Zhao Zixiong, Meng Yujing and Li Duohua / 083
B.7   Research on Party Building Leads Urban and Rural Community-Level
　　　 Governance in Guangyuan
　　　　　　 Xu Guiming, Zhao Fei, Liu Pengfei, Li Xun and Hu Jie / 101
B.8   Report on Cultural Tourism Integrated Development in Guangyuan
　　　 (2019-2020)
　　　　　　 Zhao Zezhong, Song Yuanbai, Chen Yingru, Guo Zhiyao and Lv Dengfeng / 120
B.9   Research on the Judicial Guarantee of Green Development in Guangyuan
　　　　　　 Zhang Yang, Wu Min,Zhao Dongmei, Li Nanying and Yang Yuting / 130
B.10   Research on Value and Prospect of Guangyuan's River Chief Syetem
　　　 Establishment under Background of Ecological Development
　　　　　　 Zhao Qian, Dong Hanpei, Luo Zhongxing and Xia Mao / 143

Ⅲ   Poverty Alleviation Reports

B.11   Research on Achievements Consolidate of Guangyuan Poverty
　　　 Alleviation(2020)　　　　 *Li Ping, Chen Xinglin and Zhao Jianlin* / 157
B.12   Research on Guangyuan Practice Demonstration Value of Poverty
　　　 Alleviation Cooperation Between the East and the West
　　　 —*Taking "Zhejiang and Guangyuan Cooperation"as an Example*
　　　　　　 Zheng Juan, Fu Yin, Xie Yu, Wang Li, Xiao Xin and Feng Yue / 173
B.13   Research on Countermeasures for Establishing an Organic Linkage
　　　 Mechanism Between Poverty Alleviation and Rural Revitalization
　　　 in Guangyuan City　　　　　　 *Wang Ming, Liu Donglin* / 190

B.14   Research on Practice of Guangyuan's Finance Targeted Assistance with
Poverty Alleviation

Zhao Xiaochun, Deng Yi, Zhang Jianming and Chang Dawei / 200

B.15   Research on the Contribution of Guangyuan Rural Tourism in Poverty
Alleviation

Chen Jin, Wang Kejun, Peng Yao, Ou Dan and Wang Yanlan / 217

B.16   Research on the Necessity of Establishing Poverty-Returning
Prevention and Control Mechanism in Guangyuan in the
Post-Poverty Alleviation Era

Xiang Xizong, Li Hulin and Shi Changjiang / 232

Ⅳ COVID−19 Pandemic Prevention and Control Reports

B.17   Research Report on COVID-19 Pandemic Prevention and Control in
Guangyuan

Song Daichun, Bai Lizhou, Hou Changhua, Zheng Liangde and Zhao Wenping / 243

B.18   Investigation on Online Teaching During COVID-19 Pandemic
Prevention and Control in Guangyuan

Xiang Haiping, Liang Huiqin, Li Feng and Zhang Jiadong / 259

B.19   Guangyuan City's Optimization of Screening Path for COVID-19
Pandemic

Shi Ping, Xiao Jian, Zhong Dongsheng, Tan Ling and Zhang Jv / 273

B.20   Research on Nursing Strategies and Practices in Response to Public
Health Emergencies

—*Take Guangyuan's Response to the COVID-19 Pandemic as an Example*

Wang Qionglian, Li Yunying, Wang Yuan, Liang Ling and OuYang Shuyi / 284

V Characteristic Industry and Culture Reports

B.21　Research on the Status and Strategies of Guangyuan Cultural Relics
　　　Protection and Utilization　　*Liu Zhiguo, He Zili, Yu Tianxi and Fu Yin* / 298
B.22　Research on the Historical Composition and Development Trend of
　　　Guangyuan Tea Industry
　　　　　　　Peng Jin, Xu Zhi, He Yan, Fu Yin, Wang Fei and Chen Shiping / 316
B.23　Status of Ancient and Famous Trees Resources and Countermeasures
　　　for its Protection and Utilization in Guangyuan City
　　　　　　Liu Jihong, Wu Zhiwen, Liu Shuang, Liang Qinbiao and Ma Wenjian / 334

VI County Development Reports

B.24　Research Report on the Integration Coordinated Development of South
　　　Langcang under Background of Construction of Chengdu-Chongqing
　　　Economic Circle
　　　　　　Xie Longfei, Zhao Wenyong, Chen Qiang, Lu Yike and Zhang Yu / 347
B.25　Research on Consolidation and Promotion of Achievements of Jiange's
　　　Tianfu Famous Tourism County Construction
　　　　　　Du Yanran, Yang Shifu, Luo Yankang, Luo Qi and Yuan Xiaoyong / 358
B.26　Study on the New Urban-Rural Development Pattern of Wangcang's
　　　Construction of "One Heart, Two Wings and Four Areas"
　　　　　　Zhang Jian, Liu Yuqiang, Zhao Yong, Long Ting and Zeng Yanling / 370
B.27　Research on Development Status and Trend of Qingchuan Ecological
　　　Characteristic Advantageous Industries
　　　　　　　　　　　　Chen Mingzhong, Liu Qi and Li Bo / 384
B.28　Study on Rural Revitalization Path from the Perspective of Poverty
　　　Alleviation
　　　—A Case Study on Lizhou District
　　　　　　Yin Guojian, Yang Yanbing, Dong Hongming, Wu Yuming and Li Shaobin / 399

B.29   Research on the Value of Zhaohua's Housing Poverty
Alleviation Model
Wang Zhuang, Zou Xianliang, Zhong Mingqiang,Yu Daibin and Wu Dachun / 407
B.30   Research Report on Innovation Path of Poverty Alleviation
Wang Guozhang, Zhou Mi, Yi Mingjun, Sun Liang and Wang Wei / 420

总 报 告

General Report

B.1

广元经济社会发展报告（2019~2020）

——从整体连片贫困到同步全面小康跨越的思考与前瞻

摘　要：　长期以来，广元的经济社会发展欠发达，连片贫困特征明
显。2013年末，全市所辖7个县区中有6个国定贫困县、
1个省定贫困县，共精准识别贫困村739个、贫困人口
34.82万，贫困发生率14.6%。历经6年奋斗，广元在脱
贫攻坚战役中取得决定性胜利。2019年，全市生产总值实
现941.85亿元，比上年增长7.5%；人均GDP达到35262
元，较上年增长7.2%。截至2020年10月底，全市7个贫
困县全部摘帽，739个贫困村全部退出，34.82万贫困人口

* 杨浩，中共广元市委常委、市委秘书长；彭战，中国社会科学院数量经济与技术经济研究所
副编审。

全部脱贫，全面实现"两不愁""三保障"脱贫标准，绝对贫困全面消除。强化领导依法治贫、精神扶贫治"穷病"、智慧扶贫治"穷根"、"三位一体"促增收是广元取得这一胜利的主要经验。未来，深化改革，构建小康社会建设主体"红利"机制，在"防贫返贫""乡村振兴"战略下增强规划的视野、内容、对接性融合，深度融入"浙广合作"和"成渝地区双城经济圈"，重点发展"输出式"和高端"输入式"产业集群等是有效推进广元再跨越的战略路径所在。

关键词： 经济发展 社会发展 脱贫攻坚 广元市

广元市地处四川盆地北部边缘，地理坐标范围为东经 104°61′～106°77′，北纬 31°53′～32°93′。北与甘肃省陇南市武都区、文县和陕西省宁强县、汉中市南郑区交界；南与南充市的南部县、阆中市为邻；西与绵阳市的平武县、江油市、梓潼县相连；东与巴中市的南江县、巴州区接壤。广元市幅员 16314 平方公里，2019 年行政区划调整后，辖苍溪县、剑阁县、旺苍县、青川县、利州区、昭化区、朝天区共计 142 个乡镇和街道。2019 年末，全市户籍人口 298.86 万。

一 广元经济社会发展成效综述

（一）经济发展成效

1.经济总量稳定增长，综合实力不断增强

近年来，随着世界格局的逐步演变，中国经济社会发展逐渐进入新常态，经济下行压力加大。面对复杂多变的国内外形势，广元全市上下深入

学习贯彻习近平新时代中国特色社会主义思想和习近平总书记对四川工作系列重要指示精神，全面贯彻党中央、省委系列决策部署，坚定不移实施"三个一、三个三"兴广战略，扎实推进"九项工作大比武"，切实做好"六稳"工作，全市经济实现稳定增长。2019 年，广元 GDP 实现 941.85亿元，比上年增长 7.5%；人均 GDP 达到 35262 元，较上年增长 7.2%。地区生产总值及人均 GDP 在全省排名均上升 1 位。三次产业结构比16.2：41.4：42.4，第二产业占 GDP 比重较上年上升 0.5 个百分点，工业经济依然保持强劲发展势头，占比相较于上年增加 0.6 个百分点；第三产业比重略微降低 0.1 个百分点。

2. "三驾马车"齐头并进，"双循环"发展显成效

（1）社会投资增长快速，储备项目基础利好

2019 年，广元市持续深入推进项目投资"大比武"，充分发挥"六大中心"作用，不定期研究解决推进中存在的问题，全社会投资增长 12.7%、居全省第 6 位、川东北第 2 位，是全省连续三年月度增长保持在 10% 以上的市州之一。其中，基础设施投资增长 13.9%，产业投资增长 18.0%。组织重大项目集中开工活动 6 批次，开工项目 970 个、总投资 1284 亿元，开工项目数、总投资分别较上年增长 4.6% 和 16.9%。232 个省市重点项目完成投资 561 亿元，占年度任务的 115.8%。储备亿元以上重大项目 418 个、总投资 3569 亿元。

（2）消费活力不断释放，"广元造"产品渐次登场

大力促进消费提质升级。2019 年，广元市组织举办秦巴山区年货节、"广元造"食品饮料产销对接会等节会 100 余场次，实现销售近 2 亿元；社会消费品零售总额实现 446.9 亿元，同比增长 10.3%。

（3）进出口经济活跃，外贸企业实力增强

试行中小微企业出口风险控制及保单融资补偿机制，广元海关正式报关，新增外贸实绩企业 14 家、增长 39%，进出口总额实现 9194.54 万美元、增长 20.7%。其中，出口总额 4390.21 万美元，下降 13.1%；进口总额4804.33 万美元，增长 86.9%。

3. 产业经济稳健，整体增幅明显

（1）农业品牌创新绩，"7+3"体系成效凸显

加快构建现代特色农业"7+3"产业体系①，成功创建国家农产品质量安全市，朝天核桃入选第三批中国特色农产品优势区；启动"乡村振兴"战略，完成利州区、苍溪县五龙镇、青川县青溪镇3个省级试点规划编制；利州区月坝村入选"中国美丽休闲乡村"。第一产业增长3.1%，粮食产量增长0.8%，油料产量增长2.5%，出栏家禽2602.3万只，增长27%，茶叶、苍溪红心猕猴桃等特色经济作物均实现快速增长。

（2）工业经济提质增效，"6+2"产业贡献突出

规模以上工业增加值增长9.6%，居全省第10位、川东北第2位。聚焦"6+2"特色优势产业②发展，六大特色产业同比增长10.3%，对规上工业贡献率高达84.2%，高技术制造业和战略型新兴产业产值分别增长17.3%和14.1%。

（3）服务业增值明显，电商业增长显著

服务业增加值增长8.4%。电子商务快速增长，实现国家级（省级）电子商务进农村示范县项目全覆盖，建成县电商服务中心6个、乡镇电商服务站191个、村电商服务点870个。培育涉农电商企业2500余家，限额以上单位线上增长21.3%，高于社会消费品零售总额增速11个百分点。

（4）文旅品牌再创佳绩，文旅经济增长快速

2019年，广元成功举办第九届蜀道文化旅游节、四川省第十届乡村文化旅游节，剑阁县入选全省首批天府旅游名县，青川县创建为首批国家全域旅游示范区；全年接待游客5624万人次，实现旅游总收入503亿元，分别增长11.8%和19.8%。

---

① 现代特色农业"7+3"产业体系：大力推进广元富硒茶、苍溪红心猕猴桃、朝天核桃、道地中药材、广元山地蔬菜（山珍）、广元油橄榄、生态畜禽水产（生态猪牛羊、剑门关土鸡、"两湖"有机鱼）七大优势特色产业全链融合发展，夯实现代优势特色农业种植业、现代优势特色农业装备业、现代优势特色农业烘干冷链物流业三大先导性产业支撑。

② "6+2"工业产业体系：重点发展食品饮料、新材料、清洁能源化工、机械电子、建材家居、生物医药六大优势特色产业，突破发展战略性新兴产业和军民融合产业。

（5）县域经济加快推进，两县跻身全省前十

近年来，广元在"一县一主业"总体思路及"一核四带七链"产业空间布局下，相继出台了推动县域经济高质量发展 39 条政策措施。2019 年，全市 4 个县区实现经济总量超百亿。其中，利州区在全省 33 个城市主城区中排名第 7 位，旺苍县在全省 58 个生态功能区中排名第 9 位。

（二）社会发展成效

1. 教育质量提升明显，科技交易增势加大

2019 年，广元学前三年毛入园率达 90%、普惠性学前教育资源覆盖率达 76%；高考一本上线人数、600 分以上特优学生人数、考取清华北大学生人数，分别增长 4.6%、39% 和 46.7%；中职就业率位居全省前列；成功创建全国唯一核工业高职院校——广元中核职业技术学院。年内，广元持续践行习近平总书记"将科技摆在更加重要位置"的重要指示，推进科技成果在经济建设主战场的成果转化。相对 2018 年取得了更为显著的成效，增势明显（见表 1）。其中，重大科技成果增长 61.29%，技术合同交易增长 140%。

表 1　2018～2019 年广元市科学技术成效一览

年份	重大科技成果（项）	专利授权（件）	其中发明专利拥有量（件）	技术合同登记（件）	技术合同交易额（万元）
2018	31	931	288	84	2825
2019	50	787	237	46	6766

资料来源：《2018 年广元市国民经济和社会发展统计公报》《2019 年广元市国民经济和社会发展统计公报》。

2. 公共卫生全面保障，体育事业再创佳绩

截至 2019 年末，广元建成城乡社区老年人日间照料中心 327 个，养老服务示范社区 19 个，农村幸福院 344 个；年内，广元被确定为全国城市医疗联合体建设试点城市，承办全国贫困地区健康促进三年攻坚行动推进会，"健康细胞"建设经验全国推广；大力推进国家医养结合试点市和全国中医

养生保健基地建设，稳步推进分级诊疗，县域内就诊率达 82.18%。2019年，广元组织开展各级各类体育赛事 600 余次；参加省级体育赛事活动 23次，获 32 金、30 银、28 铜佳绩；体育系统所属场馆全年免费接待健身群众 157 万余人次，较上年增长 29.75%，经常参加体育锻炼人数占比达 40%；全年实现体彩公益金分成 953 万元，比上年增长 17.5%。

3. 多措并举就业稳定，社会保障稳中略增

落实就业优先政策，多措并举确保人民群众就业及社保福利。全年城镇新增就业 3.88 万人，城镇登记失业率 3.46%，全面完成省定目标。全面实施全民参保计划，城乡居民基本养老保险覆盖 126.74 万人，城乡居民基本医疗保险参保率达 98%、较上年增长 1%；精准实施 45.65 万人养老金待遇社会化发放，社保待遇水平稳步提升。

4. 住房改善加速实施，城市功能日益完善

广元持续统筹推进老旧小区和棚户区改造，2019 年，开工改造棚户区住房 5275 套，基本建成 3699 套、年内进度达 70.36%。全年新增常住人口 0.8 万人，常住人口城镇化率达 47.20%，比上年提高 1.57 个百分点。年内，市城区功能得以明显完善，城区面积新增 3 平方公里、城区总面积达到 55 平方公里；持续推进智慧停车场、城镇公厕、市政公园建设；陵宝二线至机场快速道路等 4 个项目完工，"一桥两路两组团"等 5 个重大项目开工建设，新区骨架初步形成；广元机场新增 6 条航线，民航营运线路达 11 条。2019 年，广元创建国家园林城市进入公示阶段，成功入选中国十大宜居城市、全国康养十强地级市。

5. 环境持续优化，实现零重大安全事故

2019 年，广元市城区环境空气质量优良天数占比达 96.7%、较上年增长 0.6 个百分点，市城区集中式饮用水水源地水质、城市水环境功能区水质达标率均保持在 100% 水平；全年无重大和特别重大安全事故发生。

二 广元整体连片脱贫成效及经验

2013 年，广元市 GDP 仅 518.8 亿元，居四川省倒数第五名，人均 GDP

仅 3311 美元，位居四川省倒数第三，低于全国水平 3456 美元（2013 年人民币对美元年平均汇率 6.1932，全国人均 GDP 为 6767 美元）。该年末，广元所辖 7 个县区中有 6 个国定贫困县、1 个省定贫困县，共精准识别贫困村 739 个、贫困人口 34.82 万，贫困发生率 14.6%，居四川第四位，高出四川省水平 6 个百分点、高出全国水平 4.4 个百分点。从广元贫困人口的空间分布结构来看（见图 1），主要分布于剑阁县、苍溪县、旺苍县 3 个地区。这些地区的社会经济薄弱、产业单一、交通落后等问题凸显。据当年预算，广元要全面完成脱贫任务，约需硬投入 250 亿元，而广元地方财政收入长期在 20 亿元上下徘徊，当年全市的 GDP 仅 518.8 亿元。经过近 6 年的奋斗，广元脱贫攻坚战取得决定性胜利。截至 2020 年 10 月底，广元 7 个贫困县全部摘帽，739 个贫困村全部退出，34.82 万贫困人口全部脱贫，全面实现"两不愁、三保障"脱贫标准。预计 2020 年末，全市贫困群众人均可支配收入 9800 元以上。在 2016 年、2017 年、2019 年，广元均在省委省政府脱贫攻坚成效考核中被表扬为"脱贫攻坚先进市"。在 2019 年全国产业扶贫工作推进会上，国务院副总理胡春华对广元脱贫攻坚工作给予充分肯定。

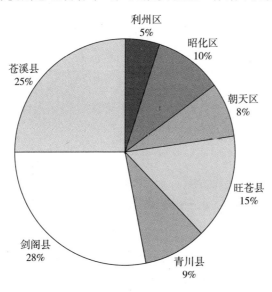

图 1　2013 年底广元市贫困人口空间分布结构

（一）强化领导，突出政治责任

强化领导，党建引领。社会主义的本质要求消除贫困，改善民生，逐步实现小康。自脱贫攻坚以来，广元严格按照"一根杆子插到底""一张清单包到底"的要求，积极组织各方力量深入开展脱贫攻坚工作。领导小组严格按照"两不愁、三保障、四个好"的总体考核标准，明确分工，强化责任，坚持"谁的孩子谁抱"，在脱贫攻坚工作中杜绝任何推诿及"庸、懒、散、浮、拖"现象的发生。党的领导是赢得脱贫攻坚战的根本保障。2020年，广元以"基层治理奠基年"为统揽，突出党建引领主线，通过提升基层党组织治理能力和水平、完善村党组织领导村级治理体制机制、实施村党组织带头人队伍优化提升行动举措，全面夯实了党建工作，提高了党建引领城乡基层治理综合水平，并充分发挥党建在脱贫攻坚中的引领作用。截至2020年10月底，全市共有乡镇党委135个，村党组织1390个；社区党组织352个，小区党组织229个；非公企业党组织884个，社会组织党组织629个，党组织覆盖率分别为80.4%、86.8%，超过全省平均水平。从总量看，截至2019年12月31日，全市共有党员167570名，其中农村党员82184人，农民工党委6653人，社区党员21762人，每年党员总量呈稳定小幅增长态势。

依法治贫，廉洁扶贫。广元司法系统深入贯彻落实国家司法部、省司法厅和市委、市政府关于扶贫开发工作部署要求，根据地域实情，积极探索出"宣""识""供""服""保""拍"六字依法治贫模式。一是借助农村"户户通""村村响""乡村法治大讲堂""自媒体"等平台，通过刷标语、开通普法栏目、开展法律讲座、发送普法信息等形式广泛开展法治宣传。二是在精准扶贫中，广元市纪委监委成功探索出"4321"精准扶贫监督模式，以提高扶贫工作的"阳光性"与法治性。三是在脱贫攻坚土地征用、工程建设、危房改造等项目中强化司法政策保障，在不违反国家法律法规的前提下适度为其倾斜。四是提供必备法律服务，组织全市律师、基层法律服务工作者免费服务贫困村。五是深化法治保障，及时为贫困人口提供市内外法治援助。六是大力开展"拍蝇灭鼠"行动，严防重处扶贫工作职位渎职及犯罪，以确保廉洁扶贫的实现。截至 2019 年末，广元 739 个贫困村的义务司法服务对接覆盖率达 100%，全市建成法治广场 454 个、法治书屋 619 个、法治长廊 294 个、法治专栏 739 个，为脱贫攻坚营造出良好法治氛围；2011 年来，广元年均开展法治惠民文艺巡演 100 余场次；人民矛盾调解成功率达 98%；2019 年，全市平安建设群众满意度位居全省第一，累计查处扶贫领域违法犯罪 400 余人。

（二）优化政策组合，创新机制体制

长期以来，全市各级部门积极探索创新，形成了一系列脱贫攻坚"广元经验"，构建了较完善的绝对贫困治理机制。广元的脱贫奔小康"六化行动""八有"保障、稳定脱贫"五项长效机制"、产业扶贫"三园联建"、集体经济"355"方略、就业扶贫"五大行动"、消费扶贫"四大体系建设"、易地扶贫搬迁"四化四好"、土坯房改造"六改六建"、教育扶贫"四好四不让"、健康扶贫"七大行动"、社会扶贫"四个三"等一大批典型做法和创新经验，得到了国家部委、省委省政府的肯定推广和省内外各地竞相学习借鉴。据不完全统计，广元已承办 5 次全国性现场会议、5 次省委省政府现场会议。2019 年，全国产业扶贫工作推进会、全国深度贫困地区脱贫攻坚督导推进会在广元召开，"广元经验"得以推广。

（三）基础保障兜底线，多方参与显大爱

基础保障有力，脱贫全面达标。2019 年，全市为 12.01 万名贫困人员代缴保费，实现 16.38 万 60 岁以上贫困人员参保全覆盖，县区为 10.23 万名已脱贫人员代缴保费。2014 年以来，广元市共资助各教育阶段建档立卡贫困学生 48064 万元，义务教育阶段建档立卡贫困学生零辍学失学。"创建美丽乡村学校"做法被中央电视台《新闻调查》专题报道。医疗扶持保障政策在广元全面落实。2014 年以来，全市为贫困人口签约家庭医生服务团

队 1200 余个；市、县两级医院派出支援帮扶医务人员 1135 人次，名医走基层和巡诊义诊活动 3200 余人次；累计救治贫困群众 66.34 万人次；累计补偿医疗救助各项资金 16.49 亿元。目前，建卡贫困人口 100% 建立健康档案，贫困患者 100% 被纳为健康教育和健康管理对象。健康扶贫经验在国家卫生健康委新闻发布会、全国健康扶贫业务培训会、全省卫生健康工作会等会议上作交流。贫困户实现从"忧居"到"优居"局面转变。2014 年至今，广元共争取国家危房改造指标 84031 户，实际完成 90046 户，超额完成 6015 户（2016 年以来，完成农村危房改造 52784 户，其中建档立卡贫困户 34074 户，争取中央和省上补助资金 10.72 亿元）；全市享受农房政策的建档立卡贫困户共 76009 户，占建档立卡贫困户数的 71.6%（危房改造 34074 户，易地搬迁 33961 户，实施地灾避险搬迁、大中型水库避险搬迁、土地增减挂钩等其他政策的 7974 户）；原有住房安全或通过投亲靠友等方式保障安全住房的建档立卡贫困户共 30138 户，占 28.4%。2018 年，广元市昭化区农村危房改造受到国务院激励督查表扬。"五大行动"确保扶贫基础保障。2014 年以来，全市累计解决 34.7 万贫困群众安全饮水问题，基本实现贫困人口安全饮水全覆盖。社会保障扶贫提前实现"两线合一"，低保兜底贫困群众 6.68 万人。以"两通"为目标，以"补短板"及"四好农村路"为抓手，以深入践行便民、利民、惠民的服务理念，实现农村公路建设和精准扶贫、产业发展、全域旅游"三大板块"深度融合，全市农村公路建管养运得到显著提升。截至 2019 年底，全市农村公路总里程达 17618 公里，实现了县、乡、村公路通畅率 100%。目前，全市 230 个乡镇、2396 个建制村（739 个贫困村）均已通硬化公路，其中贫困村通组（住户集中和较为集中区域）公路硬化率基本达到 100%；全市乡镇通客车率达到 100%，让老百姓真正实现了"出家门、上车门、进城门"的梦想。全面实施广播电视"村村响、户户通"工程，开办微信、微博、手机客户端等新媒体，实现广播、电视综合覆盖率 99.18%、100%，贫困村覆盖率达 100%。目前，广元已全面达到"两不愁""三保障"脱贫标准。

多方联动，关爱行动显温度。全市有建档立卡贫困残疾人 2.65 万名，占全市贫困人口总数的 7.85%。据不完全统计，广元市有留守妇女 3000 余人，并呈现持续增多趋势。残疾人劳动力不全，留守妇女存在缺乏安全感及亲情感、子女教育环境不优等突出问题。广元市积极争取各类资金和项目，通过政策保障、医疗救助及巾帼技能培训等关爱行动助力残疾贫困群体及贫困留守妇女尽快摆脱困境。截至 2020 年 7 月底，广元市为 50 名贫困家庭重度听力残疾儿童、贫困家庭脑瘫儿童实施了手术救助；为贫困残疾人提供适配亟须的基本型辅助器具 26000 余件；实施贫困残疾人家庭无障碍改造户 3327 户。开展康复示范社区的建设和康复器材进家庭活动，建成康复示范社区 66 个；共计发放残疾人扶贫对象生活费补贴 37997 人次，发放资金达 3728.88 万元。截至 2020 年 7 月底，全市建成"妇"字号龙头企业 30 个，妇女专业合作组织、家庭农场等 312 家，助力全市 18 个乡镇 52 个特困村产业脱贫，带动 2 万名精准扶贫妇女脱贫致富。

（四）精神扶贫治"穷病"，扶志育德添动力

习近平总书记在 2017 年的深度贫困地区脱贫攻坚座谈会讲话中强调："没有内在动力，仅靠外部帮扶，帮扶再多，你不愿意'飞'，也不能从根本上解决问题。"为此，广元探索出了精神扶贫新路径。一是充分发挥文化活动在脱贫攻坚中的精神引领功能，积极开展脱贫攻坚优秀文化作品创作、大力开展脱贫攻坚励志宣讲、广泛开展送文化下乡等活动，以唤醒广大群众对脱贫的反思，引导广大贫困农户在脱贫道路上树立"脱贫靠奋斗，致富感党恩"的思想。2015~2019 年，累计送电影下乡 145589 场次，贫困村年均受益 39 场次；累计开展文化下乡 5950 场次，贫困村年均受益 1.6 场次（见图 2）；全市创作《脱不脱》《到底该谁管》《莫因办酒返了贫》等脱贫攻坚主题文化作品 487 部；累计举办脱贫攻坚励志宣讲 217 场次，县区年均 6 场次（见图 3）。二是德治、法治与自治三结合，试点推行"道德积分制"，以"五个好"标准开展"五颗星"评定，建立"文明新风基金"奖励道德文明先锋农户，从而引导群众摒弃"等靠要"思想，全面提升了群众的"精气神"。

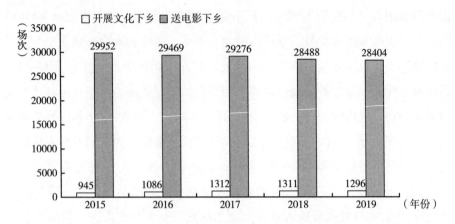

图2　2015~2019年广元市开展送文化下乡频次

资料来源：根据广元市县区统计数据汇总析出。

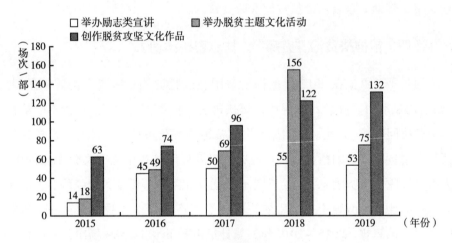

**图3　2015~2019年广元市脱贫攻坚励志宣讲、主题活动及
文化作品创作**

资料来源：根据广元市县区统计数据汇总析出。

文化引领与道德积分机制有针对性地解决了"人穷志短""因陋就贫""无能为力"等基础性问题，激发贫困群众自主脱贫，培育知荣辱、讲正气、作奉献、促和谐的良好风尚，实现家庭道德建设的正向引导，促使贫困群众从"看"到"干"的转变，补齐贫困群众的"精神短板"。

2015～2019 年，累计培育示范脱贫户 1800 户、致富带头人 2478 名。广元的这一经验先后被《人民日报》、《光明日报》和中央电视台等媒体刊播，被编入中宣部《宣传思想文化工作案例选编（2017）》、新华社《内参选编》、四川省委组织部《"绣花"功夫 四川脱贫攻坚案例选》、四川省脱贫办《脱贫攻坚简报》、四川省改革办《四川改革动态》，得到四川省委副书记邓小刚和省委常委、省直机关工委书记曲木史哈的肯定性签批。

（五）智慧扶贫去"穷根"，扶教扶技提能力

教育扶贫，阻断代际传递。2014 年以来，全市教育系统紧紧围绕教育扶贫"三大专项计划"，认真落实"四好四不让"，充分发挥教育扶贫重要作用，阻断贫困代际传递。2015～2019 年，全市共资助义务教育阶段以及高中学段的建档立卡贫困学生 543427 人，资助 37663 万元。落实大学阶段各类贫困学生资助 10399 万元，惠及 21636 名贫困高校学生。奖助从小学到大学各教育阶段学生 426971 人，共计 33306 万元。其间，全市教育帮扶及奖助学金总额在年度 GDP 中的占比最低值 0.2%，峰值达0.24%（见表 2）。

表 2　2015～2019 年广元市教育扶贫及奖助情况一览

指标		2015 年	2016 年	2017 年	2018 年	2019 年
帮扶贫困户子女读书	中小学生（人）	96865	113418	110748	111217	111179
	大学生（人）	136	1710	3937	7424	8429
	中小学（万元）	5525	7676	7810	8489	8163
	大学生（万元）	113	961	1489	3695	4141
奖助各阶段学生（含民办院校）	人数（人）	91047	88092	80987	81801	85044
	金额（万元）	6415	6362	5537	7155	7837
教育帮扶及奖助总金额占 GDP 比重（%）		0.20	0.23	0.20	0.24	0.21

资料来源：广元市教育局。

培训扶贫,提高就业创业能力。脱贫攻坚以来,广元市认真践行习近平总书记"增加就业是最有效最直接的脱贫方式"重要论述,紧紧围绕"一人就业,全家脱贫"目标,率先在全省建立"一库五名单"动态管理机制,创新就业扶贫政策、扶贫培训专班、就业扶贫基地(车间)、返乡创业扶贫示范村等举措,聚力扶贫基础、能力提升、转移就业、劳务协作、创业扶持"五个精准",做到有培训、转移就业和创业意愿的贫困劳动者100%得到培训、转移就业和创业帮扶。2016年,全省首次就业扶贫现场推进会在剑阁县召开;2017年,市人社局被省委、省政府授予"'五个一'帮扶先进单位"称号。近年,广元《把就业扶贫作为战略性举措加以推进》等成功经验被《人民日报》《四川日报》《中国劳动保障报》等媒体刊载推广。

(六)"三位一体"促增收,"东西协作"摘"穷帽"

"三位一体"促增收。近年来,广元积极构建起以产业发展为根本、就业创业为重点、消费带动为支撑的"三位一体"脱贫增收格局。截至2020年11月,全市建成现代农业产业园107个、"一村一品"特色产业园2548个、增收脱贫自强园7.4万个,促进了贫困群众稳定增收,园区带动19.1万人脱贫致富;在"稳就业15条""返乡下乡创业22条""就业扶贫15条"等举措下,累计转移就业贫困劳动者36.44万人次,其中2020年18.5万名贫困劳动者实现"一人就业全家脱贫";广元积极构建扶贫产品认证、流通、营销、质量监管"四大体系"以提升消费扶贫质效,截至2020年11月底,累计认定"四川扶贫"商标企业326家,认定"四川扶贫"商标产品1069个,认定国家扶贫产品4837个(全省第一),获得入驻国家"832平台"资格企业169家(全省第一),2020年已实现扶贫产品销售10.8亿元;739个贫困村集体经济经营性总收入2174.53万元、人年均34.89元。实践证明,"三位一体"行之有效,是符合广元实际的脱贫增收策略。

东西部扶贫协作决胜脱贫奔小康。长期以来,广元主动加强与浙江的联系,积极赴浙江学习考察,全力推进东西部扶贫协作战略下的两地合作。

2016 年以来，新一轮东西部扶贫协作中的"浙广合作"为广元脱贫攻坚带来福祉。2018 年，农业帮扶项目 66 个，引进资金 1.37 亿元，覆盖贫困村211 个，带动贫困人口 32923 人；工业帮扶项目 9 个，引进资金 2104 万元，覆盖贫困村 17 个，带动贫困人口 3030 人。2019 年，农业帮扶项目 55 个，引进资金 1.38 亿元，覆盖贫困村 206 个，带动贫困人口 23099 人；工业帮扶项目 2 个，引进资金 1930 万元，覆盖贫困村 2 个，带动贫困人口 233 人。浙广合作为广元脱贫注入了关键之力，为广元四县三区连片脱贫奔小康输入新鲜血液。

三 从整体连片脱贫到全面奔小康的建议与预测

（一）深化改革，把握主动

坚持以习近平新时代中国特色社会主义思想为指导，全面贯彻落实习近平总书记重要讲话精神和省委十一届七次全会、市委七届十二次全会精神，贯彻落实中央和省委、市委改革开放决策部署，紧抓"一带一路""新西部大开发""成渝地区双城经济圈建设"等重大战略机遇，坚持绿色发展观，破除体制弊端、清除不合理及不健康现象，革新经济体制，合理处置政府与市场的关系，完善民生事业，努力维护广大人民群众的根本利益，主动融入"成渝地区双城经济圈"建设、积极践行"治蜀兴川"战略、努力跻身"一带·路"建设，从而为实现全面小康建设赢取有利时机。

（二）"高规"指引，优化路径

截至 2020 年 6 月，广元拥有地理标志农产品达 42 件、总量连续 8 年位居全省第一，A 级旅游景区拥有量位居全省第二，有国家级非物质文化遗产4 项、省级非物质文化遗产 17 项，但这些资源并未充分发挥其应有的经济及社会价值，主要为近年市内规划视野较窄、产业融合不高、项目与区内片区特色错位等问题所致。故广元可从以下角度高规格规划，为建设全面小康

社会优化主要路径。

1. 视野高站位

紧抓"一带一路""新西部大开发""川陕革命老区振兴"等战略机遇，瞄准成渝地区双城经济圈建设，深入分析这些战略规划下市场的现实和潜在消费需求，以市场需求为导向，以"世界的红星猕猴桃""世界的唐家河""世界的武则天"等视野，充分利用市内特色优质农产品、文化及世界级旅游资源，聚市内外之力，科学规划并打造一批"国内著名""世界知名"的农产品、文旅项目及旅游目的地，从而借品牌塑造带动区内经济社会发展。

2. 内容深融合

一是规划间的战略应有机融合。促进全市社会经济健康有序快速发展、提高广大人民群众的幸福感与获得感是全市规划的共同目标，彻底消灭绝对贫困、全面实现小康是全市规划共同肩负的时代使命。因此，全市规划在主次原则下应有机融入"脱贫攻坚""防贫返困""乡村振兴""全面建成小康"战略，以实现常态化下的"靶向一致"，从而加快全面建成小康社会步伐。二是规划中须体现产业间有机融合。以"五位一体"理论为指导，充分发挥广元的工业遗址、生态农业、历史文化、自然旅游等资源，通过一二三产业间的相互渗透，重点打造农旅融合、文旅融合、医旅融合、商旅融合产业集群，在实现各产业抱团取暖的同时带动全市农村地区经济社会取得更好发展成效。三是规划要素深融合。从民生保障、社会经济发展、专项治理等方面着手，加强第一与二三产业之间的横纵联系，从土地利用、基础设施配套、生活生产要素保障等方面构建要素互融体系，从产业发展、就业保障、刺激"内循环"等维度创建互融模式，从而整体提升产业助力全面小康建设的合力，以进一步遏制贫困发生，预防返贫现象出现，最终全面建成小康社会。

3. 项目高对接

一是规划中项目须高起点对接国家重大战略方针，以获得更多政策有力支持。二是规划项目须充分对接片区的产业布局及综合实情，以提高规划项目的落地性与成效性。从整体来看，广元中部地区文化旅游资源富集，医疗基础设施相对完善，旅游及服务经济相对发达；西部境内生态良好，拥有高端旅游资源，青川木耳、七佛贡茶、白龙湖银鱼等名优产品初具规模及市场影响力；北部及东部交通较落后但生态环境优美、气候宜人、山岳及峡谷景观群密集，且旺苍红军城在川陕甘红色旅游地中极具影响力；南部地区山水秀丽，生态农业及红色旅游资源富集。为此，各规划单位应充分利用各区的特色加以项目包装、打造及开发，以提高规划与区间的对接性及实效性。

（三）"三项坚持"固成效，创新机制奠基础

1. "三项坚持"巩固脱贫成效，为全面奔小康奠定基础

一是坚持并加强党的全面领导。历史证明，只有中国共产党才能探索解决中国问题的出路，指引并带领广大中国人民从压迫走向翻身、从奴隶变为主人、从穷苦奔向富裕。贫困问题是存在于中国千百年的"硬骨头"，脱贫攻坚是一场"硬仗"。在党的领导下，2019 年全国贫困发生率降至 0.6%，广元则降至 0.06%。这一历史性胜利再次证明了中国共产党领导的科学性与先进性。脱贫是构建全面小康社会目标下的阶段性胜利，且脱贫是一项持续而动态的战役。为此，全市上下须进一步坚持并加强党的领导，坚定不获全胜不收兵之决心，进而优化党建在各级、各部门、各领域中的引领性与示范性作用，在充分巩固广元市前期脱贫成效的前提下为全面奔小康铺就基础。二是坚持全面贯彻"四不摘"政策，持续发挥纪委监委"4321"监督功能，防止脱贫攻坚"最后一公里"中组织"歇歇脚"、部门"撤摊子"、个人"甩包袱"等现象的发生。三是坚持"三位一体"总体大格局不变，进而深入开展市情、企情及民意调研，持续优化产业发展为根本、就业创业为重点、内外消费带动为支撑的广元脱贫攻坚特色模式，在彻底消除绝对贫困的同时为连片致富奔小康再创典章。

2. 创建"两代"教育及奔小康建设"红利"机制，强化贫困代际阻隔及奔小康建设主体内生动力

构建"两代"教育机制，强化贫困代际阻隔内生动力。事实证明：受

家庭环境、成长经历及教育环境影响，贫困呈现明显的代际传递特征；贫困的痼疾在于精神面貌，而对这一面貌的改变并非一蹴而就。广元自 2015 年以来，虽累计资助义务教育阶段以及高中学段的建档立卡贫困学生 543427 人，奖助从小学到大学各教育阶段学生 426971 人，但他们长期深受父辈精神及家庭教育影响且其并非近期脱贫奔小康建设之主体；其间，广元虽做到有培训、转移就业和创业意愿的贫困劳动者 100% 得到培训、转移就业和创业帮扶，但贫困群众注重与获得的是利益驱动层面下的"立竿见影式利益"，而非长足发展下的动力知识体系；广元虽试点性推行了"道德积分制"，但这一积分机制也呈现阶段实效性，难以彻底消除"阿 Q 精神不死，阿 Q 尚存"之现象。

为此，持续开展对全市贫困奔小康建设主体的系统培训，加强对贫困学子的"精神引领"与教育投入是培育脱贫奔小康内生性动力得以长久延续的关键所在。广元在此方面不容小觑，须继续发挥脱贫攻坚"绣花功夫"精神，以确保近年基础成效，从思想及精神层面消灭"穷病"，培育长效内生动力，为全面奔小康夯实基础。一是充分发挥党组织纵向力量，广借宣传、劳动、社保等横向平台，针对当代贫困生产力群体，在技能技术培训的基础上加强精神脱贫宣传与教育巩固机制。二是将脱贫攻坚阵地拓宽至中小学及高校，尤其针对"双贫困生群体"在协同教育机制下构建"政、家、校"双贫困生教育机制，以有效预防贫困代际传递。通过这一机制催生"寒门出贵子""贵子扶寒门"现象，从而广泛形成积极向上、自强不息、努力奋斗的局面，为彻底脱贫全面致富奔小康夯实必备精神及必要物质基础。

构建小康建设"红利"机制，激发建设主体内生动力。区域脱贫与奔小康虽有逻辑上的关联性，但也存在本质差异性。客观地讲，脱贫是各方人士在时代担当、职责所在下主动或被动的参与，政府硬性及社会爱心投入行为下的帮、助、救等特征明显。而奔小康则具有极强的自主性、竞争性，其市场行为特性明显。脱贫奔小康是一个庞大、系统而持续的工程，其需党政机关、社会团体及企业等共同发力，缺一不可。要实现这两个目标的衔接与贯通，就务必正视各方利益相关者在奔小康建设中的既得利益诉求，在依法前提下，确保或适度放宽各方利益群体的"红利"，方能有效激发多群体的参与度及活力。广元山区特征明显、商业及工业落后于川内地区、国民经济长期欠发达，商业与投资的虹吸效应极低。为此，广元在脱贫奔小康道路上，应直面这一事实，直视脱贫奔小康战略中工作队伍、直接建设单位及协作建设团队等的既得利益，从根源上激发各方在此工程中的参与意愿、参与度及实际贡献度，从而构建长效奔小康内生动力机制。

（四）深入"双融"促发展，壮大产业奔小康

目前，广元虽基本全面摆脱贫困，但要全面实现连片小康目标还面临自然区位、发展理念、人才储备等诸多困难。"产业发展为根本、就业创业为重点、消费带动为支撑"的广元脱贫攻坚特色模式同样适用于全面小康建设之目标。发展产业是这一模式的核心所在。其通过"产业吸引外来人口流入及本地人口当地就业创业—人口刺激消费—消费促进产业发展"循环，形成闭合长效机制。客观来看，广元要通过发展产业实现跨越发展须借"外力"。从广元的"地缘""人缘""情缘"等维度来看，"浙广合作"和"成渝地区双城经济圈"是当前首要机缘。

因此，广元应进一步巩固浙广深厚的友谊，积极向"成渝经济圈"抛出"橄榄枝"，从政策法规、投资环境、保障服务等方面构建起开放、包容、平等、互利、自由的长效协作机制，从而为深度融入这两大经济片区营造友好环境、构建互利合作平台、畅通合作"渠道"、夯实必备基础。在融入协作发展战略方面，广元应内外并举。一是注重"输出式"产业集群发展。充分分析这两大区域的市场需求，凭借市内名优产品做好产销对路的"输出式"产业集群发展，以加强消灭绝对贫困与全面小康建设的整体造血功能。二是注重"输入式"产业集群优化发展。充分抓住国家政策机遇，充分尊重投资方意愿，重点引进清洁能源、新材料、新兴信息、生物工程等国家重点支持产业，以优化广元市产业结构、促进产业转型、提高产业综合

贡献力与质量，从而以产业集群效应带动广大人民奔向小康。

参考文献

习近平：《习近平谈治国理政（第三卷）》，外文出版社，2020。

王菲：《以"三位一体"增收格局促脱贫》，《光明日报》，2020 年 10 月 15 日，第 12 版。

中共广元市委：《中国共产党广元市第七届委员会第十二次全体会议决议》，《广元日报》，2020 年 7 月 27 日第 1 版。

经济和社会发展篇

Economic and Social Development Reports

B.2

国家重大战略背景下加快建设
川陕甘结合部区域中心城市的研究

冀泽林　喻勇全　胡建鸿　赖渲文*

摘　要： 区域中心城市是区域内综合竞争力的体现，也是实现区域经济社会高质量发展的关键所在。当前，"一带一路"建设、长江经济带发展、成渝地区双城经济圈建设等国家重大战略交汇叠加，使得广元在川陕甘结合部区域中的重要地位日益凸显。对于广元来说，至关重要的是准确把握区域中心城市的内涵，立足国家战略的演进趋势与时代特征，以完善并突出自身的优势功能为突破口，在战略谋划中将自身的发展与国家战略有机结合起来。从五个方面入手：一是着力建设全国性综合交通枢纽，打造成渝地区北向重要门户枢纽和四川

---

* 冀泽林、喻勇全、胡建鸿、赖渲文，中共广元市委办公室。

北向东出桥头堡；二是着力推动经济高质量发展，打造区域振兴发展的辐射带动中心；三是着力加强基础设施和公共服务建设，打造区域人口人才的吸附集聚中心；四是着力加快建设中国生态康养旅游名市，打造区域旅游集散中心；五是着力深化改革扩大开放，打造内陆开放高地，从而建成川陕甘结合部区域中心城市。

关键词： 川陕甘结合部　区域中心城市　高质量发展　广元市

广元地处四川北部，毗邻陕西、甘肃两省，素有"川北门户、蜀道咽喉"之称，辖4县3区，幅员1.63万平方公里。党的十八大以来，广元市坚定贯彻习近平新时代中国特色社会主义思想和习近平总书记对四川工作系列重要指示精神，坚决贯彻落实党中央、国务院和省委、省政府决策部署，深入实施"三个一、三个三"兴广战略，坚持以建设川陕甘结合部区域中心城市为战略抓手，主动抢抓国家重大战略，主动融入国家发展大格局，着力推动转型发展、创新发展、跨越发展。

一　建设川陕甘结合部区域中心城市是广元现阶段发展的必然选择

（一）建设川陕甘结合部区域中心城市的理论支撑

1. 符合广元现阶段经济发展的客观要求

当前，广元正处在决战脱贫攻坚、决胜全面小康的关键节点上，正处在开启现代化建设新征程的道路上，面对脱贫攻坚与同步全面小康的双重跨越、全面建成小康社会与开启全面建设社会主义现代化新征程的双重任务。必须发挥好川陕甘结合部区域中心城市辐射带动作用，加快推动县域经济发展，努力缩小区域发展差距，为全面建成小康社会奠定坚实基础。在这一历史进程中，面对经济发展、城乡发展、区域发展、内外发展、五大文明之间发展不平衡不充分的市情特征，唯有通过建设川陕甘结合部区域中心城市，才能在更大区域范围内集聚、优化、配置资源，为广元经济注入源源动力和充沛活力，助推广元经济向更高层级迈进，推动广元经济社会高质量发展。

2. 符合区域经济发展理论的内涵实质

区域增长极理论最初是由法国经济学家弗郎索瓦·佩鲁提出。法国经济学家布代维尔和美国经济学家赫希曼进一步将增长极具体化为区域中心城市。增长极理论认为，优先发展具有优势的地区，形成增长极，通过扩散效应带动区域其他地区发展，达到实现区域经济高质量增长的效果。相对于古典经济学的均衡增长理论，增长极理论更符合现代经济发展实际，成为各国和地区制定区域发展战略和规划的重要理论依据，这也是四川省实施"一干多支"发展战略的重要理论支撑。广元地处成都、西安、重庆、兰州四大城市几何中心，是成渝经济区和关天经济区的联结地带。建设川陕甘结合部区域中心城市是经济增长极理论结合广元发展实际的具体应用，是省委"一干多支、五区协同"部署的生动实践，必将对川陕甘结合部整个区域产生强烈的组织和带动作用。

3. 符合区域经济发展的规律和趋势

从国外区域经济发展趋势看，全球不断涌现规模体量中等，但在城市体系中发挥重要职能的新兴城市。如美国中部的孟菲斯等成为物流枢纽，密尔沃基等成为制造业中心，这些城市都在区域中发挥了重要作用。从我国区域经济发展趋势看，新时期我国推动新型城镇化工作的战略导向是构建结构高效、功能完善、布局均衡的国家城镇体系。党的十九届五中全会提出，坚持实施区域重大战略、区域协调发展战略、主体功能区战略，健全区域协调发展体制机制，完善新型城镇化战略，构建高质量发展的国土空间布局和支撑体系。未来我国将以区域中心城市促进国土空间格局均衡发展，实现城市发展方式模式转变，注重城市群合力发展，注重大中小城市协调发展，注重区域高质量发展。在这样的时代背景、发展大势下，广元建设川陕甘

结合部区域中心城市，面临着推进区域协调发展和新型城镇化的重要战略发展机遇。

（二）广元建设川陕甘结合部区域中心城市的探索实践

党的十八大以来，在以习近平同志为核心的党中央坚强领导下，川陕革命老区振兴发展上升为国家战略，《川陕革命老区振兴发展规划》明确提出把广元建设成川陕甘结合部区域中心城市，支持广元合理确定中心城市功能定位，有序拓展发展空间，推动产城融合发展，建设和谐宜居的区域中心城市。四川省委十一届三次全会提出构建"一干多支、五区协同"区域发展新格局，加大统筹区域发展力度，支持广元打造川陕甘结合部区域中心城市和北向东出桥头堡。市第七次党代会明确提出了建设川陕甘结合部区域中心城市的目标定位，市委七届七次全会根据党的十九大精神和党中央、省委新的部署要求，进行了专题研究部署，提出将广元打造成区域红色文化的传承教育中心、区域振兴发展的辐射带动中心、区域人口人才的吸附集聚中心，加快推进川陕甘结合部区域中心城市和四川北向东出桥头堡的规划。

二 建设川陕甘结合部区域中心城市的战略体系

（一）形态定位

1. 在空间上，当好区域"领头雁"

川陕甘结合部区域，除广元外，主要包括巴中、汉中、陇南和绵阳部分地区，这些地区是广元经济社会发展的毗连区。建设川陕甘结合部区域中心城市，就是广元立足这个区域，发挥引领作用，形成核心地位。

2. 在动力上，提供发展"主引擎"

建设的中心城市是川陕甘结合部区域发展的重要增长极，通过区域内互动合作，实现要素资源最优配置，发挥主导作用，对周边地区有明显的辐射和吸附能力，带动整个川陕甘结合部区域一体发展。

3. 在形态上，打造中心"现代城"

立足现代化新征程，中心城市应具备政治、经济、基础设施、环境、居住、科技、社会、文化、教育和人的"十大现代化特征"。建设中心城市，就是要在川陕甘结合部区域立起一座现代化中心城市。

4. 在价值上，成为人口"宜居地"

中心城市的价值功能主要体现在：生态环境优良、居住条件高质量、城市管理精细先进；内外交通便捷通达、教育体系和医疗保障发达；经济实力强劲、产业结构合理、对外交流活跃。建设中心城市，就是打造一座对人口人才具有强大吸附力的宜居之城。

（二）奋斗目标

1. 近期目标

到 2020 年，坚决打赢脱贫攻坚战，全面建成小康社会。经济总量力争达到或突破千亿元大关，实现整体连片贫困到同步全面小康跨越目标，川陕甘结合部区域中心城市加快建设。

2. 中期目标

到 2035 年，在全面建成小康社会的基础上，再奋斗十五年，基本实现社会主义现代化，基本建成川陕甘结合部区域中心城市。

3. 远期目标

到 21 世纪中叶，在基本实现现代化的基础上，再奋斗十五年，全面建成富强、民主、文明、和谐、美丽的川陕甘结合部区域中心城市，现代化建设水平走在全国同类山区市前列。

（三）实践方略

1. 奋斗主题

就是"决战决胜整体连片贫困到同步全面小康跨越，加快建设川陕甘结合部区域中心城市和四川北向东出桥头堡"。广元作为整体连片贫困地区，当前首要任务就是决战决胜脱贫攻坚，甩掉整体连片贫困帽子，与全国

全省同步实现全面小康。围绕省委支持广元建设川陕甘结合部区域中心城市和四川北向东出桥头堡，紧密结合区域特征优势，着力打造成区域内红色文化的传承教育中心、振兴发展的辐射带动中心、人口人才的吸附集聚中心。以进出川门户型综合交通枢纽建设为突破口，融入南向、突出东向、深化北向、拓展西向，着力打造维护国家战略安全的桥头堡、进出川大通道的桥头堡、四川建设内陆开放高地的桥头堡、连接南北文化展示巴蜀形象的桥头堡。

2. 总体取向

就是"转型发展、创新发展、跨越发展"。推动转型发展，就是着力优化经济结构，大力推动绿色产品、绿色工厂、绿色园区、绿色供应链发展，走绿色、低碳、循环的绿色发展之路。推动创新发展，就是突出创新企业、创新人才和创新平台，打通军民融合、科技与经济结合、科技与金融结合三个通道，提升"四上"企业数量、规模和质量，培育壮大实体经济。推动跨越发展，就是坚持稳中求进工作总基调，大力推进民营经济、县域经济、文旅经济发展，把三江新区建成全市高质量发展的核心增长极，始终保持高于全国全省平均水平的发展速度。

3. 发展思路

就是"生态立市、工业强市、文旅兴市、融合发展"。广元推动经济高质量发展，重点是厚植生态底色，坚持把生态作为立市之本、工业作为强市之基、文旅作为兴市之要，以中国生态康养旅游名市建设为总突破口，大力发展"6+2"新型工业、"7+3"现代农业、"4+5"现代服务业，推动三次产业融合发展，坚定不移走绿色发展绿色崛起之路，实现生态、业态、形态融合发展。

4. 全面小康"三大攻坚战"

就是"精准脱贫、防范化解重大风险、污染防治"，这是我们补齐短板同步全面小康的迫切需要。围绕高质量脱贫，到2020年底消除整体连片贫困，打造东西部扶贫协作示范市；把风险防控重点放在社会稳定领域，持续抓好库区移民、投资理财、征地拆迁等工作；把污染防治作为守护国家生态安全的重大政治责任，一手抓整治解决原发性污染，一手抓防范解决输入型污染，切实筑牢嘉陵江上游生态屏障，确保"一江清水入长江"。

5. 经济建设"三大主战场"

就是"项目投资、产业发展、乡村振兴"，这是我们建立经济高质量发展新体系的核心引擎。坚持以大项目促进大发展，落实"项目年"部署，持续开展项目投资大比武；对接省委"5+1"万亿级产业集群，大力发展以食品饮料、清洁能源化工为主的"6+2"新型工业，做大做强广元富硒茶、苍溪红心猕猴桃等七大优势特色产业和三大先导性产业，大力推进以康养旅游、商业贸易等为主的"4+5"现代服务业。

6. 强基固本"三大发展保障"

就是"改革创新、依法治市、全面从严治党"，这是我们打造发展环境新优势的关键之举。进一步强化改革创新，加快建设与川陕甘结合部区域中心城市相适应的科技、人才高地；深化依法治市，用法治的思维和方法加强社会治理，加大营商环境建设，营造高质量发展环境；纵深推进全面从严治党，持续巩固发展风清气正的良好政治生态。

三　川陕甘结合部区域中心城市建设态势分析

（一）优势分析

1. 交通区位优势

广元是四川的北大门，是规划的全国性综合交通枢纽、全省进出川门户型综合交通枢纽。县县通铁路，有4条铁路过境广元，广元火车站已成为仅次于成都的第二大运输枢纽，每天有102对高铁停靠广元；县县通高速公路，有3条高速公路贯穿广元境内，实现1小时到县区、2小时到毗邻市；广元机场已开通北上广深等11条城市航线；作为全省8个重点水运城市之一，嘉陵江实现全江渠化通航，千吨轮船可直达重庆、武汉、上海等地。

2. 生态环境优势

广元是嘉陵江上游重要生态屏障，全市森林覆盖率57.2%，年均气温16.1度、年均湿度68%~78%、年均降水量941.8毫米。市城区环境空气质量优良天数常年保持在95%以上，近三年PM2.5平均值为25，嘉陵江等大江大河出境断面水质均达国家Ⅱ类标准。全市95.19%的耕地通过无公害产地认定，占比居区域第一。

3. 文旅资源优势

广元文化厚重，中子铺细石器文化、先秦古栈道文化、蜀道文化、三国文化、武则天名人文化交相辉映。是原川陕苏区核心区域，红色文化资源丰富。广元生态资源富集，是"全国康养十强地级市"之一，发展康养旅游具有得天独厚的优势。广元有5A级旅游景区1个，4A级景区21个，3A级景区12个，2A级景区8个，4A级及以上景区分别比巴中、汉中、陇南多2个、12个和8个，处于绝对优势（见图1）。

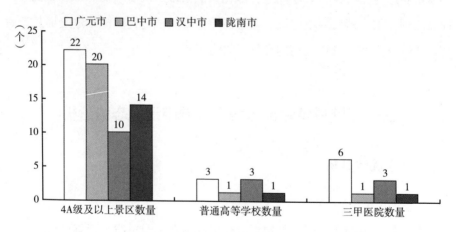

图1　2020年广元及毗邻3市景区、学校、医院数量对比

资料来源：广元、巴中、汉中、陇南4市统计局数据。

4. 医疗比较优势

广元有三甲医院6家、三乙医院5家，数量名列全省前茅，在区域内处于领先地位（见图1）。广元的知名度和美誉度、影响力和吸附力不断增强，周边地区来广元购房、上学、就业、就医人数众多，并且呈逐年增加之势。据统计，近几年市外周边人群来广元购房占比稳定在 30% 左右，年均约 1 万人来广元购房置业。

（二）劣势分析

1. 城市首位度不高

2019 年底，广元生产总值 941.85 亿元，经济总量偏小，城市首位度不高，对周边城市的辐射力、带动力不足。城镇化水平较低，2019 年广元的城镇化水平为 47.2%，平均每年城镇化率仅增长约 1.5 个百分点。周边大城市特别是成都、绵阳"虹吸效应"明显。近年来，广元户籍人口连续下降，近 5 年，年均户籍人口迁出约 2 万人，人口处于净输出态势（见图 2）。

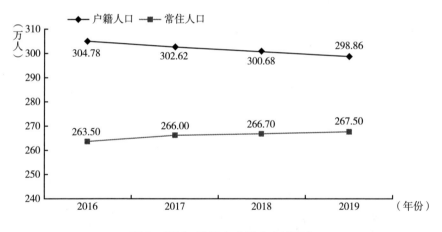

图 2　2016～2019 年广元市人口变化

资料来源：广元市统计局统计数据。

2. 现代产业支撑不足

广元产业层次不高、结构不优，传统产业占比较大，市场竞争力不强，产品附加值低，缺少能够参与国际国内充分竞争的工业大企业，缺少支撑经济高质量发展的主导优势产业，缺少高科技的战略性新兴产业。服务业规模总量还较小，2019 年全市服务业增加值总量排川东北第 4，占 GDP 比重为

42.4%，比全国（53.9%）、全省（52.4%）分别低 11.5 个、10 个百分点。产业发展承载人民群众就近就业能力不足，全市农村劳动力每年转移就业 96 万人，其中，转移市外就业 72 万人之多（见图 3）。

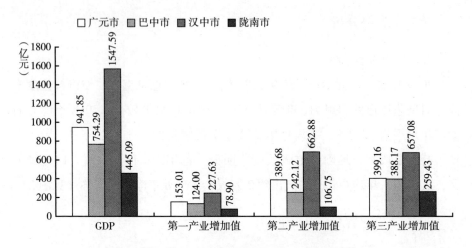

图 3　2019 年广元及毗邻 3 市产值对比

资料来源：广元市统计局和相关三市统计局统计数据。

3. 城市配套不完善

城市功能、品质品位和管理水平等同区域中心城市和中国生态康养旅游名市的要求还有较大的差距。城镇化水平整体偏低，城乡规划水平，特别是以人为本的理念彰显有待进一步提高。城市建设存在重外延轻内涵，街道、建筑、公共空间和景观规划缺乏系统化的设计，亮点特色不足。

4. 区域竞争力不强

（1）人才缺乏

广元人才存量不优，在传统发展模式下形成的人才结构，包括区域分布、行业结构、专业结构、年龄结构等，特别是科技创新人才、行业领军人才、金融人才、高级工匠等十分紧缺，难以适应科学发展、转型发展、跨越发展需要。另外，人才竞争缺乏优势，留住人才面临巨大挑战，广元的人才支持战略和机制亟待完善。

（2）房价上涨快影响城市竞争力

城市发展首要因素在于人口集聚力，安居成本过高将不利于吸附周边外来人口和稳定当地人口，影响城市竞争力。广元住宅价格增长快，价位偏高，2019年，广元商品住宅销售均价为每平方米6734元，巴中为5038元，陇南为6216元，汉中为5378元，相对偏高的房价在一定程度上降低了区域内周边地区市民对广元的关注度和融入性。

（三）机遇分析

1. 宏观经济稳中向好的大环境没有变

当前，疫情仍在全球持续蔓延，经济下行趋势仍然严峻复杂，但我国发展仍然处于重要战略机遇期，有独特的政治优势、制度优势、发展优势和机遇优势，经济社会发展依然有诸多有利条件，中国一定能战胜各种风险挑战，中国航船一定等顶风前进行稳致远，中国经济一定能始终保持"独好风景"。与此同时，面临的国内外环境也正在发生深刻复杂变化。

2. 多重战略交汇叠加的大机遇没有变

"一带一路"建设、长江经济带发展、成渝地区双城经济圈建设等国家重大战略交汇叠加，战略效应逐步释放。西部陆海新通道建设上升为国家战略，广元作为成渝地区北向重要门户枢纽，战略地位将更加凸显。党中央做出"充分发挥国内超大规模市场优势，逐步形成以国内大循环为主体、国内国际双循环相互促进的新发展格局"重大部署，地方政府专项债券资金、中央基建内专项资金、抗疫特别国债资金、中央转移支付资金释放巨大政策红利，多个方面都将有普惠或特惠政策直达广元。

3. 广元转型发展、创新发展、跨越发展的大趋势没有变

近年来，广元乘势而为、蹄疾步稳、日新日进、风生水起，特别是七届市委以来，连续保持高于全国、全省的发展速度，经济总量四年连跨四个百亿台阶、固定资产投资三年跨越两个百亿台阶，脱贫攻坚取得决定性胜利，年度综合目标考核始终保持全省前列。随着一批重大基础设施加快建设，一批重大产业项目加快推进，广元必将高位蓄势、乘势

而进，奋力实现整体连片贫困到同步全面小康跨越、经济总量突破千亿的两个历史性跨越。

（四）挑战分析

1. 宏观形势变化带来的困难挑战

（1）外部风险的上升更为复杂

当前正面临百年未有之大变局，各类风险挑战明显增多，主要是新冠肺炎疫情的蔓延风险、大宗商品的跌价风险、资本市场的下跌风险、地缘政治的冲突风险上升。

（2）经济下行的趋势更为明显

从全球看，国际货币基金组织预测全球经济 2020 年将萎缩 3%，世界银行预测全球经济 2020 年将萎缩 5.2%，是第二次世界大战以来最严重的衰退。从全国看，疫情对我国经济社会发展带来前所未有的冲击，上半年同比下降 1.6%。从全省看，上半年同比增长 0.6%。广元上半年同比增长 1.8%，实现由负转正，但二季度增幅低于全国、全省水平。

2. 抢抓战略机遇面临的白热化竞争

机遇是流动的资源，是稀缺的财富。当前，一系列重大战略正加快实施，这既给我们带来空前的政策机遇，但也带来了巨大的竞争压力，各地都在竞相抢抓机遇，签订合作协议，谋划包装项目。比如，汉中市提出要"打造区域中心城市""建设优质生态产品供应基地"。抢机遇、抢战略、抢政策、抢先机、抢项目，已经成为"发展竞赛"中广元不得不面临的重大挑战。

3. 综合交通枢纽地位有弱化趋势

从内部看，广元对外大通道供给能力偏低。铁路规划发展及利用研究还不够深入、铁路路网建设尚不完善、铁路枢纽融合配套建设还比较滞后、铁路对地方经济的拉动作用还没有充分发挥。广巴铁路原设计时速仅 30 ~ 100 公里，而与之相连的兰渝铁路、西成客专和巴达铁路设计时速为 160 ~ 250 公里，广巴铁路亟须升级改造。高速公路通行能力不足，亟须扩能改造；嘉陵江航道等级偏低，从广元至重庆仍有部分航道通而不畅，不能适应建设长江经济带的发展需要。从外部看，川陕甘结合部和川东北区域内其他城市交通快速发展，特别是时速350公里的成南达万高铁、汉巴南高铁等通车运行后，将对广元门户型综合交通枢纽带来冲击。

四 加快建设川陕甘结合部区域中心城市的对策建议

（一）着力建设全国性综合交通枢纽，打造成渝地区北向重要门户枢纽和四川北向东出桥头堡

中心城市发展的一般规律表明，枢纽优势和作用对于一个城市引领区域发展具有重要影响。必须在扩容、扩能、加密、保畅上下功夫，重点要打好铁路、公路、水运、航空、智慧交通"五大攻坚战"。力争京昆高速绵阳至广元段、广元至汉中段扩容工程尽快开工，加快广平高速、绵苍巴高速等项目建设，推动广巴达铁路扩能改造，盐亭经苍溪旺苍至南江高速公路、青川经剑阁到阆中高速公路等重大项目前期工作取得实质性突破，加快广元港张家坝作业区、嘉陵江上石盘船闸工程建设，加快广元机场改扩建工程建设，形成公铁水空多式联运中心，努力构建内联外畅、通江达海、辐射甘陕、融入亚欧的进出川门户型综合交通枢纽。

（二）着力推动经济高质量发展，打造区域振兴发展的辐射带动中心

中心城市发展的共同规律表明，建设区域中心城市最重要的是经济的交流互动和辐射带动。当前，首先是在疫情常态化防控的基础上，坚决打赢脱贫攻坚战，确保高质量完成脱贫攻坚目标任务，筑牢中心城市建设的底部基础。着力抓项目促投资，把"两新一重"摆在突出位置来抓，认真落实重点项目"四个一"推进机制，加快推动项目建设。稳定工业经济增长，聚力做大做强"6+2"新型工业，集中精力抓好铝产业和绿色家居产业两个重点，加强铝加工产业招商，推动铝产业特色园区建设；抓好中国西部（广元）绿色家居产业城建设，深化成广家居产业协同发展。持续推动农业

多做贡献，切实抓好粮食生产安全，全力抓好生猪稳产保供，扎实抓好"7＋3"现代农业产业发展，促进特色产业提质增效。聚力推动服务业升级，加快构建"4＋5"现代服务业体系，持续开展市场拓展"三大活动"，落实刺激消费政策措施，推动住宿餐饮、文体娱乐、旅游等生活服务业全面复苏，规范有序发展"夜间经济"，把城乡居民消费潜能激发出来。

（三）着力加强基础设施和公共服务建设，打造区域人口人才的吸附集聚中心

人是城市活动的第一要素，对于处于城镇化中期，且城镇化进程不断加快的广元来说，人口增长是城市发展的核心基础。提升中心城市承载力，在打基础、建框架、拓规模、强功能、提品质方面狠下功夫，推进主城区"缓堵保畅"攻坚行动，实施城市绿化、彩化、美化、香化、亮化工程，突出城市重要节点设计，推动美丽街区、美丽桥梁、美丽夜景规划建设，增强广元城市"魅力"吸附力。加快三江新区建设，打造成高质量发展核心增长极。持续优化城乡区域空间布局，支持各县区加快县城发展、做大骨架，以"百镇建设行动"为抓手，打造一批特色鲜明的经济强镇、区域重镇。抓好宜居乡村建设，完善路水电气信"五网"体系，加快补齐农村基础设施短板。打造区域教育高地，突出高中教育引领作用，加快建设3～5所辐射川陕甘毗邻地区的名校。大力支持民办教育，加强公办幼儿园建设。多元发展职业教育，支持川北幼儿师范高等专科学校、四川信息职业技术学院、四川核工业技师学院、四川水利水电技师学院等加快发展。建设医疗中心建设，进一步加强疫情监测预警和应急响应能力，完善疾病预防控制、医疗救治、物资保障体系建设；发展特色专科医疗，提升综合性医院实力，建设国家医养结合示范市、全国中医养生保健基地。

（四）着力加快建设中国生态康养旅游名市，打造区域旅游集散中心

广元拥有良好的空气、水和绿色食品等资源，我们要把这个优势用好。认真践行习近平生态文明思想，既要守好绿水青山，又要做大金山银山，继

续打好污染防治"八大战役"，在大保护中找到经济新增点，构筑与大蜀道相呼应的水上经济带，把"美丽资源"转化为"美丽经济"，实现绿色发展、绿色崛起。广元红色文化十分厚重，是广元的宝贵财富。特别是习近平总书记一直牵挂关心广元发展，2002 年、2007 年先后两次致信，2004 年亲临广元视察，2005 年接见广元代表团。保护开发红色资源，打造提升红色景点，全域形成红色品牌效应，使之成为一张辐射区域的亮丽红名片。加快文旅经济复苏发展，大力创建天府旅游名县、省级全域旅游示范区，创新方式开展宣传营销活动，持续提升"剑门蜀道、女皇故里、熊猫家园、红色广元"品牌知名度、美誉度和影响力。

（五）着力深化改革扩大开放，打造内陆开放高地

主动融入成渝地区双城经济圈建设。聚焦"建设成渝地区北向重要门户枢纽、高品质生态康养'后花园'、绿色产品供给地和产业协作配套基地"四个方面的目标，认真谋划一批事关广元长远发展、具有重大支撑引领作用的重大项目、重点产业、重大平台，进一步抓好与成都天府新区、重庆渝北区、合川区等已签协议的细化落实，加快推进川东北经济区协同发展，推动"阆苍南"一体化发展，打造区域合作示范，重点加强在铝产业、家居产业、绿色食品、生态康养等领域的合作，推动取得实效。坚定不移全面深化改革。聚焦供给侧结构性改革，深化要素市场化配置改革，打造最优营商环境，推动经济高质量发展。扎实做好乡镇行政区划调整和村级建制调整改革"后半篇文章"，进一步提升城乡基层治理能力和水平。落实好纾困惠企政策，千方百计把市场主体保护好，激发市场主体活力，扎实推动政策落实，切实把服务企业工作做好做出成效。坚定不移推动大开放大合作。积极适应外贸形势变化和国内投资动向，立足广元"十四五"和未来发展，加强与成渝地区、东部发达地区等合作对接，积极做好与浙江的东西部扶贫协作后续工作，更加积极引资引智。创新线上线下招商方式，积极参加省级重大投资促进活动，继续通过各种渠道握手世界、推销广元。

参考文献

《中共中央关于制定国民经济和社会发展第十四个五年规划和二〇三五年远景目标的建议》，2020 年 10 月 29 日。

中共广元市委：《关于深入学习贯彻习近平总书记对四川工作系列重要指示精神坚定落实省委十一届三次全会各项决策部署奋力推动治蜀兴川广元实践再上新台阶的决定》，2018 年 7 月 29 日。

住房和城乡建设部规划司、中国城市规划设计研究院：《全国城镇体系规划研究（2006～2020 年）》，商务印书馆，2010。

尹稚、王晓东、谢宇、扈茗、田爽：《美国和欧盟高等级中心城市发展规律及其启示》，《城市规划》2017 年第 9 期。

Friedman J., "The World City Hypothesis". *Development and Change*. 1986（17）.

B.3
广元经济发展报告（2019~2020）

彭仕扬　王资耀　杜光举　王卉子*

摘　要： 2019年，广元经济工作各方面取得了重大成效，经济实力不断增强，"三大需求"持续发力，产业发展加快转型，改革开放持续深化，社会民生加快发展，城镇化建设持续改善。同时，经济社会发展还面临内外环境形势严峻、产业结构不优、投资后劲不足、财政收支难平衡等诸多短板和不足。面对广元经济存在的问题，一要坚持"投资唱主角"，把项目投资摆在更加突出的位置；二要在促进工业提质增效、加快发展现代服务业、加快推进农业农村现代化、突破性发展文旅经济、持续深化创新改革扩大开放、不断优化营商环境、营造良好氛围等多途径多范围多方面入手，通过高质量发展，推动广元经济再上台阶。

关键词： 经济发展　改革开放　三大需求　广元市

一　广元经济发展成就综述

　　2019年以来，随着世界格局的逐步演变，经济社会发展逐渐进入新常态，经济下行压力加大，面对复杂多变的国内外形势，全市上下坚定贯彻习近平新时代中国特色社会主义思想和习近平总书记对四川工作系列重要指示

---

* 彭仕扬、王资耀、杜光举、王卉子，广元市发展和改革委员会。

精神，全面贯彻党中央、省委、市委系列决策部署，坚定不移实施"三个一、三个三"兴广战略，全力做好"六稳"工作，脱贫攻坚、产业发展、改革开放、民生福祉等均取得一定成效，经济发展呈现稳步提升的良好局面。

（一）经济总量跨上新台阶，实力不断增强

在第四次全国经济普查核定基础上，全市全年地区生产总值（GDP）迈上 900 亿元大关，实现 941.85 亿元，同比增长 7.5%；人均地区生产总值达到 35262 元，同比增长 7.2%。地区生产总值及人均地区生产总值在全省排名均较上年提升 1 位。三次产业结构比由 16.6∶40.9∶42.5 调整为 16.2∶41.4∶42.4（见图 1），第二产业比重较上年提升 0.5 个百分点，工业和服务业依然保持强劲发展势头，工业占比相较于上年提升 0.6 个百分点，服务业依旧保持自 2018 年以来的主导地位。

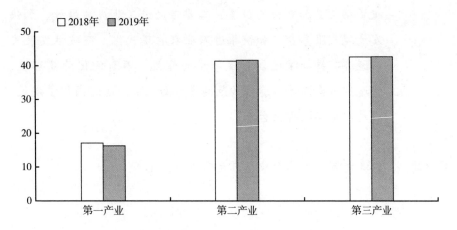

图 1　2018 年和 2019 年广元市三次产业结构对比

资料来源：《2018 年广元市国民经济和社会发展统计公报》《2019 年广元市国民经济和社会发展统计公报》。

（二）"三驾马车"并驾齐驱，需求持续发力

1. 全社会投资较快增长

持续深入推进项目投资"大比武"，充分发挥"六大中心"作用，不定

期研究解决项目推进中存在的问题，全社会固定资产投资增长 12.7%，连续三年月度增速保持在 10% 以上（见图 2）。其中，基础设施投资增长 13.9%，产业投资增长 18.0%。组织重大项目集中开工活动 6 批次，开工项目 970 个、总投资 1284 亿元，项目个数、总投资分别较上年增长 4.6% 和 16.9%。232 个省市重点项目完成投资 561 亿元，超年度任务 15.8%。储备亿元以上重大项目 418 个、总投资 3569 亿元。

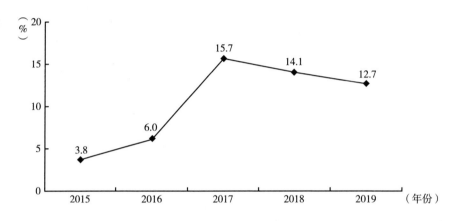

图 2　2015~2019 年广元市全社会固定资产投资增速

资料来源：《2019 年广元市国民经济和社会发展统计公报》。

2. 消费活力不断释放

大力促进消费提质升级，组织举办秦巴山区年货节、"广元造"食品饮料产销对接会等展会节会 100 余场次，参展企业 1400 余家，实现销售近 2 亿元。深入实施市场拓展"三大活动"，培育"女皇味道"餐饮品牌，规划打造凤街、两江口等 4 个夜间经济示范街区，持续扩大"广元造"产品市场份额。2019 年，广元社会消费品零售总额实现 446.90 亿元、同比增长 10.3%（见图 3）。

3. 进出口总额快速增长

试行中小微企业出口风险控制及保单融资补偿机制，广元海关正式报关，新增外贸实绩企业 14 家、增长 39%，进出口总额实现 9194.54 万美元、

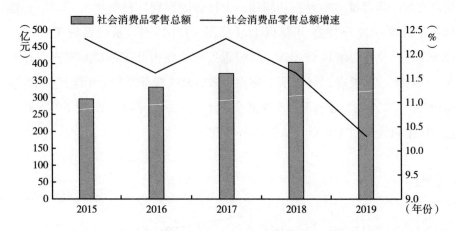

图3 2015～2019年广元市社会消费品零售总额绝对值和增速

资料来源：2015～2019年《广元市国民经济和社会发展统计公报》。

增长20.7%。其中，出口总额4390.21万美元，下降13.1%；进口总额4804.33万美元，增长86.9%。

（三）积极构建现代产业体系，加快促进转型升级

1. 农业经济稳中有进

加快构建现代特色农业"7+3"产业体系，第一产业增加值增长3.1%，粮食产量增长0.8%，油料产量增长2.5%，出栏家禽2602.30万只，增长27.0%，茶叶、苍溪红心猕猴桃等特色经济作物均实现快速增长。积极推进现代农业园区和农业品牌建设，新建成省星级园区3个、市级现代农业园区7个，"一村一品"示范园206个、家庭产业园3.1万个，成功创建国家农产品质量市。新增有机产品171个、有机认证面积7.7万亩，"朝天核桃"区域品牌入选第三批中国特色农产品优势区。启动实施"乡村振兴"战略，完成利州区、苍溪县五龙镇、青川县青溪镇3个省级试点规划编制，利州区月坝村入选"中国美丽休闲乡村"。

2. 工业经济提质增效

强化工业强市主体地位，全部工业增加值291.12亿元，比上年增长

8.8%。工业对经济增长的贡献率为44.9%，拉动经济增长3.4个百分点，其中，规模以上工业增加值增长9.6%，居全省第10位、川东北第2位。聚焦"6+2"特色优势产业发展，六大特色产业同比增长10.3%，对规上工业贡献率高达84.2%，高技术制造业和战略性新兴产业产值分别增长17.3%和14.1%。其中食品饮料成为首个产值突破300亿元产业，培育产值千亿铝产业迈出坚实步伐，铝基材料、绿色家居产业被纳入全省特色优势产业。新增产值亿元企业41户、10亿元企业2户、首次突破50亿元企业1户。园区拓面进一步加快，新增园区面积4600亩，工业投资增长14.8%。

3. 服务业加快发展

深入推进现代服务业，服务业增加值增长8.4%，高于经济增速0.9个百分点。深入实施服务业"三百工程"，秦巴中药材仓储物流基地、川陕甘农产品批发市场（一期）建成投产，铁路综合物流基地项目前期加快推进，上西交通物流港二期、大稻坝物流园、七盘关公路物流港加快建设。国家级（省级）电子商务进农村示范县项目实现全覆盖，建成县级电商服务中心6个、乡镇电商服务站191个、村电商服务点870个，培育涉农电商企业2500余家，打造本土电商品牌40余个，建成阿里巴巴广元馆、京东广元馆、七绝商城、天府交易所核桃交易中心等重点电商平台，限额以上单位线上交易额增长21.3%，高于社会消费品零售总额增速11个百分点。

4. 文旅经济快速发展

深入推进"中国生态康养旅游名市"建设，剑阁县成为全省首批天府旅游名县命名县，青川县创建为首批国家全域旅游示范区，昭化镇入选首批全省文化旅游特色小镇，天成大酒店创建为全市首家五星级旅游饭店。黑石坡森林康养旅游度假区、广元康养示范产业园等重点文旅园区加快建设，成功举办第九届蜀道文化旅游节、四川省第十届乡村文化旅游节，"剑门蜀道、女皇故里、熊猫家园、红色广元"旅游品牌影响力持续扩大，接待游客人数、旅游总收入分别增长11.8%和19.8%。

5. 县域经济持续壮大

研制出台推动县域经济高质量发展39条政策措施和县域经济考核办法，

积极构建"一核四带七链"产业空间布局，坚持"一县一主业"，优化区域发展空间布局，全市县域经济加快推进，县域经济综合实力明显增强，经济总量超百亿的县区达 4 个，利州区在全省 33 个城市主城区中排名第 7 位，旺苍县在 58 个生态功能区中排名第 9 位。

（四）统筹推进促改革，不断深化对外开放

1. 全面推进各项改革

审议出台重大专项改革方案 18 个，231 项改革任务全面完成；重大改革试点有序推进。全面完成党政机关机构改革，初步构建起适应新时代广元发展需要的机构职能体系和制度保障。启动实施乡镇区划调整改革。深入推进减税降费措施，全年降低企业成本 25 亿元以上。产业扶贫"三园联动""四保四分红""自强农场"等改革经验得到国家充分肯定。党政机关国有企事业单位公务用车改革获省级考核第一名。

2. 创新驱动深入开展

开展科技金融融合综合试点市和省级绿色金融创新试验区建设，出台推进绿色金融发展实施意见和财政金融互动政策支持小微企业发展政策措施，实施科技型企业培育和科技成果转化行动，广元经济技术开发区创建为四川省科技成果转移转化示范区。市场主体日益活跃，新登记企业 4373 户、增长 22.6%。

3. 对外开放持续活跃

深入推进"四项拓展、全域开放"，加快推动川东北经济区协同发展，阆苍南一体化发展高质量推进，深化浙广合作，加强与广东、广西及成都、西安等地战略合作，与绵阳、南充等周边市签订战略合作协议，举办中国独角兽商机共享大会。积极"走出去"，主动对接招引项目，全年新签约招商引资项目 384 个，其中投资额 1 亿元以上项目 188 个，到位市外资金增长 20%。

（五）加快新型城镇化建设，城市功能不断完善

全面启动国土空间规划编制，中心城区"两核、三轴、四片"空间结

构逐步优化，市城区建成区面积新增 3 平方公里，万缘 21 号路等项目全面竣工，加快推进北二环东延线、环城南路改造。实施城区"微整形"行动，古堰路停车场等项目竣工投运，新增停车位 618 个。实施"城市双修"，打造城市公园、街头游园 19 个，成功创建国家园林城市。完成城市黑臭水体生态治理，全省城市黑臭水体治理工作现场推进会在广元市召开。城镇"三推"加快实施，建成城镇污水处理设施 167 个，主城区和县城污水处理率分别达到 97%、90%。城乡生活垃圾分类持续推进，市城区餐厨垃圾处置项目建成投运，城市生活垃圾无害化处理率 100%。积极推进以人为核心的新型城镇化，持续推动"百镇建设试点行动"，统筹推进老旧小区和棚户区改造，开工改造棚户区住房 5275 套，基本建成 3699 套。全年新增常住人口 0.8 万人，常住人口城镇化率达 47.20%，比上年提高 1.57 个百分点（见图 4）。实施三江新区建设"提速年"活动，陵宝二线至机场快速道路等 4 个项目基本完工，"一桥两路两组团"等 5 个重大项目开工建设，新区骨架初步形成。

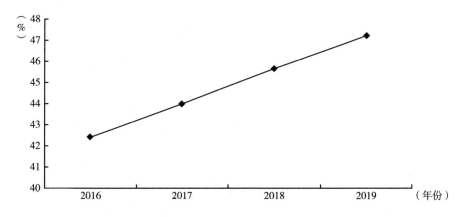

图 4　2016～2019 年广元市常住人口城镇化率

资料来源：《2019 年广元市国民经济和社会发展统计公报》。

（六）民生事业加快发展，人民生活不断提高

1. 民生福祉持续增强

聚焦解决群众"急难愁盼"的民生问题，持续做好民生实事，民生预

算支出 185 亿元、占比保持在 65% 以上。落实就业优先政策,实施援企稳岗"护航行动"和职业技能提升"展翅行动",多措并举促进就业困难人员、库区移民等重点群体充分灵活就业,城镇新增就业 3.88 万人,城镇登记失业率 3.46%,超额完成省定目标。全面实施全民参保计划,城乡居民基本养老保险覆盖 126.74 万人;精准实施 45.65 万人养老金待遇社会化发放,社保待遇水平稳步提升。

2. 公共卫生服务全面加强

建成城乡社区老年人日间照料中心 327 个,养老服务示范社区 19 个,农村幸福院 344 个。"健康广元"深入推进。深入推进城市医疗联合体试点、医共体试点建设,承办全国贫困地区健康促进三年攻坚行动推进会,"健康细胞"建设经验全国推广。大力推进国家医养结合试点市和全国中医养生保健基地建设,稳步推进分级诊疗,县域内就诊率达 82.18%。

3. 教育事业持续巩固

统筹抓好教育优先工作,巩固义务教育均衡发展成果,全市学前三年毛入园率达 90%、普惠性学前教育资源覆盖率达 76%。深入推进"大班额"化解,大力实施"四名工程",推进高考综合改革,高考成绩再创新高,一本上线人数、600 分以上特优学生人数、考取清华北大学生人数,分别增长 4.6%、39% 和 46.7%。中职就业率位居全省前列,成功创建广元中核职业技术学院并顺利招生,成为全国唯一核工业高职院校。

二 新冠肺炎疫情以来发展情况

2020 年是全面建成小康社会和"十三五"规划的收官之年,年初突如其来的新冠肺炎疫情及复杂多变的国内外形势,致使经济社会发展遇到极大挑战。全市上下深入贯彻落实党中央国务院、省委省政府各项决策部署,全面打响疫情防控总体战、阻击战。27 天实现全市 6 例确诊病例全部治愈出院,为全省第 3 个确诊病例"清零"市州,33 天疫情响应级别降为二级,44 天 7 个县(区)全部转为低风险区,至今无新增确诊病例。

在疫情防控的同时，积极应对、主动作为，稳抓经济恢复及社会发展各项工作。从1月底开始全面推进复工复产、复市复业，在全省率先实现省市重点项目全面复工。积极争取国家和省系列惠企政策措施落地落实，制定出台支持企业复工复产、缓解中小企业生产经营困难的政策措施，疫情防控取得阶段性成效，经济社会发展止滑回升。2020年上半年，地区生产总值实现445.62亿元、增长1.8%，增速居全省第2位、达到1992年分级核算以来增速最高位次。规模以上工业增加值增长4.0%、居全省第2位，全社会固定资产投资增长6.7%、居全省第9位，城乡居民收入增幅快于经济增速，分别增长4.6%和8.2%，分别高于全省0.4个和0.6个百分点。

三 广元经济发展面临的主要问题

虽然经济社会发展取得一定成效，但当前国内外形势依然严峻复杂，要深刻认识到广元市经济发展面临的诸多问题和不足。

（一）外部环境方面

中美贸易摩擦打破长期以来建立的平衡格局，引致全球局势的改变，加之新冠肺炎疫情仍在全球蔓延，中美关系面临诸多不确定性因素，产业链供应链不稳定，部分企业产能受到抑制，以出口贸易需求为主导的"外循环"经济受阻，经济下行压力剧增。

（二）内部环境方面

我国经济发展已从高速增长阶段步入高质量发展阶段，随着供给侧结构性改革深入推进，不断淘汰落后产能，经济发展逐渐进入新常态。受新冠肺炎疫情影响，生产虽已全面恢复，但经济全面恢复仍面临压力，疫情"外防输入、内防扩散"压力仍然较大，经济稳定运行仍面临诸多风险挑战。

（三）产业发展方面

1. 工业经济转型压力加大

广元工业经济占比和增速目前虽高于全省平均水平，但支撑产业主要集中在食品饮料、建材家居等劳动密集型的低端产业，在技术密集型的高端产业严重不足，计算机、通信和其他电子设备制造产品产量下降11.7%，彩色电视机下降7.7%。采矿业受国家宏观政策影响逐年下降，2019年铁矿石原矿产量下降20.1%，原煤、洗煤产量分别下滑7.6%和7.1%，加速转型迫在眉睫。

2. 建筑业支柱地位有待提升

建筑业是国民经济的支柱产业，全市建筑产业总量还较小、增速不快，2019年，建筑业增加值实现98.75亿元、增长5.9%，增速低于全省平均水平0.2个百分点、低于全市经济增速1.6个百分点。同时，发展后劲不足，本地建筑业企业产业规模小、结构不优、竞争力不强、市场占有率低，建筑企业的培育力度有待进一步加强。

3. 服务业发展水平有待进一步提高

从总量看，2019年服务业增加值为399.16亿元，占地区生产总值比重较上年降低0.1个百分点，服务业占比低于全省10个百分点，近三年（2017年、2018年、2019年）增速也分别低于全省平均水平0.2个、0.1个和0.1个百分点。从结构上看，新兴服务业增速低于服务业总体发展水平，科学研究和技术服务业仅增长3.2%，金融业增长6.0%，信息传输、软件和信息技术服务业增长7.2%。

（四）项目投资增长后劲不足

从在库项目看，2019年末在库项目结余投资630亿元左右，扣除广平高速、绵（阳）苍（溪）巴（中）高速公路等重大跨年度实施项目结余投资量，在库项目投资远不能满足快速增长需求，部分县区在库项目结余投资严重支撑不足。从重点项目推进看，受宏观经济形势影响，广元天曌山国际康养旅游度假区、青溪古城康养旅游度假区、剑阁县驰恒挂车制造项目等一批重点招商引资项目未实现落地开工。从行业看，第一产业完成投资 14.2 亿元、下降 7.2%，房地产开发投资完成 88.04 亿元、仅增长 3.7%。

（五）财政收支平衡压力进一步加大

2019 年，受减税降费等相关政策措施影响，地方一般公共预算收入仅增长 1.7%，低于与经济增长基本同步的预期；同时，刚性支出不断增加，脱贫攻坚、产业发展、民生政策落实等支出持续增长，各种改革性成本有增无减，财政收支平衡矛盾异常突出。

四　广元经济发展的对策与建议

当前，面对百年未有之大变局、经济下行之大考验、全面小康之大考题，广元经济社会发展任重而道远，但同时也面临着新一轮西部大开发、国内国际"双循环"等重大政策机遇，需全面贯彻落实党中央国务院、省委省政府各项决策部署，坚持稳中求进工作总基调，坚定新发展理念，强化问题导向、目标导向，适应新形势、抢抓新机遇，培育新动能、增创新优势，持续深入开展项目投资、产业发展、乡村振兴等方面"大比武"，确保主要经济指标增速高于全国、全省平均水平，推动经济转型发展、创新发展、跨越发展，为治蜀兴川广元实践再上新台阶奠定坚实基础。

（一）坚定不移抓项目稳投资

要坚持"投资唱主角"，充分发挥项目投资对稳增长、补短板、调结构的关键作用，深化项目投资"大比武"活动，全年全社会固定资产投资增长 10.5%。积极谋划项目包装储备，抢抓"十四五"规划、"新基建"、成渝地区双城经济圈、地方政府专项债、中央预算、抗疫特别国债、基础设施补短板等机遇，加大项目谋划包装储备，储备项目总投资动态保持 1 万亿元以上。积极加强与上级联系沟通、衔接和争取力度，力争将一批重大项目纳

入国家、省相关规划。加快推进重大项目建设力度，创新完善领导挂联、项目协调调度等机制，扎实抓好广平高速、绵阳至苍溪至巴中高速公路等重点项目建设。狠抓新项目开工，全年举行项目集中开工活动6批次以上。积极争取"特别国债"和地方政府专项债券，做好专项债券项目配套融资；积极争取项目资金，到位资金增长10%以上；争取金融机构加大支持力度，确保信贷有明显增长。强化土地供应保障，做好征地拆迁等前期工作。

（二）加快构建现代产业体系

1. 促进工业提质增效

坚持优化存量和培育增量并举，逐步发展壮大"6+2"现代产业体系，提升产业基础能力和产业链现代化水平。围绕建设成渝地区绿色产品供给地和产业协作配套基地，加强铝产业、家居产业等重点产业全产业链招商力度，加快成为成渝地区绿色食品、绿色家居、绿色建材、清洁能源等的供给地。加大企业培育力度，推动小微企业、中小企业提质升级，全年新增规上企业50户以上。加快家居产业城、石盘工业园等重点园区拓面。强化要素保障，确保林丰铝电、劳特巴赫精酿啤酒等一批重点企业产能释放，推动罗圈岩风电场等项目如期投产投运。用好用活工业发展资金、应急转贷资金以及"园保贷"政策措施；坚持市领导联系企业的困难问题会商机制，"一企一策"破解瓶颈问题，有序推进"僵尸企业"处置。

2. 加快发展现代服务业

深入实施"三百工程"，加快推进广元高铁快运物流基地、铁路综合物流基地等重点项目，实施服务业重点企业培育计划，促进广运集团、皇泽物流、资博实业等重点企业争创全省100强。积极培育生产性服务业向专业化和价值链高端延伸，推动生活性服务业升级。打造中职教育品牌、健康养老品牌、家政服务等新型服务业。落实好促进消费的系列措施，大力推进凤街、金橄榄广场等夜间经济示范街区建设。持续深入推进市场拓展活动，扩大"本地造"产品市场份额，进一步稳定市场消费。抓好新经济、新业态和商贸服务企业培育，全年新增限上批发、零售、住宿、餐饮类企业35户、规模以上服务业企业 25 户。积极培育开放型产业示范园区和出口基地，探索建设国别园区，引导企业开展国际市场拓展。充分发挥阿曼广元馆效应，推进各县区设立专柜，扩大"广元造"产品销售空间，稳定外贸进出口。

3. 加快推进农业农村现代化

持续深化农业供给侧结构性改革，大力推进优势特色产业发展，加快构建现代特色农业"7＋3"产业体系。加快恢复生猪生产，严格落实粮食安全生产责任，实施好"菜篮子"工程，切实保障好"菜篮子""米袋子"。加快现代星级园区建设，提质已建成农业园区，创建省级星级园区 2 个、建成市级现代农业园区 7 个、新建"一村一品"特色产业园 30 个、家庭产业园 1.6 万个。深入实施品牌建设，巩固国家农产品质量安全市创建成果，推进有机产品认证示范市创建。深入推进"美丽四川·宜居乡村"广元行动，分类推进农村生活垃圾治理、污水处理、厕所革命、畜禽粪污资源化利用和村容村貌提升、居民文明素养提升"4＋2"专项行动，完成农村户厕改造 1.8 万户和朝天区农村人居环境整治重点县建设。加强农村基础设施建设，推动天然气向农村覆盖。

4. 突破性发展文旅经济

继续开展全域旅游示范区、天府旅游名县、文旅特色小镇创建工作，加快推进黑石坡森林康养旅游度假区、广元康养示范产业园等重点文旅园区建设，做亮"剑门蜀道、女皇故里、熊猫家园、红色广元"旅游品牌。完成文化旅游资源普查，抓好文化遗产保护利用，推动武则天名人传承创新工程、革命文物保护利用。推动文旅融合发展，大力开发自驾游、水上旅游、精品民宿等业态产品。加强重点客源地、高铁沿线城市和航线开通城市宣传营销，力争接待游客人数和旅游收入分别实现恢复性增长。

（三）持续深化创新改革扩大开放

全面深化重点领域改革。全面落实完善新时代要素市场化配置体制机制。落实减税降费政策、国省系列涉疫惠企政策措施，切实降低实体经济负担，力争降低成本 20 亿元以上。深化科技创新改革，加快成果转化，提升

企业创新能力。深化国资国企改革，促进市县平台公司转型发展。全面加强城乡基层治理制度创新和能力建设，深入推进现代乡村治理制度改革，创新和完善城市基层治理制度，构建新时代广元城乡基层社会治理新格局。加强川陕革命老区城市合作。建立健全重大事项统筹协调机制，抓好与天府新区和渝北区、合川区战略合作协议事项的落地落实。重点在铝产业、家具产业、绿色食品、生态康养等优势领域合作，助力打造西部地区千亿级铝产业集群、辐射川渝陕甘的绿色家居产业集群。加快推进川东北"三个十大"项目和平台建设，高质量完成广元市牵头的8项任务，推进阆苍南一体化协同发展。深化与周边城市的紧密合作，对接基础设施互联互通、生态环境联防共治、文化旅游协同、产业互补配套。积极主动融入成渝地区双城经济圈、长江经济带和西部陆海新通道发展，加强成广、渝广、西广合作，主动加强桂广合作，拓展与港澳台的合作。加快"走出去"步伐，拓展"一带一路"建设领域和项目。创新线上线下招商方式，加大市场化、社会化招商力度，精心组织参与第十八届西博会、中国东盟博览会等重大平台活动，全方位、多形式、广领域开展招商引资活动，推进产业链招商、集群化招商，确保到位市外资金增长18%以上。

（四）加快建设川陕甘结合部区域中心城市

持续不断完善城市功能，完成北二环东延线、雪峰路等项目建设，开工西二环延伸段等项目。切实完成城区缓堵保畅工程，继续实施道路"微整形"行动，改造一批交通拥堵节点，完成城环南路改造、利州西路建设等项目。着眼改善提升城市形象，完成二专线北出市口改造，实施主城区城镇污水处理设施提质增效三年行动，推进城市"五化"，加强铁路沿线环境综合治理。抓好三江新区建设，突出安全坝片区开发，加快"两路一隧"和红星、坪雾组团道路等项目建设进度，实现宝轮环线（南段）等项目竣工投产。推进广巴铁路扩能改造前期工作。加快推进广平高速、绵苍巴高速、七盘关至曾家山旅游扶贫公路等项目建设，全线贯通南山隧道。加强京昆高速广元至绵阳扩容段改造项目招商工作，力争早日实现开工。推进广元机场改造、油库扩容等项目建设。广元港张家坝作业区实现竣工投产，继续推进航道整治，提升嘉陵江通航能力。

（五）不断优化营商环境，营造良好氛围

持续推进"放管服"改革。全面落实市场准入负面清单制度，深入推进"证照分离"。持续深化"一网办、一次办、就近办、一门办"改革，加快实现市县乡村四级联网，推动一批高频事项下沉至乡镇（街道）、村（社区），企业和群众办事材料平均减少60%以上。扎实推进投资项目在线审批监管平台建设应用，建设全市工程项目建设审批管理系统，开展营商环境第三方评价。加强社会信用体系建设，深入开展政务诚信，建立健全"政府承诺+社会监督+失信问责+损失补偿"机制。全面落实支持民营经济健康发展政策措施，组织实施政策精准推送工程。建立领导联系商（协）会制度，落实企业家参与涉企政策制定。完善中小企业发展的政策体系，缓解企业融资难、融资贵等问题，引导银行业金融机构将新增贷款资金重点投向民营企业、中小微企业和制造业企业。完善营商环境联席会议制度，健全民营经济投诉中心和企业维权平台，坚持民营企业、工业企业等问题困难会商制度，协调解决市场主体的困难和问题。

（六）切实保障和改善民生

切实抓好保就业工作。实施就业优先战略，全面落实援企稳岗、社保减免等政策，着力做好受疫情影响人员、返乡农民工、高校毕业生、退役军人等特殊群体就业，城镇登记失业率控制在4.5%左右。加大基本民生保障。扎实做好30件民生实事，确保民生支出占比稳定在65%以上。高度重视疫情对群众基本生活的影响，兜牢基本民生底线。实施全民参保计划，持续实施社保扶贫，确保"三类"贫困人员应保尽保，养老保险待遇享受人员按时足额发放。重视解决好托幼养老问题，推进全民健身活动。加大优质教育资源供给，完成4所幼儿园改建、19所配套幼儿园治理和73个大班额化解。深入推进健康广元建设，大力推进分级诊疗制度，推进医联体、县域医

共体试点建设。深化医疗服务价格改革,严控医疗费用不合理增长。实现高血压糖尿病门诊用药保障,完善以慢性病患者健康服务为主的医防融合模式。加快发展"互联网+医疗健康",力争创建互联网医院2家。进一步提升公共卫生服务能力。加强川北区域医疗中心、川东北区域精神卫生中心、中医医疗中心建设,加强中医医疗机构医疗技术管理。大力实施"三馆"提升行动,广泛开展群众体育和全民健身活动。

参考文献

习近平:《习近平谈治国理政》(第三卷),外文出版社,2020。

邹自景:《2020年广元市人民政府工作报告》,广元市人民政府网,2020年6月11日,http://www.cngy.gov.cn/artic/show/20200617145201427.html。

四川省统计局、国家统计局四川调查总队:《四川统计年鉴2019》,中国统计出版社,2019。

杜人淮、马会君:《深刻把握新时代经济高质量发展的理论内涵》,《观察与思考》2020年第5期。

B.4
广元主动融入成渝地区双城经济圈中
深化改革开放的思路与路径研究

汪 明 姜友凯 张家伟 李虹霖*

摘 要： 广元作为"不沿海、不沿边"的内陆城市，实现从整体连片贫困到同步全面小康跨越，见证了党的坚强领导和社会主义制度的优越。面对深化改革的各种挑战，面对世界性新冠肺炎疫情及国际国内经济下滑的考验，广元下一步要按照党和国家的要求，主动融入"双循环"新格局求得更大发展。广元融入国内大循环和国内国际双循环，目前就是立足广元实际加快融入成渝地区双城经济圈。从实践途径来看，广元要注重扬长避短，着力拓展成渝地区双城经济圈北向开放大通道，着力夯实融入成渝地区双城经济圈开放合作产业支撑，着力探索融入成渝地区双城经济圈开放合作机制平台等。抓住成渝地区双城经济圈建设重大战略机遇，进一步扩大改革开放，推进体制机制创新，推动治蜀兴川广元实践再上新台阶。

关键词： 成渝地区双城经济圈 体制机制创新 广元市

　　党的十八大以来，习近平总书记在国内国际诸多重要场合旗帜鲜明地宣示了改革开放的决心，也对全面深化改革和进一步扩大开放做出了深入阐

---

* 汪明、姜友凯、张家伟、李虹霖，中共广元市委政策研究室。

释。中央财经委员会第六次会议上，明确要求把成渝地区建成具有全国影响力的改革开放新高地，并做出一系列重要部署。如何精准把握总书记讲话精神，在融入成渝地区双城经济圈中进一步扩大改革开放，大力推进体制机制创新，激发社会创造力与市场活力，是值得研究思考的重大问题。

一　广元融入成渝地区双城经济圈的必要性

（一）广元融入成渝地区双城经济圈，是辐射带动革命老区、连片贫困地区协调发展的迫切期盼

协调发展是解决新时代我国社会主要矛盾的必由之路，是经济社会持续健康发展的内在要求。广元作为川陕革命老区、秦巴山连片贫困地区，不充分、不平衡两大问题并存，不充分的问题尤为突出，经济发展水平在全省长期处于落后状态。广元融入成渝地区双城经济圈，有利于发挥成渝地区辐射带动作用，推动川陕革命老区振兴发展，加快秦巴山区脱贫攻坚进程，增强后脱贫时期发展后劲，补齐经济发展短板，加快缩小与成渝地区差距。

（二）广元融入成渝地区双城经济圈，是打造四川北向东出桥头堡、拓展成渝地区发展空间的现实需要

广元具有优越的地理位置，是四川北向开放的重要门户，联通"成渝""关中—天水"两大国家级经济区，是陆上丝绸之路经济带互动合作的重要节点。广元融入成渝地区双城经济圈，有利于加快形成"四向拓展、全域开放"立体全面开放新态势，纵深推进大开放大合作，能够进一步打通国家战略连接通道，拓宽成渝地区双城经济圈的发展外延空间，做强轴带支撑，加速形成新的经济增长点。

（三）广元融入成渝地区双城经济圈，是加快建设嘉陵江流域经济带、助推长江经济带梯度发展的重要路径

嘉陵江流域是我国西南、西北和中部地区的重要接合部，整体来看嘉陵

054

江流域已进入工业化城市化加速发展时期。随着出川瓶颈的突破、西部交通枢纽的建设、嘉陵江渠化的完成、广元—南充—广安港口群建设的推进、重庆—小时经济圈的发展，以及西部大开发、成渝经济区、秦巴山连片扶贫和革命老区发展等国家战略的实施，嘉陵江流域开发建设取得很大进步，进入加速发展的新时期。成渝双城之间通过铁路、高速、长江等通道，已形成若干发展带并在不断扩展。嘉陵江流域是成渝地区特别是重庆的重要腹地。随着嘉陵江港口群建设的推进，成渝双城发展重心将进一步北扩，与此同时，广元与成渝差距缩小，进入成渝地区双城经济圈的条件基本成熟。

（四）广元融入成渝地区双城经济圈，是发挥比较优势、优化资源配置、推动高质量发展的客观要求

广元生态资源富集，大山、大水、大森林特征突出，是嘉陵江上游重要生态屏障，具备培育绿色发展新引擎、实现绿色崛起的战略基础和最大优势。广元融入成渝地区双城经济圈，有利于推动资源优势转变为发展优势，在承接产业转移、共享平台打造、资源要素交流等领域，充分释放国家战略带动效应，大力提升成渝地区双城经济圈有效集聚资源、配置资源的能力，有利于助推实现高质量发展。

二 广元融入成渝地区双城经济圈中深化改革开放的基础与现状分析

（一）改革开放基础优势逐步凸显

1. 产业发展基础良好

广元拥有 7 个国家级和省级经济开发区，是成渝地区重要的食品饮料、家居建材、机械电子与新材料生产基地。其丰富的资源禀赋可为成渝双城发展提供丰富的原料保障，其中，电解铝的最大年产能达 50 万吨，区域性能源供给中心初具规模，清洁能源装机容量达 245.33 万千瓦，天然气年产能

50 亿立方米，水能蕴藏量达 296 万千瓦，玻璃石英砂岩、玻璃脉石英、钾长石等矿产资源储量大。此外，广元还是成渝地区高端绿色食品和有机食品的优质供应基地，有高山绿色蔬菜、苍溪红心猕猴桃、朝天核桃、米仓山富硒茶叶、剑门关土鸡等特色优质农产品，并创建为国家农产品质量安全市。就地理位置而言，广元还是成渝连接川陕甘三省的重要物资集散中心，正全力打造国家物流枢纽承载城市。

2. 交通实现互联互通

广元位于成都、重庆、西安、兰州四大城市中心，是四川北向开放重要门户，联通"成渝""关中－天水"国家级经济区，是陆上丝绸之路经济带互动合作的重要节点城市，与渝东北同处大巴山南麓、长江经济带，嘉陵江流域更是两省市的重要腹地。近年来，广元市交通发展迅猛，已成为省内仅次于成都的第二大运输枢纽。中欧班列广元组货基地已于 2018 年挂牌成立。广元港是距我国西部内陆最近的港口，目前已实现了嘉陵江全江通航，千吨轮船可从广元直航重庆。

3. 交流合作不断深化

市委高度重视区域协调发展，切实贯彻落实省委"一干多支、五区协同"发展战略，2017 年与成都签订了《推动协同发展战略合作框架协议》，并先后与绵阳、南充分别签订战略合作协议，优势互补、协同互动、合作共赢的区域发展新格局初步构成。2019 年承接成都产业转移项目 232 个，签约资金 371 亿元，实施项目 171 个，谋划绵广合作事项 30 项。九广合作、浙广合作、澳广合作、市校合作、厅市合作等常态化机制健全。与西安、巴中、重庆、成都等周边城市战略合作加快推进。

4. 重点改革稳步推进

市委坚持从群众期盼和经济社会发展需求出发，立足增进群众获得感，聚力推进一批重大改革事项落地见效，全市改革呈现整体推进、多点突破、蹄疾步稳的崭新局面。"放管服"改革持续深化，企业开办环节压缩至 3 个，开办时间也压缩至 3 个工作日内。制定 90 条政策措施助力民营经济健康发展，打造"十分钟政务服务圈"，广元入选 2019 "中国营商环境质量十佳城市"。探索创新产业扶贫机制，2019年9月1日，全国产业扶贫工作推进会在广元市召开。

（二）深化改革开放面临的挑战

1. 国际经贸形势愈加复杂严峻

近年来，以美国为代表的一些发达国家推进全球化的意志减弱，"逆全球化"浪潮兴起，各种贸易保护主义政策不断强化，开放型经济外部环境更加复杂。同时，突如其来的新冠肺炎疫情更是给全球经济带来了前所未有的冲击，全球产业链、供应链、服务链、价值链中断风险急剧上升，外需萎缩、国际经贸活动受阻、国际物流成本上升等因素导致外贸形势更加严峻。

2. 国内区域竞争日益激烈

由于国家对各区域的发展实行差别化的支持政策，沿海、沿江、沿边地区相对内陆城市竞争优势明显。随着成渝地区双城经济圈建设不断推进，成都、重庆的极核地位将进一步增强，虹吸效应的影响将进一步加大。省内各地均各展其能抢抓双城经济圈建设机遇，广元由于特殊情况，在区域内面临被边缘化的危险。

3. 现有开发水平亟待提高

虽然建成公用型保税仓库，但还没有保税物流区，缺乏海关机构和口岸功能。2019年广元市进出口总额6.3亿元，仅占全省的0.09%，排全省第17位。招商引资有待加强，招引项目规模总体偏小、质量不高，围绕产业链招商不够。

（三）深化改革开放的机遇优势

1. 西部大开发新格局正在形成

党中央国务院、省委省政府相继出台新时代推进西部大开发的意见，从内陆腹地变为开放前沿，构建全新的开放格局，四川孕育着巨大机会。其中释放的政策红利，有利于广元发挥自身特色资源优势，在培育新动能和传统动能改造升级上迈出更大步伐。

2. 重大战略机遇交汇叠加

一方面，"一带一路"建设、长江经济带发展等战略的不断推进，特别

是渝新欧铁路、蓉欧快铁开行量逐年增多，为广元推动全方位对外开放带来了重大契机。另一方面，正在编制中的国家和省"十四五"规划，强调要把8类特殊困难地区振兴发展作为国家级重大专项规划，这其中涉及广元的就有7类。西部陆海新通道建设上升为国家战略，广元作为新通道北向延伸的重要节点城市，战略地位将更加凸显。在此基础上，成渝地区双城经济圈建设将进一步促进产业、人口及各类生产要素在成渝地区高效集聚，有利于广元加强区域创新开放合作，加快建设开放平台，融入产业布局。

3. 疫情下国家宏观经济政策调控力度加大

为应对新冠肺炎疫情对经济社会的不利影响，各级政府着眼实际，密集出台了一系列宏观调控政策，为经济社会的稳定发展提供了有力保障。国家为应对新冠疫情影响，财政赤字规模相比上年增加了1万亿元，并发行了1万亿元抗疫特别国债，这些资金将为广元补齐基础设施短板带来难得机遇。

4. 改革推进力度不断增强

习近平总书记在十九届中央全面深化改革领导小组第一次会议发出了坚定不移将改革推向深入的号令。近年来，以习近平同志为核心的党中央坚定不移推进全面深化改革，中央、省委对供给侧结构性改革、农业农村、财政金融、社会民生等重点领域和关键环节做出了一系列决策部署，为广元市推进全面深化改革明确了主攻方向，以此为基础，市委制定《广元市贯彻落实党的十九大报告重要改革举措实施规划（2019～2022年)》，明确了143项重点改革举措，形成了全市改革的"大施工图"，各项改革纵深推进、成效明显，为进一步深化改革奠定了坚实的基础。

三 广元融入成渝地区双城经济圈中深化改革开放的思路目标

（一）围绕总体要求，明确改革开放工作思路

以习近平新时代中国特色社会主义思想为指导，坚决贯彻落实中央和四川省委、广元市委关于改革开放决策部署，以主动融入成渝地区双城经济圈

建设为抓手，在推进体制创新、扩大对外开放上加大力度、加快进度、拓宽深度，破解体制性障碍、机制性梗阻、政策性问题，加快建设改革开放新高地。

（二）聚焦战略定位，明确改革开放目标任务

按照习近平总书记在中央财经委员会第六次会议提出的战略定位，即在西部形成高质量发展的重要增长极，建设具有全国影响力的重要经济中心、科技创新中心、改革开放新高地、高品质生活宜居地"一极两中心两地"，围绕目标定位，即建设成渝地区北向重要门户枢纽、成渝地区生态康养"后花园"、成渝地区绿色产品供给地与成渝地区产业协作配套基地，切实结合广元实际，加强交流合作，深化改革创新，进一步促进与成渝地区实现战略上的对接、政策上的衔接与功能上的链接，在"十四五"时期，实现全市开放体制机制进一步建立健全，改革创新活力全面增强，开放型经济规模和质量明显提升，全方位、宽领域、多层次、高水平的对外开放新格局进一步完善，营商环境、发展环境和干事环境进一步优化，充满活力、协调互动、互利共赢、内外并举的开放型经济新体系基本形成。

四　广元融入成渝地区双城经济圈中
深化改革开放的实现路径

（一）着力搭建融入成渝地区双城经济圈开放合作机制平台

1. 高水平推进三江新区规划建设

进一步优化完善三江新区国土空间规划编制，加快支撑性、骨架性等市政基础设施建设，打造成渝地区双城经济圈北翼产城融合现代新城。加快完善教育、医疗、文化休闲、体育等公共服务配套设施建设，集聚先进制造业、食品饮料、高端服务业等，招引一批带动性强的重大产业项目落户，全力推动三江新区创建省级新区。

2. 推动阆苍南一体化纵深发展

进一步完善合作体制机制，加快阆苍南公共交通、苍溪至阆中沿江快速通道等项目建设，形成阆苍南"半小时"经济圈，在规划对接、利益分享、开放合作、人才互动、公共服务等重点领域推进一体化建设。推动文化旅游资源、特色农业和山地康养产业、机械制造及粮油产业错位互补发展。以规划共绘、交通共联、产业共兴、服务共享、环境共治、机制共建为导向，重点推进发展规划、基础设施、产业融合、科技创新、生态环保、公共服务"六个一体化"，加快建设川东北地区一体化发展先行区。

3. 争创川渝自贸试验区协同改革先行区

立足广元区位优势和市场禀赋，更好联通国际市场和国内市场，加快融入以国内大循环为主体、国内国际双循环相互促进的新发展格局中。争取建立省级"自由贸易区协同改革先行区"，实现与省级自贸区制度政策的共建共享。推进区域"通关一体化"，加强与成、渝以及与广元市有外贸业务往来的沿海、沿边、沿江省（区、市）口岸管理部门监管互认、信息互换和执法互助。拓宽通关服务范围，大力招引进出口贸易、国际货代、船务等企业，提供代理采购、金融、保险、订舱、报关、报检、仓储、提箱、拼箱、公铁联运等陆港服务，推动"广元造"产品走出国门。

4. 扎实推动园区提质扩能

支持国家级、省级开发区扩区拓园、创新发展，全力建设创新型园区和战略性新兴产业基地，做优做强开放发展平台支撑。引导产业园区按照协同发展和集群发展的思想定位其主导产业，精准对接合作园区，多领域、全方位开展交流合作，跨区域构建完善全产业链。依托铝产业发展基础，推动广元经开区建立国别园区，培育特色鲜明、集聚效应凸显的外向型产业园区。创新经济利益共建共享机制，探索与成渝双城共建园区和"飞地"园区。探索公司化、市场化办园模式，探索建立"管委会＋公司"模式，廓清市场与政府的边界，将经开区的建设发展逐步由政府行为转化为市场行为，提高园区市场化运作水平。

（二）着力推进融入成渝地区双城经济圈重点领域改革攻坚

1. 深化科技创新体制改革

主动对接有关成渝地区双城经济圈的科技创新政策，进一步优化创新环境。加强与成渝地区院校和企业的深度合作，争取成渝高校同科技实力较强的大型企业在广设立或共建一批企业技术中心、工程技术研究中心和重点实验室。着力完善科技成果转化链条，探索与成渝地区政产学研用共建科技成果转化小试、中试平台，促进一批成渝科技成果落地转化产业化。建立打破行政区划壁垒的协同创新对接方式，推行"产业 + 人才 + 项目"机制，实现产业链、创新链、资金链深度融合。探索区域人才协同发展新模式，抢抓成渝地区双城经济圈建设的重大机遇和政策利好，深化拓展合作空间，建立健全高层次人才共引共育共用新机制。要持续实施高层次人才引进等"四大聚才计划"和"蜀道英才工程"人才培养工程，不断完善人才"引、育、用、留"全链条政策体系，以人才政策供给促进人才红利最大释放。

2. 深化要素市场化配置改革

不断完善要素市场化配置体制机制，提高要素配置效率。加快推进户籍制度改革，健全人才和劳动力社会性流动体制机制。建立城乡统一的建设用地市场，提升产业用地市场化配置效率，用活高标准农田建设新增耕地占补平衡政策，并积极参与到川渝两地建设用地、补充耕地指标跨区域交易中去。探索水电、天然气和矿产等资源能源开发利用的利益共享机制。落实精准电价政策，推进输配电价格改革。

3. 深化"放管服"改革

持续深化"放管服"改革，加快推进工程建设项目在线审批，打通市、县投资审批、规划、消防等业务管理系统数据接口，实行"一窗进出、全程在线、并联审批"。落实各项减税降费政策，确保国家的政策支持全面惠及各类企业。放宽市场准入，鼓励支持民营企业、中小企业，建立健康规范的资本市场。依法通过各种融资工具，降低民营和中小企业融资成本。积极推进"互联网 + 市场监管"模式的运用，以数字化监管提升监管精准化、

智能化水平，推动监管平台与企业平台联通，开展信息监测、在线识别、源头追溯，实现以网管网、线上线下一体化监管。

（三）着力拓展成渝地区双城经济圈北向开放大通道

1. 加快完善综合立体交通走廊

大力推动基础设施建设，促进"公铁水空"的互联互通，在建设进出川渝大通道的基础上，把广元打造成成渝地区北向重要门户型综合交通枢纽。首先，推动兰渝铁路提速改造，争取兰州经广元到巴中和达州，连接沿江高铁和渝西高铁的西南西北高铁连接通道线规划建设。其次，推动公路升级改造，加快完成部分国道和省道公路的升级改造任务。同时，加大力度促进建立嘉陵江梯级航运枢纽协调联动机制，早日实现广元通往重庆黄金水道通航。最后，要按照国家开放口岸的标准扩建升级广元机场，推动广元盘龙机场扩能改造，建设规划青川、剑阁等通用机场。

2. 积极打造北上南下经济走廊

充分发挥广元港联通重庆、上海等发达地区优势，依托铁路等交通优势，在食品饮料和物流等产业领域加强合作，着力塑造联通成渝、沟通南北、对接"一带一路"和长江经济带的经济走廊。协同打造成德绵广大蜀道经济发展带和渝南广嘉陵江流域经济带和广巴达万经济带，建设"一小时经济圈"。共同推动川陕革命老区振兴发展核心示范区、"西三角"军民融合产业发展示范区、嘉陵江流域转型发展示范区和阆苍南县域一体化协同发展示范区建设，打造区域性重大功能承载平台。支持外贸企业通过成渝外贸公共服务平台等途径不断开拓国际市场，大力实施"走出国门"计划。

（四）着力夯实融入成渝地区双城经济圈开放合作产业支撑

1. 大力建设绿色产品供给地

围绕成渝城市群现代都市农业消费投资需求，推进优势农产品资源深度开发，实现产业链共建、价值链共享。按照"一区两带七集群"空间布局与产业形态（其中，"一区"指以三江新区和利州区为核心的都市农业示范区,"两带"则是"大蜀道"与"嘉陵江"两大乡村产业融合发展带,"七集群"是包括苍溪红心猕猴桃和广元生态生猪等在内的七大农业特色产业集群),构建特色鲜明、多元化的绿色现代特色农业"7+3"产业体系。不断推进现代农业园区建设和已有园区的改造提升,利用先进技术发展智慧农业,抢抓成渝两地生产力布局调整和产业外溢的历史机遇,鼓励成渝地区龙头企业在广元布局生产基地,实现在绿色产业链条上的主动融入。

2. 全面促进现代产业转型升级

围绕"6+2"新型工业体系,以特色优势产业为突破口推动广元与成渝地区产业协同发展。一方面,要利用广元铝产业优势,紧盯国际国内市场稀缺产品和成渝地区双城经济圈、关天经济区产业配套,以中孚铝材、林丰铝电等重点企业为支撑,大力发展为航天航空、轨道交通、汽车制造、建材家居、电子产品等产业配套的精深加工铝产品。另一方面,依托专业园区协同推动绿色家居、新型建材产业升级发展,努力把广元建设成为西部绿色家居产业基地与重要的铝基复合材料基地。

3. 加快建设中国西部现代商贸物流基地

推动建成与蓉欧、渝新欧连接的"一带一路"中欧班列组货基地、广元·川陕甘高铁快运物流基地。深化与成都、重庆口岸合作,把保税仓做大、做强、做实,建设中国西部海外商品保税直销配送市场,加快推进川陕甘农产品物流中心、七盘关公路物流港等重点项目建设,建立完善"四港、五园、多点"的区域性国际物流中心。研究建设产业园区专用铁路并着力打造衔接广巴达、京昆、兰海高速的公路综合物流枢纽,每个县区至少错位布局1个货运物流园。建设嘉陵江上游适水货物集散基地,不断完善港口集疏运体系,推进广元港与南充港、广安港、果园港、万州港的联动发展。强化航空运输体系的建设,适当增加客货运航线并同步提升广元机场客货中转吞吐能力。积极搭建电商、展会等产销对接平台,组织"四川扶贫"商标认定产品和"广元造"优质农特产品、食品饮料等进入成渝地区批发市场、商店和超市,巩固扩大对外贸易。

4. 深入推进中国生态康养旅游名市建设

不断提升剑门关等核心景点品牌影响力，并大力推动曾家山武则天文化旅游区等具有引领性的旅游项目建设。不断开发新业态推动文旅与其他产业融合发展，联动成都、重庆等城市共同推出跨省市一程多站的精品旅游线路，不断探索创新文旅产品。大力培养护理、医学检验、中医康复等专业技能人才为康养旅游业发展提供人才支撑，加快区域医疗中心建设，建立"医、康、养、管"一体化健康养老产业发展模式，积极创建全国中医养生保健基地和国际康养旅游目的地。利用广元的生态、医疗等优势，建成一批医养融合基地，满足差异化保健、老龄化健康、全龄化养生等市场需求。

参考文献

陈光浩：《坚定开放发展战略定力　着力提升四川开放型经济水平》，《四川日报》2017年7月3日，第5版。

梁现瑞：《成渝地区双城经济圈建设　锁定20项重点改革工作》，《四川日报》2020年5月14日，第1版。

中共广元市委：《中共广元市委关于深入学习贯彻习近平总书记重要讲话精神和省委十一届七次全会精神抢抓机遇主动融入成渝地区双城经济圈建设的决定》，广元新闻网，2020年8月11日，http：//www.gyxww.cn/GY/GYYW/202008/409278.html。

B.5

广元社会基本公共服务均等化发展研究

——基于《广元市"十三五"基本公共服务均等化规划》的实践与思考

张廷鑫 李长青 张俊婷 蒋维 侯勇 胡春华*

摘　要： "十三五"期间，市县两级政府围绕《广元市"十三五"基本公共服务均等化规划》，坚持以"人民为中心"发展理念，创新工作思路，创优服务质量，全市基本公共服务均等化发展成效显著，各项主要发展指标全面完成，基本公共服务能力、服务质量和水平明显提升。广元市"十四五"基本公共服务均等化规划，需要保持政策连续性，科学研判经济社会面临的新机遇、新挑战，着力保基本、补短板、强弱项，推进广元基本公共服务可持续、更均衡、高质量健康发展。

关键词： 社会事业　基本公共服务　广元市

推进社会基本公共服务均等化，重点是保障人民群众得到基本公共服务的机会，对于促进社会公平正义、增进人民福祉、增强全体人民在共建共享发展中的获得感、实现中华民族伟大复兴的中国梦，都具有十分重要的意义。

---

* 张廷鑫、李长青、张俊婷、蒋维、侯勇、胡春华，川北幼儿师范高等专科学校。

一 广元社会基本公共服务均等化发展成效

(一)"十三五"主要发展指标全面实现

《广元市"十三五"基本公共服务均等化规划》中八大领域共29项发展指标除"城镇登记失业率""每千名老人拥有养老服务机构床位数""生活不能自理特困人员集中供养率"等5项指标外,均实现规划目标(见表1)。新冠肺炎疫情影响、乡镇合并暂缓部分养老机构建设、人口老龄化加快等是导致这一结果的主要因素。

表1 广元市"十三五"基本公共服务领域主要发展指标完成情况

服务领域	指标	2015 年	2019 年	2020 年预期	是否完成
基本公共教育	九年义务教育巩固率(%)	94.0	96	97	是
	义务教育基本均衡县(区)的比例(%)	28.6	100	100	是
	学前三年毛入园率(%)	85.0	90	90	是
	高中阶段教育毛入学率(%)	89.6	91.2	92	是
基本劳动就业服务	城镇新增就业人数(万人)	五年累计新增16,实际新增18.01			是
	城镇登记失业率(%)	3.89	3.46	4.50	否
基本社会保险服务	基本养老保险参保率(%)	95	97	97	是
	基本医疗保险参保率(%)	96	98	98	是
基本医疗和公共卫生服务	人均期望寿命(岁)	76.50	79.84	77.40	是
	每千人拥有床位数(张)	6.92	8.93	8.20	是
	每千人拥有卫生技术人员数(人)	5.86	7.15	7.45	是
	出生人口性别比	106.27	107.31	107.00	是
	开展国家免费孕前优生健康检查的县(区)覆盖率(%)	—	100	100	是
	孕产妇死亡率(1/10 万)	4.19	12.52	≤19	是
	婴儿死亡率(‰)	3.52	2.46	≤6	是
	5 岁以下儿童死亡率(‰)	6.69	3.80	≤7	是
基本社会服务	每千名老人拥有养老服务机构床位数(张)	29.58	31	33	否
	其中:养老床位中护理型床位比例(%)	11.43	12.60	13.40	否
	生活不能自理特困人员集中供养率(%)	—	24	28	否

服务领域	指标	2015 年	2019 年	2020 年预期	是否完成
基本住房保障	城镇棚户区住房改造(套)	—	3821	5275	否
	农村危房改造(万户)	五年累计新增 11，实际新增 11.7			是
基本公共文化体育服务	每万人拥有群众文化设施面积(平方米)	280.42	312.63	312.63	是
	公共图书馆年流通人次(万人次)	54	63.24	67.47	是
	文化馆(站)年服务人次(万人次)	57.30	71.42	73.67	是
	广播、电视综合人口覆盖率(%)	98.84	99.24	100	是
	国民综合阅读率(%)	70.00	97.40	100	是
	经常参加体育锻炼人数比例(%)	35	39	40	是
残疾人基本公共服务	困难残疾人生活补贴和重度残疾人护理补贴覆盖率(%)	100	100	100	是
	残疾人托养机构服务能力(人次/年)	142	218	278	是

资料来源:《广元市"十三五"基本公共服务均等化规划》和广元市发展和改革委员会提供统计数据。为清晰反映"十三五"均等化发展成效，基于 2015 年是"十三五"起点数据、2019 年是实际完成数据、2020 年是"十三五"收尾之年的预期完成测算数据，故此表选取 2015 年、2019 年、2020 年三个年度数据进行比较。

(二)全市基本公共服务均等化水平稳步提升

1. 基本公共教育服务全面发展，初步实现公平而有质量的教育

(1) 学前教育普惠发展水平有所提升

连续实施"学前教育三年行动计划"，新改扩建幼儿园 140 所，新增学位 1.36 万个。完成小区配套幼儿园治理 10 所。全市 142 个乡镇和街道有 210 所公办中心园，学前三年毛入园率达 90%，普惠性幼儿园覆盖率 76%。

(2) 义务教育发展保障水平不断提高

深化"四均一强"广元模式，推广农村小规模学校"三创一提"，评定"美丽乡村学校"92 所。基本消除 66 人以上超大班额。教育扶贫专项资金 44405 万元，资助学生 36.6 万人次。外来务工人员随迁子女受教育权利得到保障。100 人以下两类学校省定基本办学条件达标率 100%。

(3) 高中教育优质发展取得新成效

实施"示范高中创建三年行动"，新增省级示范高中 6 所，省级示范高中

学生人数占比62%。开办拔尖创新人才培养基地班校点10个，吸纳优质生源0.3万余人，"基地班"高考一本上线率90%。高中阶段毛入学率91.2%，高考本科上线率43.6%，重本上线率10.6%，三大指标均有较大增长。

（4）职业教育多元发展成效显著

新增省级中职示范校3所，标准化建设项目校10所，现有省级示范专业6个，建成护理、农艺等五大类骨干专业。建成行业职教指导委员会7个、产业研究院4个、产教联盟4个、实训基地2个。推进普职融通，中高职五年贯通培养达29个专业。"双师型"教师占比56.13%。全国全省技能大赛学生获等次奖350余项。

（5）高等教育稳步发展新增亮点

新增广元中核职业技术学院。川北幼儿师范高等专科学校通过教育部人才培养工作评估，被评定为省级优质职教师资培养培训基地。四川信息职业技术学院建成省示范高职，跻身全省11所竞争国家优质校行列。签署《川陕甘区域城市社区教育合作联盟备忘录》，新增6所老年大学。

（6）特殊教育保障发展全面落实

推进特殊教育二期提升计划，市特校迁建工程投入使用，建成资源教室7间。按15%标准落实特教教师津贴。对424名特殊儿童开展"送教上门"。义务教育阶段残疾儿童入学率95%以上。

2. 劳动就业创业服务总体稳定，人力资源保障能力得到提升

（1）保持就业形势总体稳定

城镇新增就业规模年均保持在3.6万人左右，城镇登记失业率4%以内（2020年因疫情影响除外）；落实就业创业补助资金90553万元，惠及20.59万人。

（2）"返乡创业、回家发展"三大行动成效明显

建立返乡创业园区90个，4.67万农民工创办企业2.3万家，吸纳就业劳动者14.3万人。

（3）重点群体就业保持平稳

高校毕业生总体就业率保持在90%以上，民族地区"9+3"学生就业

率达99%，解决贫困劳动者就业1.99万人。开发公益性岗位累计6.14万个，就业困难人员再就业累计1.48万人。

（4）就业创业培训服务有所加强

积极开展各类就业创业培训，累计开展职业技能鉴定10.91万人，核发职业资格证书9.15万人，新增高技能人才1.58万人。

（5）积极构建和谐有序的劳动关系

全市企业劳动合同签订率95.5%以上，工会企业工资集体协商覆盖面95%以上。建成示范性劳动人事争议仲裁院8个、劳动人事争议调解组织1389个。劳动监察"两网化"管理实现主城区全覆盖，举报投诉到期结案率96%以上，劳动关系总体和谐有序。

3. 基本社会保险覆盖范围扩大，服务质量和水平明显提高

（1）社会保障制度体系不断完善

积极稳妥推进社保制度改革，全市发放社会保障卡291万张，基本实现新型农村社会养老保险试点制度与现有城乡居民基本养老保险制度并行；城镇居民基本医疗保险和新型农村合作医疗保险整合，生育保险与基本医疗保险合并实施；社会保障卡91项功能实现应用，城乡居民统一社会保障体系初步建成。

（2）社会保险基金风险防控更加安全

全面防控社会保险基金管理、支付、廉政"三大风险"，守住不踩基金法律法规和政策黄线、不越基金安全红线、不触基金支付风险底线"三线目标"；全面加强制度、人工、技术"三防监控"，所有支付和业务全程系统经办，全面取消手工办理和社银人工报盘。

（3）社会保险覆盖范围进一步扩大

截至2020年，城乡居民养老保险参保127.62万人、失业保险参保17.1万人、工伤保险参保19.01万人。全市基本养老保险、基本医疗保险的参保率均达到97%，高于同期全国和"川陕甘"三省的平均水平[①]。

---

① 资料来源：四川、甘肃、陕西三省"十三五"基本公共服务均等化规划。

（4）社会保险待遇水平逐步提高

全市企业职工基本养老保险、失业保险阶段性降低费率，累计为参保单位和个人减负超过 7.86 亿元。截至 2019 年末，企业退休人员人均养老金 1957.34 元/月，比"十二五"末的 1666.76 元净增 290.58 元，增幅达 17.4%；城乡居民基础养老金标准提高至 100 元，比"十二五"末增加 25 元，增幅达 33%。

（5）社会保障经办服务提质增效

实施"互联网 + 社会保障经办服务"建设工程，经办服务的标准化、信息化和专业化水平显著提升，实现"一窗通办、一站服务、一次办结"的服务模式，61 项社保公共服务事项全部实现"最多跑一次"，30 项实现全程网办。

4. 基本医疗和公共卫生服务水平上新台阶，医卫综合改革取得新进展

（1）基本医疗服务水平明显提升

建成人口健康信息平台，实现市、县、乡、村"四级"互联。深化公立医院改革，100% 县级公立医院取消药品加成，深化医联体、医共体建设，初步形成分级诊疗模式。建成国家级临床重点专科 1 个、省级 31 个、市级 51 个。

（2）基本公共卫生服务全面优化

健全重大传染病、职业病等重点疾病综合防治机制。法定报告传染病发病率控制在 294/10 万以内。基本公共卫生服务项目增至 14 类 55 项。镇村（社区）医卫机构标准化建设达标率 100%。农村卫生厕所普及率 85%。基本公共卫生服务项目实现常住人口全覆盖。

（3）妇幼健康计生服务管理扎实推进

落实计生奖励扶助政策，完成妇幼保健与计生服务资源整合。孕产妇死亡率连续 7 年、婴儿死亡率连续 17 年低于全省平均。出生缺陷发生率持续降低，妇女常见病筛查率和早诊早治率逐步提高。落实国家免费孕前优生健康检查项目，出生人口性别比日趋平衡。

（4）食品药品安全保障有力

健全基层食药监管体系，建成规范化基层监管所 64 个，连续 13 年无较

大食品安全责任事故、无药品安全事故。食品安全责任保险率100%，主要农产品质量安全监测总体合格率97%，食品抽检合格率98%。

（5）中医药和民族医药加快发展

260个乡镇（社区）医卫机构100%设置中医科、中药房，配备中医诊疗设备，中医药服务量50%以上。建成国家级名医传承工作室1个，二级以上中医院10所，中医治未病服务体系逐步健全。

5. 基本社会救助体系进一步完善，社会福利水平显著提高

（1）社区公共服务能力得到加强

投入社区建设补助资金1162万元。352个城市社区和已建成的308个农村社区试点单位的综合服务设施覆盖率均达100%；城市和农村社区公共服务综合信息平台覆盖率分别达39%和16%。

（2）社会救助体系进一步完善

建立低保标准动态调整机制，城乡低保保障标准分别提高到590元/月、390元/月；特困人员的月基本生活标准分别提高至767元、507元以上；完善了临时救助制度，救助标准提高到1427元/户次，增长35%。

（3）社会福利救助范围不断扩大

建立儿童适度普惠型福利制度，落实孤儿和事实无人抚养儿童基本生活保障，对"三无"儿童实施救助供养，将1192名生活特别困难和1396名建档立卡贫困儿童家庭纳入救助范围。严格落实残疾人"两项补贴"制度，为6.6万困难、重度残疾人发放补贴共计26085万元，覆盖率100%。

（4）基本养老服务进一步加强

初步建立以居家为基础、社区为依托、机构为支撑、医养结合养老服务体系；建成130个养老机构、327个日间照料中心、344个农村幸福院，累计为38.632万名老人提供300元/（人年）补助标准的居家养老服务；在全省率先对80周岁以上老人实施高龄津贴；生活不能自理特困人员集中供养率达60%；全市15家养老机构1800张床位开展医养结合试点。

（5）贫困人员全员参保

推进农村低保制度和扶贫开发政策有效衔接，确保农村低保标准稳定高

于国家扶贫标准，推动贫困人员全员参保，落实政府代缴保费和残疾人扶持政策，按照100元/（人年）的代缴标准为9.5万余人缴纳城乡居民养老保险费累计3773.97万元。

6.基本住房保障实现"住有所居"，棚户区及危房改造超量完成

一是公租房供给应保尽保。全市为2.8万户发放公租房租赁补贴，完成省下达目标任务的107.11%。对符合条件的转移人口实行实物保障与货币补贴并举，基本做到"应保尽保"。二是超量完成棚户区改造。全市开工改造各类危旧房棚户区2.16万套，完成省下达目标任务102.69%。三是农村危房改造提前完成。截至2019年底，全市累计完成农村危房改造11.7万户，其中建档立卡贫困户3.4万户，提前一年完成"十三五"农村危房存量改造任务。

7.公共文化体育服务形成新格局，人民群众精神文化生活更加丰富

一是公共文化服务能力得到加强。实现市—县—乡—村四级公共文化服务体系网格化管理，全市有公共文化馆9个、图书馆8个、博物馆/纪念馆5个、乡镇/街道综合文化站230个、村/社区综合文化服务中心2600个、农民工文化驿站133个、留守儿童/学生文化之家142个。二是文艺创作成果丰富。建成了800余支民间文艺团队，年均创作400余件文艺产品。三是媒体融合呈现新气象。实施广播电视"村村响、户户通"工程，开办微信、微博、手机客户端等新媒体，实现广播、电视综合覆盖率99.18%、100%。四是文物保护得到加强。修复2处国家重点级和10处省级文物保护单位，初步建成全市非物质文化遗产保护名录。五是文化旅游扶贫成效显著。建成贫困村各类公共文化设施739个，实现7.6万户贫困户通电视，完成送文化下乡2400余场、公益电影放映3.6万余场。六是公共体育设施更加完善。在城区公共区域修建了200处大众健身场所，人均体育场地面积达1.87平方米，健身步道200余公里。行政村体育健身设施全覆盖，城市社区"15分钟健身圈"已显雏形。七是全民健身活动广泛开展。每年举办各级各类体育比赛达500场次以上，参与人次达100万以上；经常参加体育锻炼人口达40%以上，国民体质总体达标率87.1%。圆满承办四川省第十三届运动

会、第九届残运会暨第四届特奥会。

8. 残疾人基本公共服务更加完善，生活保障水平提高

（1）残疾人基本生活保障水平不断提高

贫困及重度残疾人各项社会保障进一步完善，医保报销范围和报销比例不断提高。全市持证残疾人基本康复服务覆盖率达90%以上，基本型辅助器具适配率达75.5%，残疾人群体保障水平得到提高。

（2）残疾人康复和托养服务进一步完善

制定残疾人康复和托养服务体系标准，建成5所残疾人托养中心，实施"阳光家园计划"残疾人托养服务和"温馨家园"社区服务，困难残疾人生活补贴和重度残疾人护理补贴覆盖率100%。

（3）残疾人就业扶贫工作得到强化

2019年各级残联共组织各类培训200余期，为2万名残疾人提供免费技能培训，新增就业残疾人0.54万人，实现"有劳动能力的残疾人，人人就业"，至2020年贫困残疾人全部实现脱贫。

（4）残疾人维权、文化体育和无障碍改造服务取得显著成效

建立市、县（区）残疾人法律救助工作站，切实维护残疾人合法权益。30万人口以上的县独立设置特殊教育学校，满足适龄残障儿童青少年接受教育、康复和职业技能培训。在村（社区）建立残疾人健身活动站点150个，残疾人群众体育运动需求服务落实率达93%。全市70%的乡镇、城区一半以上行业达到省级无障碍建设标准，累计为3392户残疾人家庭实施无障碍改造，实现农村贫困重度残疾人家庭无障碍全覆盖。

9. 防灾减灾体制机制不断健全，应急救援能力得到加强

一是灾害管理新体制全面建成。成立了市应急委及18个专项指挥部，建成市—县—乡—村四级灾害信息员数据库，基本形成全市灾害应急管理体制；建成与市级相关部门工作协同机制、监测预警信息共享机制、自然灾害风险会商研判机制，基本形成与市级部门、县区的音、视频互联互通指挥体系。二是受灾救助保障能力加强。现有市县救灾物资储备库8个、乡/镇村救灾物资储备点160个，能保障受灾群众灾后12小时内基本生活；建有大

型避难场所 45 个、应急避难点 107 个，可容纳约 50 万人。

10. 优抚安置政策有效落实，退役军人服务水平较大提升

一是安置就业工作有效推进。按照以"扶持就业为主，自主就业、安排工作、退休、供养等相结合"的方式接收安置 4807 名退役军人，其中自主就业 4240 人。二是优抚政策全面落实。在乡老复员军人的生活补助提高至 1500 元/人年，增幅 50%；义务兵家庭优待金提高至 11823 元/人年，增幅 63.41%；因战、因公一、二级残疾军人护理费标准提高至 2432 元/人年，增幅 40.58%；为退役士兵提供就业创业服务 5000 人次、开展职业教育和技能培训 3600 人次。三是军休机构服务水平有效提升。创立了市级"光荣院服务体系标准、光荣院精神关怀服务规范"两个行业标准，受到表彰和推广。

二 广元社会基本公共服务均等化发展存在的问题与原因

（一）主要问题

1. 优质教育资源供给不足

教育整体发展水平滞后，中小学办学活力不足，普惠性学前教育覆盖面不广，"入园贵"问题尚未根本解决。义务教育优质资源不足，"城挤乡弱村空"现象仍然存在。特殊教育优质保障能力有待提升。普通高中高考综合改革保障条件尚未达标。高等教育特色发展不够鲜明，职业教育服务经济社会发展能力不强。

2. 优质医疗资源提升较慢

三医联动改革滞后，以治病为中心到以健康为中心转向迟缓，医养结合程度不高。优质医疗资源提升较慢，区域布局还不均衡。缺乏有区域影响力的一流医院和有核心竞争力的一流专科。看病难特别是看病贵问题不同程度存在。食品药品管理服务距离群众期盼有较大差距。

3. 就业不充分不平衡矛盾依然存在

广元经济总体发展不充分、质量不高，就业岗位相对不足；人力资源结构性矛盾较大，城乡就业困难群体数量较大，技能水平不能满足现代经济发展和乡村振兴战略发展需要；高校毕业生数量逐年增加，适合岗位数量有限；人力资源市场建设滞后，就业创业补助政策覆盖范围扩大，但中央和省级补助资金逐年减少，市县区财政配套困难。

4. 基本社会服务设施建设滞后

广元市儿童福利设施建设不能满足国家相关政策的支持条件，最低生活保障标准和救助水平偏低；广元是全省为数不多没有精神康复福利中心的市州之一。人口老龄化趋势加快，公办养老机构无法满足社会需求，与建设"中国生态康养旅游名市"的要求差距甚大。

5. 社会应急管理和救援能力不足

突发事件风险分析研判与深入治理体系尚不健全，精准监测预警能力不足，基层专业应急队伍救援装备和核心能力不强，突发重大灾害应急准备不充分，应急管理体系及基础能力建设亟待加强。

6. 公共文化体育发展不均衡

市县乡的公共文化服务发展不均衡，人员配备市县充足且素质较高、乡镇人少且专业性不强；服务设施建设的数量、水平，市县与乡镇的差距较大；服务设施市县使用和管理常态化、农村设施闲置较为严重。公共体育在地区之间、城乡之间、各类人群之间发展不平衡，城市体育资源优于农村，中青年参与健身活动优于老年人和青少年。

7. 社会保险均等化发展压力大

社会保险基本公共服务能力与"保基本"和"普惠性"的总体目标还存在较大差距。基本公共服务资源配置不均衡问题突出，兜底保障能力受限，均等化发展提标增速难度较大。至2020年末，广元城乡基本医疗保险参保率仍低于全省平均水平。社会保险相关领域专业技术人才短缺，服务机制缺乏创新，社会保险信息化建设滞后；随着群众对基本社会保险公共服务需求的提升，财政支出保障压力进一步加大。

（二）原因分析

1.经济结构欠合理，发展内生动力不足

以支出法分析，拉动广元经济发展的"三驾马车"呈现"一驾快、一驾平、一驾小"的特点。从投资看，增长迅猛，但集中于非生产性领域。从消费看，受收入水平偏低、物价抑制、商业氛围欠缺等影响，消费能力和层次偏低。内生发展动力不足，新动能尚未凸显，导致广元总体经济发展滞后，不足以支撑全市整体上大幅提升均等化水平。

2.要素保障不足，发展瓶颈较多

从资金要素看，国家财政资金投入在"5·12"特大地震灾后重建结束后已大幅减少，而广元地方财力薄弱，受房地产调控、结构性减税等影响，近年来财政收入增速逐渐放缓，基本公共服务财政支出压力大，投入不足，社会资本参与少。从人才要素看，广元公共服务领域管理人才和专业人才缺乏。队伍培养培训与实践结合度不高，有重年龄学历轻实践能力倾向。市、县、乡公共服务发展呈"倒三角"现象，发展不均衡制约了公共服务整体水平提升。从土地要素看，广元山地占辖区面积85.01%，可用于发展的空间不多，社会民生事业项目用地保障不充分。"十三五"期间因乡镇行政区划调整，部分项目暂停或进展缓慢。

3.城镇化水平较低，制约公共服务水平提升

受大城市户籍政策放宽和经济发展"虹吸效应"影响，广元户籍人口总量、户籍人口中的城镇人口总量均出现减少趋势，常住人口总量、常住人口中的城镇人口总量增长缓慢，城镇化率较低。2019年广元市城镇化率达到47.20%，比2015年增长了6.4个百分点，但仍明显落后于全国（60.6%）及周边地市的水平（见表2、表3）。城乡公共服务基础设施规模、服务供给水平、保障标准等方面差距较为明显；外来流动人口在获得基本公共服务方面还面临一定障碍。第三产业发展水平偏低，产业集聚度不高，缺乏大型龙头企业带动，人口集聚作用不强，不利于消费扩大、资本集聚、技术创新以及规模经济效应产生。

表2　2015年和2019年广元市人口数据对比

单位：万人

年份	全市 户籍人口	户籍人口 其中城镇人口	全市 常住人口	常住人口 其中城镇人口	常住人口 城镇化率（%）
2015	305.31	77.21	263.0	107.38	40.8
2019	298.86	76.41	267.50	126.26	47.2

资料来源：2015年和2019年《广元市国民经济和社会发展统计公报》。

表3　2015年2019年广元市及周边地市常住人口城镇化率对比

单位：%，个百分点

年份	广元	南充	达州	巴中	广安	汉中	陇南
2015	40.80	43.80	40.87	37.52	37.20	46.64	28.16
2019	47.20	49.72	47.14	43.35	43.30	51.96	34.82
增长	6.40	5.92	6.27	5.83	6.10	5.32	6.66

资料来源：2015年和2019年各市《国民经济和社会发展统计公报》。

4. 老龄化趋势加快，公共服务建设滞后

据统计，全市60周岁以上老年人以每年1万人左右的速度递增，老年人口比例持续增高，供养比逐年加大。2019年全市60岁以上老人占常住人口总数的20%，比2015年增长了1.6%，公共服务建设滞后，跟不上老龄化发展速度。

5. 制度保障尚不健全，供需结构矛盾凸显

一方面，作为民生兜底保障的基本公共服务缺乏地方性法律支撑，包括不健全的服务制度、未建立的服务标准体系，有待提高的服务规范。政府财力与事权不匹配，社会事业机构发展活力不足，政府购买社会服务的能力需要进一步提高。另一方面，民众需求呈现多样化和个性化，但民众充分表达需求、参与决策公共服务建设的机会很少，民众急需解决的问题没有及时解决，从而出现基本公共服务供需不匹配，造成资源浪费。

6. 公共财力薄弱，投入严重不足

从大背景来看，广元市经济发展水平不高，省级财政补给相对较少。从

小环境来看，部分县区以及大多数乡镇的基本公共服务财政投入严重不足，直接导致服务供给出现短缺。另外，各县区乡镇政府财政收入不稳定，社会资本参与较少，主要由基层政府提供的基础设施建设显得"力不从心"。

三 广元社会基本公共服务均等化发展形势与建议

（一）机遇与挑战

今后五年，是我国全面建成小康社会、奋力冲刺第二个一百年宏伟目标的起步阶段，是调整经济结构、转变发展方式、统筹城乡发展、增强发展活力、改善民生的重要时期。研制广元市"十四五"基本公共服务均等化规划，需要科学研判经济社会面临的新机遇、新挑战，保持政策连续性，着力保基本、补短板、强弱项，推进广元基本公共服务更可持续、更加均衡、更高质量健康发展，实现经济和基本公共服务协调发展。

1. 新机遇

从国家层面看，国家深入推进新时代西部大开发和成渝双城经济圈建设，实施"一带一路"和长江经济带战略，推动生产力布局向内陆腹地拓展。广元是川东北重要城市之一，面临融入国家区域发展新格局的重大机遇。国家实施创新驱动发展战略，推动东部产业向中西部梯度转移，为广元加快转型升级发展提供了新空间和格局。在完成脱贫攻坚基础上，国家将全面实施乡村振兴战略，支持革命老区建设，为广元加快统筹城乡发展提供了新机遇。面对国际国内复杂环境变化，中央提出构建以国内大循环为主、国际国内双循环相互促进的新发展格局，为广元发挥连接成渝西兰交通枢纽和四川北向东出桥头堡作用提供了新的机遇。

从全省层面看，省委省政府"一干多支"发展战略——打造川陕甘结合部区域中心城市、四川北向东出桥头堡、成渝地区生态康养"后花园"、绿色产品供给地和产业协作配套基地，为广元发展提供了强有力的政策支持。

从全市层面看，市委市政府决战决胜整体连片贫困到同步全面小康跨越，经过近年持续发展，经济总量和实力不断提升，交通区位优势明显，开放合作前景广阔，生态资源得天独厚，为集聚和释放发展动能、化基础优势为竞争优势创造了有利条件。新时期广元经济社会高质量发展与基本公共服务发展相辅相成、相互促进。

2. 新挑战

"当今世界，百年未有之大变局正加速演化"，大国博弈、逆全球化、贸易保护主义、新冠肺炎疫情因素错综交织，外部环境的不稳定性、不确定性显著升高。国内"三期叠加"特征仍将持续，调结构、转方式、深化改革正进入深水区，人民对美好生活的需求与不平衡不充分的发展仍是社会主要矛盾。广元作为秦巴山集中连片贫困地区和川陕革命老区，在川东北、川陕甘结合部同类城市中经济发展不足、发展滞后，全市人均 GDP 不到全国的一半、仅为全省 62% 左右，城乡居民收入落后于全国全省平均水平，基本公共服务短板较多、服务能力偏弱、保障水平不高，发展不平衡不充分，特别是发展不充分的矛盾依然突出。

（二）对策与建议

"十四五"时期全市围绕建设"川陕甘结合部区域中心城市""四川北向东出桥头堡""成渝地区北向重要门户枢纽"等战略定位，坚持"以人民为中心"的发展理念，加强前瞻性谋划和规律性思考，把补短板、提质量、促均衡结合起来，持续加大优质公共服务供给，不断提高人民对美好生活的获得感、幸福感，实现经济与社会相互协调、自然与人文相融共生、高质量发展与高品质生活相得益彰的发展新格局，实现基本公共服务水平位居川陕甘结合部、川东北经济区前列。

1. 优先发展公平有质量的公共教育

一是基本实现学前教育普惠优质，继续实施"学前教育三年行动计划"，计划新改扩建 202 所公办幼儿园，学前三年毛入园率达 93% 以上。二是义务教育实现更加公平优质发展。落实市城区消除义务教育学校大班额三年攻坚计划，新改扩建 37 所城区义务教育学校。三是扩大优质高中教育供

给，深化高考综合改革，改善全市 27 所高中办学条件，优化学校布局，建立 3～5 所引领川东北、辐射川陕甘"广元名校"。四是实现职业教育优质多元发展，推进"双高"建设和三江新区职教园建设，实施产教深度融合，增强服务地方发展的能力。五是基本实现特殊教育保障有力，实施特殊教育专项提升工程。六是促进高等教育内涵发展。支持以川北幼儿师范高等专科学校为基础创建本科院校，支持申报国家、省级示范高职院校。七是加强新时代教师队伍建设，精准实施教师培养培训，提升教师队伍质量数量，深化教师职称制度改革。

2. 强化医卫服务能力建设

一是持续提高基本医疗保障水平。坚持健康为中心和预防为主，建立新型医疗服务体系，整合资源，推进三甲医院高质量发展，建设一批国家级、省级重点医学专科。二是继续深化公立医院改革，健全现代医院管理制度，推进分级诊疗，专科优势特色错位发展，院际专业差异协同发展。加大与成渝地区医疗机构交流合作力度。构架"7＋4＋23"区域医疗中心集群，创建医养融合、生态康养示范基地。三是持续完善公共卫生服务体系。加强市、县区基本公共卫生服务均等化指导中心建设；实施国家、省基本和重大公共卫生服务项目；实施疾病防控救治能力提升三年行动。四是持续提高妇幼健康水平，完善公共卫生服务项目，推进标准化母婴设施建设。五是不断提升中医药服务能力。实施中医药振兴发展和基层中医药服务能力提升工程，推进中医药健康养老示范建设项目。六是积极构建食品药品服务质量保障体系，实施"四大工程"，建成区域食品药品检验检测中心。七是加快药品联动执法协调机制建设，做好"三医联动"，深化部门协作，构建联合执法机制。八是深入开展爱国卫生运动，推动从环境卫生治理向全面社会健康管理转变。

3. 扎实做好劳动就业创业服务

一是持续优化就业创业环境，扎实做好"六稳六保"，打造一批创新创业示范平台，建成一批农民工返乡创业园，建设一批公共就业创业实训基地。建成 3～4 个符合广元现代产业体系和主导产业发展的骨干专业，打造 8 个精准培训示范点，建立稳定的劳务输出培养培训基地。城镇累计新增就业 15 万人，城镇登记失业率不超过全省平均水平。二是深入实施人才优先发展战略，扎实推进区域人才高地建设，建成广元·川陕甘区域中心人力资源市场和广元市人力资源服务产业园，构建渝（北）广（元）一体区域就业和创新创业市场。三是深化收入分配制度改革，完善工资收入和正常增长机制。四是完善调处机制，持续构建和谐劳动关系。

4. 提高基本社会保障水平

一是强化社区公共服务，重点面向特殊困难群体，加大政府购买社区服务力度。二是完善社会救助体系，进一步实现最低生活保障信息化管理，符合条件的特殊困难群体实现应保尽保；创新社会救助政策体系，实现广元市相对统一的区域标准，完成养老服务网络信息平台建设。三是提高社会福利水平，适时调整残疾人两项补贴标准；到 2025 年建成全市第一所民政精神卫生福利机构。四是提升养老服务水平，80% 以上的养老机构达标，养老机构的社会化运营床位不低于 60%；每个县区至少建成 1 所特困人员供养服务机构、1 个智慧养老院/社区；社区日间照料机构覆盖率达 90% 以上，特殊困难老人月探访率达 100%。每千名老人拥有养老机构床位数不少于 38 张。

5. 筑牢灾害防治安全底线

一是牢固树立人民安全是国家安全基石的发展理念，按照"一中心三基地"（广元市应急指挥中心、四川省区域应急救援广元基地、川北煤矿安全防灾减灾训练基地、广元市消防救援培训基地）思路，融合地震台网建设，加快建成全省区域性应急救援广元基地。二是建设现代化监测预警体系，提高自然灾害监测预警能力，健全监测预警手段，实施地震预警应用示范工程；构建综合减灾救灾大数据体系。三是推进重大地质灾害隐患治理工程，建立灾害调查评价体系。2025 年基本建成全域覆盖、支撑有效、综合与专业兼顾的应急救援保障体系。

6. 提升优质文体产品供给能力

一是持续完善公共文化服务体系，加大优质文化产品供给。二是提高优

质广播影视服务质量，实施文学、广播影视、舞台艺术等创作工程，实施传统戏曲保护工程、"一人一艺"艺术普及工程和文艺人才培育工程，持续推进市、县区广播电视新媒体发展。三是大力推动全民阅读，实施基层综合性文化服务中心建设、数字文化建设、"公共空间＋阅读"和"送文化到基层"等系列文化工程。四是大力实施文艺精品战略，实施艺术普及工程，加强非物质文化遗产的活态化传承与利用。五是落实全民健身国家战略，广泛开展全民健身活动。六是全力提升竞技体育综合实力，广泛开展青少年体育活动，实施竞赛优化行动计划。七是大力发展体育产业，实施"体育＋"行动，促进融合发展。

7. 织密基本社会保障网络

一是大力推动社保参保扩面，实现法定人群应保尽保。二是全面推动社保改革任务落地落实，构建养老、失业、工伤等多层次社会保障体系。三是切实防范社保经办管理风险，完善城乡社会保障体系。四是持续提升社保统筹层次和质量，推进基层服务平台标准化、规范化。

参考文献

中共中央、国务院：《中国教育现代化2035》，《国务院公报》2019年2月24日，第1版。

中共中央办公厅、国务院办公厅：《加快推进教育现代化实施方案（2018～2022年)》，《国务院公报》2019年2月24日，第1版。

国家发展和改革委员会、国家卫生健康委员会、国家中医药管理局印发《关于印发公共卫生防控救治能力建设方案的通知》，发改社会〔2020〕735号，https：//www. ndrc. gov. cn/xxgk/zcfb/tz/202005/t20200522_ 1228686. html，最后检索时间：2020年10月30日。

四川省人民政府印发《关于印发四川省疾病防控救治能力提升三年行动方案（2020～2022年）的通知》，川办发〔2020〕47号，http：//www. sc. gov. cn/zcwj/xxgk/NewT. aspx？i = 20200709172044 - 494015 - 00 - 000，最后检索时间：2020年10月30日。

B.6
广元以"4321"精准监督模式
推动基层治理的探索与实践

隆斌　王永　赵紫雄　孟玉静　李多华*

摘　要： 治理现代化是新时代全面深化改革的主题主线和目标要求，治理必治权、治权必监督，以精准监督最小化治理成本精准治理，以获取最大化治理收益，是国家治理体系和治理能力现代化的必然要求与合理选择。广元探索精准监督推动基层精准治理路径，构建了"四规则、三清单、两考核、一画像"系统性规范性精准监督模式，此精准监督模式在基层治理中形成了可操作、可复制、可推广的监督品牌，为实现治理体系和治理能力现代化，以及优化政治生态、经济社会高质量发展提供了有力保障，同时也提供了以下启示：监督的体系架构必须与基层治理实际相匹配，监督的着力重点必须始终坚持问题导向，监督的方法策略必须始终坚持稳中求进，监督的效果评判必须紧贴人民群众这个根本点，监督的与时俱进必须坚持用好调查研究这一法宝。

关键词： 精准监督　基层治理　广元市

党的十九届四中全会做出"坚持和完善党和国家监督体系，强化对权力运行的制约和监督"重要部署，这是以习近平同志为核心的党中央着眼

---

* 隆斌、王永、赵紫雄、孟玉静、李多华，中共广元市纪委监委。

全面从严治党大局做出的重大战略决策。广元市纪委监委深刻领会"监督保障执行、促进完善发展"的深刻内涵，致力扛牢监督首责，鲜明提出"以精准监督推进精准治理"的工作思路，在实践中探索建立了监督检查"四项规则"、从严治党"三张清单"、监督考核"两类办法"、政治生态"一幅画像"的"4321"精准监督模式，在实践中有效提升了监督机制与基层治理的耦合度，探索出基层现代化治理的有效路径。

一 以精准监督推动基层治理的必要性分析

（一）监督之于治理的重要性

监督是治理的内在要素、重要环节，也是权力正确运行的根本保证，在管党治党、治国理政中处于基础性、保障性地位。进入新时代，我国发展步入新的历史方位、经济发展进入新常态，管党治党也面临新任务新要求，迫切需要以监督保障执行、以治理促进发展。党中央高度重视监督与治权工作，十八届三中全会鲜明提出要强化对权力运行的制约和监督，十九届四中全会将治权与监督贯通融合，以监督制约权力，监督的重要性不断彰显，也在发展中逐步完善。一方面，监督通过抑制治理执行者试图变更治理目标而从中牟利的腐败行为，发挥保障执行功能，促进决策部署落实，确保治理目标不发生偏移。另一方面，监督通过反对形式主义官僚主义和对良好道德文化的塑造，削减不必要的支出，降低国家治理成本，提升治理效能。精准既是科学的思维和方法，也是严谨的态度和作风，必须自觉把精准思维贯穿监督全过程，通过精准监督发现问题，预警治理短板，规范脱轨权力，倒逼治理主体纠正偏差、完善制度，形成决策科学、执行坚决、监督有力的权力运行机制，推动实现治理体系和治理能力现代化。

（二）治理之于监督的引领性

治理是为了实现公共利益而对公共权力进行管理活动的总称，监督是对公权力运行的合法有效性进行检查、督导、纠偏、惩戒的活动。只要公权力存在，就必须有制约和监督。治理的目标决定着监督的逻辑方向，治理的内容决定着监督的重点靶心。党中央重大决策部署到哪里，监督就跟进到哪里，这是政治监督的核心要义和根本指向。国家治理具有鲜明的政治性和方向性，都要依照中国特色社会主义制度展开。监督工作也必须紧紧围绕这一目标来谋划、部署和推进，加强对制度执行的监督，把监督检查、目标考核、责任追究有机结合起来，在治理中发挥监督作用，在监督中提升治理效能。

（三）以精准监督推进基层治理的紧迫性

基层是国家治理的最末端，也是服务群众的最前沿，推进国家治理体系和治理能力现代化，必须凝聚基层力量、建强基层基础。当前基层存在"三个80%"现象，80%的党员干部工作在基层，80%的群众诉求集中在基层，80%的违纪违法案件发生在基层，这充分表明基层是整个治理体系的重中之重，也是监督的最大短板和难点。惩治微腐败、规范微权力，实现基层现代化治理，迫切需要建立健全基层监督体系，提升监督能力，改进监督方式，增强监督质效，探索一条符合基层实际的精准监督模式，推进职权清单化、行权流程化、制权透明化，让人民监督权力，让权力在阳光下运行，有效破解基层治理的现实困境。

二 "4321"精准监督模式的提出与基本框架

2017年，广元市纪委监委率先提出"精准监督"理念，并运用于脱贫攻坚上，探索构建起"6+1"精准监督模式和"433"工作法。2018年，组织召开全市精准监督现场会，围绕各地实践探索进行了系统研讨。2019年，根据实践总结，将"精准监督"写入市纪委七届四次全会工作报告，并首次在全会报告中单列一个部分进行部署安排；随后出台《精准监督工作实施办法》，从制度层面予以系统规范。2020年在实践的基础上，着眼于

系统集成、协同高效，进一步优化监督体系架构、完善监督方式方法，对监督工作进行统筹谋划、系统设计，探索推出了"4321"精准监督模式，形成了适应新时代纪检监察工作高质量发展要求、以精准监督推动基层治理的广元特色监督体系。

"4321"精准监督模式（见图1），"4"即监督检查"四项规则"，包括市纪委监委机关、派驻部门纪检监察组、派出乡镇片区纪检监察组、乡镇纪委（监察室）4类监督检查工作规则；"3"即全面从严治党"三张清单"，包括党委（党组）主体责任清单、单位（岗位）权力风险防控清单、纪委监委（纪检监察组）监督责任清单；"2"即纪委监委机关、派驻机构监督工作"两类考核"体系；"1"即对监督地区和单位政治生态的一幅精准画像。

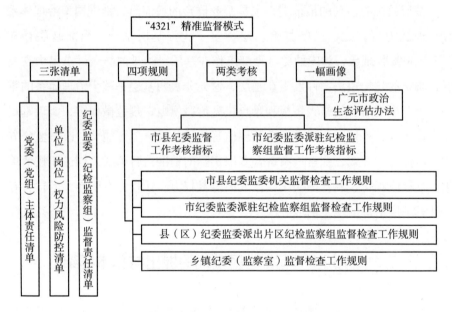

图1 "4321"精准监督模式基本架构

资料来源：广元市纪委监委。

（一）制定监督检查"四项规则"致力于权责边界有效锁定

针对纪检监察体制改革后监督内容不具体、监督方式不明确、监督事项不聚焦、权责边界不清晰的问题,出台市县纪委监委机关、派驻部门纪检监察组、派出片区纪检监察组、乡镇纪委(监察室)4类监督检查工作规则,并将这4类监督主体的监督对象、监督内容、监督方法和结果运用都逐一明确。在打通4个监督全覆盖方面,建立"巡视巡察+纪检监察""市县纪委监委机关监督检查室+派驻纪检监察组""乡镇纪检监察室+村务监督委员会"的立体监督模式,提升了专责监督的系统性;在党内外监督协作配合方面,融合人大监督、民主监督、行政监督、司法监督、群众监督、社会监督等力量,实行监督检查、信息线索、成果转化互通互用;在村级监督设计方面,实行村支部副书记、村纪律委员、村监察工作信息员、村务监督委员会主任"四员合一"整合村级监督力量,各类监督形成精准聚焦、融会贯通的良好局面。

(二)建立健全"三张清单"致力于两个责任同步落地

针对各级党委(党组)、纪委监委(纪检监察组)履行管党治党两个责任不知"抓什么""怎么抓"的问题,根据《党委(党组)落实全面从严治党主体责任规定》(中办发〔2020〕10号),出台包括党委(党组)主体责任清单、纪委监委(纪检监察组)监督责任清单和权力风险防控清单《广元市全面从严治党"三张清单"》,统一明确具体内容和评定标准。坚持党委(党组)主体责任、书记第一责任人责任、班子成员"一岗双责"、纪委监委(纪检监察组)监督专责,责任内容同步亮明、推进情况同步公开、履责情况同步述评,管党治党出现重大问题同步追究,形成知责明责、履责尽责、督责评责、失责问责的工作闭环,有效破解责任落实层次递减、层层弱化的问题。制定单位(岗位)权力风险防控清单,统一采取"联防联控"防控方式,明确"谁来防""怎么防",一律动态评估。坚持两个责任主体共同防范权力运行风险,把每个单位"三重一大"权力和部门职能中风险较大的重点权力清理出来,逐一梳理行权流程和用权风险,进而有针对性地健全防控措施,明确内部监管和外部监督的主体和责任。制定纪委监委(纪检监察组)监督责任清单,统一采取"三公三化"建设方式(见图2),明确规范化、法治化标准,一律"照图施工"。坚持以打造公开纪检、公正

纪检、公信纪检为目标，以锻造忠诚干净担当的蜀道铁军为主线，明确职责权限、监督规则、调查措施，统一行权流程、纪法文书、履职台账，公开监督检查、信访办理、问责结果，主动把纪检监察权关进制度的笼子，有效防止"灯下黑"。

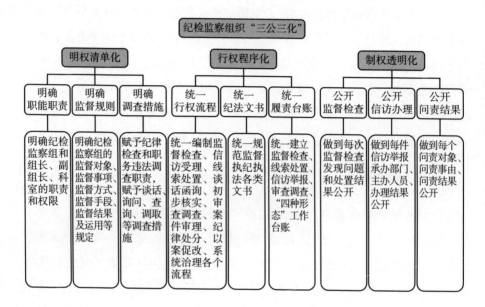

图2　纪检监察组织"三公三化"规范化建设

资料来源：广元市纪委监委。

（三）分类制定"二类考核"致力于监督职责清晰明了

针对各级纪检监察组织监督力度"不统一"、监督质效"不好评"的问题，广元市积极探索"对下级纪委日常履职情况的考核以上级纪委为主"的有效办法，制定《市（县区）纪委监委监督检查考核指标》和《派驻（派出）纪检监察组监督检查考核指标》，在4项一级考核指标基础上下设22项二级指标，既有政治监督、日常监督等常规内容方面规定，又有创新监督、自主选题等个性化特色监督；既有监督基础工作、监督体系建设等应知应会基本实操，也不乏监督成效运用与提升等高层次转化，不仅解决了监督什么内容、监督到什么程度的问题，还明晰了成果标准、成效检验形式。同时还首次标定了监督检查－审查调查－案件审理－系统治理的全链条闭合式治理路径，对监督的内涵和外延进行了丰富完善，以精细化管理夯实精准化监督。

（四）绘制"一幅画像"致力于政治生态全面展现

针对政治生态"怎么评"、监督结果"怎么用"的问题，广元市坚持实事求是、问题导向、简单易行的原则，立足抓党风、促政风、带民风这个根本，管班子、带队伍、抓落实这个关键，问题导向、目标导向、结果导向这个核心，出台《广元市政治生态评估办法》，分别从党委（党组）、班子成员、干部队伍、群众评价等方面设置 4 个一级指标 15 项二级指标，定期对全市各级各部门全覆盖的政治生态"画像"。政治生态分析报告经市（县区）纪委常委会审定后提交同级党委、政府主要领导和分管领导，为其履行主体责任和"一岗双责"提供依据。对评价结果为"中"等次的地区或部门，由同级纪委监委以纪律检查（监察）建议书的方式督促其整改；对评价结果为"差"等次的地区或部门，由同级党委约谈并督促其开展系统治理。

三　以精准监督推进基层治理的实践路径

在以精准监督推进精准治理的实践中，广元市紧盯政治监督"关键事"、党员干部"关键人"、权力运行"关键处"，大力实施中心大局"护航行动"、政治生态"护林行动"、纪律规矩"利剑行动"，配套开展六项治理，即治政令不畅、治营商环境、治作风顽疾、治行业乱象、治权力任性、治责任缺失，持续优化基层政治生态和发展环境，不断提升基层治理效能。

（一）深入开展中心大局"护航行动"

坚持中心大局部署到哪里，政治监督就跟进到哪里，紧紧围绕常态化疫

情防控、脱贫攻坚、扫黑除恶、经济高质量发展等重大决策部署，主动跟进监督、精准监督、全程监督。

1. 治政令不畅

痛则不通、通则不痛，政令不畅的直接后果是中央制定的政策无法有效实施，间接后果是公众利益受到损害，群众诉求得不到解决。破解政令不畅、执行梗阻，监督政令落实，可谓切中要害。在坚决打赢常态化疫情防控和经济社会发展两场硬仗中，广元市探索建立"大督战"机制，全面整合纪委监委、目标绩效、巡察、审计等力量，聚焦"六稳""六保"、成渝地区双城经济圈等重大决策部署贯彻落实情况，实行每月1次暗访，每季度1次综合督查。建立健全重大决策部署和领导指示批示办理情况报告制度，坚决整治上有政策下有对策、空泛表态、交而不办、办而不结等问题，引导各级各部门增强复命意识，提高画句号能力。紧盯脱贫攻坚头等大事，建立脱贫攻坚"433"精准监督工作法（4：组建市县乡村四级监督员队伍；3：开列监督任务、问题、程序"三张清单"；3：建立脱贫攻坚领域问题线索快速处置机制、违纪问题三级联查机制、典型问题通报曝光机制），全面推行"廉心卡"制度，以作风攻坚护航脱贫攻坚。紧盯扫黑除恶专项斗争，探索推行提级直办强领导、异地侦办排干扰、同步进入查透彻、提前介入保质效、打财断血不手软、查追治齐推进，打掉黑恶犯罪团伙23个，查处涉黑涉恶腐败和保护伞案件137件，广元群众安全感满意度测评连续6年位居全省第一，连续4年入选"全国最安全城市"。

——以扶贫领域腐败和作风问题整治为例（见图3）。2016～2019年，广元市各级纪检监察机关查处案件数分别为117件、128件、552件、413件；收到群众信访举报数分别为2018件、1948件、1744件、1264件。

对比分析可以看出，通过纪检监察机关严查重处、严密监督，群众信访举报数呈逐年下降趋势，反映出该领域廉洁度得到明显改善，精准监督综合效应不断释放。

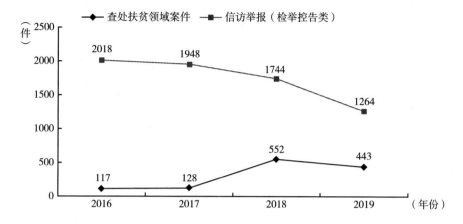

图3 2016～2019 年查处扶贫领域案件与检举控告情况

资料来源：广元市纪委监委。

2. 治营商环境

营商环境是衡量一个地区核心竞争力和潜在发展能力的重要标志，广元市出台构建亲清新型政商关系的若干措施，制定"五为""七不为"正负两张清单，划出政商交往边界，推动政商关系既亲而有度、又清而有为。全面喊响"有不满找纪检"，探索建立营商环境监督员制度，首批100名监督员与百家企业一对一结亲、政商一家亲，当好政策宣传员、问题侦查员、企业服务员、工作联络员，全力服务民营经济健康发展。紧盯企业反映强烈的难点痛点堵点，持续开展"马上办"提速、"项目年"提效、"中梗阻"破解、"潜规则"破除"双提双破"专项行动，连续三年开展损害营商环境问题专项整治，着力纠治放得不多、管得偏紧、服得不快等问题，助推广元入选全国营商环境质量十佳城市。

（二）深入开展政治生态"护林行动"

基层治理良序迫切需要风清气正的政治生态作保障，广元市出台《进一步优化政治生态的决定》，一手抓"以案促改"治标，一手抓"系统治理"治本，拔"烂树"、治"病树"、正"歪树"、护"森林"，以政治生态

的绿水青山垒就经济发展的金山银山。

1. 治作风顽疾

作风顽疾把党同人民群众的血肉联系阻隔于无形之墙,严重损害党的形象、侵蚀党的根基。广元市以一抓三年的定力,持续开展"作风纪律深化年"活动,坚决整治懒政怠政行为,把思想僵化、墨守成规,纪律涣散、作风漂浮,不敢担当、遇事推绕躲拖,不作为、慢作为、假作为、乱作为,攻坚克难不力、工作成效不明显的干部调整下来,把优良作风转化为干事创业的正能量。整合"纪检监督 + 群众监督 + 舆论监督",全面推行阳光问政、百姓问廉、机关问效"三问",打造蜀道"麻辣烫"正风肃纪特色监督品牌。

——以查处违反中央八项规定精神和形式主义官僚主义问题为例(见图4、图5)。坚持抓重点、补短板、防反弹,抓常、抓细、抓长,保持了持续有力震慑,释放了越往后越严的鲜明信号。

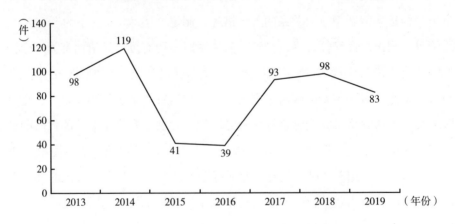

图4 2013～2019年查处违反中央八项规定精神问题情况

资料来源:广元市纪委监委。

2. 治行业乱象

坚持治系统、系统治,把重点行业领域突出问题系统治理作为革除痛点堵点、推动基层治理的重要抓手,实行党委主导、政府主抓、纪委主推、部

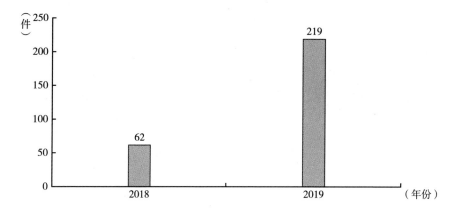

图5　2018～2019年查处形式主义官僚主义问题情况

资料来源：广元市纪委监委。

门主责，抓典型、正风纪、建机制、补漏洞，以小切口推大治理、小战术解决大问题、小机制管住大权力，做到治理一个、规范一方。针对规划领域随意改变用地性质、违规调整容积率等突出问题，建立一套技术标准、一套规范流程、一套监管办法"三个一"国土空间规划立体管控体系（见图6），让规划有章可循、权力有序运行、监督有规可依。针对大处方、滥检查、泛耗材等突出问题，探索推行药品采管分离，对药品的使用申请、论证审批、招标采购、监督验收分别由使用科室、管理科室和采购科室分段管理，形成四权分离、相互制约的机制，有效遏制了用药返点问题，把居高不下的医药费降下来。

——以规划领域乱象治理为例。市纪委监委坚持从一开始就奔着系统治理去，从城市规划容积率调整这个"小切口"精准切入，发现市城乡规划局原专职副局长张某、规划编制科原科长李某在规划编制、容积率调整等方面违纪违法问题，及时进行调查处置，并在全系统召开敦促会和警示教育大会，形成有力震慑，该系统10余名干部主动说清问题；市纪委监委针对发现的问题，督促举一反三、完善制度规范，推动规划领域权力"入笼"。

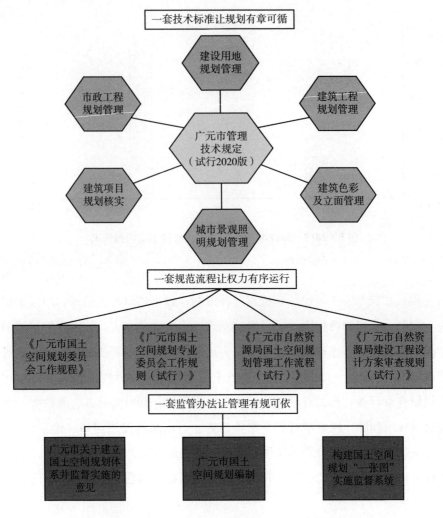

图6 "三个一"国土空间规划立体管控体系

资料来源：广元市纪委监委和市自然资源局。

（三）深入开展正风反腐"利剑行动"

坚持把"严"的主基调长期坚持下去，压紧压实管党治党政治责任，既善用治标的利器，正风反腐、正典治乱，又夯实治本的基础，正心铸魂、正章立制，统筹谋划、一体推进不敢腐、不能腐、不想腐，提高治理腐败效能。

1. 治权力任性

坚持"查""防"结合，坚决防止监督失守、权力失控。在"查"上，聚焦"关键少数"、重要岗位，对不收敛不收手、不知耻不知止、不敬畏不在乎、边谈边犯的，一律严肃查处，对受到谈话函询的"一把手"和"两委"委员100%抽查，对一级廉政风险岗位定期抽查审计。深入开展整治微腐败、规范微权力"两微"行动，以部门科股长、基层站（办、所）长、校（园）长、院长、村（组）长"小五长"为重点，探索推进小微权力入笼。在"防"上，着眼管住权力，探索建立重点权力运行廉政风险联防联控机制，梳理运行流程，找准风险点位，制定防控措施，实行腐败联防、风险联控、监督联动、责任联查；着眼管住干部，出台《关于切实加强党政"一把手"监督的九条措施》《党政正职"四个不直接分管"实施办法》《"三重一大"事项监督办法》《重点岗位负责人监督管理办法》等制度规定，有效破解"一把手"监督和同级监督难题。

——以案件查处情况为例（见图7）。广元市纪检监察机关保持正风反腐高压态势，年均立案数均达千件以上，警示震慑和治理成效明显。紧盯"关键少数"，严肃查处领导干部擅权妄为等问题，"一把手"等关键岗位领

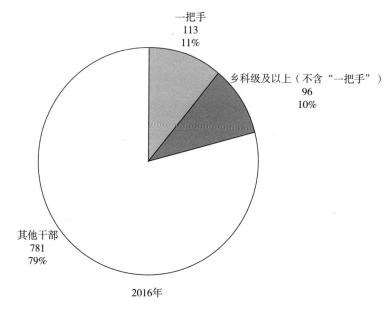

一把手
113
11%

乡科级及以上（不含"一把手"）
96
10%

其他干部
781
79%

2016年

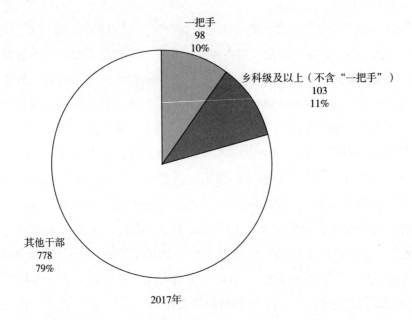

一把手
98
10%

乡科级及以上（不含"一把手"）
103
11%

其他干部
778
79%

2017年

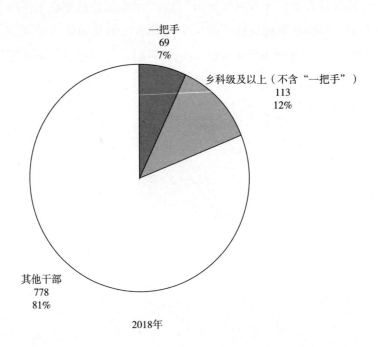

一把手
69
7%

乡科级及以上（不含"一把手"）
113
12%

其他干部
778
81%

2018年

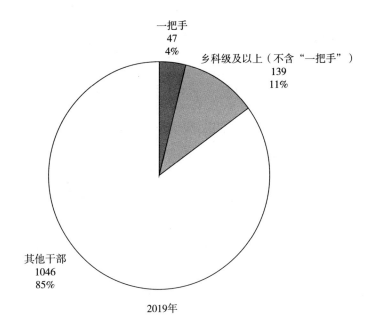

一把手
47
4%

乡科级及以上（不含"一把手"）
139
11%

其他干部
1046
85%

2019年

图7　2016～2019年广元市纪检监察机关查处案件情况

资料来源：广元市纪委监委。

导干部违纪违法案件呈下降趋势，反映出领导干部遵守制度规定、廉洁从政意识得到加强；聚焦构建基层治理良序，严肃查处一大批群众身边"微腐败"问题，致力管住"小微权力"。

2. 治责任缺失

推进基层治理，必须充分发挥基层党组织的领导核心作用。针对当前一些地方和部门主体责任虚化空转、防控机制流于形式等突出问题，构建"五责一体"履责体系。清单定责，按书记、市长、副书记、常委和纪委书记五个类别，分类梳理职责任务，按季度印送履责提醒函，提醒履职尽责。培训明责，每年举办一次"两个责任"培训班，由市委书记和纪委书记、组织部部长分专题辅导，明责传压。抄告督责，对日常监督、巡视巡察、审查调查中发现的问题，以及政治生态状况评估结果，及时抄告分管市领导，推动履行"一岗双责"。督导压责，由市委常委带队定期督导主体责任落实。

严肃追责，对干部队伍问题多、矛盾突出、政治生态脆弱的，严格"一岗双责"，既追究主体责任，又追究监督责任，以从严追责倒逼责任落实。

四 经验启示

"4321"精准监督模式是做实监督工作的基层探索之举，本着"边实践、边探索、边完善"的思路，在实践中不断探索规律、在探索中不断深化发展，推动监督更聚焦、更精准、更有力，治理更科学、更有序、更有效。经过一年来的探索实践，得到以下经验启示。

（一）监督的体系架构必须与基层治理实际相匹配

基层治理是国家治理的基础，加强对基层治理现状的研判，是做好监督工作的前提基础。监督工作必须要契合社会转型背景下基层治理实际，抓住社会主要矛盾转化和主要问题，以此为架构监督体系的逻辑起点。从治理主体看，治理主体单一化现象严重，比如，市县一级的管党治党责任过度依赖纪委监委，而乡镇这一级党委、政府主体作用在实际运行中又无限放大和延伸；从治理时效看，监察体制改革后，执纪执法理念已经发生了深刻转变，越来越注重从重事后查处到全过程跟进监督、系统防范；从治理特点看，许多问题和矛盾越来越隐形化、复杂化、交织化。基于基层治理诸多新特点，监督体系的架构必须与基层治理的需求侧供给侧变化相匹配。

（二）监督的着力重点必须始终坚持问题导向

问题是时代的声音，也是寻求答案的动力，如何补齐短板，变难点为亮点和出彩点，应是思考谋划监督工作的逻辑起点。针对管党治党责任不清认识不明问题，出台了党委（党组）主体责任清单，推动形成全面从严治党"靠全党""全党治"的局面；针对权力运行中存在的风险问题，督促相关单位面对面梳理重点权力、点对点查找权力风险、一对一绘制运行流程，建立权力风险防控清单；针对监督检查室与派驻纪检监察组之间、监督检查室与联系县区之间、派驻纪检监察组与被监督部门（单位）之间关系交织混淆问题，出台"四项规则"。

（三）监督的方法策略必须始终坚持稳中求进

这是党中央和习近平总书记对纪检监察工作的基本要求，稳中求进是总基调，要把握好稳中求进蕴含的辩证统一关系，知道在什么基础上稳、怎么稳，往什么方向进、进什么，以稳促进、以进固稳。"4321"精准监督模式在推进步骤上，实行分类建点示范推、三本台账全面推、智慧监督升级推"三步走"；在推进方式上，坚持以点带面、抓点示范、自上而下、全面推行，首先市委和市纪委监委出台相关文件规定，其次在市级部门开展试点，然后总结完善在全市各级各部门推开。

（四）监督的效果评判必须紧贴人民群众这个根本点

以精准监督推进精准治理，出发点和落脚点必须是以人民满意为根本标准，必须是时刻围绕广大人民的利益来开展的，聚焦群众关心的痛点难点焦点堵点问题，监督工作要引导群众参与，监督效果要由群众来评判。群众的监督是最有力的监督，只有充分调动人民群众参与监督工作的积极性、能动性，监督的作用才能得到充分体现，治理的效果才能充分彰显。

（五）监督的与时俱进必须坚持用好调查研究这一法宝

监督工作是需要不断完善发展的，需要因时、因势、因事而谋，这是唯物辩证法中的知行统一观的具体呈现。监督工作面对的是变化的对象、变动的情况，需要在实践中求真知、在探索中找规律。要跟进、适应和借力经济社会发展给正风肃纪反腐带来的新机遇新挑战新要求，必须用好调查研究这一法宝，以高质量的调查研究为监督工作取道把向。

参考文献

周卫东:《廉政理论研究》,中央编译出版社,2005。

俞可平主编《国家治理评估——中国与世界》,中央编译出版社,2009。

秦强:《监督权力》,人民日报出版社,2017。

习近平:《习近平谈治国理政》(第三卷),外文出版社,2020。

倪星:《公共权力委托——代理视角下的官员腐败理论》,《中山大学学报》(社会科学版) 2009 年第 6 期。

黄家亮、郑杭生:《国外社会治理的四个基本经验》,《西部大开发》2014 年第5 期。

南锐、康琪:《社会治理精细化的理论逻辑与实践路径》,《广东行政学院学报》2018 年第 1 期。

朱力、邵燕:《社会治理机制的新转向:从事后倒逼到事前预防》,《社会科学研究》2017 年第 4 期。

袁红:《国家治理体系现代化的价值目标及其衡量标准》,《理论与改革》2016 年第 3 期。

吴建雄:《开创党和国家监督体系现代化的新境界——坚持和完善党和国家监督体系的历史逻辑、理论逻辑与实践逻辑》,《新疆师范大学学报》(哲学社会科学版) 2019 年第 6 期。

张梁:《健全党和国家监督体系论纲》,《求实》2019 年第 3 期。

李景平、曹阳:《改革开放以来党和国家监督体系发展之省思》,《广西社会科学》2019 年第 4 期。

B.7
广元党建引领城乡基层治理研究

徐贵明　赵飞　刘鹏飞　李询　胡杰*

摘　要： 广元将党建引领基层治理作为联结基层党建和基层治理的价值红线，坚持大抓基层的鲜明导向，抓紧补齐基层党组织领导基层治理的短板弱项，把各领域基层党组织建设成为实现党的领导的坚强战斗堡垒。广元仍面临基层党组织统筹能力不足、组织群众和社会动员不够、共建共治共享理念培植不深等挑战，下一步应以解决上述问题为突破口，坚持党的领导贯穿基层治理全环节各方面，健全基层治理体制机制，提高基层治理能力，打牢基层治理基石。

关键词： 党建引领　基层党组织　基层治理　广元市

基层治理是国家治理的基石。党的十九届四中全会于2019年10月在北京召开，会议把坚持和完善党的领导制度体系纳入国家制度和国家治理体系之中，强调要构建基层社会治理新格局。四川省委十一届六次全会聚焦推进城乡基层治理制度创新和能力建设主题，做出专门安排部署。广元市委七届十一次全会坚定贯彻中央、省委全会精神，专题研究部署城乡基层治理工作，全面吹响新时代城乡基层治理"集结号"，奋力开启治蜀兴川广元实践基层治理新篇章。2020年，广元以"基层治理奠基年"为统揽，突出党建引领主线，着力构筑"四梁八柱"，针对基层治理突出短板和问题，聚焦聚

---

* 徐贵明、赵飞、刘鹏飞、李询、胡杰，中共广元市委组织部。

力乡镇行政区划调整改革等重点任务，推进城乡基层治理工作夯基筑底、服务高质量发展大局。

一 广元基层党建概况

（一）基层党组织情况

全市共有乡镇党委 135 个（除特别备注外，全文涉及数据统计时间均截至 2020 年 10 月），村党组织 1390 个（村建制调整改革后设置临时党支部 811 个）；社区党组织 352 个，小区党组织 229 个；非公企业党组织 884 个、社会组织党组织 629 个，党组织覆盖率分别为 80.4%、86.8%，超过全省平均水平（见图 1）。

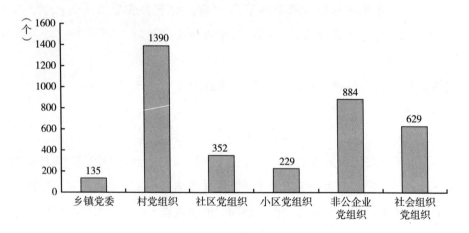

图 1 广元基层党组织情况

资料来源：中共广元市委组织部。

（二）党员队伍情况

从总量看，截至 2019 年 12 月 31 日，全市共有党员 167570 名，其中农村党员 82184 人，农民工党员 6653 人，社区党员 21762 人，每年党员总量呈稳定小幅增长态势。从结构看，全市党员队伍整体结构持续改善。2017～2019年，35岁以下党员总数保持年均8%的比例稳步增长、大专及以上学历党员年均增长3%左右。

二 广元城乡基层治理成效

（一）现代乡村治理体系更加简约高效

1. 乡镇行政区划调整改革和村级建制调整改革基本完成

全市乡镇行政区划调整改革和村级建制调整改革于2020年上半年全面完成。改革后，全市共调减乡镇（街道）97个、减幅达41%，调减行政村1006个、减幅达42%；乡镇（街道）平均面积由68平方公里增加到115平方公里、平均人口由1.2万人增加到2.1万人，建制村平均面积由6.7平方公里增加到10.6平方公里、平均人口由926人增加到1488人；调强中心镇37个、集镇村118个、中心村276个，有效解决广元乡村多、小、密、弱的突出问题。全市紧扣优化职能配置、提升发展质量、增强服务能力、夯实基层基础重点任务，及时启动28项专题调研，扎实推进改革"后半篇"文章工作，着力实现由"物理变化"向"化学反应"转变。

2. 党建引领村级治理体制机制进一步完善

广元着力理顺村级组织职能定位和关系，积极构建"一核多元、三治融合"乡村治理格局。全面推行村党组织书记、村委会主任"一肩挑"，全市"一肩挑"比例达90%；其中，昭化区率先实现"一肩挑"100%目标。全市1229名村党组织书记兼任村集体经济组织负责人，村"两委"成员中交叉任职2244人。大力推行村级党组织副书记、村纪检委员（纪委书记）、监察工作信息员和村务监督委员会主任"四员（职）合一"，全市比例达61%，有效提升基层监督能力。全面深化村党组织"三分类三升级"活动，2020年以来逗硬整顿转化软弱涣散村党组织38个。实施村级集体经济发展"百村示范"行动，首批确定精品项目村、骨干项目村25个，136个中省扶

持村项目完工 97 个，实现经营性收入同比增长 60% 以上，有力提升农村发展造血功能。

3. 村党组织带头人队伍持续优化提升

深入实施优秀农民工定向回引培养工程，加大从优秀农民工中选拔村干部、储备村级后备力量和培养发展党员力度。2019 年以来，全市从优秀农民工中回引选拔村党组织书记 1071 名、储备村级后备力量 3586 名、发展党员 1600 名，村党组织"后继乏人"问题得到持续改善。"两项改革"后，全市村党组织书记平均年龄由 49.1 岁下降至 46.4 岁，大专以上学历占比提高 13.9 个百分点、高于全省平均水平 7.1 个百分点，农民工村党组织书记占比达 78%，致富带头人村党组织书记占比 89.9%，村级党组织带头人队伍不断优化提升。

4. 乡村惠民服务机制、服务平台建设取得新成效

坚持"减数不减服务"，实现新建制乡镇便民服务中心全覆盖，被撤并乡镇原便民服务中心全部设为便民服务代办站。完善提升建制村便民服务站点，全面推行村级民事代办制度。采取便民服务留用一批、公益事业改建一批、集体经济配套一批、市场营运开发一批"四个一批"方式，着力解决撤并村活动阵地闲置问题。深入推进"放管服"改革向乡村延伸，全市 100% 的乡镇便民服务中心建设实现标准化、规范化，80% 的乡镇安装"社银一体机"，36 项与民生密切相关的服务事项 90% 实现网上办理，努力做到群众办事"最多跑一次、最多跑一地"。全市剩余 628 户 1523 人贫困人口全部实现稳定脱贫，高质量完成 106147 户国家脱贫攻坚普查和调查。在昭化区和其他 6 个县区 13 个乡镇 2060 户中，开展了解决相对贫困问题试点工作。探索建立防止返贫监测和帮扶机制，将 799 户脱贫不稳定户和 1261 户边缘易致贫户纳入监测预警和帮扶。

5. 农村人居环境显著改善

在苍溪县白驿镇岫云村等 4 个村试点推进多规合一的实用性村规划编制。健全投入保障机制，积极争取农村人居环境整治重点县建设等项目资金 1.34 亿元。分类推进重点任务实施，全市完成 205 个非正规垃圾堆放场点

年度整治任务,生活垃圾、生活污水有效治理行政村分别达到90%、60%,完成无害化户用卫生厕所改造30327户,农村户用卫生厕所普及率达81.2%。

(二)城市基层治理制度更加创新完善

1. 街道管理体制改革纵深推进

2019年以来,广元作为全省7个街道管理体制改革试点市之一,以"明责、赋权、减负"为突破口,逐步构建起运转高效、科学有序、系统完备的新型街道管理体制,有效打通城市基层治理的"神经末梢"。聚焦抓党建、抓治理、抓服务主责主业,指导印发公共服务下沉事项清单,明确街道8类259项职责。推动赋权扩能,市区联动赋予街道对职能部门年度综合绩效考核的评价权等七项权力,强化街道在城市基层治理中的统筹协调功能。优化机构设置,实行街道"7+3+X"内设机构设置架构,全市7个街道全部完成内设机构和人员编制调整。依法确定职能部门下沉街道生育服务证办理等145项公共服务事项以及社区开展自治活动、便民服务活动等56项工作事项。

2. 党组织领导下的社区治理机制有效建立

广元积极推行社区党组织书记和居委会主任"一肩挑"和"两委"班子成员交叉任职,市主城区社区"一肩挑"比例为33%、"两委"班子成员交叉任职比例为62%。全面推行社区"大党委",352个城市社区全部建立大党委,566个驻区单位党组织负责人担任兼职委员。开展非户籍常住居民和党员参加社区"两委"换届试点,选举产生非户籍"两委"委员34名。加快推进社区、社会组织、社会工作"三社联动"工作,争取各类社区试点项目资金540万元。深化机关党组织、党员干部到社区"双报到",常态开展志愿服务活动。新冠肺炎疫情期间市县联动抽调1.04万人组建党员突击队674支,到社区报到开展政策宣讲、排查监测、消毒防控等工作。

3. 加快推进党建引领小区治理

加快城市小区治理组织组建力度，建立"小区党组织 + 业委会 + 物业服务企业""三位一体"治理架构，全市已建立小区党组织 259 个、业委会 364 个、物业企业 247 个。推行"领、改、管、挂""四字诀"，着力破解老旧小区治理难题。突出党建"领"，强化高位推动、组织覆盖、凝聚嵌入，指导建立老旧小区党支部 158 个、业委会 113 个。聚焦硬件"改"，实施老旧小区改造项目 452 个，投入资金 3.65 亿元。推动分类"管"，探索商业托管、兜底管理、小区自管模式，推进老旧小区治理规范化。实施结对"挂"，68 个市级部门与 135 个老旧小区结对共建，探索老旧小区共管共治新模式。

4. 城市社区服务供给体系更加完善

广元全面实施社区党群服务中心"补短板"及亲民化改造工程，市委组织部研制下发《广元市社区党群服务中心标准化亲民化建设指导规范》，2020 年底前全市 50% 的城市社区完成阵地亲民化改造，并且已涌现出"书香"芸香、"诚信"古堰、"亲勤"东屏等一批社区服务品牌。在推进志愿服务制度化常态化基础上，大力培育志愿服务组织和社会组织。搭建全市统一志愿服务网络平台，实名注册志愿者人数 36 万人。2020 年，全市安排财政资金 31.63 亿元，集中兴办 30 件民生实事。

（三）组织保障体制机制建设取得突破

1. 能力建设进一步强化

坚持把提高治理能力融入干部队伍建设全过程，注重在基层治理一线考察识别干部，及时选拔一批懂治理、能治理、善治理的干部进入各级领导班子。举办县处级干部学习贯彻党的十九届四中全会精神网络培训班，累计培训 835 人次。全覆盖培训村党组织书记 1373 人、新任村干部 1187 人。将基层治理人才保障纳入《乡村人才振兴实施方案》，持续强化基层治理人才支撑。积极构建党组织领导下的自治、法治、德治相结合的基层治理制度，开展"有事来协商"基层民主协商试点，大力推动建立村红白理事会、道德评议会，全面推行文明新风积分管理制度。深化拓展"法律七进"，落实"一村（社区）一法律顾问"制度，深入推进扫黑除恶专项斗争，深化法治示范乡镇（街道）、民主法治示范村（社区）创建活动，全市行政村"雪亮工程"覆盖率达85%。

2. 示范创建推进顺利

一方面，大力开展乡村治理示范村镇创建和乡镇治理现代化试点示范工作，确定3个乡村治理示范村镇创建乡镇、30个乡村治理示范村镇创建村、12个乡镇治理现代化试点示范乡镇，以示范创建促进乡村治理全域提升。另一方面，深入推动城市基层治理示范体系建设，指导抓好2个市级示范县区、3个示范街道、30个示范社区、100个示范小区建设，有效提升城市基层治理水平。

3. 基础保障逐渐夯实

健全村干部待遇稳步增长机制，明确村党组织书记不低于3000元/月最低标准，其他常职干部按照不低于书记的70%比例确定，实行"基本报酬＋绩效补助＋集体经济发展创收奖励"制度。加快推进社区专职工作者职业体系建设，在全市初步建立起社区专职工作者"三岗7级"岗位等级序列和报酬待遇体系，新的社区干部职业薪酬体系将于2021年村级组织换届后全面执行。

三　广元党建在城乡基层治理中的引领作用分析

基层治理必须坚持党建引领，充分发挥基层党组织在基层治理中的领导、协调、服务、保障作用，加强制度创新，提高基层治理能力。

（一）领导基层治理

广元市委成立城乡基层治理委员会及办公室，办公室设在组织部，全面加强党建引领基层治理的领导体制和工作机制建设，形成了高位统筹、齐抓共管的思想共识，建立了上下贯通、执行有力的组织体系。全面推进乡村区

划建制调整改革，做好"后半篇"文章，实现村面积增大、人口增加、资源整合、要素集聚、结构优化的改革成效。深入开展街道管理体制改革，狠抓"赋权、下沉、增效"工作，构建了"市县联动、齐抓共管"的城市基层治理新格局。完善党建引领基层治理体制机制建设，在村、社区全面推行党组织书记和村（居）委会主任"一肩挑"，明晰村级各类组织职责和关系，制定党组织参与基层各类组织议事、决策、监督、评议、管理的规则程序。通过改革引领、试点示范、督导落实，充分发挥了党在基层治理中把方向、谋大局、抓落实作用。

（二）协调基层治理

抓基层治理，必须充分发挥各级党委（党组）总揽全局、协调各方作用。在城市领域，广元市推行街道"大工委"、社区"大党委"、小区"微联盟"，成立物业等行业党委，建立街道社区、驻区单位、行业领域党建互联互动和共驻共建机制，最大限度地把权力、资源、人力下沉基层一线，保障基层治理所需。在农村领域，探索跨区域建立乡镇大党委、农业园区大党委，沿产业链条建立功能性党组织，让基层党组织把各方面优势统筹起来，有效整合社会资源，促进多元主体发挥好各自优势，形成基层治理强大合力。

（三）服务基层治理

抓基层治理，必须以人民群众的满意度为衡量标尺。广元市在推进基层治理中，把服务群众、服务基层贯穿始终。着力加强村（社区）党组织带头人队伍建设，积极回引优秀农民工、致富能手、转业军人等担任村党组织书记，常态化开展提能培训，提升基层干部服务本领。大力培育志愿服务组织和社会组织、社区工作者，统筹志愿服务活动，延伸党服务群众的工作手臂。完善服务群众体制机制，大力推进服务型党组织建设，把党在基层的政治、组织优势转化为治理和服务优势，始终做到服务发展、服务民生、服务群众。

（四）保障基层治理

基层治理是系统工程，需要全方位投入保障。广元市通过高层次人才引进、广元籍人才回引、"周末工程师"柔性引进、归巢创业行动"四大聚才计划"，累计引进硕士及以上高层次人才 1300 余人，回引广元籍优秀人才 120 余人，柔性使用院士专家 360 余人，回引返乡创业能人 4.67 万人，强化基层治理人才支撑。积极争取并统筹农村人居环境整治、城镇老旧小区改造等中省项目资金 3.83 亿元，持续改善基层基础条件。实施村（社区）党群服务中心优化布局、标准化建设和亲民化改造等，持续提升基层公共服务供给能力。先后研制出台《关于深化街道管理体制改革赋予利州区街道相应职责职权的工作方案（试行）》《关于进一步加快全市城镇老旧小区改造工作的通知》《广元市 2020 年基层便民服务建设指导意见》等多项制度，为加强改善基层治理提供稳定的政策环境，全方位保障基层治理工作顺利推进，积极构建新时代共建共治共享的基层治理新格局。

四　广元党建在引领城乡基层治理中的不足或问题

（一）基层党组织统筹能力不足

1. 基层党组织软弱涣散一定程度存在

少数基层党组织政治功能和组织力不强，弱化、虚化、边缘化问题没有得到根本解决，教育、管理和监督党员力度不够，组织群众、宣传群众、凝聚群众、服务群众职责履行不到位。广元市委组织部开展的一项调查问卷显示，35.6% 的对象认为身边存在软弱涣散、战斗力不强的基层党组织。2020 年，129 个基层党组织被纳入软弱涣散基层党组织整顿，其中村 38 个，社区 9 个，学校 12 个，医院 7 个，机关 57 个，国企 6 个。

2. 部分街道党组织"发挥龙头作用"的角色意识不强

街道管理体制改革后,少数街道对街道管理体制改革重要性认识不到位,"店小二"到"指挥塔"的角色意识还没彻底转变,牵头推动街道社区、单位、行业党建互联互动力度不够。

3. 一些村、社区党组织宣传、组织功能较薄弱

部分社区党委开展活动时体现党的色彩不鲜明,关键时刻不能把群众组织起来、发动起来。个别社区党组织书记工作能力不强,对上级支持的资源承接能力不强,统筹调度不到位,也还存在对市、区下沉干部"不敢管、不会管"的问题。

4. 村、社区干部队伍结构不能满足基层建设发展需要

村建制调整改革后,实行"一肩挑"村党组织书记平均年龄为46.1岁、本科及以上学历仅占4.3%,其他班子成员平均年龄45岁、本科及以上学历仅占2.3%(见图2)。非"一肩挑"村党组织书记平均年龄为48.4岁、本科及以上学历仅占4.5%,村主任平均年龄50.1岁,本科及以上学历仅占1.5%,其他班子成员平均年龄44.2岁,本科及以上学历仅占2.5%(见图3)。

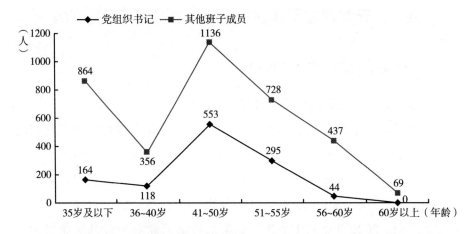

图2 村建制调整改革后"一肩挑"村"两委"班子年龄情况

资料来源:中共广元市委组织部。

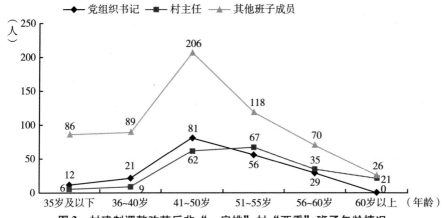

图3　村建制调整改革后非"一肩挑"村"两委"班子年龄情况

资料来源：中共广元市委组织部。

广元市共有社区352个，有社区专职工作者1465人。从年龄来看，35岁以下242人，35～50岁738人，50岁以上485人。从社区工作年限来看，5年以下560人，6～10年441人，11～15年269人，16～20年119人，21～25年41人，26～30年21人，30年以上14人。从学历来看，高中及以下932人，大专456人，本科77人，无研究生及以上学历人才（见图4）。从职业资格来看，初级14人，中级8人。总的来看，全市社区专职工作者队伍年龄结构偏大、学历偏低，具有职业资格证书人员偏少。

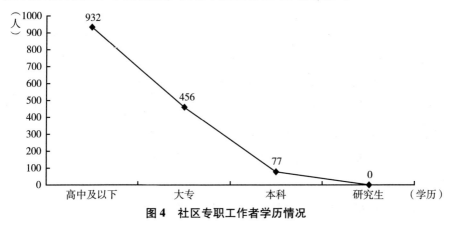

图4　社区专职工作者学历情况

资料来源：中共广元市委组织部。

（二）乡村组织的抓发展能力不足

1. 乡镇层面

（1）赋权扩能不到位。目前，乡镇行政区划调整改革虽已基本完成，但乡镇机构设置、职能配置需进一步优化，县级部门派驻乡镇机构纳入乡镇统一指挥协调工作机制尚不完善。乡镇权责清单、属地事项责任清单编制及运行还处于起步阶段，市场监管、生态环境保护、文化市场、交通运输、农业等5个综合行政执法及国土规划、耕地保护、建设管理、安全生产、公共卫生等领域执法职能尚未在乡镇层面有效整合。

（2）部分抓发展职能弱化。全市135个乡镇中，有18个乡镇未设立抓农经工作的专职机构；其余117个乡镇虽明确了由乡镇农业综合服务中心承担农经工作职责，但仅苍溪县31个乡镇有在编农经人员33名，其余乡镇尚未配备专职人员。

（3）乡村专业人才缺乏。全市乡镇领导班子中，全日制本科以上学历的仅377人，占比29.9%；且涉农、经济、规划等急需紧缺专业干部少。比如，朝天区现有乡镇班子成员132名，其中文学类、社科类等专业干部占比87%，具有现代农业、城镇规划、产业发展、财政经济等专业背景的领导干部仅17人，占比13%。该问题其他县区普遍存在。

2. 村级层面

（1）带头人难选难留问题依然存在。一些边远乡村青壮年大多在外发展，村级后备力量储备质量不高，部分回乡担任村干部的优秀农民工、外出务工经商人员，因回乡收入与在外收入落差较大，个别干满一届就继续选择外出。全市共储备农民工村级后备力量3586名，其中大专及以上文化程度的仅占30.2%、已返乡的仅55.58%、已在本村发展产业的仅27.31%。比如，旺苍县北部山区的村普遍"找不到人、留不住人"，事实上存在"矮子里面拔将军"的问题。

（2）村党组织书记带富能力亟待提高。村级建制调整改革后，行政村辖区面积变大、人口总量增加，村党组织书记抓发展客观上存在精力不足问题。全市 1390 个村中，2019 年经营性收入在 5 万元以下的村有 1078 个、占比 77.6%，而经营性收入达 10 万元以上的村有 65 个、占比仅 4.7%。

（3）农村新型经营主体培育不足。全市共有行政村 1390 个，现有在册农村家庭农场 6423 家、每村平均仅 4.6 个，现有在册农民合作社 4531 家、每村平均仅 3.3 个，现培育农村龙头企业 212 家、平均每 6 个村仅有 1 个。

（三）村级集体经济发展整体薄弱

广元地处秦巴山连片贫困地区，村级集体经济发展总体存在面大量小、模式单一、整体薄弱的问题。主要有四个方面短板。

1. 缺能人

全市村级集体经济组织负责人中，具有优秀农民工身份的 424 人、占比 30.5%。另外 2/3 的村集体经济组织缺乏懂经营、善管理、会发展、熟市场的能人。

2. 缺资源

不少远离城镇区域的村，受限于区域条件、农业基础和产业结构，缺乏有效、有用的资源资产。据统计，全市能通过出租山田林地等资源获取收益的村 452 个、仅占比 32.5%。不少村缺乏优质资源条件，将资金多投入基础建设上，效益较低。苍溪县三川镇北斗修建养鱼池出租，投入近百万元一年收益仅 3 万元左右。

3. 缺项目

这些年来，各级财政投入广元市村级集体经济发展的项目扶持资金多达 6.6 亿元，相当于平均每村 47.5 万元。但基础条件薄弱、缺乏市场眼光、缺少有效信息等多种因素，导致虽然手上有钱，却找不到可以投资的项目和合作伙伴。青川县乔庄镇姚林村年初拟投资闲置林场建设民宿，但因项目预期收益率较低，多次调整变更，直到 2020 年 7 月份才最终敲定合适项目。

4. 缺动力

虽然建立了集体经济创收奖励机制，但各地尚未有效落实，对村集体经济经营管理人员的激励措施少，一定程度影响干事激情。

（四）群众和社会参与治理不充分

1. 组织群众意识和手段缺乏

部分基层党组织推动基层治理，习惯于运用行政手段，把党员干部作为主体力量，宣传动员群众参与其中的意识不足，甚至有"群众一参与、事情更复杂"的错误认识。一些村社组织发动群众的有效手段不够，多依赖"一事一议"等自治手段，以群众会、宣传栏、走村（上门）访户等传统方式为主。在老旧小区治理中，推行市级部门单位与老旧小区结对共建，主要目的是帮助老旧小区建立党组织、业委会等自治组织，增强小区自治能力，但在宣传和发动群众这个主体时手段匮乏、形式单一，导致共建工作仍未深入人心。2020 年 10 月中旬市委城乡基层治理办摸底排查发现，135 个结对共建老旧小区中，小区居民对居住所在小区结对共建工作知晓率高于 90% 的小区仅 27 个，知晓率低于 10% 的老旧小区有 50 个。

2. 社会组织、自治组织发展不充分

社会组织和自治组织规模小、底子薄，参与基层治理能力弱。各类专业化社会组织少，社区社会组织尤其不足，导致应急服务严重缺乏、常态服务社会组织参与薄弱。市本级社工类、志愿服务类等参与社区服务治理的社会组织仅 14 个，占比 4.2%。除村（居）民委员会、村（居）务监督委员会外，针对"懒汉行为"和家庭暴力等问题组建的村（居）民议事会、道德评议会、红白理事会等自治组织类别少、运行不好，甚至存在"空壳化"现象。

五　基于问题的优化对策

（一）提升基层党的组织覆盖和工作覆盖质量

1. 构建扁平化治理党组织体系

在城市，推行街道"大工委"、社区"大党委"、小区"微联盟"，构

建街道社区、驻区单位、行业领域党建互联互动和共驻共建机制。在农村，探索跨区域建立乡镇大党委、农业园区大党委、沿产业链条建立功能性党组织，提高产业发展、乡村治理统筹能力。

2. 规范党组织领导基层治理制度

紧盯基层治理空白点、薄弱点，推动党组织进小区、入楼院、上网格。建立一批楼宇党组织、商圈市场党组织，扩大党在新兴领域的有效覆盖。健全村（社区）治理架构，明晰村（社区）各类组织职责和关系，制定党组织参与基层各类组织议事、决策、监督、评议、管理的规则程序，全面推行村（社区）"一肩挑"和"两委"成员交叉任职，强化基层党组织的领导核心地位。

（二）大力加强村（社区）骨干队伍建设

1. 持续深化村党组织带头人队伍优化提升

结合村"两委"集中换届，进一步优化村党组织书记年龄、学历结构。定期开展村党组织书记履职情况分析研判，及时调整不胜任、不称职对象。深入实施优秀农民工定向回引培养工程，加大从优秀农民工中选拔村干部、储蓄村级后备力量和培养发展党员力度。

2. 实施社区专职工作者专业化职业化体系建设

先行开展试点，在试点基础上出台市级层面政策文件，建立岗位等级序列、职业薪酬体系和"选育管用"长效机制。选派一批社区党组织书记、党建指导员到成都和绵阳等全国城市基层党建示范社区顶岗锻炼。

（三）大力推进乡镇机构改革

1. 推进"放管服"改革向乡村延伸

将直接面向人民群众、点多面广、乡镇管理迫切需要且能有效承接的审批和服务等权限依法赋予乡镇。如，将派驻乡镇工作力量的指挥调度权、考核监督权等下放给乡镇。

2. 制定乡镇权责清单

建立健全乡镇职责准入制度，建立乡镇与职能部门协调联动机制。涉及乡镇的公共事务，一般由乡镇党委综合管理；县直部门不得随意将承担的工作职责转移给乡镇，确需下放或委托的，要充分听取基层意见并按程序报批。

3. 建立乡镇便民服务统一平台

建立集综合治理、市场监管、综合执法、社会保障、医疗保障和其他公共服务、政务公开等功能于一体的乡镇便民服务统一平台，逐步实行"一枚印章管审批（服务）""一支队伍管执法"。

（四）大力推动乡村人才振兴

1. 加强农村人才队伍建设

大力推进新型职业农民培育，开展职业农民分级认定，扶持一批农业职业经理人、经纪人。加强农村实用人才和专业人才队伍建设，培育一大批农村急需紧缺人才，发展一支带不走的农村人才队伍。

2. 鼓励各类人才返乡下乡

大力实施优秀人才下乡、成功人士返乡、社会团体助乡等"五到乡工程"，大力实施人才引进、人才回引、周末工程师、归巢创业"四大聚才计划"，通过出台政策引、激励机制留，持续增强对人才的吸引力、向心力，引导更多人才向农村集聚。

3. 优化乡村人才发展环境

完善人才培养、引进、使用、激励等方面的政策措施，通过探索多样化人才培养模式、鼓励参加学历教育、完善人才管理服务机制、健全激励使用机制等方式，厚植人才在乡村健康成长、快速发展的沃土，引导各类人才向乡村一线流动。

（五）大力探索新型村级集体经济发展模式

1. 创新发展模式

深化产业引领型、资产运营型、入股分红型、服务创收型、土地经营型、园区带动型等村集体经济发展"六大模式",坚持因地制宜、市场导向,鼓励有条件的村推行"互联网+农业"、"互联网+服务业"、仓储物流、农村电商等。

2. 激发发展活力

实施村级集体经济"头雁孵化""保姆服务""创收激励""百村示范"行动,抓好中省财政扶持村项目建设,辐射带动一批集体经济薄弱村做大做强。完善村级集体经济组织法人治理机构,推行集体经济职业经理人制度。

(六)大力实施老旧小区治理水平提升行动

1. 抓基建改造

抢抓老旧小区改造机遇,把老旧小区改造项目与小区治理工作结合起来,统筹财政、社会资金和业主投入,增强改造和治理实效。通过老旧设施改造提升,让居民看到变化、得到实惠,真正把老旧小区改造办成民生工程、民心工程。

2. 抓机制建设

健全党组织领导下的小区业委会、物业服务企业组织架构,研究具体细则,理顺管理关系,提高小区治理水平。加快把党组织职能定位、发挥作用方式全面植入小区业主管理规约和业主大会议事规则。要发挥业主中党代表、人大代表、政协委员在小区治理中的带头作用,优先推荐进入业委会。

3. 抓结对共建

要真正发挥机关单位党建资源优势,把指导健全治理组织、协助常态疫情防控、参与应急处置工作、开展共驻共建活动、做好社情民意收集、推动落实重大任务6项具体任务落到实处。

(七)大力引进和发展村级经济组织、社会组织

1. 优化发展环境

做好农村产业布局、协调发展,不断吸引本地组织组建、外来组织落

户，简化农村经济组织、社会组织证照办理流程，实行"一站式办理、一次性办结"，鼓励工商资本投入农业农村，支持工商企业为基层治理提供综合性解决方案。

2. 加大扶持力度

探索组建农业、税务、商务等多部门联合"保姆服务团队"，为农村经济组织和社会组织发展提供贴身支持、保驾护航。强化金融支持，持续推进"政担银企户"财金互动扶贫试点和乡村振兴农业产业发展贷，优先向农村经济组织、社会组织发放贷款，解决资金难题。

3. 强化要素保障

制定支持农村经济组织、社会组织发展壮大的政策措施，通过强化政策保障、组织保障，全力促进发展。

（八）大力推进社区社会组织社会工作"三社联动"

1. 加强联动主体建设

规范社区职责定位，出台社区自治组织依法履责清单和协助政府工作清单，严格落实社区事项准入制度。加大清理挂牌工作力度，精减各类证明事项。建立市级社会组织孵化园，积极培育和引入社会组织，制定专业社工人才从事社区服务激励政策。

2. 建立完善联动机制

整合利用社区各类资源，建立服务需求、服务资源、服务项目三张清单，制定政府购买社会组织服务的项目目录和承接购买服务的社会组织目录。

3. 丰富联动服务内容

规划编制一批社区养老、助残、救孤、济贫、托幼等社会福利服务项目，规范设置社区居民协商议事平台，制定社区协商事项目录。力争到2022年，市、县（区）主城区每个社区拥有社区社会组织达到10家以上，每个社区开发专业社会工作岗位2个以上，社区"两委"干部中至少有1名社会工作专业人才。

参考文献

中共广元市委：《中共广元市委关于深入贯彻党的十九届四中全会和省委十一届六次全会精神推进城乡基层治理制度创新和能力建设的决定》，2020 年 1 月 15 日。

B.8
广元文旅融合发展报告（2019~2020）

赵泽中　宋元柏　陈映儒　郭志耀　吕登凤*

摘　要： 2019 年，广元全年接待游客 5624 万人次，实现旅游总收入 503 亿元，分别增长 11.8%、19.8%。2019 年是广元文化和旅游机构合并后首航之年，文化建设和旅游发展处于新方位，融合迈出新步伐，文旅经济发展再上新台阶。中国生态康养旅游名市建设稳步推进，广元入选全国康养十强市，青川县成为四川 3 个首批国家全域旅游示范区之一，剑阁县获评首批 10 个天府旅游名县之一。成绩显著，但也存在文旅融合深度广度不够、产品供给不足附加值低、发展理念与市场需求有差距、公共服务体系不完善等短板。随着《中共广元市委广元市人民政府关于大力发展文旅经济的意见》《文化强市中长期规划》等重要文件出台，广元文旅融合发展开始向深度广度进军。只有解决文旅深度融合发展中的短板和瓶颈问题，才能实现广元文旅深度融合的各项目标。

关键词： 文旅融合　创新业态　广元市

一　广元文旅融合发展向深度广度进军

党的十八大以来，广元始终把生态立市、文旅兴市放在跨越发展的主坐

---

* 赵泽中、宋元柏、陈映儒、郭志耀、吕登凤，广元市文化广播电视和旅游局。

标来抓，文旅融合取得了前所未有的成绩。2019 年，不断壮大文旅产业实力，竭力创作艺术精品，大力提升公共服务，全市文旅经济高质量发展有序推进，在加快建设川陕甘结合部区域文化中心和中国生态康养旅游名市进程中迈出坚实步伐，广元文旅融合发展向深度广度进军。

（一）文旅产业实现新发展

坚持"项目出新品，产品丰业态"，全年 59 个项目入选全省文旅重点项目，27 个重点文旅项目完成投资 55.32 亿元。新签约白龙湖滨水旅游等 24 个项目，签约金额 175 亿元。打造赤化花花世界等 50 个农旅文融合景点，推进全市中小学研学旅游，培育青川"山谷原舍"、朝天"布谷布谷"等一批乡村民宿精品和 7 个市级文旅特色小镇。栖凤湖水上游项目全面开放。新评定市文旅集团等 5 家市级文旅产业优秀骨干企业，新增大蜀道体育产业有限公司等 8 家规模以上文化企业，23 家规模以上文化及相关产业企业实现营业收入 53.11 亿元。2019 年，广元全年接待游客 5624 万人次，实现旅游总收入 503 亿元，分别同比增长 11.82%、19.80%（见表 1）。

表 1 广元近三年旅游接待人次和总收入情况

单位：万人次，亿元

项目	2017 年	2018 年	2019 年
接待人次	4514.47	5028.86	5624.00
接待人次增长率(%)	19.05	11.39	11.82
总收入	334.56	419.53	503.00
总收入增长率(%)	26.62	25.40	19.80

资料来源：2017～2019 年《广元市国民经济和社会发展统计公报》。

（二）品牌创建获得新突破

广元入选全国康养十强市，青川县成为四川 3 个首批国家全域旅游示范区之一，四川省首批天府旅游名县创建广元以"1＋2"的入选数量居全省第三，其中，剑阁成功入选天府旅游名县，青川、朝天入选天府旅游名县候

选县。首批省级全域旅游示范区剑阁县上榜。全市4个集体、10位个人荣获全省"金熊猫奖"，昭化区昭化镇入选首批四川省文旅特色小镇，天成大酒店成功创建五星级旅游饭店，利州芳香南山成功创建国家4A级景区，米仓山大峡谷景区入选2019全国森林康养基地试点建设单位名录。中国·苍溪药文化博览园被认定为2019年四川省中医药健康旅游示范基地。评选5家市级研学实践教育承办单位。

（三）文艺创作攀升新高度

竭力文艺精品创作，繁荣群众文化事业，开展大型川剧《无字碑》编创，新创作《我是党员我先上》等文艺作品120余个。广场舞《背山号子》等10余件作品获国家、省级以上嘉奖。广元积极参加第十三届中国艺术节、第二届四川艺术节并获佳绩。全年举办群众文化活动2300余场，惠及群众300万人次（见表2）。举办浙广两地文化走亲活动和川陕甘周边城市文化交流30余场次。

表2　2017~2019年广元举办群众文化活动场次和惠及群众人数

单位：场次，万人次

项目	2017年	2018年	2019年
举办群众文化活动场次	2000	2200	2300
惠及群众人数	300	300	300

资料来源：广元市文化广播电视和旅游局。

（四）公共服务迸发新活力

加快推动现代公共文化服务体系建设，建成广元数字文化平台，"智慧旅游"目的地运营平台全面上线。"五馆一站"免费开放，年服务达200万人次。苍溪县获评四川省现代公共文化服务体系示范县。大力推进"智慧广电"建设和媒体融合发展，广电覆盖率100%，被国家新闻出版广电总局评选为2018年度基层广播电视统计优秀集体，苍溪、青川、旺苍3家县级

融媒体中心挂牌。新增航线 6 条，全年共起降航班 4830 架次，旅客吞吐量
49.1 万人次（见表 3）。完成全市旅游交通标识系统提升工程。新办"剑门
关旅游卡" 2.8 万张、刷卡 7 万人次。完成 40 座旅游厕所建设，在全省率
先完成全市旅游厕所百度地图上线任务。

表 3　2017~2019 年广元起降航班总数及旅客吞吐量

单位：次，万人次

项目	2017 年	2018 年	2019 年
起降航班	2682	2632	4830
旅客吞吐量	26.5	25.5	49.1

资料来源：广元市文化广播电视和旅游局。

（五）文化传承提升新内涵

中子铺遗址和木门会议会址两处获评全国重点文物保护单位，10 处获
评省级文物保护单位。推进皇泽寺危岩修复等 12 个文保项目，完成大蜀道
博物馆初步建设方案和中子铺遗址考研挖掘工作，《广元市红色革命遗址遗
迹保护条例（草案）》通过市人大常委会一审，长征国家文化公园广元建设
工作加快推进，全年无文物安全事故。圆满承办第七届国际非遗节分会场等
非物质文化遗产类活动。广元还组织开展第五批国家级非遗代表性项目申
报，羊岭传统布艺童帽等 3 项非遗入选全省第一批非遗项目体验基地，2 项
非遗产技艺入选《第一批四川省传统工艺振兴目录》。全年举办非遗进校
园、非遗大讲堂活动 23 次。

（六）文旅影响力实现新飞跃

高规格高质量完成四川省第十届乡村文化旅游节。积极参加四川省国际
旅游博览会、重庆国际文化旅游节等重大活动节会 23 个，精准锁定客源地
市场，聚焦高铁联盟，围绕广元航点城市，赴西安、兰州、重庆及浙江省对
口协作市等地组织召开广元文化旅游推介会，办好广元女儿节、苍溪梨花节

等地方节庆活动120余个。大力推进区域协作和文旅联盟之间的交流合作，"广元建设中国生态康养旅游名市、蜀道文化旅游节"等被国家、省级等媒体热度报道。

（七）文旅扶贫赢得新口碑

大力实施文旅专项扶贫，投入资金0.42亿元，实施项目10余个，项目完成率100%，实现年度扶贫目标，97个拟退贫困村、183个贫困村、1.09万户贫困户、8个乡村学校的文化服务基础设施建设完成。全年举办文化惠民下乡和放映农村公益电影700余场，东西部扶贫协作卓有成效，引进东部文旅企业4家，接待东部疗休养干部2000余人。持续推进全市扶贫产品销售体系建设工作，18家旅游饭店完成扶贫产品采购任务165万元，完成15条贫困地区休闲农业和乡村旅游精品线路规划。

二 影响广元文旅深度融合的瓶颈与问题

（一）文旅融合深度广度不够

广元文化旅游资源富集，覆盖面广，随着经济社会发展，资源类型和种类还在不断拓展。目前广元文化和旅游融合的业态不多、融合层次较低、产品单一，文化创意、高科技元素在融合中应用较少。在全省具有影响力的演艺产品数量较少。文博非遗等展览展示多，融入生活和融入市场不足。现有资源和文艺作品向文旅市场转化力不足，文旅融合精品较缺乏。

（二）产品供给不足附加值低

现有产品以休闲观光为主，附加值较低，高端业态比较缺乏，缺少门类丰富的度假产品，体验性强、参与度高的产品少，夜间经济发展弱小，缺少主题乐园、历史文化街区、田园综合体、旅游廊道等产品。景区数量多，但品质不高，吸引力不强。

（三）发展观念与市场需求有差距

文化旅游发展仍停留在"门票经济"阶段，忽略产业关联带动性及产业链作用，造成景区过度依赖门票收入，旅游始终停留在休闲观光阶段，不利于向休闲度假及高端消费转型。旅游景区出现多头管理，往往一个景区受文物、林业、水利、建设等部门多头管理，导致出现景区开发受限、建设标准不统一、权责不明晰等混乱现象。

（四）公共服务体系不完善

全市文旅交通能力不足，内外交通未形成无缝接驳体系，"落地自驾、异地还车"体系不健全。旅游集散服务体系不完整，未形成旅游环线，可进入性也较差。文化旅游接待服务水平不高，全市欠缺能够接待大型旅游团队的酒店、旅游购物场所、文化娱乐消费场所，主城区特色购物街区和美食街区不足，城市文化旅游特色消费不鲜明。

三　加快广元文旅深度融合的对策建议

2020年是全面建成小康社会的决胜之年，是"十三五"和"十四五"承上启下的关键之年。当前，随着国内疫情的有效控制，全国文化旅游市场正在加速回暖，人民群众新一轮精神文化和旅游生活需求将大幅增长，国家大抓文旅融合将持续发力激活文化旅游消费，缓解经济下行压力，公共事件也将催生文旅融合发展新业态。同时，面对疫情常态化防控这一客观现实带来的国内文旅市场痛点和难点考验，面对广元文旅融合发展和恢复性增长的难题和挑战，我们需要在习近平新时代中国特色社会主义思想指引下，紧贴文化旅游发展新形势，增强疫情常态化防控新认识，坚持以建设中国生态康养旅游名市为抓手，突出生态康养主题、全域旅游主线、提质增效主基调，推进"文化＋"、"旅游＋"和一二三产业融合发展，加快打造"大蜀道文化旅游目的地、女皇故里文化旅游目的地、生态康养文化旅游目的地、红色

广元文化旅游目的地"，为加快建设中国生态康养旅游名市、成渝地区高品质生态康养"后花园"奠定坚实基础。

（一）突出规划顶层设计

强化规划的统筹性，坚持规划先行，紧抓国家长征文化公园建设、巴蜀文化走廊建设和乡村振兴的契机，精准发力，高起点、高水准编制完成《广元市"十四五"文化旅游发展规划》，明确未来五年广元文旅发展目标和路径，优化产业空间布局，培育发展新亮点，推动全市文化和旅游产业高质量发展。

（二）加快重点项目建设

积极储备文旅项目，围绕国家长征文化公园建设、石窟寺遗址保护利用、全域旅游目的地创建等重点方向包装项目，建立"十四五"文旅重点项目库等。加快重点项目建设，推动黑石坡森林旅游度假区、武则天文化旅游区、曾家山国家级旅游度假区等项目建设进度，实现新华联曾家山旅游区、中青城投昭化古城旅游度假区等项目开工建设。大力开展文旅招商，将米仓山大峡谷、白龙湖、唐家河等文旅资源作为招商重点，通过"走出去""请进来"创新网上招商、以商招商等方式，力争新引进一批知名企业、签约一批重大项目。

（三）推动创新文旅业态

深化农旅融合，以现代农业园区建设为载体，同步推动文化元素植入和旅游设施建设，加强苍溪柳池、旺苍南阳山等农旅人融合旅游景区规范管理，丰富月坝、阴平、张家等国家乡村旅游重点村旅游业态。深化工旅融合，抓好烟波坊美食城、旺苍东河印制公司等项目前期工作，加快二重岩矿区遗址利用、杨家岩109厂开发等项目招商。深化商旅融合，探索开发多种类型夜游项目，丰富皇泽寺凤街、万达凤凰里、苍溪月亮湾啤酒广场、旺苍红场夜市等文化旅游街区业态，借助广元女儿节、大蜀道文化旅游节等节会，推动发展会展经济。大力发展夜游经济，打造"皇泽寺—凤街""金橄榄—星空夜市"等城市夜游新IP。推动剑门关、曾家山、唐家河、白龙湖等景区完善配套服务设施，开发自驾游、低空旅游、水上旅游等产品。

（四）丰富繁荣文化供给

在加强优秀文化保护利用的基础上，深度挖掘蜀道文化、武则天名人文化、红色文化等文化资源的独特魅力和时代价值，繁荣文艺精品创作，推进非遗、文创、研学、博物馆、演艺等进景区，将文化符号巧妙融入景区建设、产品开发、市场推广，实施非遗传承跨界融合、文艺数字化融合、传统戏剧融合、文旅精品线路等项目，重点扶持广元地方特色鲜明且具有较强影响力和示范意义的作品创作，大力支持《葭萌春秋》《剑门长歌》等景区实景演艺常态化表演，做好中国作家剑门关文学奖、广元优秀精神文化产品评选活动，精心推出一批在全国、全省叫好又叫座的精品力作。推动文学、戏剧、音乐、美术、舞蹈、曲艺、杂技、书法、摄影等各艺术门类创作全面繁荣。多角度用艺术精品讲好"广元故事"。用好用活剧院、城市文化广场等场地，推出一大批群众喜闻乐见的话剧歌舞、小品小戏、艺术展览、培训讲座等文化活动。创新探索市场化模式，力争实现一批本土剧目驻场演出。多形式深入基层开展送文化下乡、戏曲进乡村、结对帮扶慰问演出等。全方位搭建优秀文化供给传播展示平台。

（五）持续培育市场主体

充分发挥各县区文化旅游开发公司作用，加快旅游景区和文化旅游资产的企业化改革，通过市场化途径推动县区文旅产业发展。支持市文旅集团、市交旅集团充分发挥市级骨干企业作用，通过独资、合资、合作等方式参与县区文旅产业，整合县区文旅企业，发展成为广元文化旅游龙头企业。通过招大引强，吸引规模大、辐射带动强的知名旅游集团和管理服务品牌企业落户广元，提升全市文旅企业运营管理能力。发挥文化旅游协会企业互助纽带

作用，为企业发展提供平台，协调旅游企业之间的利益矛盾，强化行业自律管理，共同维护广元旅游形象和行业信誉。

（六）完善提升公共服务

实施公共文化服务效能提升工程，加强国家级、省级"民间文化艺术之乡"后续建设管理。积极推进市文化艺术中心维修改造。实施"两馆"效能提升专项行动，推进县级文化馆图书馆总分馆制。推进剑门关旅游年卡线上办理，加强文化和旅游志愿服务队伍建设。加快机场改扩建和中航油库建设，推动建设广元旅游集散中心和县区旅游集散中心、集散点，加快升级改造广元智慧旅游管理平台，构建智慧化支撑的多级旅游集散服务体系。继续实施"文旅标识系统提升工程"和"厕所革命"新三年行动计划。推进广电事业，优化提升广元智慧文旅平台，推动博物馆、纪念馆等文化设施旅游化利用，构建市民、游客共享的文化旅游新空间。

（七）持续深化开放合作

启动广元宣传推广体系建设，积极参加国际性、国家级、省级重要文化旅游交易博览等节会活动，力争赴台湾等地开展境外宣传推广活动。持续加大重点客源地、高铁沿线城市和航线开通城市宣传营销。办好第十届大蜀道文化旅游节、四川省第十一届乡村文化旅游节（冬季）、广元女儿节等重大节会和县区四季主题节会活动，加大文化旅游目的地宣传力度。用好广元市旅游营销优惠政策。整合全媒体资源，突出新媒体运用，着力"银发一族、千禧一代"精准推广。不断深化"剑门蜀道、女皇故里、熊猫家园、红色广元"影响力、辨识度和美誉度。深化区域合作，主动融入国家"一带一路"建设和成渝城市群发展轴，深入推进川东北经济区旅游协同发展、川陕甘渝毗邻城市合作、嘉陵江旅游联盟等交流协作。实现资源共享、信息互通、产品互推、客源互送、市场共赢。

（八）不断优化市场环境

完善旅游标准化体系，大力推广旅游业国家标准、行业标准和地方标准，探索建立与国家标准和行业标准相衔接、满足现代旅游服务业发展需要的旅游标准化体系。建立健全 A 级旅游景区和星级酒店动态管理和退出机制，制定《广元市 A 级旅游景区常态化管理办法》，对标乡村旅游、研学旅游、旅游民宿等新业态特点，开展标准化试点、示范工作，形成独树一帜的文旅融合新亮点。优化文旅营商环境，帮助企业解难纾困。落实好意识形态、自然生态、文物保护等安全责任。加强文旅市场诚信体系建设，加快推进综合执法改革事项，强化交通、视频、卫生等重点领域联合执法，畅通文化旅游投诉处理和服务质量监督渠道。

参考文献

广元市统计局：《广元市 2019 年国民经济和社会发展统计公报》，中国统计信息网，2020 年 4 月 3 日，http：//www. tjcn. org/tjgb/23sc/36269. html。

中共广元市委、广元市人民政府：《关于大力发展文旅经济的意见》，《广元日报》2020 年 1 月 7 日，第 4 版，http：//e. gyxww. cn/gyrb/images/2020 - 01/07/A04/20200107A04_pdf. pdf。

B.9
广元绿色发展的司法保障研究

张 阳 吴 敏 赵冬梅 李南英 阳玉婷*

摘 要： 在深化环境司法改革、不断推进生态环境治理体系与治理能力现代化的时代背景下，广元两级法院立足广元实际，依托本地生态环境和特色资源禀赋，以现代环境法治理念为指导，以专业化审判为抓手，深入推进恢复性司法，强化重点生态区域司法保护，积极构建环境保护多元共治的协作联动机制，为辖区生态文明建设和绿色发展提供了良好司法保障和服务。对于环境司法实践中存在的环境司法体制地域资源挖掘不充分、环境损害评估鉴定制度不健全、环境司法协作联动不足、环保法治宣教欠缺问题，广元两级法院应从司法理念，机制建设、资源整合、法治宣传方面入手，形成法治合力，护航广元生态文明建设大业。

关键词： 绿色发展 多元共治 司法保障 广元市

广元地处秦岭南麓，川陕甘三省接合部，是成渝地区北向重要门户枢纽，西部陆海新通道重要节点，素有"熊猫家园""女皇故里""巴蜀金三角"之称，是嘉陵江、白龙江与青竹江三江汇流之地，属南北气候过渡带，自然资源丰富，生态条件得天独厚。党的十八大报告提出生态文明建设是关乎国运兴衰、人民福祉的长远大计。习近平总书记强调要通过最严格的法律

---

* 张阳、吴敏、赵冬梅、李南英、阳玉婷，广元市中级人民法院。

制度为生态文明建设提供最严密的法治保障。为深入贯彻习近平生态文明思想和"共抓大保护，不搞大开发"的重要指示精神，广元依托独特的区位优势与资源禀赋，立足长江经济带全域发展大局，以"两山"理论为指导，统筹谋划，将生态环境保护与绿色发展纳入"生态立市"战略蓝图。以此为背景，广元两级法院以"多元共治、协同推进、绿色发展"为指导，在环境司法领域积极探索、勇于开拓，厚植绿水青山司法"防护林"，牢筑长江、嘉陵江上游生态屏障。

一 现状评估：环境司法助力绿色发展

（一）环境资源审判概况

2017 年 6 月至 2020 年 5 月，广元两级法院共受理各类一审环境资源案件 661 件。其中，民事类环境资源案件占比 68.40%，行政类环境资源案件占比 19.20%，刑事类环境资源案件占比 12.40%（见图 1）。

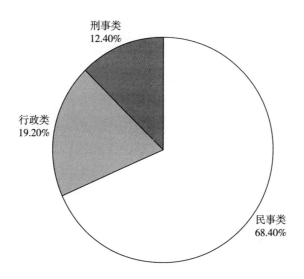

图 1 环境资源案件类型占比

资料来源：广元市中级人民法院。

广元蓝皮书

民事类环境资源案件中，以资源类纠纷为主，集中在农村土地承包经营领域（见图2）。

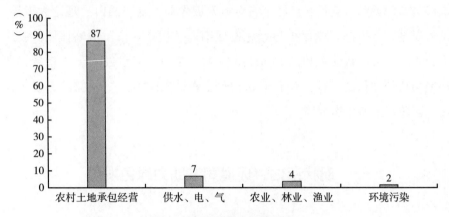

图2 民事类环境资源案件占比

资料来源：广元市中级人民法院。

行政类环境资源案件中，以土地、林地资源类、非诉执行为主，以行政机关为被告的案件较少（见图3）。

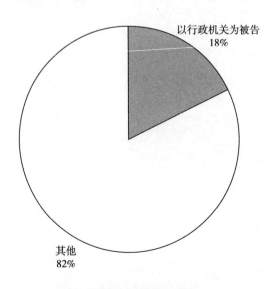

图3 行政类环境资源案件占比

资料来源：广元市中级人民法院。

刑事类环境资源案件中，以涉林木、水产品、野生动植物类犯罪为主；地域主要集中在青川、剑阁二县；被告人以低学历、农民为主（见表1）。

表1　刑事类环境资源案件特点

特点	举例
案件类型集中	林木、水产品、野生动植物
地域集中	青川、剑阁
被告人身份特征明显	低学历、农民

资料来源：广元市中级人民法院。

自2015年检察机关试点提起公益诉讼以来，广元市环境公益诉讼案件审执亦步入正轨。2017～2020年，广元两级法院共受理环境民事公益诉讼25件，审结23件。环境行政公益诉讼1件。2019年广元中院首次受理了民间公益组织中国绿色发展基金会提起的环境公益诉讼案件。

广元两级法院大力加强环境资源审判，2017年开始，广元两级法院试行重大环境资源案件提级管辖制度，对严重破坏环境资源的犯罪情形，由广元中院一审提级管辖，同时对环境资源犯罪进一步加大财产刑处罚、适行"双罚制"，严格缓刑适用条件，加大环境资源刑事打击力度。与此同时，积极延伸环境审判职能，结合全市法院环境资源审理及个案情况，制作发布《广元市中级人民法院环境资源审判白皮书》，向环境资源行政主管部门及相关企事业单位发送司法建议，为地方政府、企事业单位加强生态环境保护、促进绿色发展提供参考，收到良好效果。2020年3月，广元中院向广元市旅游局发出的关于广元市旅游景区安全相关问题的司法建议入选全省十大典型司法建议。

（二）推进环境资源审判专业化

1. 成立环境资源审判专门机构

2014年，最高人民法院、四川省高院环境资源审判庭相继挂牌成立。2016年11月，广元市朝天区人民法院设立环境资源审判庭，2017年4月26

日，广元设立环境资源审判庭，标志广元正式开启环境资源审判专业化新征程。为实现环境资源审判专门机构全覆盖，推进基层人民法庭"绿色化"，广元两级法院指导各基层法院因地制宜设立环境资源专门审判机构。昭化区人民法院、剑阁县人民法院、旺苍县人民法院均通过加挂牌的方式，在原有景区法庭的基础上设立了环境资源审判法庭，2020年7月，青川县人民法院在青溪法庭设立了大熊猫国家公园广元片区法庭，其余县区法院均设立了环境资源专门合议庭。

2. 实行环境资源案件归口审理

在环境资源审判中，民事、刑事、行政案件统一归口审理，契合环境资源案件"跨"介质、"跨"领域、"跨"责任的特征，有利于节约司法资源，提升审判的专业性。自2017年环境资源庭成立以来，广元开始实行环境资源民事、行政、刑事案件"三合一"归口审理，各县区法院也基本实现了环境资源刑事案件、旅游纠纷案件由专门法庭或专门合议庭审理，专业化审判进入实质运行阶段。

3. 培育环境资源审判专业队伍

环境资源类案件的高度专业性与科技性对环境资源审判队伍的专业化提出新要求。为推进审判队伍专业化建设，提升审判队伍业务能力，自2017年以来，广元多次举办环境司法领域重点问题培训课程，邀请省法院资深环境资源审判法官，西南政法大学、四川大学环境资源专家授课，提升审判人员业务水平。与此同时，广元成立了环境资源审判咨询专家库，共聘请市环境、林业等行政主管部门技术专家十余名，为审判实践中的专业性、技术性疑难问题提供咨询意见，增强审判的科学性。在关注审判实践的同时，也积极进行理论研究，推进审、学、研一体化。2017年广元市中级人民法院、剑阁县法院等广元两级法院相继与西南政法大学合作，设立教学科研实践基地，围绕审判实践，开展专题研究，转化研究成果。2020年6月，广元成功举办第一期环境司法协作法治论坛。2020年8月，广元市中级人民法院干警论文《环境行政公益诉讼中的不作为裁判研究》获"青衣沫水"杯环境资源研讨会二等奖，进一步促进了理论成果向实践转化。

（三）强化重点生态区域司法保护

司法资源具有稀缺性，为提高环境资源审判资源利用效率，广元两级法院结合地方资源禀赋，坚持以野生动植物保护与历史文化资源保护为重点，将唐家河流域、翠云廊片区、昭化古城作为生态司法保护重点区域，凸显环境资源司法保护地域特色。

2020年7月，广元市青川县人民法院在青溪人民法庭挂牌成立大熊猫国家公园广元片区法庭，实现了对大熊猫国家公园生态环境的专门保护。驿道古柏，千年传承，为突出对翠云廊古柏的重点保护，剑阁县人民法院在翠云廊景区设立驿道古柏保护司法服务站，利用旅游节点，深度宣传古柏保护。昭化古城，享誉中外，为此，昭化区人民法院在昭化古城建立蜀汉文化保护司法服务站，通过与文化遗产保护部门协作，引入社会第三方力量，加强文化遗产保护法制宣传，加大涉文化遗产纠纷化解和打击力度。

（四）积极贯彻恢复性司法理念

环境资源审判的最终目的在于恢复生态功能，保护生态环境。在环境司法实践中，广元两级法院切实贯彻恢复性司法理念，创新裁判方式，丰富修复方式，实现社会效果与法律效果的统一。

从2017年开始，广元两级法院开始适用使刑事制裁、民事赔偿与生态补偿相衔接的环境修复责任制度，积极探索补植复绿、增殖放流、劳务代偿等生态修复方式，并根据案件实际情况，将修复手段从原态修复向代偿修复、异地修复等多种形式拓展。在生态修复的过程中，不断完善监督保障、检查验收、执行回访等配套机制，提供"全链条式"司法保障服务，推动生态修复责任落到实处。2020年初，全市首个补植复绿生态环境司法保护警示教育基地在剑阁县汉阳镇中心村建成，基地占地100余亩，建成后的基地成为集生态修复、法制宣传、警示教育功能于一体的实践平台。2020年8月，广元市中级人民法院、广元市检察院、旺苍县农业农村局联合在旺苍县

东河韩家营河段设立增殖放流基地，同月在东河流域放养鱼苗 20000 余尾。

在践行恢复性司法理念的过程中，广元两级法院充分发挥个案效用，通过组成七人制合议庭开展巡回审判，邀请人大代表、政协委员旁听，加强对被告人及公众的法治教育。2017 年，旺苍县人民法院在审理一起环境资源刑事附带民事公益诉讼案件时，主动将案件置于社会舆论监督之下，组织数十名全国、省、市、县人大代表、政协委员旁听，并现场见证鱼苗放养，使恢复性司法理念深入人心。

（五）构建环境资源保护多元共治新格局

环境是指影响人类生存和发展的各种天然的和经过人工改造的自然因素的整体，关涉山、水、林、田、湖、草各个层面。基于生态环境的整体性、复杂性与关联性，环境资源保护不能只靠一家"单打独斗"，环境资源保护需要各方协调联动，相互配合，形成多元共治格局。

1. 区域内协作联动深入开展

2017 年 2 月，广元市中级人民法院、市检察院、市公安局、市环保局联合出台《关于印发〈广元市环境执法联动协作工作方案〉的通知》，正式确立了广元市环境执法联动协作机制。在此协作框架下，广元市各基层法院结合当地实际情况，细化协作框架，与相关部门开展深入合作。旺苍县人民法院与旺苍县检察院等 10 家单位联合制定《加强司法生态执法衔接工作大力保护自然生态环境的意见》，建立生态环境资源案件"绿色通道"与生态补偿机制。剑阁县人民法院与剑阁县检察院、公安、国土、林业、环保等部门协作建立日常联络、信息互通、纠纷排查、联席会议、专案会商、技术协助 6 项联动机制，实现环境司法与行政执法的深度衔接。

2. 跨区域司法协作崭露头角

广元地处秦岭南麓、四川盆周北部山区、嘉陵江上游，与陕西、甘肃毗邻，山水相连、环境介质不可分割。由此，广元独特的地理区位决定其生态环境保护不能仅靠一己之力，更需要开展深度跨区域司法协作。

2020 年 6 月，广元与甘肃陇南，陕西汉中、宝鸡中级人民法院召开了川陕甘秦岭南麓嘉陵江上游环境资源审判协作会议。四川大学、西南政法大学环境资源专家学者[①]应邀出席会议并对环境司法协作进行专业研讨论证。在汇集各方共识及与会专家学者意见基础上，四地法院签署了《秦岭南麓嘉陵江上游环境资源审判协作框架协议》（以下简称《框架协议》）。《框架协议》明确四地法院将在联席会议制度、信息资源共享、审理执行协作、审判团队共建、典型案例联合发布等方面开展协作，建立环境资源审判中常态化、多方面、全方位、深层次协作机制，形成跨区域协同共治的生态环境司法保护新格局，合力保护秦岭南麓嘉陵江上游生态环境安全。同月，广元与四川省律师协会签署《关于秦岭南麓嘉陵江上游环境资源保护法律协作框架协议》，通过建立工作小组，设立"院外调节团"、环资律师到法院担任环资审判庭法官助理等方式，建立法律职业共同体内环境资源协作保护机制，推动秦岭南麓嘉陵江上游生态环境资源保护。

二　问题分析：环境司法体制机制尚未健全

（一）环境司法体制地域资源挖掘不充分

广元辖区拥有丰富的自然资源和独具区域特色的历史文化，剑阁古柏、三国文化资源、大熊猫自然保护区等标志性元素在形成绿色司法品牌效应方面具有得天独厚的条件。经过近两年的实践探索，广元两级法院在推进环境资源审判专业化、突出重点环境资源保护、强化环境资源平台建设、加强环境司法协作等方面取得了长足进步，但尚未形成具有广元区域特色的环境司法实践，基于环境资源案件总体基数较小、环境资源审判力量整合不足等原因，广元两级法院绿色司法品牌效应尚未得到充分发挥，环境司法体制建设在凸显地域特色、挖掘地域资源方面存在不足。

---

① 特邀参会专家学者包括：教育部长江学者、四川大学法学院院长左卫民，西南政法大学经济学院教授、西南大学环境资源法学科负责人、博士生导师徐以祥，西南政法大学民商法学院教授、博士生导师侯国跃。

（二）环境损害评估鉴定制度不健全

生态环境损害涉及高度科技背景，因果关系认定亦涉及科学上的极限，存在多个原因力的竞合或累计，需要依靠科技手段发现因果关系，进而为生态损害赔偿责任的认定奠定基础。因此，环境资源类案件的审理过程中，需要科学的环境损害评估鉴定为法官的法律专业判断提供支撑。现阶段，环境损害鉴定评估主体资质、鉴定评估法律责任不明确，鉴定评估人才队伍不完备，鉴定评估标准多元难以统一，鉴定费用高昂等问题都导致生态环境损害评估鉴定结果难以为司法裁判提供可靠依据，成为影响环境诉讼的"拦路虎"，进一步影响审判效率。

（三）环境司法协作联动不足

环境问题是事关全域全局的整体性问题，需要在区域内外协调联动，形成多元共治合力。环境资源案件后续执行、生态修复等涉及专业性问题，跟踪难度大、牵涉面广，仅靠法院干警执行常常面临执行不力、修复效果不佳的境况。目前，广元两级法院虽与公安、检察院等司法机关，环保、林业、渔业等行政执法机关就协调联动进行了有益尝试，但总体而言，在法律规范欠缺、行政推动力不足的情况下，司法与行政执行的衔接互动，整体上还处于个案协调和随机状态，尚未形成长效、常态化的联动衔接机制，实践中尚存在沟通协调不及时、联络渠道不畅通、案件信息无法共享等实践难题。

而在跨区域司法协作领域，广元已与周边省市、省律师协会建立起川陕甘秦岭南麓"两江"流域司法保护协作机制，在跨流域司法协作层面取得初步成效。但是从效力上讲，目前在法律上，对流域司法协作并无明确规定，导致广元现阶段的流域司法协作缺乏法律依据，从而使得其缺乏必要的约束力与强制性，实施效果大打折扣。而从具体内容上来看，整体规定较为粗糙，相关配套机制缺乏，导致实践中可操作性不强。秦岭南麓"两江"流域环境司法协作由三省四地的法院推动，但当地检察机关、公安机关以及行政机关在协作中扮演何种角色尚不明确；嘉陵江、白龙江"两江"流域城市群公、检、法三家机关也并未建立起高效的协作交流平台，无论是执法办案信息共享平台还是相关配套措施都有待完善。而涉及职业共同体内框架协议，同样存在过于原则、操作性不强的问题。

（四）环境法治宣传教育欠缺

经统计，近三年来，广元两级法院受理的环境资源刑事案件中，被告人以当地村民为主，102 名被告人中农民身份 84 人，初中及小学文化占 82%，文化程度普遍较低，法律环保意识淡薄。受"靠山吃山，靠水吃水"传统观念影响，村民非法捕鱼、非法狩猎、滥伐、盗伐林木时有发生。此外，在深入推进乡村治理、乡村振兴，大力开展宜居乡村建设的背景下，农村一些地方的村民对于一些日常细微的污染环境、破坏环境的行为不以为然，对于主动参与生态环境保护与生态文明建设活动更是缺乏认同感和积极性。由此说明，尽管辖区法院已通过巡回审判等方式加强对环境保护意识的法治宣传，但基于地理、人力资源、信息传播等因素限制，农村地区对环境保护法治宣教仍有着较大需求，现有环保法治宣传尚不能满足需要。

三 对策建议：健全广元绿色发展的司法保障机制

（一）形成广元特色环境司法体制

在生态文明法治建设的时代背景下，我国环境保护进入新时期，由粗线条的外生型环境保护走向自主的精细型环境治理。环境法治理念作为生态文明建设的自觉性与自主性理念，由单纯服务与协调经济发展走向了环境保护优先的现代环境法治理念。

现代环境法治理念对环境司法提出新要求，要求环境司法走向精细化、专业化。要不断深化环境司法改革，依据地方资源禀赋，将生态环境的一般保护与重点区域特殊保护相结合，提升环境司法审判专业化，加强部门协调

联动，强化绿色发展理念引导舆论，实现环保领域多元共治。为此，广元两级法院应当牢固树立现代环境法治理念，紧扣成渝地区双城经济圈发展契机，切实提高政治站位，通过环境资源审判，为广元打造生态康养"后花园"贡献绿色司法力量。要进一步强化绿色司法品牌意识，充分学习借鉴周边市区先进经验，充分利用广元地域特色资源及现有环保法治成果，加强对剑门蜀道文化资源和翠云廊古柏、唐家河大熊猫国家公园、米仓山的保护力度，加强经验总结，注重品牌培育，形成规模效应，铸就绿色司法广元名片，增强环境资源审执工作在护航广元生态文明建设中的作用。

（二）健全生态损害鉴定评估制度

鉴于当前生态环境损害鉴定评估困境，可以从以下几个方面进行完善。一是明晰环境损害鉴定评估主体资格，实行鉴定评估人员资格认定考核制度，统一准入标准，加强考核培训，建立一支高标准鉴定人员队伍；二是实行市场化运作机制，政府部门与环境损害鉴定评估机构相分离，确保鉴定机构的独立性；三是明确环境损害鉴定评估主体的法律责任，健全虚假鉴定法律责任体系；四是完善鉴定评估相关程序规范，在厘清现有鉴定评估标准和方法的基础上，结合生态损害赔偿的鉴定实践，制定统一规范的鉴定评估标准和方法，建立程序规则，健全鉴定评估意见的质证、认证规则，使环境损害鉴定评估意见的司法裁判效力具有统一性；五是切实解决鉴定费用负担问题。针对鉴定费用居高不下的难题，在环境公益诉讼中，基于案件的公益性质与司法裁判利益平衡的功能，充分考虑各方当事人经济实力，尤其是经营困难的被告企业，平衡经济效益与生态效益，通过探索生态环境损害鉴定费"资金池"制度、生态损害鉴定保险制度等鉴定费负担的社会化机制，化解鉴定费用负担难题。

（三）完善环境司法协作机制

在区域内，在党政级别，建立由党委领导、政府主导的各部门协作机制，实现环境资源保护工作的全局统筹，法院应定期向党委、人大汇报环境资源案件审执情况，争取党政部门对环境司法工作的支持。在业务内部，进一步加强法院与检察院、公安、环保等主管部门的良性互动，推动建立打击生态环境违法行为的长效性合力工作机制，提高办案效率，进一步加强各部门之间的执法协调、监测预警、信息共享机制，切实实现案源共享，解决案源不足问题，巩固生态修复成果。在区域外，要提升战略高度，优化顶层设计，建立起省、市级的党政级别合作平台，依托已经达成的流域协作框架协议，充分考虑各地方差异，在统筹协调下，细化协议内容，出台配套文件，细化各地法院、检察院、公安的分工与协作；充分利用大数据、人工智能等手段，搭建沟通联络平台，实现案件数据共享，实现互助互补。

（四）加强环境法治宣传教育

司法特有的案件资源是环保法治宣传的最好载体，要充分利用案件资源开展环保法治宣传，让一场庭审活动就是一堂环境保护法治课、每一份判决书就是一张环境保护宣传单、一个案件就是一份环境保护活教材。应当充分利用现有官方微信、微博等资源平台，依托郭兴利工作室、法治夜校、与电视台联合开办的法治专栏等平台，加强环境司法专题宣传，形成常态化宣传机制。要加大对典型案件、公益诉讼案件的宣传力度，尤其是运用好现有的环境司法基地增强宣传效果，将环境司法裁判中有利于公众参与、环保宣教、环境修复的良好做法典型化，推广开来。例如将修复后的区域确定为生态环境司法保护警示教育基地向公众开放，不定期组织污染环境相关人员集中参观学习，现场参与生态修复。要进一步加大宣传力度和深度，将生态文明建设与美丽中国、美丽乡村建设相结合，推动环境法治宣传进社区、进农村、进企业、进学校，引导民众认识生态危机的危害和生态文明的意义，主动转变生产生活及消费方式，增强公众生态文明意识和法治意识，让保护环境、爱护资源的生态理念内化于心，外化于行，提高保护环境的自觉性，让每一位公众感受环保法治中的司法正义，自觉成为建设生态文明的中坚力量。

参考文献

广元市中级人民法院：《广元市中级人民法院环境资源白皮书》（2017.6～2020.5）。

李万祥：《环境司法守护蓝天碧水》，《经济日报》，http：//www. ce. cn/xwzx/gnsz/gdxw/201910/30/t20191030_ 33469502. shtml，最后检索时间：2020 年 11 月 18 日。

叶俊荣：《环境政策与法律》，中国政法大学出版社，2003。

李南英：《论生态环境损害风险的可保性——基于〈环境污染强制责任保险管理办法（草案）的思考〉》，《鄱阳湖学刊》2020 年第 2 期。

沈百鑫：《简析法治国家理念下系统性环境保护——环境保护法律机制创新的若干问题》，《中国政法大学学报》2016 年第 3 期。

廖深基、魏宏斌：《推进绿色法治研究，彰显法治中国智慧》，《中国社会科学报》，http：//ex. cssn. cn/zx/bwyc/201901/t20190102_ 4804909. shtml，最后检索时间：2020 年 11 月 18 日。

戴俊哲：《论我国环境法治保障体系的完善——以环境法治理念的发展为视角》，《法制与经济》2016 年第 5 期。

彭中遥：《深化环境司法改革，实现绿色发展》，《人民论坛》2017 年第 30 期。

彭真明、殷鑫：《论我国生态损害赔偿责任保险制度的构建》，《法律科学（西北政法大学学报）》2013 年第 3 期。

李云生、王浩、王竑昕、田仁生：《长江流域生态环境治理的瓶颈及对策分析》，《环境科学研究》2020 年第 5 期。

马继东、朱向雷：《保障公民环境参与权的困境及进路》，《辽宁省社会主义学院学报》2019 年第 4 期。

B.10
生态发展背景下广元河长制
建设的价值与前景研究

赵　潜　董汉培　罗中兴　夏　茂*

摘　要： 为有效地解决水生态管理的问题，改善生态环境和河湖水的质量，广元构建了水域管护全覆盖的组织体系，建立了河长制运行机制、联防联控联治合作机制，营造了社会参与河湖管护环境。本文分析广元市河长制建设的成效与价值，对广元市河长制建设中的协调机制不够健全、生态区域布局失衡、监督和考核机制有待完善等制约因素进行分析，提出了以加强水资源保护为基础构建"丰水"广元、以加强水域岸线管理保护为蓝图构建"规范"广元、以加强水污染防治为重点构建"清水"广元、以加强水环境治理为源头构建"净水"广元等可持续发展的对策建议，为推动广元市"河长制"各项工作任务与措施贯彻到实处、实现中国生态河湖环境的可持续发展提供了相关理论依据。

关键词： 生态管理　河长制　水环境治理　广元市

广元地处川北丘陵地区、嘉陵江中上游，毗邻陕西省汉中市、甘肃省陇南市，境内流域面积 50 平方公里以上的河流有 108 条（其中：跨省河流 12

---

* 赵潜、董汉培、罗中兴、夏茂，广元市水利局。

条，省内跨市河流 26 条，市内跨县河流 24 条），流域面积 50 平方公里以下的河道有 1732 条。全市境内河流流径长度 3719 千米，流经 4 个县、3 个区和 1 个国家级经济技术开发区，142 个乡镇和街道，1390 个行政村，境内流域面积 15200 余平方公里。

广元自 2017 年全面落实河长制工作以来，在省委省政府坚强领导下，广元坚持以习近平新时代中国特色社会主义思想为指导，以彭清华"进一步筑牢长江上游生态屏障"指示为基础，牢固树立"绿水青山就是金山银山"的理念，着力解决水生态环境中的突出问题，让河长制建设从有名到有实转变。广元境内嘉陵江、白龙江、清江河等主要河流水质常年稳定在Ⅱ类及以上，其中白龙江近三年来水质持续稳定在Ⅰ类标准，确保了"一江清水出广元"。

一 广元河长制建设的价值

施行河长制建设是以习近平同志为核心的党中央从人与自然和谐共生、加快推进生态文明建设的战略高度做出的重大决策部署，是解决各类水问题、保障国家水安全的重要创新制度。实施河长制 3 年来，广元境内的河湖水质得到了明显改善，遏制住了河湖生态环境下降的势态。河长制的建设对于改善广元境内河湖水体质量以及整体生态环境，乃至提高全民身心健康来说至关重要。

（一）全面构建了水域管护全覆盖的组织体系

广元 1840 条河流、771 座中小型水库（含在建 10 座）、农村地区所有沟渠、塘堰等水域均纳入河长制管理，设立各级河（段）长、渠长、堰长 3500 余名，全面构建区域与流域相结合的市、县、乡、村四级河（湖）长制组织体系，并建立完善河流、水库、溪沟、渠道、塘堰名录和"一河（库渠堰）一档"，为推动河长制湖长制各项工作落地见效奠定了基础。

（二）有效建立了河长制的运行机制

广元完善健全了《广元市总河长制运行规则》《广元市河（段）长巡河制度》《广元市河长制工作提示约谈通报制度》等工作制度，根据"一河（库渠堰）一策"管理保护方案制定了年度工作清单。3年来，广元出台了实体性地方法规《广元市白龙湖亭子湖保护条例》《广元市饮用水水源地保护条例》，为构建良好河流生态、加强河库渠堰管理保护明确了路线图和任务书。

（三）创新建立了联防联控联治合作机制

3年来，广元与周边陕西省汉中市、甘肃省陇南市、省内绵阳市、南充市、巴中市5个毗邻市全面建立了跨界河流联防联控联治合作机制。与南充市、广安市签订了嘉陵江流域突发环境事件联防联控框架协议。同时加强了司法联动，建立生态保护司法跨区协作机制，与汉中市人民检察院签订了《加强嘉陵江流域生态环境保护公益诉讼协作配合工作的意见》，与陇南、汉中、宝鸡中级人民法院签订了《秦岭南麓嘉陵江上游环境资源审判协作框架协议》。

（四）积极营造了社会参与河湖管护氛围

广元充分利用电视、广播、报刊、网络等媒体，坚持"开门治水"，结合脱贫攻坚、污染防治等工作，大力开展河（湖）长制进社区、进企业、进学校、进机关、进农村活动，充分发挥"民间河（库渠堰）长"和河（库渠堰）保护志愿服务组织作用，全面落实"河道警长制"，不断增强全民自觉护河、爱河意识，努力营造全社会关爱河湖的浓厚氛围。

二 广元河长制建设成效综述

（一）水资源保护取得新成效

广元用水总量控制在8.09亿 m³ 以内，万元地区生产总值用水量、万元

工业增加值用水量比 2015 年分别降低约 26% 和 28%，农田灌溉水有效利用系数达 0.5，设立国省市控监测断面 46 个、水质自动监测站 9 个，实现了嘉陵江干流及重要支流水质监测全覆盖，全市水环境质量优良（达到或优于Ⅲ类）比例达 100%（见表 1）。全面取缔市县乡集中式饮用水水源保护区排污口，对 80% 规模以上入河排污口进行在线监控，全市县级及以上集中式饮用水水源地问题整治率 100%、水质达标率 100%、水量保障率 100%（见表 2、表 3），乡镇集中式饮用水水源地水质达标率 95%，城乡供水安全得到保障。

表 1　2017～2019 年广元市主要河流水质状况统计

河流	监测断面	级别	规定水功能区	河流水质评价					
				2017 年		2018 年		2019 年	
				实测类别	水质状况	实测类别	水质状况	实测类别	水质状况
嘉陵江	八庙沟	国控	Ⅱ	Ⅰ	优	Ⅱ	优	Ⅱ	优
	上石盘	国控	Ⅲ	Ⅱ	优	Ⅱ	优	Ⅱ	优
	张家岩	省控	Ⅲ	Ⅱ	优	Ⅱ	优	Ⅱ	优
南河	安家湾	省控	Ⅲ	Ⅱ	优	Ⅱ	优	Ⅱ	优
	南渡	国控	Ⅲ	Ⅱ	优	Ⅱ	优	Ⅱ	优
白龙江	姚渡	国控	Ⅱ	Ⅰ	优	Ⅱ	优	Ⅰ	优
	苴国村	国控	Ⅲ	Ⅰ	优	Ⅰ	优	Ⅱ	优
青竹江	竹园镇阳泉坝	国控	Ⅲ	Ⅰ	优	Ⅰ	优	Ⅰ	优
白龙湖	坝前	省控	Ⅱ	Ⅰ	优	Ⅰ	优	Ⅰ	优

资料来源：广元市生态环境局。

表 2　2017～2019 年广元市县级集中式饮用水源地水质评价结果

城市名称	水源地断面名称	水源地类型	水质达标率(%)			主要污染指标（超标次数）
			2017 年	2018 年	2019 年	
昭化区	渔洞河	河流	100	100	100	无
昭化区	紫云水库	湖库	100	100	100	无
朝天区	宣和龙门村	河流	100	100	100	无
旺苍县	东河电站	河流	100	100	100	无
剑阁县	下寺饮用水源	河流	100	100	100	无

城市名称	水源地断面名称	水源地类型	水质达标率（%）			主要污染指标（超标次数）
			2017 年	2018 年	2019 年	
剑阁县	龙王潭饮用水源	河流	100	100	100	无
青川县	乔庄镇大沟村黑龙潭	湖库	100	100	100	无
苍溪县	肖家坝	河流	100	100	100	无
苍溪县	大洋沟水库	湖库	—	—	—	无

资料来源：广元市生态环境局。

表 3　2017 年以来广元市县级以上集中式饮用水源地水质评价结果

城市名称	水源地名称	水源地类型	超标取水总量（万吨）			水质达标率（%）			主要污染指标（超标次数）
			2017 年	2018 年	2019 年	2017 年	2018 年	2019 年	
广元市	西湾爱心水厂水源地	河流型	0	0	0	100	100	100	无
	城北水厂水源地	地下水型	0	0	0	100	100	100	无
	上西水厂水源地	地下水型	0	0	0	100	100	100	无

资料来源：广元市生态环境局、广元市水利局。

（二）河湖水域岸线管护取得新突破

参照 2018 年出台的《广元市河湖岸线保护与利用规划编制工作方案》，广元市完成了市域内 9 条流域面积 1000 平方公里及以上河流和嘉陵江广元港管理保护范围划界工作。同步推进纳入河长制实施范围的其他河流和国有水管单位管理的水利工程管理与保护范围划定工作。自河长制实施以来，广元累计排查河湖"四乱"问题 125 个，已完成整改销号 119 个，整改销号率 95%。

（三）水污染防治取得新进展

广元涉水重点企业基本实现自动在线监测设施安装全覆盖并联网运行，实现 7 个省级及以上工业集聚区污水处理设施全覆盖，并达标排放。实施城

乡垃圾处理设施建设三年推进行动,新建生活垃圾收集点7100余个、乡镇或片区垃圾压缩站71个,农村生活垃圾收集覆盖行政村达100%,城镇生活垃圾处理率达100%。广元已建成各类污水处理厂(站)134座,市主城区污水处理率97%以上、污泥无害化处理率达100%(见图1),县、建制镇污水处理率均达90%、50%以上,畜禽粪污综合利用率达到85%,废弃农膜回收利用率85.6%,创建国家级水产健康养殖示范场21个,基本完成嘉陵江市城区段水域渔民退捕转产工作。

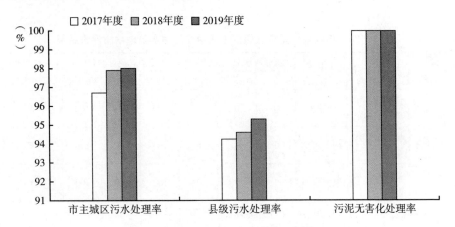

图1　2017~2019年广元污水处理情况

资料来源:广元市住房和城乡建设局。

(四)水环境治理取得新成绩

广元初步建立了全市水环境监测网络。全面完成嘉陵江干流市城区段19条黑臭水沟整治和生态治理任务,嘉陵江出境断面水质稳定保持在Ⅱ类标准。2019年出台《广元市农村人居环境整治污水治理专项行动指导意见》,补齐了农村污水处理设施建设短板,全市40%以上的行政村生活污水得到有效处理,农村水环境得到明显改善。

(五)水生态修复取得新面貌

广元累计完成水土流失治理面积1208.21平方公里,水土流失得到有效遏制。全市森林覆盖率达到56.81%，成功创建国家森林城市，并作为全省唯一城市被授予"全国绿化模范城市"称号。累计创建国家级湿地公园2个、省级湿地保护小区1个。全面完成9座退出类、59座整改类小水电整治任务和62座水电站下泄生态流量问题整改。

（六）监督执法取得新水平

广元结合扫黑除恶专项斗争、全国河湖采砂专项整治、全省非法采砂专项整治、生态环境执法、水土保持执法等专项行动，建立水利、公安、生态环境等多部门参与的联合执法工作机制，将行政执法、日常暗访监督和刑事司法相衔接，常态化、规范化开展监督执法工作，有效清理整治河湖管理"顽疾"。三年累计查处工业超标排放、偷排漏排等企业30余家，水保违法项目400余个、立案查处违法项目2个，河道偷挖盗采砂石企业（个人）11件，处罚300余万元。

三　广元河长制建设的制约因素

（一）河长制协调机制不够健全

作为水生态环境治理的有效举措，河长制建设在水环境治理上取得的成效显著，但仍然缺少一些跨流域管理的相关条例或法规，虽然在河长制建设初期出台了实体性地方法规《广元市白龙湖亭子湖保护条例》《广元市饮用水水源地保护条例》，也与部分毗邻市县区建立了跨界河流联防联控联治合作机制，但广元作为嘉陵江流域的上游，加之跨区域河流及支流众多，这些协调机制是远远不够的。河长制是按照各级行政区域将流域划分为一条条"河段"，每条河段都有河（段）长负责自己行政区域内的水环境质量问题，但无权把全流域的水环境问题全盘考虑，自此形成的流域上下游产业发展不平衡、污染防治力度不均等问题仍然存在。河湖"四

乱"现象屡禁不止，跨区域联动联防联治还缺乏有效协同和机制措施。嘉陵江、白龙江上游生态屏障脆弱，输入型污染威胁着嘉陵江、白龙江等河流的水生态环境。

（二）河长制生态区域布局失衡

在整个广元的流域范围内，由于各个行政区划间经济发展存在优劣势差别，部分县区、乡镇可以集中力量对所辖范围内的水环境污染进行整治，但也有个别经济发展欠发达、产业结构污染严重的县区和乡镇，其本身经济基础较为薄弱，无法投入过多资源来完成水环境的治理工作，而这些地区的经济发展又至关重要，经济增长考核和生态环境考核的双重压力，造成了河长制工作落实不到位、不彻底，经济发展与生态环境保护相冲突的现象。近年来，随着城镇化速度的加快，城市和人口聚集区的河湖成为河长制建设和关注的重点，而乡镇、村社对河湖水环境质量关注和投入非常有限。如广元农村水环境治理短板就很突出，农村地区河道、水库、塘坝、沟渠等存在治理盲区，也是影响大江大河水质稳定的源头。农村面源污染防控措施不新、手段单一，粪污无害化处理和资源化利用效率有待于提高，建制镇污水处理率不高，小河小溪仍然存在排污河、垃圾河，严重影响了广大农村地区生活品质和生存质量。另外，广元乡镇污水处理设施欠账较多、配套管网滞后、治污能力严重不足也是制约广元市河长制建设的重要因素。

（三）监督和考核机制有待完善和加强

监督机制的建立是河长制建设中的重要组成部分，不能使其成为摆设，相关人员必须明确自己所承担的责任。广元有的基层河段长履职不到位、工作落实不到位、监督不到位等问题较为突出，存在巡河护河摆花架、走过场现象，执行河（湖）长制工作制度存在偏差。水环境的治理工作需要多个部门之间的相互协调和相互配合，怎样协调各个部门间的工作关系，怎么去监督，是河长制建设亟须明确的问题。河长制建设工作的考核制度的完善与否，决定着这项新政策的执行力度。

（四）公众知晓和参与程度有待提高

从目前来看，社会公众在河长制建设和实施过程中参与较少，主要原因还是参与渠道的缺乏，获得的相关信息有限，相关部门对河湖管理保护的宣传教育力度不够，造成了社会公众参与意愿低。举个例子，经过现场走访调查，大部分公众对河长制是什么、河长制建设的内容等仍不知情，甚至不少公众把河长制叫成了河长（cháng）制。每位公民都有行使积极参与水生态环境治理的权利，也有提高自身人居环境的表达意愿和途径。作为一种解决日趋严峻的水生态环境问题的创新政策，广大社会公众的参与度也至关重要。

四　广元"河长制"建设前瞻

广元需要持续围绕河长制建设的"六大任务"、省河长制建设中提出的"清河、护岸、净水、保水"四项专项行动等要求开展相关工作，不断推进河湖治理体系和治理能力现代化，把广元建成"不缺水、有规划、水清澈、水质净、山水美、民满意"的河湖"公园"城市。

（一）以加强水资源保护为基础，构建"丰水"广元

1. 持续落实最严格水资源管理制度

守好水资源开发利用控制、用水效率控制、水功能区限制纳污的"三条红线"，完成规模以上河流水功能区的划分工作，守护好饮用水源地。要进一步控制好广元市水资源消耗的总量、强度，持续提升水资源高效利用水平。

2. 强化深入开展节约用水工作

按照《国家节水行动方案》和省上有关节水保水工作的要求和部署，严格执行用水定额和计划用水管理，加快加强各行业（系统）节水机关的建设、县（区）域节水型社会达标建设、公共机构节约用水、家庭生活生产以及工业、园区节水载体建设工作力度。重点提升各工业园区、各企业的

"节水型企业"建成率，引导其实施废水深度处理回用、非常规水资源利用等重大节水工程。

3. 大力推进企业清洁生产

鼓励企业开展自愿性清洁生产审核，依法实施强制性清洁生产。鼓励企业采用高新技术、清洁生产技术对传统生产工艺进行改造升级。

（二）以加强水域岸线管理保护为蓝图，构建"规范"广元

1. 加快河湖管理保护范围划定工作

广元河湖和国有水管单位的水库、闸坝、堤防、泵站、灌区等水利工程众多，做好管理范围划定工作刻不容缓，因此全面完成流域面积 50 平方公里及以上河湖划界工作也迫在眉睫。同时，要持续抓好河湖"清四乱"、岸线规划、非法码头整治、非法采砂治理等重点工作，推进广元河湖规范化管理。

2. 强化开展河道岸线规划工作

强化推进嘉陵江、白龙江、清江河、东河、南河、恩阳河、西河、广坪河、盐井河九条流域面积在 1000 平方公里及以上河流的岸线规划（地方岸线规划）和规模以下河流岸线规划。

3. 常态化开展河道采砂专项整治行动

按"双随机"工作机制，将河道砂石管理的"四个责任人"和嘉陵江干流采砂管理的"五个责任人"、旁站式管理和公示、河道砂石采运管理等制度的落实落地情况作为重点督查。加强对广元嘉陵江、白龙江、东河、清江河等重要河段的非法采砂专项整治行动，维护好广元砂石资源管理的良好秩序。管好河道砂石资源，是保障河流畅通、规范河道秩序的关键。

4. 强化嘉陵江干流非法码头整治工作

持续推进嘉陵江非法码头整治，全面推进完成符合条件非法码头的规范提升工作，无法规范提升的非法码头必须拆除并复绿。

（三）以加强水污染防治为重点，构建"清水"广元

1. 持续推进港口船舶污染防治

按照《水污染防治行动计划实施情况考核规定》的有关要求，落实好上级关于港口、码头、装卸站等污染防治方案。加快完成广元港红岩作业区、张家坝作业区《港口和船舶污染物接收、转运及处置建设方案》建设任务，全面完成广元船舶污染物接收、转运、处置监管联单制度及海事、生态环境、住房城乡建设等多部门联合监管制度的编制工作，并分级、分类、因地制宜地实行联单制度及联合监管制度。

2. 坚决打好"散、乱、污"企业的整治攻坚战

按照"关停取缔一批、整合搬迁一批、整改提升一批"等措施，确保"散乱污"工业企业水污染问题得到彻底消除。

3. 持续推动落后产能退出

运用好法律、产业政策以及必要的行政措施让落后产能退出市场，进一步加强产业政策、能耗、环保、质量、安全等指标的约束作用，强化推动一批落后产能退出。

4. 着力抓好重点流域污染防治

对东河、西河等国、省考断面水质不稳定的小流域，要切实加强污染防治工作，确保水质稳定达标。

5. 抓好城区及（县城）污水处理设施的建设和管理工作

持续推进污水处理设施建设，确保广元城区污水处理率达到95%、县城90%、建制镇50%以上。

6. 强化农村生活污水治理

要摸清各县域内农村生活污水的现状，持续开展农村生活污水治理"千村示范工程"建设，尽快完成广元113个行政村的农村环境综合整治任务，因地制宜采用污染治理与资源利用相结合、工程措施与生态措施相结合、集中与分散相结合的模式和工艺，全面、彻底整治农村生活污水向河湖乱排的行为。

7. 持续推进城乡生活垃圾处理设施建设和运行管理

大力推广"户分类、村收集、乡镇转运、市（县）处理"城乡生活垃圾收转运处理模式，不断完善与提升农村生活垃圾收、转运设施，进一步健全生活垃圾填埋场、垃圾焚烧发电厂设施的建设工作，持续开展城市生活垃圾处理设施无害化等级评定工作，着力开展生活垃圾处理设施运行考核工作，提升全市城乡生活垃圾收集、处理、运行、监管能力。

8. 持续抓好农业农村面源污染防控

开展化肥农药施用量零增长行动，推进畜禽粪污资源化利用，扎实推进农村"厕所革命"。

（四）以加强水环境治理为源头，构建"净水"广元

1. 持续狠抓农村水环境治理

落实《加强农村水环境治理助力乡村振兴战略实施的工作方案》《广元市农村人居环境整治生活垃圾治理等六个指导意见》等工作安排部署，着力、有力、有效开展农村河道、水库、沟渠、塘堰"清四乱"工作。

2. 加强黑臭水体治理和长效管护

深入实施《四川省打好城市黑臭水体治理攻坚战实施方案》，加强广元黑臭水体长效管护，推动黑臭水体长治久清。巩固市建成区黑臭水体治理成效，处理好"硬件建设"和"软件提升"、"水体建设"与"城市治理"的关系，补齐在城市污水收集设施、技术支撑等方面的短板。同时要巩固好市建成区黑臭水体治理的成果，持续保障市建成区黑臭水体控制在10%以内。

（五）以加强水生态修复为动力，构建"水美"广元

1. 持续推进水土保持工作

市水利局要加大水土流失综合治理力度，加快推进水土保持重点工程建设进度。加快完成2020年新增水土流失治理面积100平方公里的任务，积极主动推进水土保持生态清洁小流域和科技示范园建设。

2. 持续推进河湖生态修复

要将水美新村建设和河湖示范县创建有机结合，完成 2020 年建设水美新村 46 个的工作任务。持续加大河湖水环境综合整治力度，确保 2020 年底全市地表水水质优良（国考断面）比例达到 100%，无劣 V 类水体。

（六）以加强执法监管和提高公众参与度为后盾，构建"人和"广元

1. 河湖管理保护需要进一步完善协作机制

加强与邻近市县如陕西省汉中市，甘肃省陇南市，四川省绵阳市、南充市、巴中市等沟通协调，完善并运行跨界河流联防、联控、联治的合作机制，多开展联合巡河、执法活动。落实《四川省流域横向生态保护补偿奖励政策实施方案》，加强与嘉陵江流域有关市县沟通与协调，配合省级有关部门开展嘉陵江流域横向生态保护补偿工作。同时做好《广元市重点流域水环境生态补偿办法（试行）》的落实，促进流域生态环境持续改善。

2. 强化依法治理

认真落实《中华人民共和国水污染防治法》《广元市白龙湖亭子湖保护条例》《广元市饮用水水源地保护条例》《广元市重点流域水环境生态补偿办法（试行）》等法律法规，相关职能部门要把法律赋予的职权充分运用起来，排除各种人情关系、利益关系干扰，严厉打击涉水违法违规行为，大力开展非法采砂、扫黑除恶等专项行动，形成严厉打击的高压态势，让违法犯罪者付出沉痛的代价。

3. 提高社会公众参与度

可以对河长制的相关工作进程通过广播电视、网络媒体、报纸等方式进行广泛宣传，让大众群体都了解河长制建设的重要作用，形成人民群众了解、支持、参与、监督的良好社会氛围。

河长制建设是时代的需要，也是广元市发展"女皇故里，康养名都"的绿色文明发展的需要。"河畅、水清、坡绿、岸美"是河长制建设的终极目标。新制度的实施离不开完善的法律、规章和机制，唯有在此基础上，紧紧围绕河长制建设的"六大任务"和"四项行动"，以广元市年度河长制湖

长制工作要点和各级河流年度工作清单为指引，积极推进河长制各项工作落实落地，严格执法、加强监督、引导公众参与，建立多方面、多主体参与的新河长制建设模式，才是生态发展背景下广元河（湖）长制建设的新思路、新突破口。

参考文献

解素蔓：《论河长制的发展与深化》，《新生代·上半月》2018 年第 9 期。

唐迎春：《基于生态视角下"河长制"长效机制研究》，《价值工程》2018 年第 7 期。

张锐：《浅析河长制在生态环境建设中的作用》，《中国新技术新产品》2019 年第 21 期。

脱贫攻坚篇

Poverty Alleviation Reports

B.11
广元脱贫攻坚成果巩固研究（2020）

李 坪 陈星霖 赵建林*

摘 要： 2019年，广元绝对贫困历史性消除，同步全面小康取得决定性进展。与此同时，面对脱贫成果巩固提升艰巨而紧迫的重要任务，面临疫情影响的严峻考验，针对巩固提升阶段返贫、产业发展等关键性问题，课题组全面分析总结了广元围绕搞好"总复习"、打好收官战的实践成果。课题重点分析总结了广元从防止返贫、政策落实、持续增收、后续扶持、内生动力、党建引领、解决相对贫困等方面所做出的努力。落实责任、强化措施、完善机制，精准施策、有力有序推进巩固提升工作成为亮点。本课题还针对后续的巩固提升提出了具体的具有前瞻性的对策建议，如突出分级分类科学管理，持

---

* 李坪、陈星霖、赵建林，广元市扶贫开发局。

续落实返贫预警阻击机制；突出精准兑现扶持到位，持续稳
定落实扶贫政策措施；突出多措并举拓宽渠道，持续推动实
现稳定增收；突出完善配套综合开发，持续加强易地搬迁后
续扶持等，从理论和实践两方面为广元市委市政府全面决战
决胜脱贫攻坚和实施乡村振兴提供了决策依据。

关键词： 脱贫攻坚　扶贫　广元市

一　广元脱贫攻坚取得的主要成效

打好脱贫攻坚战，是党中央着眼全面建成小康社会全局做出的重大部署，
是党的十九大提出的三大攻坚战之一。近年来，广元市委、市政府和广大干部
群众始终铭记习近平总书记的巨大关怀和殷切希望，深入学习贯彻习近平总书
记关于扶贫工作的重要论述，全面贯彻落实党中央国务院、省委省政府决策部
署，坚持把脱贫攻坚作为最大的政治责任、最大的民生工程、最大的发展机遇，
旗帜鲜明地确定2020年实现从整体连片贫困到同步全面小康跨越战略目标，
以脱贫攻坚统领经济社会发展全局，举全市之力决战脱贫攻坚、决胜全面建
成小康社会，谱写了广元发展史上最广泛、最深刻、最辉煌的反贫困篇章。

（一）消除绝对贫困取得历史性成就

各级各部门坚持精准扶贫精准脱贫基本方略，坚持提高脱贫质量、群众
主体主力、加大投入保障、社会广泛参与、从严真抓实干等工作原则，围绕
7个贫困县摘帽、739个贫困村退出、34.82万贫困人口脱贫目标任务，聚
焦稳定实现"两不愁三保障"，突出目标导向、问题导向、结果导向，响鼓
重锤，尽锐出战，精准施策，下足绣花功夫，全力实干苦干，一级带着一级
干、一仗接着一仗打，奋力推动脱贫目标任务如期完成，脱贫攻坚取得决定
性进展，整体连片贫困面貌实现历史性改变，广元人民彻底甩掉千年贫困帽

子（见图1、图2）。截至2020年10月底，全市农村贫困人口全部脱贫。利州区2017年实现率先"摘帽"，青川县、昭化区、朝天区2018年成功"摘帽"，苍溪县、旺苍县、剑阁县2019年如期"摘帽"，全市7个贫困县全部"摘帽"、739个贫困村全部退出。

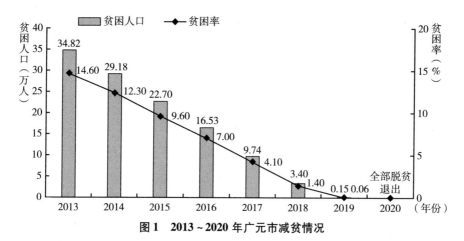

图1　2013～2020年广元市减贫情况

注：2020年为预计数据。

资料来源：《广元市打赢脱贫攻坚战总体成效概览》。

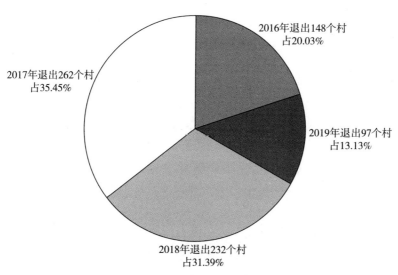

图2　广元市贫困村退出情况

资料来源：《广元市打赢脱贫攻坚战总体成效概览》。

（二）贫困群众稳定增收基础不断夯实

大力抓好就业增收，制定"稳就业15条""返乡下乡创业22条""就业扶贫15条"等措施，建立就业扶贫"一库五名单"和浙广东西部扶贫劳务协作"一库三名单"，截至2020年11月底，累计实施贫困群众技能培训6.18万人，转移就业贫困劳动者36.44万人次，做到有培训、转移就业、创业意愿的贫困劳动者100%得到培训、转移就业和创业帮扶，2020年实现18.5万贫困劳动者就业增收。全省就业扶贫现场会在广元举行，广元市作交流发言。利州区创新就业扶贫车间带动贫困户家门口就业经验全省推广。大力抓好产业增收，建成现代农业产业园107个、"一村一品"特色产业园2548个、增收脱贫自强园7.4万个，促进了贫困群众稳定增收。全国产业扶贫现场观摩会、全省现代农业园区建设推进会、全省川茶产业发展助推产业扶贫工作会在广元召开。青川"三资入股"模式受到国务院扶贫办肯定并在全国农业产业扶贫交流会上发言。苍溪红心猕猴桃产业扶贫入选全国产业扶贫十大范例。大力抓好消费增收，截至2020年11月底，累计认定"四川扶贫"商标企业326家，认定"四川扶贫"商标产品1069个，认定国家扶贫产品4837个（全省第一），获得入驻国家"832平台"资格企业169家（全省第一），2020年已实现扶贫产品销售10.8亿元，向浙江及东部地区销售2.4亿元，农副产品滞销基本解决。大力抓好集体经济，加强村级集体经济组织规范运营，推行经济合作、股份经济合作两种组织形式，739个贫困村集体经济经营性总收入2174.53万元、人均34.89元。

（三）贫困群众民生水平明显提升

义务教育保障方面，实行教育扶贫"四好四不让"，举办好每所乡村学校、不让一所校点因弱消失，关爱好每名困难学生、不让一个孩子因贫辍学，落实好每项资助政策、不让一户家庭因学致贫，发展好农村教育、不让贫困代际传递，改造农村薄弱学校401所，办好295所农村小规模学校，3.06万名义务教育阶段建档立卡贫困学生零辍学失学。"创建美丽乡村学校"做法被中央电视台《新闻调查》专题报道。基本医疗保障方面，实施医疗救助、公共卫生、体系建设、卫生帮扶、人才培植、分级诊疗、生育关怀健康扶贫"七大行动"，实行贫困患者住院"先诊疗后付费"和"一站式"结算服务，"两保三救助三基金"扶持政策全面落实，贫困患者县域内住院和慢性病门诊个人支付占比均控制在 10% 以内，精准治疗贫困群众66.34 万人次，累计补偿医疗救助各项资金 16.49 亿元，完全和部分恢复劳动力 3.04 万人。健康扶贫经验在国家卫生健康委新闻发布会、全国健康扶贫业务培训会、全省卫生健康工作会等会议上作交流。昭化区、苍溪县分别创建为国家级、省级健康扶贫示范县。住房安全保障方面，易地扶贫搬迁群众 10.9 万人，改造危房 5.27 万户（其中贫困户危房 3.4 万户），让贫困群众住上了好房子。实行"差异化搬迁规划好、规范化建设住房好、多元化发展产业好、文明化新风生活好""四化四好"推进易地扶贫搬迁，建成 6户以上集中安置点 500 个。一体推进"改水、改电、改厨、改厕、改圈、改室和建微田园、建入户路、建沼气池、建阴阳沟、建垃圾屋、建院坝""六改六建"，实现既住上安全房子，又记得住乡愁乡情。全国易地扶贫搬迁现场会在广元参观，昭化区危房改造受到国务院督查激励。饮水安全保障方面，实施饮水安全、产水配套、骨干水源建设、水生态治理、技术人才保障"五大行动"，健全供水保障体系，解决贫困群众安全饮水问题 34.7 万人，基本实现贫困人口安全饮水全覆盖。社会保障扶贫提前实现"两线合一"，低保兜底贫困群众 6.68 万人。

（四）农村发展面貌显著改善

实行绿色通道促进度、行业监管保质量、群众主体强建管，统筹推进基础设施建设。新改建农村公路 11606 公里，所有乡镇、建制村均已通硬化路，通组公路硬化率达 80.9%，乡镇通客车率达 100%，2396 个建制村实现通客车，通客车率达 100%。苍溪县创建为"四好农村路全国示范县"。新建改造配电变压器 3209 台，新建改造 10 千伏线路 1818.91 公里、低压线路 10218.32 公里，贫困户生活用电质量全面达标，行政村全部通动力电，

供电可靠率达99.89%、电压合格率达99.61%。739个贫困村完成电网升级改造，全部达到通信建设扶贫标准，行政村光纤宽带网络通达率提升至100%，乡镇光纤宽带带宽100M以上，行政村4G网络通达率达98%以上，实现乡镇4G网络手机信号全覆盖。建成乡镇便民服务中心242个，显著提升了贫困地区基础设施和公共服务水平。全面开展"美丽广元、宜居乡村"农村人居环境整治，通过实施村庄清洁、垃圾治理、厕所革命、废弃物资源转化和村容村貌"四治两提升"专项行动，持续推进农村环境绿化、美化、彩化、香化，森林覆盖率达56.81%，常年空气优良天数保持在95%左右。

（五）群众内生动力有效增强

坚持把扶贫同扶志扶智结合起来，着力激发贫困群众发展生产、脱贫致富的主动性，引导群众依靠勤劳双手和顽强意志实现脱贫致富。提升能力素质，开展"干部讲政策、专家讲技术、典型讲经验、群众讲党恩、做新型农民"、帮扶干部与贫困户"同吃同住同劳动"等活动，办好"农民夜校"，提高群众综合素质。实施"家庭能人培训计划"，组建贫困村"乡土人才超市"，培育示范脱贫户1800户、致富带头人2478名。强化参与监督，组织群众全程参与脱贫攻坚，保障群众知情权、选择权、监督权。采取以工代赈、生产奖补、劳务补助等方式，组织贫困群众参与扶贫项目实施，调动贫困群众积极性、主动性、创造性。培树文明新风，评选"百佳示范脱贫户"，用身边事教育身边人。推行"文明新风积分管理"，发挥村级自治组织和村规民约作用，大力培育文明新风。

（六）形成了各方聚力大扶贫格局

整合财政投入，坚持"多个渠道引水、一个龙头放水"，以年度脱贫计划为导向，财政部门设立"整合资金池"，统筹整合财政涉农资金投入脱贫攻坚。近年来，投入各类扶贫资金367亿元，其中统筹整合各级财政涉农资金128.06亿元。撬动金融投入，加强金融精准扶贫。扶贫小额信贷逾期率低于全省平均水平，强化扶贫小额信贷风险防控做法被人民银行总行推广。

974 家现代农业经营主体获"政担银企户"财金互动贷款 5.18 亿元，带动贫困人口 2.4 万人次。创新农村贫困地区"信用救助"机制，对非主观恶意失信农户开展信用救助，重新评级授信 10750 户，得到人民银行总行肯定并在全省推广。增强社会合力，主动加强与浙江协作市县的扶贫协作、长效合作，建设东西部扶贫协作示范市。精心栽培浙江省黄杜村捐赠的 470 万株"白叶一号"茶苗，广泛开展"不忘党的恩、先富帮后富"活动，800 余家民营企业、1100 个社会组织、10 万余名爱心人士积极参与脱贫攻坚。全省社会扶贫现场推进会在广元市举行。

（七）构建了因地制宜有效治贫机制

各级各部门积极探索创新，形成了一系列脱贫攻坚"广元经验"，构建了较完善的绝对贫困治理机制。脱贫奔小康"六化行动"、稳定脱贫"五项长效机制"、产业扶贫"三园联建"、就业扶贫"五大行动"、消费扶贫"四大体系建设""八进"、易地扶贫搬迁"四化四好"、土坯房改造"六改六建"、教育扶贫"四好四不让"、健康扶贫"七大行动"、集体经济"355"方略、插花贫困户帮扶"五个同步"、社会扶贫"四个三""以购代帮"等一大批典型做法和创新经验，得到了国家部委、省委省政府的肯定推广和省内外各地的竞相学习借鉴。据不完全统计，广元已承办 5 次全国性现场会议、5 次省委省政府现场会议。2019 年全国产业扶贫工作推进会、全国深度贫困地区脱贫攻坚督导推进会在广元召开，国务院胡春华副总理对广元脱贫攻坚工作给予充分肯定。2016 年、2017 年、2019 年，广元在省委省政府脱贫攻坚成效考核中被表扬为"脱贫攻坚先进市"。

二 广元脱贫攻坚成果巩固面临的困难问题

（一）个别群众存在返贫致贫风险

个别贫困群众虽然脱贫，但收入水平仍然较低，抵御返贫风险的能力较

弱,一旦出现自然灾害、意外事故、重大疾病或其他特殊原因,容易造成返贫。同时,个别收入较低的边缘户,也可能因以上原因致贫。

(二)新冠肺炎疫情带来不利影响

2020年以来,新冠肺炎疫情对脱贫攻坚带来较大影响,广元市全力抓好新冠肺炎疫情防控,把疫情对脱贫攻坚影响降低到最小,取得较好成效。但当前国际上和国内一些地方疫情形势仍然严峻,疫情防控进入常态,这将在大环境上持续影响贫困群众务工就业、农产品销售、脱贫攻坚项目实施等,不利于群众稳定增收和脱贫攻坚成果巩固。

(三)农村群众主要以外出务工增收局面没有改变

贫困群众稳定增收是脱贫攻坚成果巩固的重要内容,多措并举强力推进发展产业和集体经济、促进就业、扩大农产品消费等增收措施见效、扩大群众增收渠道是实现群众稳定增收的必要支撑。但当前农村群众仍然主要以外出务工为增收手段,发展产业和集体经济增收占比较小,增收渠道狭窄、增收方式单一的局面仍然存在,不利于群众持续稳定增收,不利于脱贫攻坚成果巩固。

(四)欠发达的发展现状没有根本改变

目前广元市脱贫攻坚任务已接近全面完成,预计2020年将如期夺取脱贫攻坚全面胜利、实现和全国全省同步全面建成小康社会。在过渡期内脱贫攻坚成果巩固还将持续一段时期,无论是脱贫攻坚成果巩固,还是实施乡村振兴战略,持续不断的足够投入是重要保障。虽然广元市近年来经济发展取得明显成效,但广元市地处秦巴山区落后地区、总体经济发展水平低、发展基础薄弱、地方财力紧张的局面没有根本改变,许多工作还需依靠中央、省财政支持和转移支付,存在资金保障瓶颈制约。

三 广元脱贫攻坚成果巩固对策建议

坚决克服疫情不利影响,聚焦"两不愁三保障",严格"四不摘"要求，围绕搞好脱贫攻坚"总复习"，持续开展脱贫攻坚"大比武"，全力打好脱贫攻坚收官战，高水准巩固提升脱贫成果，坚决夺取脱贫攻坚全面胜利。

（一）坚持把防止返贫作为"总复习"底线任务，突出分级分类科学管理，持续落实返贫预警阻击机制

全面落实返贫致贫预警阻击机制，精准聚焦返贫致贫对象和原因，实施针对性帮扶措施，织密实现"两不愁三保障"防护网，坚决防止脱贫人口返贫和非贫困人口致贫。

1. 精准评定风险等级

县区统筹，乡镇组织，逐村建立由联村乡镇干部牵头，驻村工作队、村"两委"干部等参与的工作专班。根据入户走访核查情况，进行综合评估，将无产业、无就业或产业规模小、家庭经营性收入少、自我发展能力弱或因重大疾病、教育、灾害、突发意外事故等导致家庭支出过大的农户或多因致贫的农户作为一级风险户，将劳动技能不强、就业不够稳定或产业规模较小、发展资金不足、市场信息不灵或因灾因病影响家庭收入的农户作为二级风险户，其余监测对象作为较为稳定户（三级风险户）。

2. 分类制定阻击方案

在保持原帮扶责任人不变的基础上，对一级返贫风险户加派乡镇和帮扶单位主要负责人开展帮扶，对二级返贫风险户加派帮扶单位驻村工作队长和村"两委"主要负责人，以及乡镇帮扶力量开展帮扶。无帮扶责任人的一、二级致贫风险户，按风险等级落实乡、村干部为致贫阻击责任人。

3. 及时落实阻击措施

对因疫情、洪涝灾害、重大疾病、突发事故等造成存在返贫风险的，综合运用好教育、医疗、住房、就业、应急救助、兜底保障等政策，及时解决困难，确保群众不返贫致贫。村级不能落实的，由乡镇统筹解决；乡镇仍无力解决的，由县区统筹解决。帮扶责任人加强协调督促，确保阻击措施落实见效。

4. 动态管理风险等级

乡镇组织驻村工作队、村组干部走访了解预警阻击对象阻击措施落实和风险变化情况,按照风险等级上升及时调整、下调谨慎调整的原则,开展风险等级动态调整,每月动态调整1次,一、二级风险户当年内原则上不下调等级。

(二)坚持把政策落实作为"总复习"基本要求,突出精准兑现扶持到位,持续稳定落实扶贫政策措施

落实"摘帽不摘政策",对已脱贫对象,持续保持现有扶贫政策稳定,扶上马送一程,确保群众稳定脱贫。

1. 持续稳定保障性政策

继续落实就医、就学、住房等"两不愁三保障"方面政策,既不能拔高标准、吊高胃口,也不能降低标准、影响成色。压实控辍保学责任,实现控辍保学县长、乡长、校长、村长、家长"五长"责任逐一压实、全面到位。精准落实资助政策,通过"免、奖、补、助、贷"等及时兑现贫困学生特别是在外就读贫困学生资助政策,确保应助尽助。落实医疗保障,严格执行分级诊疗制度,制定科学、合理的诊疗方案,用好"两保三救助三基金"政策,确保重大疾病患者基本生活过得去。

2. 巩固优化发展性政策

认真落实稳定脱贫五项长效机制,提高贫困群众自我发展能力。加强农村公路路况巡查,对新发现的路面破损及时维修、随时保畅。加强长效管护,建立农村供水工程管护运行机制,强化农村饮水安全维修养护能力建设,建立专业管水队伍,确保工程管得好、用得起、长受益。完善广电设施,加强高山广播电视无线发射台基础设施和贫困村广播"村村响"建设,加强设备维护管理。做好广播组网、并网工作,健全运行维护机制,确保"村村响""户户通"常响、常通。

3. 精准细致落实普惠特惠政策

根据贫困群众致贫原因和后续巩固提升需要,精准施策,坚决防止以普

惠代替特惠、搞人人有份。完善农村低保制度，加强与扶贫开发政策的有效衔接，将完全或部分丧失劳动能力、无法依靠产业扶持和就业帮助脱贫的贫困户，全部纳入农村低保范围，切实做到应保尽保、应扶尽扶、应兜尽兜。建立低保标准动态调整机制，保证现行扶贫标准下农村低保兜底人口稳定脱贫。

（三）坚持把稳定增收作为"总复习"突破重点，突出多措并举拓宽渠道，持续推动实现稳定增收

坚持把促进贫困群众稳定增收作为实现稳定脱贫的核心支撑，建立贫困群众稳定增收长效机制，聚焦聚力稳定就业、壮大产业、扩大消费、发展集体经济，创新机制，精准施策，持续拓宽贫困群众增收致富渠道，确保贫困人口人均纯收入超过现行国家脱贫标准。

1. 稳定就业促增收

组织外出务工就业一批，加强与浙江东西部扶贫劳务协作，发动乡镇组织贫困劳动者到浙江就业。组织贫困劳动者开展"订单式"技能培训，培训后定点输送到企业就业。建立扶贫车间吸纳就业一批，引导浙江企业，新建东西部劳务协作扶贫车间12个；在乡镇建立家具、石材、鞋袜等企业扶贫车间15个；在贫困村建立劳务合作对口基地100个；建立就业扶贫车间（基地）30个。兜底安置公岗就业一批，在贫困村统一开发保持5个以上农村保洁、养老护理、生态护林、道路维护等公益性岗位，确保有劳动能力的贫困家庭至少有1人实现就业。

2. 壮大产业促增收

精准增收产业，全覆盖组织开展产业扶贫"回头看"，找出短板弱项，因户施策，制定帮扶措施。做实短产业，有生产能力的贫困户都要有1~2个当年增收见效的短产业，重点发展特色种养业和小商店、小加工、小修理、农家乐等服务业。引导贫困户发展土鸡养殖。促进每个贫困户以自养、代养、寄养等方式每人养殖生猪1头以上。做大长产业，加快现代特色农业"7+3"产业体系建设，大规模成片成带推进特色产业发展。做强"三园"

载体，持续抓好现代农业园区建设和已建园区提质增效，巩固完善贫困村"一村一品"特色产业园，积极引导贫困户增收脱贫自强园。加大财政、项目等政策对培育新型经营主体的支持力度，优化利益联结机制。

3. 扩大消费促增收

组建扶贫产品营销中心。对现有乡镇、村建设的电商网点进行整合、优化、提升。规划布局建设 10 条以上扶贫产品物流"专线"，扩大扶贫产品上行覆盖率，推动扶贫产品"进网络、进平台""进市场、进商超、进车站、进景区、进酒店、进餐厅""进学校、进医院、进机关、进企业""进专店、出海外"。

4. 发展集体经济促增收

大力推行产业带动、服务创收、乡村旅游、资产运营、招商引资 5 种发展模式。实施好 136 个中央、省扶持村集体经济项目，确保 2020 年底贫困村集体经济经营性累积收入人均达到 40 元以上，每个贫困村有 1~2 个懂经营、会管理的负责人。

（四）坚持把易地搬迁作为"总复习"重要领域，突出完善配套综合开发，持续加强易地搬迁后续扶持

围绕稳得住、有就业、逐步能致富目标，抓好群众稳定增收、基础设施和公共服务配套、安置区社会治理等各项工作，做好易地扶贫搬迁后续扶持，让群众搬得舒心、住得放心、生活开心。

1. 高质量配套安置区基础设施

对已建成的安置点水、电、交通、文化、便民超市、网络、通信等基础设施和公共服务设施配套不完善的，适当整合涉农资金，按照缺啥补啥的原则进行完善。高标准推进安置区绿化、美化和垃圾、污水、厕所"三大革命"。健全安置区各类设施管理、使用和维护制度。

2. 推进安置区产业特色化发展

围绕全市现代特色农业"7 + 3"产业体系，把易地扶贫搬迁安置区作为三园联动产业发展的重点区，因地制宜发展适销对路的特色优势产业，支

持有劳动能力的搬迁群众创办脱贫增收自强园。突出文旅结合，在旅游资源丰富、条件成熟的安置区创建旅游扶贫示范安置区，支持搬迁群众利用空闲房屋改造乡村民宿。动员成功人士返乡创业，引导和支持社会资本开发搬迁群众参与度高、受益面广的旅游康养、农产品加工、电商项目，实现多产业、多业态发展。

3. 拓展安置区搬迁群众就业渠道

摸清安置区搬迁群众家庭劳动力状况和就业状况，建立就业台账，逐人落实就业指导促进措施。鼓励新型经营主体和企业在条件成熟的安置区建立"扶贫车间"，吸纳搬迁群众在家门口就业。依托东西部扶贫劳务协作和对口帮扶机制，精准输出搬迁农户劳动力。整合各类公益性岗位资源，优先安排就业困难搬迁户。

4. 深化安置区基层治理体系

强化安置区党员干部、群团工作、志愿服务等服务队伍建设。加强户籍管理服务。加快实现条件成熟的易地扶贫搬迁安置区单独或与周边行政村联建党支部。常态化开展安置区"感恩奋进"活动，搬迁群众个人品德、家庭美德、社会公德新风尚逐步形成。

（五）坚持把群众主体作为"总复习"强大动力，突出扶贫扶志扶智并重，持续激发群众内生动力

聚焦贫困群众的内生动力这一决定稳定脱贫、高质量脱贫的关键因素，着力建强村党组织，激发群众内生动力，改造和"升级"贫困村、贫困群众自我发展能力，助力全面打赢脱贫攻坚收官战。

1. 增强贫困群众内动力

开展感恩自强宣传教育，借助"村村响"、宣传栏、文化墙、农村远程教育等平台，大力宣传现行扶贫标准、政策举措、先进典型，引导群众感党恩跟党走。壮大知客宣讲队伍，分批次对知客进行专业培训。积极挖掘培育农村先进典型，深化文明村镇、文明家庭、星级文明户等创建评选活动，推选"道德模范""自强脱贫模范""脱贫奔康示范户""孝敬父母、关爱子

女模范"人物等农村先进典型。县级以上文明村、文明镇覆盖率达到50%以上,好人榜覆盖率达到90%以上。推行文明新风积分管理。

2. 增强贫困群众发展力

探索实施"贫困群众增收奖励协议",采取以奖代补、参与村集体经济分红等办法,提高贫困群众参与发展生产的积极性。聚焦贫困户对发展产业和就业增收的技能需求,每个村至少培育3~5名懂技术的致富带头人。大规模开展新型职业农民培训。开展"村帮村"互助行动,选取实施乡村振兴战略的重点村结对帮扶贫困村,实现村域经济联动发展。

3. 增强贫困群众自治力

修订完善村规民约,传承艰苦奋斗、勤俭节约、勤劳致富、自尊自强、孝亲敬老、遵纪守法等优良传统。鼓励各村成立村民议事会、道德评议会、红白理事会、禁毒禁赌会等群众自治组织,规劝制止陈规陋习,倡树文明乡风。构建反向约束惩戒长效机制。

(六)坚持把党建引领作为"总复习"根本之策,突出真帮实扶建强堡垒,持续加强基层组织党建引领

继续加强党建扶贫,着眼组织振兴,扎实做好当前工作,为脱贫攻坚决战决胜提供根本保证。

1. 打好结对帮扶"精细战"

坚持尽锐出战、注重实效,继续做好精准帮扶文章,在严明帮扶纪律上坚定落实"摘帽不摘帮扶",在把准帮扶任务上紧扣巩固脱贫攻坚成果、实现高质量脱贫,在精细帮扶举措上聚焦户脱贫"一超六有"达标过硬,在优化帮扶方式上变"输血式"帮扶为"造血式"帮扶,在强化关怀激励上加强政治激励、落实保障待遇、选树先进典型。

2. 加强乡村组织建设

重点做好全市乡镇机构改革、村级建制调整工作"后半篇文章",加强调整后的乡镇、村级班子研判、干部培训、教育引导,缩短工作过渡期、人员磨合期、岗位适应期,确保脱贫攻坚环节不断、力度不减、质量不降。

3. 加强基层人才队伍建设

建强村党组织带头人队伍，实施优秀农民工回引培养工程，加大农民工村干部培养选拔力度，打造一支不走的扶贫工作队。利用东西部扶贫协作、市校（地、院）合作机遇，加大脱贫攻坚一线干部人才交流挂职、农村致富带头人培训力度。持续开展"千名人才下基层"活动、科技特派员选派计划、"归巢创业"行动等，为脱贫攻坚和乡村振兴提供技术、智力支持。

（七）坚持把解决相对贫困"破局"作为"总复习"探索方向，突出积极创新抓好试点，有效衔接乡村振兴实施

落实中央、省关于探索建立解决相对贫困长效机制的部署要求，在 7 个县区扎实推进解决相对贫困试点工作，坚持"精准治贫、常态治贫、综合治贫"，着力"统筹政策资源、加大综合扶持，解决突出问题、纾解群众困境，促进自我发展、缩小贫富差距"，积极探索建立解决相对贫困问题的有效路径、政策体系和制度机制。

1. 强化组织保障

成立由市委市政府分管领导任组长、市级相关部门为成员单位的工作专班，负责全市解决相对贫困试点工作的组织领导、统筹协调、整体推进和督促落实。市级行业扶贫部门明确 1 名分管领导专门负责。各县区成立相应工作机构，加强组织领导，积极整合资源要素，有力推进试点工作。

2. 强化总体安排

周密制定《关于开展解决相对贫困问题试点工作的指导意见》，精心推进试点工作。提出通过解决相对贫困、逐步达到"两好三提高"的目标标准，明确工作原则、试点范围和时间要求，制定认定标准、人口界定、特殊情形处理、认定程序、动态管理等实施方法。

3. 强化政策措施

对脱贫人口中的相对贫困群体，继续适用现行攻坚阶段以及未来过渡期扶持政策，着力挖掘政策潜力，用好用活用足。对非建档立卡相对贫困人口，逐户制定扶持方案，重点采取提升自我发展能力、促进充分就业发展产

业、强化公共服务和社会保障、实施社会救助等方式精准扶持。

4. 注重探索创新

在乡村振兴战略大框架下，立足自身实际，大胆探索创新，积极制定具有可操作性的政策措施和长效机制。及时总结成败经验，努力形成具有广元特色、可复制推广的试点经验，力争为全国建立解决相对贫困长效机制贡献广元力量。

参考文献

习近平：《习近平谈治国理政（第三卷）》，外文出版社，2020。

习近平：《习近平扶贫论述摘编》，中央文献出版社，2018。

习近平：《在决战决胜脱贫攻坚座谈会上的讲话》单行本，人民出版社，2020。

B.12
东西部扶贫协作广元实践示范价值研究

——以"浙广合作"为例

郑娟　付尹　解钰　王莉　肖欣　冯钺*

摘　要： "浙广合作"萌芽于1986年，起始于1996年，至今仍在继续。具有起点早、时间长、内容丰富、形式多样、成效显著等特点。由此而形成的广元实践又形成了"扶贫主体固定化，扶贫对象精准化，扶贫内容靶向化，扶贫形式多样化，扶贫动力互补化"这一东西部扶贫协作的"浙广模式"。这一模式在全国性的东西部扶贫协作实践中具有典型性、示范性价值。随着脱贫任务即将完成，东西部扶贫协作广元实践又延伸了新的发展方向，那就是变"东西部扶贫协作广元实践"为"东西部合作发展广元实践"。随着中国经济双循环新格局的形成，建立新的"浙广合作"发展机制，更具有双赢价值。新的"浙广合作"要在发展内容上做好顶层设计，要落实好工作重点，并做到精准施策。

关键词： 东西部扶贫协作　西部发展　广元市

东西部扶贫协作是中国改革开放后脱贫攻坚工作的又一重大举措，是西部大开发实践路径与方式的重要理论支撑，是党的十八大提出的实现"两

---

* 郑娟、付尹、解钰、王莉、肖欣，广元市社会科学界联合会；冯钺，中国社会科学院政治学研究所研究员。

个百年目标"的重要理论基础。在建党 100 周年全面小康社会即将实现之际，从见证广元由整体连片贫困到同步全面小康跨越的崛起实践，就可以看出东西部扶贫协作在脱贫攻坚这一人类伟大工程中展示出的巨大影响。

一　东西部扶贫协作广元实践历史渊源

东西部扶贫协作提出的背景，东西部扶贫协作广元实践的来龙去脉和所创造的成就，从一个侧面，反映出东西部扶贫协作的现实示范意义和深远的历史影响价值。

（一）东西部扶贫协作广元实践背景

东西部扶贫协作的广元实践，有两个重要的背景，一个是时代政策背景，另一个是广元本身的贫困背景。从时间跨度的空间结构来看，东西部扶贫协作广元实践具有启动早、持续久、规模大、效果好等特征。

1. 时代政策背景

改革开放初，改革开放总设计师邓小平指出：贫穷不是社会主义。1978 年 12 月，邓小平明确提出逐步实现共同富裕构思。1992 年，邓小平在南方讲话中再次要求："走社会主义道路，就是要逐步实现共同富裕。共同富裕的构想是这样提出的：一部分地区有条件先发展起来，一部分地区发展慢点，先发展起来的地区带动后发展的地区，最终达到共同富裕。"

在这一思路下，邓小平针对当时中国发展不平衡的特定背景，提出了"两个大局"的战略构想。一个大局，就是沿海地区加快对外开放，较快地先发展起来，中西部地区要顾全这个大局；另一个大局，就是当沿海地区发展到一定时期，要拿出更多的力量帮助中西部地区加快发展，东部沿海地区也要服从这个大局。

邓小平的这一论述，在实践层面为东部发达地区支援支持中西部贫困地区发展奠定了理论基础，也为 1996 年中共中央、国务院出台东西部结对帮扶政策提供了政策依据。

2. 历史贫困背景

广元地处川东北片区，与陕西省汉中市和甘肃省陇南市接壤，有人口近300万，是川陕革命老区的核心区之一，是国家确定的秦巴山区集中连片特困地区之一（见表1），是四川省6个整体纳入扶贫开发市州之一。所属4县3区，就有6个国定贫困县、1个省定贫困县。

广元处于龙门山地震断裂带，自然条件恶劣，地震、泥石流、洪涝、旱灾等自然灾害发生频率高，生态十分脆弱，再加上经济基础薄弱，贫困程度深，贫困面大。2013年通过统计，广元有贫困村739个，建档立卡贫困人口10.76万户、34.82万人，贫困发生率14.6%，且全市有41.86%的贫困人口集中生活在北部山区和边远地区，扶贫压力大，返贫风险高。广元要全面完成脱贫任务，大约需要硬投入250亿元，而广元地方财政收入长期在20亿元上下徘徊。

表1　秦巴山区集中连片特困地区分布

省份	集中连片特困市	集中连片特困县
四川省	广元市、巴中市	万源市、平武县、北川县
甘肃省	陇南市	宕昌县
陕西省	安康市、汉中市	太白县
河南省		洛宁县、卢氏县、南召县、淅川县
湖北省	十堰市	鄂西县、竹山县、保康县
重庆市		云阳县、巫山县

资料来源：国务院《中国农村扶贫开发纲要（2011～2020年）》。

（二）东西部扶贫协作广元实践时段

东西部扶贫协作，广元有着特殊经历。从萌芽至今，对口帮扶广元的为浙江省，被称为"浙广合作"。比起其他东西部扶贫协作地区，"浙广合作"时间长，且相对稳固。其间，体现了东西部扶贫协作特殊的时空路径。

1. 萌芽阶段（1986～1995年）

以帮扶革命老区和落后地区为目的的"九广合作"始于1986年，1986

年 2 月，九三学社与广元正式签订合作协议。

九三学社充分发挥"人才库"和"智囊团"作用，帮助广元编制了《广元市 1990～2000 年社会经济发展规划》《广元市中区河谷走廊农村综合开发计划》《关于促进广元熔岩地区脱贫的报告》等发展规划，先后帮助广元市水泥厂、陶瓷厂、化工厂、制药厂等老旧企业完成新建和改建工程，还积极牵线搭桥，协助争取了亭子口水利枢纽工程、大唐广元火电、九广合作汽车物流园等项目落户广元……截至 2020 年，九三学社中央为广元争取国家科技、卫生、农业等项目近 20 个，资金总额近 4000 万元。

九三学社的牵线搭桥，开启了东西部扶贫协作"浙广合作"的序幕。其间，帮助引进了浙江娃哈哈集团、正大青春宝集团、中国农科院茶叶研究所（设在杭州）等知名企业和科研单位来广元发展，为广元工业发展和农业科技发展注入了新的活力。

2. "起步"阶段（1996～2007 年）

1996 年，中共中央、国务院出台了《关于尽快解决农村贫困人口温饱问题的决定》，按照"两个大局"构想，部署了东西部结对帮扶的工作，决定东部先发展起来的 13 个省帮扶西部 10 省区的部署。其中，确定浙江对口帮扶四川，重点是广元和南充两个市，正式拉开了浙江帮扶广元 25 年的序幕。

1996 年 8 月，经浙江省与四川省协商，确定由浙江省 16 个省级部门和 3 个市对口帮扶广元市（见表 2）。当年 11 月，浙江省委在嘉兴、绍兴、台州的基础上，又确定了经济实力强的 17 个市、县（区）对口帮扶广元市的 6 个贫困县（区）。

表 2　1996～2007 年浙广合作帮扶单位帮扶对象一览

单位：个

帮扶对象（广元）	帮扶单位（浙江）
苍溪县	嘉兴市、浙江省国土资源厅、浙江省财务开发公司、浙江省轻纺集团
剑阁县	绍兴市、浙江省外经贸厅、工商银行浙江省分行
旺苍县	台州市、浙江省建材总公司、中保财险浙江省分公司、浙江省经贸委

帮扶对象（广元）	帮扶单位（浙江）
青川县	绍兴市、浙江省科技厅、浙江省物产集团
元坝区（今昭化区）	嘉兴市、浙江省乡企局、浙江省工商局、中保人险浙江省分公司
朝天区	台州市、浙江省电力公司、农业银行浙江省分行、浙江省供销社

资料来源：《广元市志》。

1997 年 4 月 8～25 日，浙江省绍兴、嘉兴、台州 3 个市的主要领导带队，对广元对口帮扶的县（区）考察、落实帮扶项目并签订帮扶协议。5月，浙江又组织企业考察团赴广元考察项目。截至 1997 年，"浙广合作"进入实质运行，开始了 25 年的帮扶历程。

3. 灾后重建集中阶段（2008～2011 年）

2008 年汶川"5·12"特大地震，浙江对广元的对口帮扶改为对口援建，原有帮扶单位发生变化，变为浙江一个省对口援建广元青川一个县。青川县是"5·12"汶川特大地震极重灾区之一，因灾死亡 4697 人，失踪 124人，受伤 28342 人，其中重伤 1532 人；城乡居民住房 90% 坍塌或损毁；各类直接经济损失达 533.40 亿元。从 2008 年 7 月 4 日"浙江省援建青川县灾后恢复重建指挥部"挂牌起，到 2011 年 9 月 17 日浙江省援建青川县项目整体移交，在 3 年多的时间里，浙江省市、县设分指挥部 39 个，派出援建干部 336 人，对口援建青川 36 个乡镇，总计投入援建资金 76.78 亿元，实际到位资金 86.19 亿元。浙江省在汶川地震灾区的整体对口援建中，创造了多项全国之最，即援建学校最多、医院最多、桥梁最多、饮用水设施最多、通村公路最多……援建项目实现了全覆盖。

4. 精准突击阶段（2016～2019 年）

2016 年，党中央国务院针对一些经济下行压力较大、帮扶任务和自身扶贫任务较重的东部省市适当调减帮扶任务，并扩大帮扶范围，精准性更强，全国进入新一轮东西部扶贫协作时期。调整后，"浙广合作"由湖州市吴兴区对口帮扶青川县、台州市路桥区帮扶朝天、台州市仙居县帮扶旺苍

县、台州市三门县帮扶苍溪县、丽水市莲都区帮扶剑阁县、丽水市龙泉市帮
扶昭化区，对广元的对口帮扶更加深入和精准。

二 东西部扶贫协作助推广元跨越发展

2020 年 6 月 11 日，广元市所有县区和贫困村实现摘帽退出；3.2 万名
贫困人口脱贫，贫困发生率下降至 0.06%，广元人民彻底甩掉贫困帽子。
这样的跨越，东西部扶贫协作功不可没。

（一）从大数据看东西部扶贫协作广元实践成果

"浙广合作"起步于 1996 年，并取得东西部扶贫示范效应，GDP 数据
变化最有说服力。从 1996 年的 83.23 亿元到 2003 年突破 100 亿元，只用了
7 年时间；从 100 亿元到 2013 年突破 500 亿元，仅用了 10 年时间，这与东
西部扶贫协作的引擎作用密不可分。最能说明东西部扶贫协作能量问题的
是，广元在 2008 年遭遇地震大灾之后，2009 年、2010 年、2011 年 GDP 增
速连续 3 年保持在 15% 以上。其中，浙江援建的极重灾区青川县 2009 年生
产总值同比增长 15.1%，2010 年生产总值同比增长达到 17.7%。

从 2017 年到 2019 年，广元 GDP 以 8% 的水平稳定增长（见表 3）。其
中，广元 2019 年 GDP 是根据第 4 次全国经济普查核定的新基数核算。截至
2019 年，浙江省落户广元的企业达到 373 家，总投资 151 亿元，累计实现
产值 400 亿元以上、实现税收近 20 亿元。

表 3 2017~2019 年广元 GDP 增幅一览

单位：亿元

项目	2017 年	2018 年	2019 年
GDP	732.12	801.35	941.85
增速(%)	8.1	8.4	7.5

资料来源：广元统计局。

（二）从领导重视看东西部扶贫协作广元实践成果

1996 年开始的"浙广合作"，始终得到浙江省各级领导的关心和重视。时任浙江省委书记的李泽民、张德江、习近平、赵洪祝、夏宝龙等，现任浙江省委书记车俊，都来四川和广元考察过。特别是习近平对贫困地区的责任与担当，给广元人民留下了深刻的印象。

1. 习近平情系广元

从 2002 年 10 月到 2007 年 3 月，时任浙江省委书记的习近平同志，在浙江任上长达 5 年多的时间里，始终牵挂着广元的扶贫与发展。他刚到浙江上任，就给广元市委、市政府写了一封信，表达对广元人民的关心问候和对扶贫工作的重视。2007 年 3 月调任上海市委书记，他仍念念不忘广元的扶贫事业，亲笔写信给广元市委给予叮嘱并提出希望。

2004 年 5 月 16 日，习近平率领浙江省党政代表团先后考察了广元市昭化区昭化镇天雄村、娃哈哈广元分公司、剑门关景区，参加了剑阁中学之江教学楼奠基仪式，听取了中共广元市委、市人民政府的工作汇报。

在实地考察后，习近平对帮扶工作提出了具体要求。习近平强调，浙江省的各级领导要深化对口帮扶的认识，拓展思路，坚持帮扶与协作、输血与造血相结合，要认真总结 8 年来的对口帮扶经验，探索新路子，把握规律，更有利于今后的帮扶工作。习近平还指出，帮扶措施要更有力，更有实用性，更有实效性，工作要更扎实，必须求真务实，狠抓落实，做细做实。习近平特别强调，要加大示范新村建设力度，要引导浙江的龙头企业来广元参与农业深度开发，要继续抓好微小型水利、乡村公路建设，山村小学危房改造，要广泛深入开展经济技术项目合作等。最后，习近平要求，对口帮扶工作一定要更加紧密，发展要更好更快，为广元人民群众过上幸福美好的生活献上一份心意。习近平还肯定了广元发展的轨迹是正确的，发展速度不低，发展蓝图和奋斗目标切实可行，发展潜力很大，发展前景十分乐观。

在习近平同志的深切关怀下，"浙广合作"成绩斐然。截至 2004 年，

浙江3市、16个省级部门累计为广元捐赠资金近1亿元，并帮助引进了160个经济技术合作项目，总投资超过12亿元，让广元118个乡镇、28万余贫困农民直接受益。习近平在浙江期间，不仅进一步深化了"浙广合作"，而且形成了多层次、多形式、宽领域、全方位的中国东西部扶贫协作"广元样本"，从内容到形式，从方法到路径，从内涵到外延，无不体现出东西部扶贫协作的全面性、系统性、科学性、实效性特点。

2. 两地领导互访

亲戚越走才越亲，在长达25年的"浙广合作"中，两地领导互动频繁。仅以新一轮东西部扶贫协作为例，两地高频次开展了领导互访交流，以推动帮扶工作的成效。广元方主要领导亲自部署、亲自推动，主动加强与浙江方联系，积极与台州市、湖州市、丽水市开展互访对接。2018～2019年两年中，两地市级党政代表团就互访了13次243人次，推动了台州－广元、湖州－广元、丽水－广元扶贫协作框架协议落地落实。双方共同谋划东西部扶贫协作的方法和思路，明确了各项帮扶工作目标和方向。特别是增进了帮扶双方的深情厚谊，推进了共建东西部扶贫协作示范市的建设，开拓了与浙江协同发展的大开放大合作的崭新局面。

（三）从产业合作看东西部扶贫协作广元实践成果

"浙广合作"25年来，始终以项目为引导、产业为重心，着重优势互补，产业合作，变输血为造血，走出了一条具有开创性、独特性的产业扶贫之路。

1. 聚力项目开发

（1）制度规范

"浙广合作"中，以项目为主导，推动产业发展，成为产业扶贫的发展路径。25年中，浙江以项目帮扶为重点，解决了产业发展的基础性问题。以2016年开始的新一轮帮扶为例，项目帮扶成果明显。一是从机制上入手，加强了项目帮扶。帮扶双方制定了《浙广扶贫协作项目资金管理办法》《浙广扶贫协作项目资金绩效评价办法》《东西部扶贫协作项目收益资金池使用管理办法》等制度。这些制度从规划、资金和监督管理及绩效评价方面，全过程加强对资金项目有效监管，确保项目资金安全。

（2）高效运行

2018年及2019年，广元市到位浙江财政帮扶资金4.12亿元，100%用于县以下基层，全部用于帮扶项目建设，精准聚焦贫困村及建档立卡贫困户。

两地精心编制并共同组织实施帮扶项目189个，总投资9.4亿元。项目90%以上为特色种养殖、园区建设、车间建设、消费扶贫中心等。建立每一个受扶县区都有一名市领导挂帅、每个项目都有一名县领导联系、每个项目都有一个专门的工作机构、每个项目都有一名专职人员蹲点的"四个一"工作机制，以推动项目开展。另外，采取生产奖补、就业薪资、开发公益岗位等方式带动有劳动能力的贫困人口通过直接参与项目建设和发展产业投入劳动获得收入。同时，采取土地流转、保底分红等方式带动缺乏劳动能力的特殊困难贫困人口从中受益。累计带动贫困人口6.91万人脱贫，带动贫困残疾人1465人脱贫。

2. 着力产业发展

25年来，浙江广元帮扶双方坚持"资源共享、市场共建、优势互补、互利共赢"的原则，围绕"一核四带六链"产业发展总体布局及六大特色优势产业，集聚资源优势，找准浙广互利合作切入点，多层次深化产业合作，助推广元构建现代化产业体系。

（1）重视优惠政策

制定《浙江扶贫协作企业来广投资支持政策》，受帮扶县区细化制定现代农业、新型工业、生态康养旅游业、现代服务业等方面优惠政策，在财税、金融、土地、服务等方面为浙江等地扶贫协作来广投资企业提供政策优惠，增强东部等地企业来广投资吸引力。

（2）加大招商推介

近年来，广元主要领导多次亲赴浙江、广东等东部地区开展投资促进活动，先后考察拜访了50余家东部大型企业并促进达成投资意向。以市为单位，主动在台州、湖州、丽水等地举办东西部项目投资推介会，全力促成东

部等地企业入驻广元,成效明显。已有娃哈哈二期、吉利装潢、西奥电梯、温氏生猪等东部为主的企业73家入驻广元。实际投资额达60亿元,覆盖新型工业、现代农业、生态康养旅游业等多重领域,通过吸纳就业和建立利益联结机制,带动2671人脱贫。

(3)促进旅游合作

近年来,浙江广元加大互为文化旅游目的地和客源地建设力度,推出了浙江线上100元"旅游年卡",为浙江游客精心开辟剑门蜀道三国游、女皇故里文化游、温泉山水生态游等精品线路,推动旅游扶贫。

(4)扩大消费扶贫

近年来,广元扶贫对象以浙江市场需求为导向,以促进扶贫产品销售为核心,用好"四川扶贫"商标。在充分考察了解浙江市场需求后,广元精心挑选75家企业、150余个有地方特色的农产品走进浙江错位推介、错位营销,积极开展洽谈会和农博会等大型节会活动。还通过开展走进超市、走进酒店、走进机关企业等活动,以"以购代帮"、定向采购、建立直销店等模式扩大消费扶贫。截至2020年6月,广元有五大类20多个特色产品进入浙江省,累计销售农特产品33.6亿元,带动4878人脱贫。

(四)从劳务协作看东西部扶贫协作广元实践成果

广元是劳动力资源大市,在"浙广合作"中,帮扶双方建立和完善了劳务协作各项机制,劳务输出脱贫的组织化程度不断提高。

广元始终把劳务协作作为解决贫困户就业增收的重要途径来抓,紧紧围绕提高劳务输出组织化程度,建立精准对接机制,开展定向培训,组织定点上岗,协同稳定就业,帮助贫困劳动者实现转移就业增收脱贫。2017年,制定《浙广扶贫劳务协作三年发展规划(2018~2020年)》,与台州、湖州、丽水分别签订劳务协作协议,出台加大就业扶贫政策支持力度助力脱贫攻坚15条措施,为组织化劳务输出提供保障。

在此基础上,广元全面开展摸底调查,每年定期摸排有转移就业意愿和能力的未就业建档立卡贫困人口,以及已在外就业贫困劳动者的基本情况,为动员和组织贫困户转移就业做足准备。从 2017 年起，广元在浙江的每个对口帮扶县建立了劳务协作工作站，在每个对口帮扶县建立农民工服务中心，在各受扶县区贫困地区新建扶贫车间 47 个，加强培训劳务协作人员。据不完全统计，广元每个对口帮扶县已经开展种植、养殖、烹饪、电商、建筑等职业技术培训专班 293 期，帮扶方受扶方联合举办市、县、乡多层次专场招聘会 220 余场次。贫困人口实现就业 1.64 万人，其中到浙江就业 3351 人。同时，广元加大了职业教育力度，全面推动实施职业教育东西协作行动计划和技能脱贫"千校行动"，实施教育扶贫成效明显。3 年中，组织贫困家庭子女到浙江就读职业院校 366 人。

据不完全统计，从 2017 年到 2019 年底，3 年时间，广元与浙江合作，实现年均农民工转移就业 96 万人，18.5 万名贫困人口实现"一人就业全家脱贫"。

（五）从加强人才支援看东西部扶贫协作广元实践成果

广元脱贫发展最缺的是人才，最渴望的也是人才。浙江干部人才资源、科技人才资源、市场经营人才资源富集。"浙广合作" 25 年来，双方采取双向挂职、两地培训、委托培养和组团式支教、支医、支农等方式，培养了一大批行政、科技、市场、文化、教育、卫生等领域的人才，在人才合作上取得了不少好的经验。

1. 建立健全人才交流机制

与台州、湖州、丽水建立干部人才交流合作联席会议制度，签订《干部人才交流合作协议》，制定《东西协作挂职交流干部人才管理办法》《2018～2020 年广元市浙广扶贫协作干部人才交流培养合作计划实施方案》，安排挂职干部分管扶贫工作，为挂职干部人才提供必要保障条件，共同推动脱贫攻坚、教育卫生、产业发展等方面干部人才的全面合作与交流。

2. 实行干部人才双向挂职

广元从 2018 年到 2019 年，选派党政干部 72 人次、专业技术人才 213 人次到浙江挂职锻炼。同时，广元接收浙江省选派的挂职干部 40 人次、专

业技术人才 226 人次。

3. 对各类人才实施培训提能

2016 年以来，帮扶双方联合举办党政、教育、卫生、农技等各类培训班 182 期、培训干部人才 2.3 万余人次。还邀请浙江省相关专家 48 人次到广元各级读书班、教育讲坛等开展专题讲座，进行专题培训。对基层干部人才，采取了跟班学习计划。3 年来，共选派 315 名乡科级干部、村干部和农村致富带头人分批次赴浙江的帮扶市县进行跟班学习，深入基层党建、产业发展、集体经济、农村电商、新村建设等地方现场考察学习。

（六）从携手奔小康看东西部扶贫协作广元实践成果

"浙广合作"以来，围绕"两不愁、三保障"，以带动贫困人口脱贫为重心，全面开展携手奔小康活动。特别是近 3 年来，围绕"聚力携手奔小康"主题，浙江省及帮扶市、县（区）联手广元对口帮扶地区开展了冲刺行动。

1. 加强对接促进合作协议落地

广元接受帮扶的 6 个县区积极主动出击，到浙江帮扶市、县（区）开展上门对接。浙江帮扶市、县（区），也组织党政代表团回访或上门考察落实项目资金。从 2018 年至 2019 年，浙广两地县（区）级党委行政组团对接就达到 54 次 685 人次，召开各种类型联席会议达到 45 次，形成了多层次高质量的协作共识。

2. 扩展合作内容向纵深发展

浙广在合作范围上不仅限于扶贫项目，还立足乡村振兴，立足长远合作，深化了合作内容。在教育、卫生、科技等领域加强了全面合作，结对帮扶对象向下延伸，结对帮扶内容深化，结对帮扶范围扩大。两地结对的乡镇 28 对，结对的村 106 对，结对的学校 101 对，结对的医院 82 对，结对的村企 284 对，形成了结对帮扶的链条化。

3. 动员社会力量广泛参与

"浙广合作"25 年来，浙江在帮扶方面，不仅党委、政府主导，还动员了广泛的社会力量参与。以 2018 年 5 月在广元成功举办"浙川携手共奔小康"的扶贫协作现场推进会为例，浙江参会人员 700 余人，他们来自浙江省各民主党派、工商联、慈善总会、红十字会以及行业商协会、扶贫基金会、志愿服务等社会组织，参会的还有浙江的知名国企、民企的企业家及社会爱心人士等。这次活动，累计接受捐款捐物达 6830 万元，惠及贫困人口2 万余人。

三 东西部扶贫协作广元实践示范价值与前瞻

东西部扶贫协作的广元实践，走出了一条独特而有个性的道路，对脱贫地区的后时代发展具有深远影响。

（一）东西部扶贫协作广元实践的示范价值探析

东西部扶贫协作广元实践加上"九广合作"时的萌芽阶段，前后经历34 年，对口帮扶主体一直是浙江省。在帮扶的过程体现了精准性、有效性、攻坚性、科学性，完成了产业合作、劳务协作、人才支援、资金支持、社会参与五大主要任务。

1. 为深度贫困地区脱贫提供"浙广合作"模式

东西部扶贫协作对整体连片贫困地区和深度贫困地区脱贫具有关键性作用。

浙江除了加大资金项目投入外，还创新开拓了扶贫之路。特别是新一轮东西部扶贫协作启动后，浙江对广元的帮扶进入冲刺化阶段。由湖州、台州、丽水对口帮扶广元除利州区外的 6 个县区，做到了扶贫主体固定化、扶贫对象精准化、扶贫内容靶向化、扶贫形式多样化、扶贫动力互补化，形成了独有的"浙广合作"模式。同时，也是"联席推进、结对帮扶、产业带动、互学互助、社会参与"扶贫协作机制的完美体现。

这样的帮扶路径，加快了广元脱贫步伐。东西部扶贫协作广元实践的意义，就在于在浙江的帮扶下，广元作为深度贫困地区在国家规定的脱贫时间

内实现整体脱贫，实现了跨越发展。

2. 为脱贫地区可持续发展提供样本

浙江对广元产业帮扶上，不只局限于输血，还着眼于造血。25 年中，浙江专注于广元的茶叶产业发展。这是因为来广元帮扶的茶叶专家，发现广元的气候地理环境，适宜于高山云雾茶的生产，这是一项不可多得的长效资源、长效产业。浙江是中国茶叶的科研基地，具有科技优势。在浙江的帮扶下，广元引进了最先进的茶叶品种，成了绿茶、红茶、黄茶、白茶齐全的茶叶产地。到 2019 年，广元茶叶综合产值近 50 亿元，是建市时的 400 多倍。如今，广元正式把茶叶生产作为七大全产业链之一。

浙江的帮扶，把眼光放在了后脱贫时代的发展上。2020 年 1 月，《浙广扶贫协作"6 + 1"工业产业园区建设实施方案》出台，方案确定，作为川浙合作产业园的拓展部分，要在对口帮扶的 6 个县（区）实现一县一主业，建成"6 + 1"工业产业园区，即"三门—苍溪""莲都—剑阁""仙居—旺苍""吴兴—青川""龙泉—昭化""路桥—朝天"6 个县级合作产业园。其中，"路桥—朝天"合作产业园走在了前面，2019 年实现产值 90 亿元；截至 2020 年 8 月，已经入驻工业企业 52 家，规上工业企业 28 家，预计产值将上百亿元。

3. 为"先富帮后富"理论提供实践案例

"浙广合作"的实践，是邓小平"先富帮后富"理论的完美回答。浙江在改革开放初期成为先富起来的东部沿海发达省份之一，证明了让部分地区部分人"先富起来"这一政策的优越性。在"帮后富"的过程中，"浙广合作"不但牵手 25 年，而且从机制、方法、路径、内容、效果等方面丰富深化了"先富帮后富"这一理论内容，而且着眼后脱贫时代的携手，续写并充实着这一理论的正确性、可行性。

（二）后脱贫时代东西部合作发展的思考与建议

随着脱贫地区同步进入全面小康社会，东西部扶贫协作这一名称将在后脱贫时代成为历史，新的任务就是乡村振兴，农村现代化。虽然扶贫攻坚任务结束了，但西部受自然地理气候环境因素影响，返贫概率高，而且发展受限，脱贫地区还需要取长补短，优势互补，这需要建立新的东西部合作机制。

1. 后脱贫时代需要新的东西部合作发展机制

随着中国经济双循环格局的形成，建立新的"浙广合作"发展机制更有双赢价值。

（1）预防返贫需要东西部合作防控机制

广元的自然生态环境相对较差，农业人口众多，产业基础薄弱，经济总量不大，稍遇困难返贫率就会提高。浙广两地可以建立长期应急性防范返贫机制，借助浙江经济社会优势，迅速止贫，确保脱贫致富工程成果不被损坏。

（2）乡村振兴需要东西部合作发展机制

乡村振兴的最终目标就是实现农业强、农村美、农民富的全面现代化。广元刚刚实现脱贫目标，靠自己目前的力量和条件，困难还很多。这就需要浙江在管理、人才、科技、产业等乡村振兴要素上再帮一把，建立以乡村振兴为目标的合作发展机制。

（3）跨越发展需要东西部合作发展机制

工业与服务业是浙江的强项，他们还强在改革开放的勇气上，强在观念与新时代同步上，强在市场的不断开拓上，强在科技的不断更新进步上。广元如果继续学习引进浙江这些强项，就可少走弯路，因而与浙江建立新的浙广发展合作机制尤为迫切和需要。比如，浙江是中国茶叶科研基地，他们研究的茶叶品种在不断更新换代，如果不加强双方合作，广元现有的品种老化后，就会失去这一优势产业。

2. 新的"浙广合作"要突出重点

新的"浙广合作"要在发展内容上做好顶层设计，要落实好重点，要做到精准施策，可持续发展。

（1）建立健全人才长期交流机制

广元乡村振兴，实现跨越发展，离不开人才。虽然广元在吸纳人才、培养人才上舍得投入，但地处偏僻，经济实力有限，发展空间不足，一时

还难以满足大量优秀人才落户广元的条件。如果与浙江的战略合作优势能不断延续下去，那么人才难题也会迎刃而解。广元要结合发展重点，科学预测人才需求，与浙江合作，制定好人才引进和培养机制，精准解决好人才问题。

（2）做大做强川浙产业合作园区

2009年1月6日竣工的川浙合作产业园，是浙江帮助广元灾后重建的工业项目，总投资近4亿元，地点在广元经济技术开发区。产业园运转后，先后有浙江景兴纸业股份有限公司等16家浙江企业落户，投资达到21亿元，如今又以川浙合作产业园为依托，新建6个县（区）"6+1"工业产业园区，作为川浙产业合作园区的延伸。做大做强了川浙产业合作园，让它成为广元的制造基地，成为广元工业发展的新引擎。

（3）促进浙广文旅合作发展

广元历史悠久，是文化大市、文物大市，有"剑门蜀道、女皇故里、熊猫家园、红色广元"这张享誉世界的名片。广元要走生态立市、文旅兴市的发展之路，就得叫响这张名片，在文旅融合发展上下功夫，取得最大市场效应。而浙江历史文化丰富，两地都有源远流长的文化基因，且浙江旅游资源多，文旅融合深，知名品牌多，市场开发早，营销经验丰富。广元应该与浙江签订文旅合作发展协议，既要虚心学习浙江文旅融合发展经验，又要借助浙江旅游市场，打开东部沿海省份的市场，做到互利互赢。

（4）主动出击建立新型合作关系

浙江帮扶广元25年，特别是对口支持青川灾后重建，浙江集全省11市33个县之力帮扶青川一个县，把青川当作自己的一个县来建设。浙江的干部群众与广元各级干部群众建立了深厚感情，他们把广元亲切地称为第二故乡。广元在发展中要珍惜这种感情，在浙江脱贫帮扶任务完成后主动上门，联络感情，发展感情，争取在更深层次更高级别上建立新的合作发展关系，吸引更多的项目资金落地广元，助推广元在新时代再创造新的跨越发展奇迹。

参考文献

中共中央办公厅、国务院办公厅：《关于进一步加强东西部扶贫协作工作的指导意见》,《国务院公报》2017 年第 1 号。

广元市地方志编纂委员会：《汶川特大地震·广元抗震救灾志》,方志出版社,2018。

中共广元市委党史研究室：《中国共产党广元市历史大事记（1985～2015）》,中国社会出版社,2015。

B.13
广元市建立脱贫攻坚与乡村振兴
有机衔接机制的对策研究

汪 明 刘东林*

摘 要: 当前,我国正处于脱贫攻坚与乡村振兴有机衔接的重要历史交汇期。做好二者的有机衔接和协同推进,既有利于巩固脱贫攻坚成果,培育长效脱贫机制,又有利于促进农业农村优先发展,推动乡村全面振兴。在机制衔接上要把准脱贫攻坚与乡村振兴的辩证关系,推动理念方法的有效衔接;要坚持脱贫攻坚与乡村振兴的同频共振,推动体制机制的有效衔接;要紧盯脱贫攻坚与乡村振兴的目标导向,推动重点工作的有效衔接。努力实现脱贫与发展同步、巩固与提升并举,为实施乡村振兴战略奠定坚实基础,有效促进农业全面升级、农村全面进步、农民全面发展。

关键词: 脱贫攻坚 乡村振兴 广元市

一 建立脱贫攻坚与乡村振兴有机衔接
机制的背景分析

脱贫攻坚和乡村振兴有机衔接,是当前的一个时代课题,也是我们实现

---

* 汪明、刘东林,中共广元市委政策研究室。

脱贫后需要思考的首要问题,对于实现"两大战略"平稳过渡、推动全市经济社会持续高质量发展,具有重大现实和历史意义。

(一)理论依据

2020年3月,习近平总书记在决战决胜脱贫攻坚座谈会上强调,"要推动减贫战略和工作体系平稳转型,统筹纳入乡村振兴战略,建立长短结合、标本兼治体制机制"。中共中央、国务院《乡村振兴战略规划(2018~2022年)》明确指出,"推动脱贫攻坚与乡村振兴有机结合相互促进"。2020年的《政府工作报告》强调,"接续推进脱贫与乡村振兴有效衔接,全力让脱贫群众迈向富裕"。这表明,坚决打赢脱贫攻坚战是实施乡村振兴的基础前提,乡村振兴战略又是脱贫攻坚的巩固深化,"两大战略"是既相互独立又紧密联系的,推动"两大战略"有机衔接,是确保如期实现脱贫攻坚目标任务、顺利实施乡村振兴战略的关键所在。

(二)现实要求

脱贫攻坚是决胜全面小康的关键之举,乡村振兴是迈向第二个百年目标的重大战略。"两大战略"有机衔接是一个转换提升过程,这种转换提升是全方位的。而"两大战略"在作用对象、施策方式等方面存在较大的政策差异,解决好了,脱贫攻坚成果就能得到巩固,在乡村振兴中就能争取主动;解决得不好,可能还会出现返贫风险,并影响乡村振兴战略实施进程。广元属秦巴山集中连片贫困地区、川陕革命老区,尽管已实现全面脱贫,但巩固脱贫成果、防止返贫的任务艰巨繁重,研究解决好"两大战略"有机衔接机制问题显得尤为迫切和重要。

二 建立脱贫攻坚与乡村振兴有机衔接机制的现状分析

当前,广元市脱贫攻坚已进入收官阶段。整体脱贫后怎么办、乡村振兴怎么干、两者如何衔接好,是全市上下面临的时代课题。必须要坚持从实际

出发，针对主要矛盾的变化，总结工作经验，厘清工作思路，着眼现实需求与长远发展、精准施策与整体推进做出正确研判，确保实现完美衔接、有序过渡。

（一）脱贫攻坚推进情况

全市7个县区有6个国家级贫困县、1个省级贫困县，2013年精准识别时有贫困村739个、贫困人口34.82万人，贫困发生率达14.6%，是四川脱贫攻坚的主战场之一。实施精准扶贫精准脱贫以来，广元坚定贯彻落实党中央、省委重大决策部署，坚持以脱贫攻坚、全面小康统揽经济社会发展全局，聚焦"两不愁、三保障"目标，落实精准要求，下足绣花功夫，强化改革创新，用心用情用力推进精准扶贫精准脱贫，取得了重大阶段性成就，显著改善了贫困地区和贫困群众生产生活条件，谱写了广元发展史上最广泛、最深刻、最辉煌的反贫困篇章。截至2019年底，全市贫困县区全部摘帽、贫困村全部退出、34.5万贫困人口稳定脱贫，贫困发生率降至0.06%，从整体连片贫困到同步全面小康跨越取得了决定性胜利。脱贫攻坚成效考核先后3次被评为全省"好"等次，全国产业扶贫工作推进会等5次全国性会议、全省就业扶贫现场推进会等20余次全省性会议在广元召开，得到各级领导充分肯定。

（二）乡村振兴实施情况

广元高度重视实施乡村振兴战略，召开了全市实施乡村振兴战略工作推进会，印发《关于实施乡村振兴战略加快建设美丽乡村幸福家园开创新时代"三农"工作新局面的意见》，编制《广元市乡村振兴战略规划（2018~2022年）》，对实施乡村振兴战略做出整体部署，并作为新时代"三农"工作的总抓手，突出抓好"十大行动"，统筹推动乡村产业、人才、文化、生态、组织振兴，推动广元市由农业资源大市向特色农业强市跨越、决战决胜整体连片贫困到同步全面小康跨越，加快建设"美丽乡村·幸福家园"。目前，全市乡村振兴的指导方针和主要目标全面确立、规划体系和工作格局也全面形成，优势特色产业成带成片集群发展，农村基础保障条件持续改善，农村基本公共服务水平显著提高，农村人居环境整治三年行动计划有序推进，农村居民人均可支配收入稳定增长，"兴旺乡村、活力乡村、人文乡村、宜居乡村、和谐乡村"建设成效明显。

（三）政策差异和问题瓶颈

脱贫攻坚和乡村振兴"两大战略"既存在时间维度的先行后续关系，又存在空间维度的交叉重叠关系，其造成了"两大战略"有机衔接机制建设的政策差异和问题瓶颈。

1. 政策差异

一是优先任务与顶层设计的差异。打赢脱贫攻坚战是全面建成小康社会的底线任务，也是实施乡村振兴战略的优先任务，具有时间紧迫性、实施优先性、任务阶段性的特点。乡村振兴战略作为统筹解决"三农"问题的顶层设计，需要突出重点、集中发力，确保优先任务率先完成。

二是特定群体与普惠支持的差异。脱贫攻坚战着眼贫困地区，聚焦建档立卡，其对象是我国现行标准下的农村贫困人口这一特殊群体，目标群体是既定、明确和有严格标准的。而乡村振兴战略则强调支持促进农村地区全域全面振兴，更加注重关联性、整体性，实现协同推进。

三是微观施策与整体谋划的差异。脱贫攻坚战坚持精准施策，强调从贫困地区、贫困群众致贫原因出发，因地制宜制定差别化、倾斜性的扶持政策，实施靶向治疗、精准到户到人。而乡村振兴战略更多强调顶层设计和规划引领，通过有计划、有步骤地加强政策支持和资金投入，统筹推进广大农村地区协同、全面发展。

四是绝对贫困与相对贫困的差异。脱贫攻坚主要任务是确保在 2020 年底之前解决农村贫困人口的绝对贫困问题，稳步达到"两不愁、三保障"基本目标。乡村振兴战略主要通过产业兴旺解决农村人口相对贫困问题，通过进一步改善农村基础设施、完善公共服务，全面提升农村社会保障水平，解决多维度贫困问题。

2.问题瓶颈

一是政策衔接不紧。目前,已出台的脱贫攻坚政策措施在与实施乡村振兴战略有机衔接上,存在亟待解决的针对性和整体性、特惠性和普惠性、福利性和效率性"三大"矛盾,特别是各县区规划中普遍存在注重当期目标任务,从而忽略"两大战略"的有机衔接,存在"两张皮"现象。

二是机制衔接不力。当前,广元市"两大战略"有机衔接的系统性、制度性体制机制还不完善,特别是在统筹规划、协同配合、组织保障等方面尚未形成制度规范,工作推进中还没有做到统筹安排、一体部署,导致"两大战略"在衔接上出现不同程度断链。

三是产业基础薄弱。目前,全市脱贫攻坚产业扶贫仍然存在小范围的大水漫灌,缺乏针对性较强的精准帮扶措施,产业扶贫的种类较多,但规模较小、品质较低、效益较差,而乡村振兴战略中,产业兴旺的核心要求是向农产品加工、农业服务、休闲农业、观光旅游等新产业新业态拓展延伸,实现一二三产融合发展。

四是农村人才短缺。随着新型城镇化水平的不断提高和社会分工的持续演变,农村青壮年劳动力等大量外流,农村留守人员多为老人、妇女、儿童等群体,导致村庄缺人气、缺活力、缺生机,带来的农村"空心化""空巢化""贫血症"等社会问题日益加剧,难以满足乡村振兴的发展需要。

三 建立脱贫攻坚与乡村振兴有机衔接机制的对策建议

(一)把准辩证关系,推动理念方法有效衔接

坚决打赢脱贫攻坚战是全面建成小康社会的底线任务和标志性指标,实施乡村振兴战略是关系全面建设社会主义现代化国家的全局性、历史性任务。"两大战略"既一脉相承、前后相接,又存在目标任务、政策机制、举措方法差异。必须坚持辩证思维,消解差异性、增强衔接性、做实关联性。

1. 坚持目标体系有机衔接

脱贫攻坚的战略指向是消除绝对贫困和区域贫困，乡村振兴的战略指向是实现农业农村现代化，前者是托底、聚焦基本民生需求，后者是摸高、着眼乡村全面振兴。消除绝对贫困后，乡村振兴进程中仍然存在相对贫困问题。要把解决相对贫困问题贯穿乡村振兴战略实施的全过程，用乡村振兴战略来引领和解决相对贫困。

2. 坚持推进机制平稳转型

脱贫攻坚战是阶段性任务，更多的是集中人力物力财力打攻坚战、歼灭战；而缓解相对贫困和促进乡村振兴将是长期任务，更多的将是常态化的阵地战、持久战。既要把脱贫攻坚中好的政策措施和管用打法战法继续运用于乡村振兴，更要把脱贫攻坚夯实下的精神和物质基础巩固提升作用于乡村振兴。

3. 坚持工作重点相互贯通

脱贫攻坚的工作对象是绝对贫困人口和贫困区域，乡村振兴的工作对象是整个农村地区，两者发展基础、矛盾问题、利益诉求不尽相同。在政策设计、方法方略、工作对象等方面既要对接，又要相应调整，形成局部助力全局、全局引领局部工作格局。

4. 坚持政策体系无缝对接

在超常推进脱贫攻坚的过程中，出台了系列临时性、特惠性政策措施，对帮扶贫中之贫、困中之困起到极大作用。要深入研究临时性帮扶政策措施的可持续性，构建起开发式扶贫与保障式扶贫并进新态势和更有质量、更可持续的社会保障政策体系。

（二）坚持同频共振，推动体制机制有效衔接

2020 年后一段时期内，是"两大战略"有效衔接过渡期。由于刚脱贫后，产业、基础都还相对薄弱，要以巩固脱贫成效为重点，坚持好的经验做法不动摇，同步以乡村振兴战略激发内生动力和外在活力，推进脱贫攻坚与乡村振兴战略同频共振，助力实现共同富裕。

1. 在工作体系上实现同频共振

继续实行"中央统筹、省负总责、市县抓落实"的工作机制，进一步强化"五级书记"抓乡村振兴战略实施的制度保障，研究出台工作推进、考核评价、责任落实、组织保障方面的实施细则。要转化利用坚定不移把脱贫攻坚作为最大政治责任、稳定增收作为核心支撑、夯实基本保障作为底线任务、加快整体发展作为重要目标、激发内生动力作为根本因素、加大投入力度作为基本保障等典型做法，在责任不变、力度不减、队伍不散的同时，在方法、措施上实现从精准到共享、从特惠到普惠、从管理到服务的转变。

2. 在制度机制上实现同频共振

制定好2020年后过渡期的政策，确保脱贫人口不返贫。在脱贫攻坚政策完善提升的前提下，在一段时期内保持相对稳定，确保贫困群众脱贫不返贫，防止发生新的贫困。同时，完善落实项目统筹机制，科学研判脱贫攻坚项目中需要延续和升级的内容，及时纳入实施乡村振兴战略的项目规划中。健全科学考核评价机制，充分借鉴在打赢脱贫攻坚战过程中形成的成熟评价机制，建立乡村振兴阶段性考核指标体系。

3. 在加大投入上实现同频共振

资金投入是决胜脱贫奔小康、实施乡村振兴战略的基本保障。立足"吃饭财政"实际，坚持开源节流、保障民生，以有限的财政投入带动其他投入，构建形成多渠道、多元化投入的大扶贫格局。要始终坚持"多个渠道引水、一个龙头放水"的理念，继续运行"涉农投入统筹整合、金融投入财政撬动、社会投入政府激励"机制，发挥财政资金最大效益，进一步拓宽资金筹措渠道，实现资金投入与巩固脱贫成果、推进乡村振兴相匹配。要强化资金"整合"，发挥规划引领作用，制定资金统筹整合使用方案，坚持把脱贫攻坚、乡村振兴和涉农资金等投入统筹起来，做到"应整尽整"，充分发挥规模效益。要强化资金"撬动"，创新资金筹措方式，通过以奖代补、贴息、担保等方式，充分发挥财政资金杠杆作用，引导社会资本更多投向脱贫攻坚和乡村振兴事业。

（三）强化目标导向，推动重点工作有效衔接

1. 推动产业扶贫与产业振兴有机衔接

始终坚持把产业发展作为脱贫攻坚和乡村振兴的根基。要积极推进构建现代特色农业"一区两带七集群"发展格局，大力建设现代都市农业示范区、两大乡村产业融合发展带和七大百亿特色农业产业集群。要围绕推进农民工工作和返乡创业工作，提高劳务产业质量。要大力发展村级集体经济，破解发展瓶颈。要进一步深化农业农村改革，变革生产经营方式、资源配置和农民收益机制，创新乡村经济的新模式、新业态，推动乡村资源、农民资产转化为资本、产业和收益。

2. 推动扶志扶智与人才振兴有机衔接

始终坚持把人才作为脱贫攻坚和乡村振兴的重要支撑。要大力提高农民群众特别是贫困群众的自我发展能力，采取精准培训、大户带动等方式解决观念落后、生产粗放、市场意识缺乏等问题，切实提高经营资产、资源转化商品水平。要培育壮大新型职业农民队伍，选择一大批有基础、有条件的农民群众，瞄准一个村、一个乡镇的发展目标定位，培育成为产业发展带头人。要大力实施城市居民进乡、优秀人才下乡、成功人士返乡、企业家兴乡、社会团体助乡"五到乡工程"和"紧缺专业大学生定向培养计划"、"归巢创业计划"，鼓励社会各界投身乡村建设。

3. 推动新风培育与文化振兴有机衔接

始终坚持把乡风文明作为脱贫攻坚和乡村振兴的保障。要持续抓好教育引导，以喜闻乐见、听得懂、愿参与为基本考量，安排内容、改进方式，引导群众听党话、跟党走，提高文明素养。要普遍规范推行文明新风积分管理制度，构建"市级统筹、县区部署、乡镇组织、村社实施"推进体系，每月考评打分、每季按分授星、每年总结表扬，坚持不懈养成文明习惯。要加强新乡贤队伍建设，在有条件的农村地区推广"乡贤议事会"等各种形态的乡贤组织，发挥新乡贤推动乡村建设、参与乡村治理等方面的重要作用。要积极推进乡村志愿服务，吸引并支持企业家、党政干部、律师、技能人才

等，通过下乡投资兴业、开展法律服务等方式助力乡村振兴。

4. 推动生态扶贫与生态振兴有机衔接

始终坚持把生态宜居作为脱贫攻坚和乡村振兴的关键。要统筹山水林田湖草系统治理，推动嘉陵江流域、秦巴山脉等重要生态系统重大生态保护修复工程，认真落实河湖长制，扎实抓好长江流域禁渔，深入推进大规模绿化全川广元行动，让群众望得见山、看得见水、记得住乡愁。要统筹整合资源，有序推进农村生活垃圾治理、厕所革命、污水治理、畜禽粪污资源化利用和村容村貌提升、农村居民文明素养提升"4＋2"行动，持续推进宜居宜业美丽乡村建设。要鼓励支持将乡村生态优势转化为生态经济发展优势，大力发展森林旅游、观光农业、河湖湿地观光旅游，创建一批特色生态旅游村镇和精品线路。

5. 推动党建扶贫与组织振兴有机衔接

始终坚持把农村党组织作为脱贫攻坚和乡村振兴战斗堡垒。要在脱贫攻坚巩固期内，对稳定脱贫任务较重、集体经济薄弱、党组织软弱涣散的村继续保留第一书记、农技员，向返贫风险户、相对贫困户安排帮扶责任人继续帮扶。要坚持城乡基层党组织结对共建，选好村支部书记，不断提升农村基层党组织领导基层治理、推动农村经济发展的能力。要坚持精准方略，培育基层干部精细作风，在及时发现问题、精准解决问题中推进工作，确保工作精准到村到户到人。

参考文献

中共广元市委：《关于集中力量决战决胜扶贫攻坚确保同步实现全面小康的决定》，2015 年 7 月 31 日。

中共广元市委、广元市人民政府：《关于实施乡村振兴战略加快建设美丽乡村幸福家园开创新时代"三农"工作新局面的意见》，广委发〔2018〕10 号文件。

中共广元市委、广元市人民政府：《广元市乡村振兴战略规划（2018～2022年）》，广元市人民政府网，2019 年 6 月 3 日，http：//www.cngy.gov.cn/artic/show/

20190605174208819. html。

邹自景：《2020 年广元市政府工作报告》，广元市人民政府网，http：//www. cngy. gov. cn/artic/show/20200617145201427. html。

高强：《脱贫攻坚与乡村振兴有机衔接的逻辑关系及政策安排》，《南京农业大学学报》（社会科学版）2019 年第 19 期。

B.14
广元财政精准助力脱贫攻坚的实践研究

赵晓春 邓 毅 张剑鸣 常达伟*

摘 要： 社会主义市场经济条件下，地方财政收入是反映地区经济发展水平的重要指标。脱贫攻坚作为最大的民生工程，是统揽广元经济发展的中心工作。受历史原因、地形地貌、地理区位等因素影响，广元经济发展不平衡、不充分，其中发展不充分问题尤为突出，自身财政收入规模较小、水平较低，自给率严重不足。着眼全面建成小康社会和实施乡村振兴战略目标任务，广元财政积极发挥主观能动性，探索创新脱贫攻坚财政投入体制机制，进一步转变财政支持发展方式，走出了财政精准助力脱贫攻坚的路子，切实为决战决胜脱贫攻坚筑牢坚强后盾。进一步推动高质量脱贫，必须充分发挥财政积极性，在强化财政保障的同时，积极引导金融、社会资本投入，着力提高财政扶贫资金使用绩效，为打好脱贫攻坚收官战、推动乡村基层全面振兴奠定坚实财政基础。

关键词： 脱贫攻坚 财政支撑 创新方式 广元市

党的十八大以来，以习近平同志为核心的党中央坚持以人民为中心思想和新发展理念，把扶贫开发工作摆在了治国理政的突出位置，在全国打响了精准脱贫、全面小康攻坚战。"兵马未动、粮草先行"，财政是治国理政的

---

* 赵晓春、邓毅、张剑鸣、常达伟，广元市财政局。

必要物质基础，是国家治理的基础和重要支柱，对维护经济发展和社会稳定大局具有举足轻重的作用。广元于 2014 年率先启动精准脱贫工作，把脱贫攻坚摆在全面小康三大攻坚战首位，切实强化财政政策和资金统筹，推动财政资金管理和投入机制创新，引导和撬动各类资源要素向贫困村汇集，有效增强了财政助力脱贫攻坚的支持保障作用。

一 广元财政运行状况分析

经济发展是财政增收的基础，财政政策反作用于经济活动，财政状况是经济发展的综合表现。近年来，随着广元经济社会持续稳定发展，地区经济总量逐年攀升，地方财政收入实现稳步增长，财政支持保障能力明显增强。

（一）财政收支总体情况

近年来，宏观经济持续下行，减税降费政策性减收影响明显，广元财政收入①稳中有增，但增速逐年放缓。同时，广元经济社会发展重点领域刚性支出和必保支出不断增加，财政资金需求持续攀升，支出②规模逐步扩大。

1. 收入总量稳中有增

广元财政收入总体呈现增长态势，从 2014 年的 34.78 亿元增长到 2019 年的 48.49 亿元，累计增幅 39.42%，年均增长额为 2.74 亿元。除 2016 年因政策变化，适当调减了税收收入指标，地方财政收入下降 0.61% 之外，其余年度均保持正增长态势。但随着宏观经济形势下行压力不断加大，叠加财税体制改革、减税降费等政策性减收因素，财政收入增幅持续收窄（见图 1）。

2. 支出规模不断扩大

2014 年以来，广元经济发展步入新常态，全面深化改革开局起步，脱

---

① 本文财政收入口径为地方一般公共预算收入。
② 本文财政支出口径为一般公共预算支出。

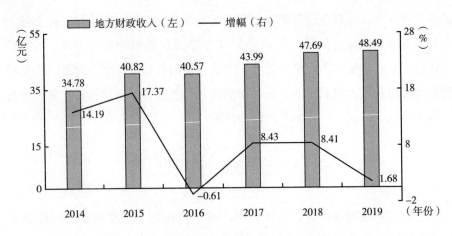

图1　2014～2019年广元地方财政收入增长情况

资料来源：历年广元统计年鉴数据。

贫攻坚战全面打响，追赶跨越任务艰巨，财政支出规模日益增加。财政支出从2014年的192.38亿元增加到2018年的277.01亿元，达到历史最高位，较上年增长10.49%。在优化支出结构、提高资金使用效率的情况下，2019年财政支出略有回调，同比下降6.47%，但支出规模仍近260亿元（见图2）。

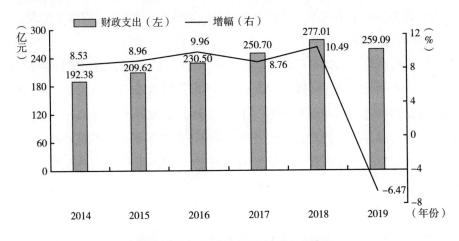

图2　2014～2019年广元财政支出情况

资料来源：历年广元统计年鉴数据。

（二）广元"吃饭财政"特征明显

广元属于经济欠发达地区，全市财力基础薄弱，存在经济总量小、收入水平低、收入质量差等问题和不足，支柱性财源税源较为缺乏。加之宏观经济在下行周期徘徊，经济持续稳定增长的不确定性较大，财政收入增长动力明显不足。

1. 财政收入水平较低

从财政收入总量来看，2014～2019年，广元财政收入占四川财政收入比重分别为1.14%、1.23%、1.2%、1.23%、1.22%、1.19%，持续徘徊在1.2%的较低水平，与经济总量在全省占比关系不对称，财政收入表现不佳。从人均财政收入水平来看，2014～2019年，广元人均财政收入1612.2元，分别比全国（12013.2元）、四川（4905.0元）同期人均财政收入少10401元、3292.8元，财政收入水平较为低下（见图3）。

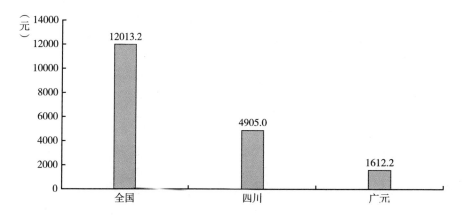

图3　2014～2019年广元与全国、四川人均财政收入水平对比

资料来源：全国、四川、广元统计年鉴数据。

2. 财政收入区域不平衡

2014～2019年，广元下辖各县区财政收入增长幅度不一、变化差异较大。从收入总量看，超过20亿元的有4个县区，分别为利州区、苍溪县、旺苍县和剑阁县，其余3个县区刚过10亿元，青川县最少，仅为10.78亿

元。从年均增长额看，财政收入增长规模效应明显，收入总量排前两位的利州区、苍溪县年均增长额超过0.4亿元，青川县、朝天区、昭化区年均增长额在0.2亿元左右，而剑阁县财政收入从2014年的3.85亿元增长到2018年的4.55亿元，2019年则大幅下滑至3.51亿元，比2014年减少0.34亿元，呈现负增长态势。县区财政收入增长差异较大，增量和增幅呈现两极分化趋势，加剧了财政收入区域不平衡（见图4）。

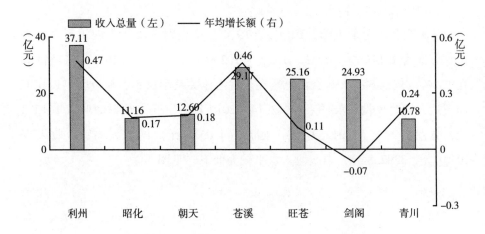

图4 2014～2019年广元下辖县区财政收入对比情况

资料来源：历年广元统计年鉴数据。

3. 财政收入质量不高

一般情况下，衡量财政收入质量高低的标准，主要包括税收收入占财政收入的比重（税占比）、财政收入占地区生产总值的比重（占GDP比重）。从税占比来看，广元财政收入的税占比从2014年的70.01%下降到2019年的62.61%，在60%左右徘徊，其中2016年税占比最低，仅为59.53%，低于全国、四川同期水平10个百分点左右；从占GDP比重来看，广元财政收入占地区生产总值的比重虽有波动，但总体呈现下降趋势，从2014年的6.14%下降到2019年的5.15%，财政收入增速远低于同期地区生产总值增速，财政收入质量下降，财政持续保稳定促发展能力减弱（见图5）。

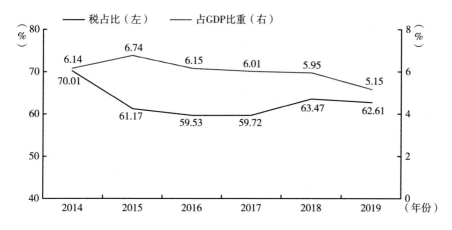

图5　2014～2019年广元财政收入质量情况

资料来源：历年广元统计年鉴数据。

4. 财政对上依存度居高不下

2014～2019年，广元财政支出中80%以上资金来源于到位的各类上级资金，地方财政收入贡献较小，占比从未超过20%，其中2018年最低，仅为17.22%。广元财政收入严重不足，尚处于"吃饭财政"阶段，各领域所需资金严重依赖于中央、省转移支付，地方财政支出保障作用非常有限（见图6）。

图6　2014～2019年广元财政支出来源结构变化

资料来源：历年广元统计年鉴数据。

5. 财政收支矛盾日益凸显

广元自身财源税源本就缺乏，加之现阶段宏观经济持续下行和大规模减税降费等政策性因素叠加影响，给广元财政收入增长带来冲击。一方面，税收收入增幅持续回落，严重影响了财政收入增速，财政收入持续稳定增长缺乏基础支撑。另一方面，财政必保范围不断增加，保障和改善民生、政府债务还本付息、重大工程项目建设等领域刚性支出增长明显，支出保障压力有增无减，收支矛盾持续加剧。

总体而言，广元经济发展水平不高，财政收入区域性、结构性矛盾较为突出，财政收入水平较为低下，保障能力不强，严重依赖中央、省级财政转移支付，可用财力十分有限。与此同时，广元脱贫攻坚任务艰巨，脱贫投入需求较大。面对持续加剧的财政收支矛盾，广元财政主动发挥政策和资金支持引导作用，从优化支出结构、强化资金统筹、创新支持方式、盘活资源资产等方面积极探索，推动有限财政资金精准助力脱贫攻坚，为全面打赢精准脱贫攻坚战做出积极贡献。

二　创新投入机制强化资金保障

（一）优化支出结构，加大财政扶贫投入力度

自 2014 年打响脱贫攻坚战以来，广元各级财政围绕脱贫攻坚目标任务，积极争取上级资金支持，不断加大脱贫攻坚投入力度。通过积极调整支出结构、盘活存量资金，用活政府债券和土地增减挂钩等政策，努力增加市县本级财政投入，全力保障脱贫攻坚资金需求。广元脱贫攻坚投入逐年递增，从 2014 年的 16.03 亿元增加到 2019 年的 53.37 亿元，2016 年以来脱贫攻坚投入占财政支出比重维持在 20% 以上，其中 2017 年投入达 65.33 亿元，是财政投入脱贫攻坚最多的一年，占财政支出比重高达 26.06%。截至 2019 年底，全市累计投入各项财政扶贫资金 271.49 亿元。财政资金的大量投入，有力改善了农村基础设施、产业发展和公共服务，贫困群众收入

持续增加、生活明显改善，有力保障了脱贫攻坚各项目标任务顺利完成（见图7）。

图7　2014～2019年脱贫攻坚投入及占财政支出比重情况

资料来源：广元市财政局资料。

（二）强化资金统筹整合，集中财力补齐脱贫短板

2014～2016年，广元市利州区先行先试，开展财政支农资金打捆下达使用试点，为广元全面实施财政支农资金集中分配、打捆使用助推脱贫攻坚探路。2016年，按照四川省人民政府办公厅《关于支持贫困县开展财政涉农资金统筹整合使用试点的实施意见》要求，广元积极向上争取试点机会，推动贫困县财政涉农资金统筹整合使用试点在全市范围全域推开。2017年起，利州区又推进省级及以下财政涉农资金统筹整合使用改革试点，进一步拓宽统筹整合范围，加大财政涉农资金统筹整合使用力度，"化零为整"合力攻坚，放大有限财政资金支持保障作用。

1. 多方协同构建资金统筹整合联动格局

按照扶贫项目审批权下放"四到县"制度要求，广元积极推动责任到县、权力到县、资金到县和任务到县，建立了纳入统筹整合范围财政涉农资金台账，确定当年涉农资金统筹整合使用规模，确保当年纳入统筹整合方案

的扶贫项目建设资金需要。贫困县围绕脱贫攻坚规划、年度任务和巩固脱贫需要，结合部门专项规划，统筹考虑涉农资金来源，对照从县级脱贫攻坚项目库中选取的项目逐项分解落实资金来源，按照截长补短、统筹使用的原则，将纳入整合范围的行业涉农资金在部门间调剂使用。合理确定计划整合的资金规模和对应的建设任务，统筹安排各类扶贫资金落实到具体项目，整合财力集中攻坚，避免整合资金支持的项目与其他资金安排的项目简单重复，推动形成"多个渠道进水、一个龙头放水"的统筹整合攻坚格局。

2. 精准发力优化扶贫资金投向

纳入统筹整合方案的扶贫项目全部从县级脱贫攻坚项目库中选取，严格执行"负面清单"制度，未纳入项目库的扶贫项目不得进入统筹整合方案，坚决杜绝与完成当年脱贫攻坚任务无关的项目挤占使用涉农资金，所有使用统筹整合涉农资金的扶贫项目全部围绕贫困村、贫困户脱贫退出落实到村、到户，确保资金精准使用。尤其聚焦优势特色产业发展，突出增强贫困户的"造血"功能，通过资产收益扶贫、农业产业链延伸等，支持龙头企业、农民专业合作社等新型经营主体发展特色优势产业带动贫困户增收，统筹整合资金中安排产业扶持基金2.62亿元，有力支持了特色优势产业的发展壮大，夯实了脱贫攻坚的产业基础。整合工作开展以来，全市整合投入贫困村产业发展资金33.2亿元，支持贫困户发展优质粮油、生态畜禽水产、高山绿色果蔬、特色山珍、富硒富锌茶叶、道地中药材等特色优势产业，有效带动了农村贫困地区发展，进一步夯实了贫困群众持续稳定增收基础。

3. 切实发挥涉农资金统筹整合使用规模效益

2016～2019年，全市纳入整合范围财政涉农资金累计到位规模达到104.96亿元，各县区聚焦贫困对象产业发展和基础设施完善等方面，实际统筹整合使用财政涉农资金89.2亿元，其中跨部门调剂使用19.3亿元，进一步优化资金用途调整变更程序，资金使用更加精准高效。财政涉农资金统筹整合助力脱贫攻坚工作成效显著，得到了上级部门的充分肯定，全省财政涉农资金统筹整合工作现场推进会在旺苍县召开，利州区、苍溪县、昭化区等县区多次获得省级涉农资金统筹整合工作激励性奖补资金。

（三）创新运用扶贫基金，增强农业农村发展活力

从 2016 年起，为切实解决贫困对象看病、子女教育以及产业发展启动资金短缺等问题，广元市各级财政通过上级补助一部分、本级投入一部分、社会募集一部分等多种方式筹集资金，以县区为单位分别组建了教育、卫生、产业、扶贫小额信贷分险四项扶贫基金，进一步增强资金投向的精准性，补齐脱贫攻坚短板。

截至 2019 年底，全市四项扶贫基金总规模达到 7.04 亿元，累计使用 4.35 亿元，共计 28.12 万人（户）次得到及时扶持救助。其中，教育扶贫救助基金 0.38 亿元，累计 2.8 万名贫困学生得到 0.24 亿元资金救助；卫生扶贫救助基金 0.47 亿元，累计 6 万名贫困对象得到 0.39 亿元资金救助；产业扶持基金 3.72 亿元，3.8 万户贫困户累计借用 1.6 亿元，解决了产业发展资金困难，部分群众已经按要求归还了借用款项，贫困村使用 2.12 亿元发展集体经济，惠及贫困对象 8.49 万户；2.47 亿元扶贫小额信贷分险基金撬动金融机构向 7.05 万户贫困户累计发放扶贫小额信贷资金 24.03 亿元，有效促进了贫困户发展产业增收（见表1）。

表1　广元市四项扶贫基金使用情况

单位：亿元

类别	总量	使用情况	脱贫效果	备注
教育扶贫基金	0.38	0.24	累计 2.8 万名贫困学生得到救助	
卫生扶贫基金	0.47	0.39	累计 6 万名贫困对象得到救助	
产业扶持基金	3.72	3.72	解决 3.8 万户贫困户产业发展资金难题，借用 1.59 亿元；使用 2.12 亿元发展集体经济，惠及 8.49 万户贫困群众	
小额信贷基金	2.47	—	金融机构向 7.05 万户贫困户累计发放扶贫小额信贷资金 24.03 亿元	
合计	7.04	4.35	28.12 万人（户）次得到及时扶持救助	

资料来源：广元市财政局资料。

（四）健全多方联动机制，放大财政资金政策效果

脱贫攻坚任务艰巨，资金需求巨大，撬动金融和社会资本投入脱贫攻坚

成为缓解财政扶贫投入压力的重要途径，广元市在财政金融互动方面进行了探索，形成"政担银企户"财政金融互动扶贫广元范本，取得了一定成效。

1. 健全机制调动各方资金积极性

经过深入调研，2017年7月，广元市与四川省农业信贷担保有限公司签署合作协议，制定了《广元市"政担银企户"财金互动扶贫试点工作实施方案》，明确了财金互动的原则、目标和路径，率先在四川省推进"政担银企户"财政金融互动模式扶贫试点工作，通过建立"政府+政策性担保+银行+新型农业经营主体+贫困户"五方联动扶贫新机制，将脱贫攻坚各方面有机联系起来，形成了密切的利益联结机制，确保了试点工作参与各方受益。市级投入1000万元、各县区投入2000万元，筹集3000万元共同组建扶贫风险准备金，一旦贷款资金出现损失，风险基金、四川农担、试点参与银行按4∶3∶3的比例分担风险，风险基金承担损失部分由市级、县（区）级财政按照3∶7或4∶6共同分担，形成由财政主导、社会和金融资本参与的扶贫贷款风险缓释机制，银行信贷资金损失风险问题得到了有效化解，极大地调动了金融和社会资本参与脱贫的工作积极性。

2. 建立互帮互助带贫减贫机制

农业企业、专业合作社、家庭农场、种养大户等新型农业经营主体通过与贫困户签订劳务、入股分红合同等方式，带动贫困群众增加收入，在确保贫困户收入能够顺利达到脱贫标准的基础上，经当地扶贫部门确认后，即可按照10万元/户的标准向试点参与银行申请贷款；参与试点的新型农业经营主体获得的试点担保贷款利率不超过5%，担保费率不超过0.5%，且财政部门进行贷款贴息和补助担保费用，有效解决了融资难、融资贵的问题，极大激发了新型农业经营主体发展产业、带动脱贫的积极性。贫困户在新型农业经营主体的带动下，通过发展产业、务工就业等多种方式增加收入，形成以点带面、以少带多的脱贫增收模式，增收效果更加明显。

3. 推动广元农业担保体系建设

在与四川农担合作的过程中，为进一步壮大广元本地农业担保力量，成立了四川省农担公司首家市级子公司——广元市农业融资担保有限公司，健全完善政策性农业担保体系，就近就地开展担保审核，全力推动财金互动扶贫试点工作高效开展。截至 2019 年底，全市金融机构累计为 1037 户"三农"领域市场主体发放扶贫贷款 5.58 亿元，已有 280 户偿还到期贷款 1.56 亿元，直接联结帮扶贫困户 6185 户 21640 人，户均增收 3000 元以上，试点成效显著，形成了可复制、可推广的扶贫新模式，试点经验得到了四川省委、省政府领导的肯定批示，《中国财经报》进行了专题报道。

（五）盘活资源资产，创新扶贫增收模式

随着国家对支农投入不断加大，大量的资金被投入农业园区建设中，如何确保财政支农资金发挥普惠群众、助农增收的最大效益，是一个值得关注的问题。广元市立足发挥财政资金公共属性作用，以深化农村集体产权制度改革为契机，着力盘活农村集体资源资产，探索形成了资产收益扶贫广元模式。

以广元市苍溪县为例，该县积极开展支农资产股权量化，并取得了显著成效。从 2013 年起，苍溪县选取金兰园区兰池村推进财政支农资金股权量化改革试点，整合农业、水利和扶贫等多个部门涉农资金 1109 万元，引进 7 个业主大户投入产业发展资金 1560 万元，成立兰池村产业专业合作社，由合作社将投入的全部资金按每股 1000 元量化成 26690 股，根据资金投入比例，业主大户量化 15600 股，村、组、村民按照 1∶2∶7 的比例将财政支农资金量化的 11090 股折算成股权，并由专业合作社和业主大户向享受配股的村、组和村民发放股权证。同时，在所有农户平均配股的基础上，将产业扶贫资金中的 20% 计 144 万元按人口折股匹配送给 127 户贫困户。兰池村 1756 名村民每人享有财政支农资金 3847 元折股 3.85 股，贫困群众每人享有财政支农资金 9516 元折股 9.52 股，贫困户每年至少可得股权收益 309 元/人，较非贫困户多得 184 元。到 2015 年，金兰园区兰池村发展红心猕猴桃 6040 亩，建成了年出栏 35 万只森林土鸡养殖场 3 个，20 万只肉兔养殖场 1 个，

饲养波尔山羊 3 万只，农家乐 21 家。当年该村非贫困户户均分红 1100 余元，贫困户户均分红 2300 余元。

推动财政支农资金与社会资本合作，有效盘活了农村集体资产，在支农资金投入保值增值的基础上，将收益按持股分红方式分配到农户，并注重向贫困群众倾斜，形成长效增收机制，有效拓宽了农民群众增收渠道，建立起了支农资金真支农真惠农、财政扶贫真扶贫扶真贫的有效机制（见图 8）。这一资产收益扶贫模式受到四川省委、财政部等领导充分肯定，经验在全国进行交流并在脱贫攻坚中全面推广。

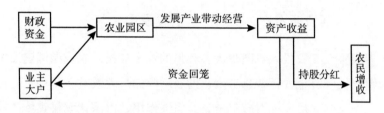

图 8　资产收益扶贫模式示意

资料来源：广元市财政局。

三　财政支持脱贫攻坚存在的主要问题

（一）脱贫攻坚财政投入压力较大

广元自然地理条件较差，虽然经过脱贫攻坚的努力，农业农村的各项基础设施和产业发展有了一定的改善，但整体上仍然较为落后，城乡区域均衡性发展不足，农村贫困面宽量大程度深，在上级财政投入、发展成本、机会、效率等方面依然存在明显短板。在推进脱贫攻坚与乡村振兴有机衔接的关键时期，广元农村地区在基础设施和产业发展方面差距较大。随着人民群众生活水平的不断提高，脱贫标准也在逐年提高，开展阻击返贫致贫工作将长期存在，后续财政投入需求将不断增加。但广元财政保障能力有限，按照现阶段经济发展态势，今后一个时期内财政收入增速将持续低位徘徊，财政收入增长与脱贫攻坚投入需求极不匹配。据统计，2019年广元有四个县的县级"三保"支出占可用财力比重均超过80%，在"三保"支出、债务还本付息等刚性支出只增不减的情况下，财政收支矛盾将更加突出，市县各级财政持续加大脱贫攻坚投入困难重重，面临巨大的压力。

（二）部分财政资金使用效益不高

为保障贫困对象顺利脱贫，脱贫攻坚期间各地规划了一大批扶贫项目，从基础设施建设到农业产业发展，项目数量不可谓不多。但从实际建设效果来看，基层在规划项目的过程中，缺乏从实际需求和投入效益着手，部分项目在促进贫困群众稳定增收方面作用发挥有限，一定程度上造成财政扶贫资金的闲置和损失。以发展农村集体经济为例，作为贫困村退出的必要指标，广元739个贫困村集体经济发展累计投入财政资金1.48亿元，集体经济发展方式以资金或资产入股分红为主。由于贫困村基础设施条件、集体所有资产、村内资源、集体经济组织管理水平等差异较大，集体经济发展状况也参差不齐。有17%的村集体经济项目投向选择困难，项目启动较晚，有33%的村集体经济项目存在资金收益过低、未及时将资金分红等情况，个别村集体经济年人均收入不足10元，甚至不及银行同期定期利率收益，村集体经济带动贫困户增收成效不明显，与投入资金的产出效益不匹配，财政扶贫资金使用效益不高。

（三）支农项目重投入轻管理问题仍然存在

为完成脱贫攻坚目标任务，各地对脱贫项目建设推进工作高度重视，持续加大项目的组织实施和监督检查力度，各个扶贫项目都按期完成了建设任务，但对项目建成后的管护工作重视程度不够，特别是农业产业项目后期管护工作的安排落实不够，"重投入、轻管理"导致财政扶贫效果大打折扣。在实际操作过程中，由于大多数项目完工后都移交给贫困对象或村集体等受益主体进行管理使用，受自身能力、技术、理念等因素的制约，项目受益主体大多无力做好后期管护，如投入财政资金建设的水渠、

213

机耕道、引水工程、喷灌设施等基础设施，农村基层疏于日常管理维护，一旦受损就长期闲置和大面积荒废，导致财政投入资金流失浪费。究其原因，在探索财政投入后期管护长效机制上还有所欠缺，研究相应支持政策和举措上跟进还不及时。

四 构建财政助力脱贫奔康长效机制的对策与建议

2020年是脱贫攻坚收官之年，也是乡村振兴深化之年，在补齐农村全面小康短板两大战略的历史交汇期，广元须聚焦剩余贫困人口精准施策、合力攻坚，不断健全与脱贫攻坚和乡村振兴战略任务相匹配的投入机制，进一步强化高质量脱贫和高水平小康物质保障，有效巩固脱贫成效，兜牢返贫保障底线，推动全面脱贫与实施乡村振兴战略有效衔接，为低收入群众持续稳定增收保驾护航。

（一）多渠道筹集资金，增强财政支持保障能力

无论是即将鸣锣收官的脱贫攻坚阶段，还是持续深化的乡村振兴战略时期，农业农村都是国家支持发展的重点领域，这就要求必须持之以恒加大对农业农村发展的支持力度。广元要做好"三农"文章，就必须多渠道筹集资金，破解自身财力不足难题，增强财政支农投入保障能力，进一步加大脱贫攻坚财政投入力度，夯实实现全面小康的坚实物质基础。要坚持政府真正过紧日子，做到"刀刃向内"，压减一般性等非紧要必要支出，腾挪资金统筹用于保障脱贫攻坚等重点领域。要抢抓积极财政政策机遇，加大向上争取力度，强化与上级行业部门沟通衔接，围绕防止返贫致贫、乡村振兴和现代农业园区建设等重点领域，通过合理规划农业项目争取上级资金支持，积极推动各项试点项目落地落实，稳定财政支农投入。要抢抓重大战略机遇，强化"三农"领域项目统筹谋划，主动融入成渝地区双城经济圈、新时代西部大开发等发展战略，让更多项目纳入国家和省"大盘子"，为广元巩固脱贫成果和开启乡村振兴新篇章蓄力储能。

（二）全方位统筹整合，确保财政精准投向

"天下大事，必作于细。"习总书记强调，打好脱贫攻坚战，成败在于精准。作为打好打赢脱贫攻坚战的"粮草"和"弹药"，在财政收支矛盾极为突出的形势下，财政资金精准使用十分重要。受经济下行、新冠肺炎疫情和减税降费政策性减收等因素影响，广元本就紧张的财政形势更加严峻，财政收支矛盾愈加突出，这种情况下，有限的财政资金就显得尤为珍贵，只有精打细算用好每一分钱，才能最大限度确保各重点领域有效保障。脱贫攻坚作为最大的民生工程，在强化扶贫资金保障的同时，更要科学合理使用资金，提高扶贫资金使用"精准度"。要积极探索乡村振兴新阶段财政涉农资金统筹整合使用新模式，围绕农村人居环境整治、农业产业发展等重点领域，从产业规划、区域布局入手，充分发挥资源优势，培育壮大特色产业，以产业发展持续带动脱贫致富，以"绣花"功夫统筹推进扶贫资金、涉农资金、社会资金的集中整合使用，最大限度确保整合资金精准用于脱贫攻坚项目，努力提高财政扶贫资金的整体效益，以扶贫资金的"输血"增强贫困村、贫困群众的"造血"能力，建立健全脱贫增收长效机制。

（三）多元化撬动资本，放大财政政策效应

健全脱贫攻坚与乡村振兴有效衔接的投入保障机制，仅靠政府的财政投入是远远不够的，必须进一步创新财政支持发展方式，发挥财政政策引导和财政资金杠杆作用，激发社会资本深度参与扶贫开发和乡村振兴的动力活力，推动形成"财政资金＋社会资本"扶贫投入大格局。探索建立持续、稳定的基金补充壮大机制，通过"财政保障＋统筹整合＋社会捐赠""慈善基金＋爱心捐助"等形式多向筹集，及时补充四项扶贫基金，全力保障基金良性循环和长效运行。通过财政贴息、风险补偿、项目补贴、政策激励等方式，撬动更多金融和社会资本投向农业农村。以转变财政支农方式为着力点，进一步深化"五补五改""政担银企户"财金互动等模式，鼓励各类新型农业经营主体抱团发展，将零散的资金要素转变为对广元"7＋3"特色

优势农业产业的集中支持,补齐农村公共服务短板,推动城乡要素合理流动,构建"新农业 + 新农村 + 新农民"的综合扶贫开发格局,努力推动广元由传统农业大市向现代农业强市跨越转变。

(四)全流程跟踪监管,增强资金使用绩效

在财政资金有限的情况下,用活用好财政扶贫资金显得尤为关键,这就需要发挥财政主观能动性,切实强化资金监管,健全完善脱贫攻坚项目后期管护长效机制,多措并举努力提高财政资金使用效益。实施财政扶贫资金专项库款保障,纳入国库集中支付信息系统管理,资金全部通过国库扶贫专户直接支付核算,健全完善财政扶贫资金动态监控系统,防止部门、乡镇滞留挪用,切实让有限的财政资金早投入、早见效,全力保障扶贫项目建设需要。加强扶贫资金监督检查,持续深化"互联网 + 精准扶贫代理记账",开展财政专项扶贫资金自查自纠、闲置扶贫资金清理,推进强农惠农资金、涉农资金、惠民惠农补贴资金"一卡通"、政策性农业保险等专项整治行动,开展产业扶持基金、扶贫领域工程项目财政资金、易地扶贫搬迁资金等专项督查,规范财政资金使用管理,坚决维护好农村贫困群众切身利益。进一步提升村级财务管理水平,杜绝扶贫领域"微腐败",构建扶贫资金使用监管长效机制。

参考文献

钟振强、宋丹兵:《把脉中国财政收入质量》,《东北财经大学学报》2006 年第1 期。
赵晓春:《四川广元五方联动助力脱贫攻坚》,《中国财政》2018 年第 19 期。
习近平:《习近平谈治国理政(第三卷)》,外文出版社,2020。
邓海涛:《财政资金监管短板研究及对策》,《财政科学》2020 年第 3 期。

B.15
广元乡村旅游在脱贫攻坚中的贡献研究

陈瑾 王克军 彭瑶 欧丹 王彦斓*

摘 要: 发展乡村旅游业有利于促进农村经济社会的快速健康发展，是解决农村贫困问题的重要途径之一。文章通过以广元市乡村旅游在脱贫攻坚中的贡献为研究对象，从经济、社会、生态三个维度研究广元市乡村旅游在脱贫攻坚中的贡献。研究发现，广元市乡村旅游业对集体经济的发展、农民增收及农民生活水平的提高、就业渠道的拓宽、农民就业机会的增加、农村产业结构升级、乡村公共服务和基础设施建设完善、乡村精神扶贫推进以及生态文明建设等具有重要的意义。最后分析了制约广元乡村旅游脱贫攻坚的问题，提出了坚持乡村性、完善公共服务设施、优化产业结构等提升广元乡村旅游脱贫攻坚贡献的应对策略。

关键词: 脱贫攻坚 乡村旅游 广元市

一 广元市乡村旅游脱贫攻坚整体业绩

广元的大多数贫困人口集中在位置比较偏僻的乡村，这些地方生态环境、自然景观较好，具有开展乡村旅游的天然条件。乡村旅游，可以有效促

---

* 陈瑾、王克军、彭瑶、欧丹、王彦斓，四川信息职业技术学院。

进餐饮、乡村住宿、农村客货运输、农业休闲观光、农村手工艺品加工等产业的发展，拓宽农民就业渠道。

（一）规划先行

在乡村发展旅游业，是解决农村贫困问题的重要途径之一。2015 年 8 月，全国乡村旅游提升与旅游扶贫推进会指出，要通过发展乡村旅游，使全国 17% 的贫困人口摆脱贫困。2014 年，国家旅游局和国家发改委在《关于实施美丽乡村旅游富民工程推进旅游扶贫工作通知》中指出，2014 年 11 月至 2020 年，计划通过发展乡村旅游帮助 6000 多个贫困村脱贫。2016 年，四川省发布《四川省乡村旅游富民工程实施规划 2016～2020 年》，其中广元市共有 45 个村被纳入乡村旅游扶贫重点村。根据 2017 年《广元市乡村旅游扶贫规划》，广元市计划重点建设 125 个乡村旅游扶贫村，建设 1 个国家级和 3 个省级旅游扶贫示范区，创建 70 个旅游扶贫示范村、500 家乡村旅游示范户和民宿旅游达标户。乡村旅游的发展带动 1 万人就业，可见乡村旅游已经是实现广元市乡村脱贫攻坚的重要发展战略。

（二）成绩斐然

广元市文化广播电视和旅游局的统计数据显示，2011 年以来，广元市旅游发展迅速，游客接待量和旅游收入持续增长，2019 年游客接待量为 5623.60 万人次，实现旅游总收入 502.62 亿元，分别增长 11.83%、19.8%（见图 1、图 2）。2019 年，广元市旅游行业扶贫计划总投资 2164 万元。其中，省级财政资金、县区财政资金、社会资金、银行贷款和东西部扶贫合作资金分别为 150 万元、912 万元、102 万元、650 万元和 350 万元。截至 2019 年 6 月，已经有省级旅游扶贫示范村、乡村民宿、旅游景区以及乡村旅游从业人员培训等 76 个旅游产业扶贫项目全面启动。

广元市文化广播电视和旅游局的数据显示，2019 年，广元市主要的乡村旅游景区青溪古城、曾家山、梨博园、新店子、狮岭、平乐旅游区、柳池农业园区、竹子溪、白龙湖幸福岛、青龙观光园、苍溪天新农业观光园、昭

图1　2011～2019年广元市游客接待量与增长率

资料来源：广元市文化广播电视和旅游局。

图2　2011～2019年广元市旅游收入与增长率

资料来源：广元市文化广播电视和旅游局。

化区柏林古镇、五指山旅游区、青川大坝·凌霄花谷、青川初心谷·田缘张家、朝天区文安乡蚕宝园、朝天区沙河镇樱花谷、水韵井田、利州区青岭稻香园、菖溪河乡村生态旅游区、竹溪谷旅游景区、桃博园景区、南阳山景区等，共接待游客1223.49万人次（见图3）。统计数据显示，2019年，广元市已建成3个省级旅游扶贫示范区、38个省级旅游扶贫示范村，累计开展了2.5万余人次的乡村旅游从业人员培训，使2.16万名贫困人口摆脱了贫

困，带动广元市 125 个旅游扶贫重点村的 2.16 万名贫困人口脱贫。截至 2020 年 7 月 20 日，广元市新增农家乐 400 多家，累计带动 2 万余人就业，带动 0.9 万余名贫困人口脱贫。2019 年，广元市苍溪县、旺苍县、剑阁县 3 个贫困县和 97 个贫困村脱贫摘帽，3.2 万人摆脱贫困。

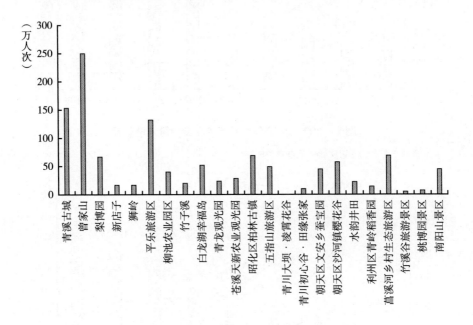

图 3　2019 年广元主要乡村旅游景区接待数量

资料来源：广元市文化广播电视和旅游局。

二　广元乡村旅游在脱贫攻坚中的贡献分析

（一）经济贡献

1. 发展壮大村集体经济

发展乡村旅游有利于壮大农村的集体经济，有很强的"造血"功能，对乡村的脱贫攻坚具有重要意义。旺苍县高阳镇温泉村依托鹿亭温泉旅游景区，计划投入 100 万元对闲置和安置房进行回收、改造和提升，以发展乡村旅游服务产业，该项目预计在 2021 年进行投产，预计每年可实现村集体经济收入 10 万元。利州区白朝乡月坝村为了发展乡村旅游配套设施，依托现有的月坝特色小镇，投入 100 万元扶持资金进行民宿改造和建设，将 57 间闲置农房盘活，由月坝村集体进行运营和管理。2019 年，该村集体经济营业收入 257 万元，人均分红 280 元。利州区嘉陵街道小岩村，利用 100 万元的扶贫资金，将原来的社会服务超市改造成农家乐，建立起管理服务团队，为游客提供休闲、餐饮和娱乐服务，同时为当地村民提供农产品代销服务。2019 年，该村集体经营收入超过了 10 万元。昭化区清水镇松梁村将部分扶持资金投入村股份经济合作社，通过机械租赁的方式为园区业主及周边乡镇提供服务，2019 年实现集体经济收入 2 万多元。昭化区红岩镇照壁村依托剑昭蜀道旅游线和双凤现代农业园区等项目，村集体入股"照壁人家"农家乐，配套建设度假小木屋和民宿客栈，2019 年接待游客 1.8 万余人次。2019 年广元市利州区脱贫攻坚工作报告显示，该区 2019 年新建现代农业园区 1 个、村特色产业示范园 5 个、户办产业园 1100 个，巩固提升 6 个现代农业示范园，带动 1.7 万名贫困户稳定增收，全区农村集体经济经营性收入实现 1030 余万元。

2. 促进农民增收，提高农民生活水平

增加农民收入不仅是脱贫攻坚的中心任务，也是乡村旅游发展的目的所在。村民可以通过乡村住宿、农村土特产及农家乐等方式增收。《苍溪县2019 年脱贫攻坚自查报告》数据显示，苍溪县 2019 年建设 10 个农旅融合A 级以上景区，开发红心猕猴桃等系列旅游商品 21 个，举办红心猕猴桃采摘节和国际合作发展大会。2018 年，全县农旅融合产值达到 14.7 亿元，带动贫困户年人均收入增收 600 元。统计数据显示，截至 2020 年 7 月 20 日，剑门关景区鼓励当地贫困户将扶持资金和征地补偿款入股景区，使 9 个村的172 户贫困户不同程度受益。广元市朝天区 2019 年脱贫攻坚工作报告显示，该区 2019 年户办特色小庭院 2.2 万余个，当地村民的人均年收入增加 3000多元。广元市阴平村有 499 户村民，发展乡村旅游较早，目前有民宿 178家，2019 年共接待游客 50 多万人次，实现旅游收入 1700 多万元。广元市

月坝村以乡村振兴和脱贫攻坚为导向发展生态康养旅游，2019年以来，游客量达15万人次，旅游年收入达到380万元，人均旅游收入2.8万元，带动当地100多人就业，通过发展旅游实现了全村脱贫。据广元青川县扶贫移民局2019年1月发布的数据，青川县通过开展乡村旅游，实现了1600多家建卡贫困户脱贫。在2013年广元市罗圈岩村开展乡村旅游之前，村民的人均年收入只有1600多元，依托良好的生态条件，该村发展乡村旅游，2018年，全村实现人均年收入1.2万元以上，全村实现脱贫。中口村作为广元市利州区的59个贫困村之一，该村有27户贫困户，通过发展乡村旅游，2016年和2019年全村人均纯收入分别为1.01万元和1.3万元，连续四年平均增长10%，实现了全村脱贫。乡村旅游已经成为许多农民的重要收入来源，也是解决乡村脱贫攻坚的重要路径。

3. 推动乡村产业优化升级

旅游业是第三产业最重要的组成部分，通过广元市文化广播电视和旅游局的统计数据可以看出，广元市第三产业自2016年以来实现持续快速增长，平均增速9.8%，2019年第三产业增加值为325.19万元，第三产业增加值增速为9.3%（见图4）。乡村旅游是广元市旅游产业重要构成部分，通过开展乡村旅游，可以实现农业和农村特色资源与旅游业的融合，以第三产业带动第一产业的发展，促进交通运输、农副产品、餐饮、住宿和手工艺品加工等产业发展。2019年，广元市以建立花卉观赏园区为抓手，整合农业、林业、脱贫攻坚、乡村振兴等项目资金，采取"公司+专合社+农户""公司+基地"的发展模式，建设赤化镇花花世界花卉博览园、大石镇五一桃花园、三堆井田油菜花园等花卉观赏园区。广元市通过发展乡村旅游，促进了农业产业链的发展，如核桃、红心猕猴桃、油橄榄、茶叶、生态猪肉和土鸡等，建成万亩现代农业园区100个、"一村一品"示范园739个、增收脱贫自强园5.6万个。乡村旅游的发展使部分农民转变为旅游从业者，推进了农业规模化、产业化发展，进而推动农业结构的优化升级。

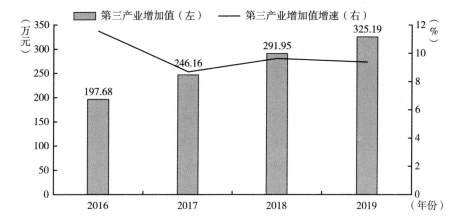

图 4　2016～2019 年广元市第三产业增加值和增速

资料来源：广元市文化广播电视和旅游局。

（二）社会贡献

1. 拓宽就业渠道，增加农民就业机会

广元市发展乡村旅游，能够为农村创造大量的直接或间接就业机会，促进农村剩余劳动力向非农转移。统计数据显示，截至 2020 年 7 月 20 日，剑门关景区为当地 260 名村民提供了工作岗位，其中贫困人口 160 人，2019 年底，实现户均增收 5000 多元。同时 60 多位返乡创业者通过发展休闲娱乐、餐饮住宿、生态康养等，带动 800 多名贫困人口就业。位于广元市曾家山滑雪场的 50 多家乡村酒店、农家乐和民宿，带动 1000 多名当地贫困人口就业。广元市青川县通过电商加旅游的扶贫模式，如产业基地 + 贫困户等，帮助了 5000 多户贫困家庭就业。

2. 完善乡村基础设施建设，提升乡村公共服务水平

基础设施是开展乡村旅游的首要条件，特别是道路、水、电、气的改造。此外，为乡村旅游发展提供充足的停车服务和商业设施至关重要。近年来，广元市加大贫困地区乡村旅游基础设施建设力度，重点加强道路、停车场、厕所、通信网络、垃圾排污处理等方面。2019 年，广元市已实现 230

个乡镇通客车，乡镇通客车率达到 100%；当前具备通客车条件的村 2396 个，已实现通客车 2396 个，通客车率达到 100%。农村客运的发展助推农村休闲、观光及乡村旅游产业发展，促进观光农业、生态游、自然山水游，改变农村面貌和生态环境，使农村客运发展与农业、农村、农民互为体系，互相促进共同发展，从而带动农村客运经营健康和谐发展。剑阁县白龙镇寨门村以农村公路为纽带的"农家乐"产业，仅旅游年收入就达 120 多万元，人均增收 1000 多元。

广元乡村旅游的发展极大地提高了当地的教育和医疗水平，提高了适龄儿童入学率和农民参加合作医疗率，并完善了当地的社会保障体系。在符合社保条件后，当地一些村民还可以像城市居民一样按月领取保障金。

大力发展旅游扶贫信贷支持力度，青川县关庄镇固井村 2018 年开始建设省级旅游扶贫示范村。2019 年，贫困户李怀红用 1 万元的旅游扶贫补助和 5 万元的小额旅游扶贫信贷开办农家乐，一年接待的游客达到 2000 人，实现了脱贫增收。

3. 促进乡村精神脱贫

广元市发展乡村旅游，提升了村民的综合素质。一些乡村旅游地为了旅游发展的需要，建设了文化室和图书室，会定期举办一些培训班，使村民的精神世界和文化生活得到了极大的丰富。统计数据显示，2015 年以来，广元市累计开展乡村旅游扶贫从业人员培训 500 余次，累计 3 万多人次的乡村旅游从业人员参与了培训。同时，城市游客和当地村民在旅游交互过程中，会把城市新的理念带到旅游地，从而对当地农民的素质和乡风民俗产生影响，真正实现"精神脱贫"。为建设美丽乡村，广元市剑阁县在每个村建立了村民议事会和"移风易俗文明劝导队"，一半以上的村建立了道德评议会、禁毒禁赌会、红白理事会等，坚决遏制农村陋习，扎实推进移风易俗。广元市利州区昭化区结合区情、文化、地域等因素，大力开展文明家庭、感动人物等好人评选，建好建强各类宣传宣讲队伍，用好用活村村通广播、宣传栏等宣传平台，提升乡村的乡风文明建设。

（三）生态贡献

自然环境是旅游发展的本底，因此，发展乡村旅游有利于改变农村"脏、乱、差"的环境，恢复以往优美的自然风光和深厚历史底蕴的人文生态环境。数据显示，广元市青川县为了实现农民脱贫，大力发展生态康养旅游，建成阴平村、大沟村等一批旅游扶贫示范村，2011年以来，已开发名优绿茶28万亩、木本油料41万亩、风景银杏19万亩，土地绿化率达85%，每立方厘米的负氧离子达到2万个左右，县城入选"全国百佳深呼吸小城"，2017年通过省级旅游扶贫示范区的验收。

三　制约广元乡村旅游脱贫攻坚的问题分析

（一）乡村旅游开发趋城化现象严重

广元市许多乡村的旅游发展模式和策划仍存在趋同化行为，导致一些乡村旅游产品同质化严重、内涵单薄，在建设中大兴土木、把很多乡村建筑推倒重建，建立起一排排的小楼，模式过于城镇化，失去了乡村应有的特色。乡愁是人的一种故土情怀，乡村优美的田园风光、宗族文化、传统节日和风俗习惯、传统的农耕以及饮食文化和传统习俗等是很多城市居民的乡愁寄托，是很多人无法忘却的记忆，长时间生活在钢筋混凝土以及工作等各种压力之中，促使他们回归乡村，体会乡愁，享受欢愉。但广元市有些乡村旅游开发趋城化现象严重，把房屋建成现代化小洋楼，人为破坏了传统村落的乡愁味道，使得很多乡村失去了"乡"和"野"的吸引力，难以让游客产生情感共鸣，乡村品味乡愁的独特价值功能不复存在。

（二）基础设施建设有待加强

交通等基础设施的建设是影响旅游目的地发展的重要瓶颈，便捷的交通有助于乡村旅游目的地的健康快速发展。广元市由于地处秦巴山区，很多乡

村由于地处大山深处，旅游资源价值很高，对城市游客的吸引力较强，但是地理位置相对偏远，严重影响了游客的出行，现有城乡公路路窄弯急，沥青石子剥落，严重阻碍了车辆通行；有的景区仅为通村公路，路基不稳固，铺设质量差，存在较多安全隐患。此外，很多乡村的公共服务设施不配套，尤其是医疗卫生体系不健全，专业医护人员紧缺，乡村诊所的卫生不达标，必需的药品和医疗用品缺乏，很难满足病人的及时就医需求。再加上广元市的乡村旅游地大多是新开发建设，景区的设施设备配套还有待完善，如垃圾收集系统、旅游标识系统和厕所等基础设施较差，严重影响了游客的体验质量。偏远的距离、设备的不完善都影响着乡村旅游的发展和旅游扶贫工作的开展，阻碍了当地经济水平的提高。

（三）空心村问题越发严重

近年来，大量年轻的农村人口涌入城市务工，劳动力不断减少，导致大量土地荒芜，杂草丛生，村舍闲置，村里只剩下老人和孩子，甚至很多孩子都进城上学了，农村剩余劳动力老化现象严重，造成了农村大面积的资源浪费和农村经济的衰败，广元很多农村出现了空心化现象。这种现象在一些旅游发展较好的乡村仍然存在，这些旅游地平时只能看到少量的村民。

（四）乡村旅游地人才缺乏

随着乡村旅游的快速发展，广元市对人才的需求日益增长。由于旅游业包含了交通、住宿、餐饮、娱乐、购物等行业，综合性很强，这些行业的融合必然会因为利益相争、责任相推等产生一系列的责任问题，而且目前国内关于旅游的法律法规缺乏，管理比较混乱，规范与质量问题严重影响了乡村旅游的健康和可持续发展。乡村缺乏懂管理、电子商务、财务、营销、策划、设计等方面的专业人才。对于一些农业企业和农民专业合作社来说，各类人才的匮乏已成为制约乡村旅游发展的瓶颈。

四 提高广元乡村旅游脱贫攻坚贡献度的应对策略

虽然广元市乡村旅游发展在助力脱贫攻坚方面取得了可喜的成绩，但乡村旅游的发展还存在趋城化、基础设施落后、空心村越发严重以及乡村人才缺乏等问题，严重制约了乡村旅游在脱贫攻坚中的贡献度。为此，我们提出以下五点应对策略以提高乡村旅游在广元市脱贫攻坚中的贡献度。

（一）注重乡村旅游地乡村性的打造

乡村旅游主要依托当地的自然环境和人文环境，以田园风光、建筑和风土人情等旅游资源作为旅游吸引物，目的是满足游客放松身心、度假、休闲、社交、增长知识等需求。由此可以看出，乡村性是乡村旅游的核心，也是吸引城市游客的重要因素。乡村旅游地要注重乡村性的打造，一些乡村旅游地的开发过度城市化，失去了乡村应有的本色。因此，使乡村旅游地具有地方特色、充分挖掘地方特色文化，对乡村旅游的可持续发展具有十分重要的意义。旅游是文化的载体，乡村文化又是旅游的核心，二者只有紧密结合，才能打造有个性的乡村旅游地。乡村文化包括传统的饮食文化、传统农耕文化、宗族文化、民俗节庆文化、传统的建筑文化以及传统手工艺品等，它象征着安详稳定、安宁与自给自足，是村民生存的精神依托和意义所在。回归乡里、落叶归根是城市居民普遍的愿望和期待。在一些典型的传统村落，可以以乡愁为元素进行打造，唤起游客心中最美乡愁，让乡村旅游成为城市居民寄托乡愁的故园、村民的致富田园，以提升广元市乡村旅游的影响力和知名度。因此，在广元市乡村旅游开发过程中，应重视乡愁文化的开发与保护。首先，在一些村落进行旅游规划时，对本村的传统乡愁文化进行挖掘，优先安排利用村内空闲地、闲置宅基地和老宅基地进行建设，尤其是针对具有一定历史文化和艺术价值、特别体现当地乡土民情的土坯房，应予以重点修缮保护。同时，要积极探索新的维修技术，按照"修旧如旧"的原则进行改造升级，实现"老房子"与文化的对接，景物与记忆的融合。其

次，加强对村民传统文化的宣传，培养文化自觉和文化自信，使村民因乡村旅游发展而产生本地传统文化的自豪感，从而积极保护和传承当地的传统文化，使其成为乡村风情中的一部分。最后，支持传统村落发展具有乡村特色的产业，提升传统文化的经济附加值，使村民意识到传统文化的价值。

（二）完善乡村公共服务设施，提升服务水平

乡村公共服务设施建设是乡村旅游正常开展的保证，乡村旅游地应加快旅游公路网的规划和建设，提高旅游公路等级和通行能力，道路的修缮应该有严格的规范，杜绝"豆腐渣工程"的出现。提升高速公路服务区、加油站、收费站等公共场所的等级和服务，提高交通设施的便捷度、舒适度、安全度，进一步完善景区（点）道路等基础设施，推动城乡公交服务网络逐步延伸到主要旅游景区。围绕景区（点）、线路、主体功能区，进一步完善供水、供电、停车场、垃圾污水处理、通信等基础设施和公共服务设施建设，实现有线宽带、有线电视、无线网络在广元市乡镇全覆盖。开展"厕所革命"，修建游客休憩场所，建设污水和垃圾处理系统，改变村容村貌，建设美丽乡村。此外，要加快乡村旅游信息化建设，加大对"智慧旅游"发展的投入，在乡村旅游地加大互联网建设的投资力度，大力发展乡村电子商务，重视新型网络媒体的建设，传播广元市的自然风光、历史文化，吸引游客前来广元体味原真的乡村旅游。智慧景区建设方面，逐步实现乡村旅游景区无线网络及5G网络的全覆盖、监控无盲区以及门禁系统电子化等，使游客体验到旅游智慧化所带来的便捷。广元市在打造"中国生态康养旅游目的地"的过程中，可以注入医疗养生元素，在有条件的乡村旅游地打造针对老年病项目的医疗养生度假区，加大医疗设施的配套力度和建设。

（三）加强乡村旅游人才队伍建设

乡村旅游所需的人才短缺，政府部门应在乡村人才建设上加大"扶"的力度，重视人才的招纳、引进以及对专业人才的培训。乡村旅游的人才主

要分为农家乐、民宿、农产品种植的乡村旅游的经营者、管理者、营销者、策划者以及乡村旅游传统文化的传承者等，要促进乡村旅游服务专业化，就必须寻找和培养这些人才。在发展乡村旅游较好的地区，对当地农民就旅游服务技能、旅游管理及景点讲解等展开乡村旅游人才培训，为乡村旅游培养生产和经营人才，同时培养一批能够带领村民脱贫致富的带头人。通过集中培训、网络教学、现场指导等方式，引导村民树立新观念、学习新知识、掌握新技能，组建一支懂旅游、肯帮扶、懂管理和服务的旅游扶贫队伍和乡村旅游从业人员队伍，以全面提高旅游从业人员的综合素质，努力改善旅游管理和服务的水平。

（四）优化产业结构，促进农民增收

乡村产业的发展是农村脱贫攻坚的根本，乡村旅游的发展离不开产业的支撑，良好的产业是实现乡村旅游可持续发展的基础。现有的乡村旅游大多是周末经济，周末一过，旅游胜地变成了"空村"，因此，村民的收入很难得到保障。调查发现，即使是乡村旅游发展较好的月坝村，很多村民也靠外出打工维持生计，空心问题仍然存在。因此，要把广元乡村旅游产业和项目做大做强，将其作为延伸的乡村产业链，实现第一、第二和第三产业的融合。让乡村具有产业支撑、农民能够实现就地就业，才能充分发挥脱贫攻坚的综合效果。

广元发展乡村旅游必须优化产业结构，促进农村经济转型升级。首先，大力发展现代服务业，加大金融对小微旅游企业的信贷支持力度，拓宽融资渠道，为现代服务业发展营造良好的发展环境。其次，结合乡村旅游地的产业基础、资源禀赋、民俗文化和乡村旅游开发程度等，进一步开发旅游资源。在做精做细上下功夫，大力发展观光型、体验型农家乐以及乡村旅游度假等产业；大力开发乡村采摘、乡村教育研学、农事体验、产业科考、乡村体育休闲以及民风民俗等跨产业融合发展路径，同时发展旅游使村民脱贫致富。再次，重点推进旅游景区辐射，加强城乡联动，支持贫困群众参与乡村旅游发展，大力发展有机绿色蔬菜、家禽养殖、杂粮种植等，提升农产品的

品质，以精品创产值，让城市游客到乡村体验农事、采摘果蔬、吃绿色食品等，以旅游促进当地农民增产增收。最后，推进广元市乡村旅游与农业融合发展，加快推进建设一批农业观光园区，增加乡土文化体验、田园度假和乡村休闲等功能，鼓励更多农民工返乡参与乡村旅游的生产和经营，鼓励年轻人返乡创业，就近就业，有效增加农民收入。

（五）公平分享旅游收益，提高当地农民发展旅游的积极性

乡村旅游由于其综合性，在发展的过程中往往涉及地方政府、村民、外来投资者、村集体、旅行社等不同利益相关者，因此，为了确保乡村旅游的持续健康发展，确保各旅游权益主体能够共享旅游发展带来的成果，可建立由政府、企业、村集体和当地居民的利益协调机制，将劳动、资金、房屋、土地和技术等进行投资入股，采用按劳分配和股份分红相结合的方式进行合作经营和利益分配。然而，由于现实中旅游开发的信息不对称，农民往往成为旅游开发中的利益最弱势的一方，容易引发社会矛盾与冲突。因此，乡村旅游在发展过程中应注重农民主体作用的发挥，使其担任脱贫攻坚中的主角，坚持以人为本，使其成为发展乡村旅游的"新型的农民"。在政策上给予优惠，让农民切实享受到乡村旅游带来的经济效益，以激发他们参与乡村旅游发展的积极性和创造力。因此，应鼓励社区参与乡村旅游，特别是让村民参与重大的旅游经济决策、乡村旅游的规划和方案实施，以保证乡村旅游的可持续发展。此外，可以通过二次经济补偿的方式对未直接参与旅游业的居民进行二次经济利益分配，使其也可以分享旅游带来的收益，以减少社会矛盾与冲突，有效促进广元乡村旅游业的可持续发展。

参考文献

刘怀英：《广元：旅游扶贫催开致富之花》，广元市人民政府网，http：//www.cngy.gov.cn/govop/show/20200921072739 - 35350 - 00 - 000.html。

欧阳亚丽、李顺成：《广元市两县成功创建"四好农村路"示范县》，广元市人民政府网，http：//www. cngy. gov. cn/govop/show/20191216110744 - 25980 - 00 - 000. html。

向朝伦、张庭铭：《青川做好生态扶贫"四篇文章"》，《四川日报》，https：//epaper. scdaily. cn/shtml/scrb/20190127/209435. shtml。

陈碧妹：《乡村旅游转型发展探析——以安顺传统村落为例》，《社会科学家》2019年第4期。

周璐：《"旅游+"助力脱贫攻坚的路径选择——以贵州省桐梓县为例》，《遵义师范学院学报》2020年第1期。

李霞：《搭上旅游"顺风车"端上脱贫"金饭碗"》，《中国县域经济报》，https：//baijiahao. baidu. com/s？id = 1672261575488498993&wfr = spider&for = pc。

广元市人民政府：《广元"十三五"脱贫攻坚规划》，互联网文档资源，https：//wenku. baidu. com/view/9e3de765773231126edb6f1aff00bed5b8f37330. html。

赵皇根、宋炼钢、陈韬：《振兴乡村旅游理论与实践》，中国矿业大学出版社，2018。

罗云：《"绿水青山就是金山银山"生态扶贫的青川实践》，《广元日报》，http：//e. gyxww. cn/gyrb/html/2019 - 01/16/content_ 212220. htm？div = - 1。

B.16
后脱贫时代广元建立防控
返贫机制必要性研究

向喜宗 李湖林 施长江*

摘 要: 截至 2020 年 10 月,广元全市农村贫困人口全部脱贫,贫困发生率从 2013 年底的 14.6%下降到 0,成绩突出。在取得成绩的同时,也不能忽视随着"后脱贫时代"的到来出现的返贫问题。因此,提出要在"脱贫"转向"防贫"、从"规模性"转向"可持续性"等关键节点上建立防控机制。本课题结合广元脱贫攻坚实际,立足贫困户返贫风险及原因分析,提出"后脱贫时代"构建贫困户可持续性脱贫增收长效机制、构建返贫救助阻击机制、构建扶志与扶智相结合阻断返贫传递机制等对策建议。

关键词: 脱贫攻坚 返贫防控 广元市

截至 2020 年 10 月,全市农村贫困人口全部脱贫,全部实现"一超六有",贫困发生率从 2013 年底的 14.6%下降至 0;全市 739 个贫困村全部退出,全部实现"一低五有";7 个贫困县摘帽,全部实现"一低三有"。

苍溪、旺苍、剑阁 3 个 2019 年摘帽贫困县,全部实现"一低三有";

---

* 向喜宗、李湖林、施长江,中共广元市委党校。

已摘帽的青川县、利州区、昭化区、朝天区和已退出的 642 个贫困村、31.3 万贫困人口持续巩固提升。

一 "后脱贫时代"的界定和返贫治理特征

（一）"后脱贫时代"的界定

程明、钱力、吴波所撰写的《"后扶贫时代"返贫治理问题研究》文章认为，从我国开展扶贫的历史沿革分析，从改革开放以来我国扶贫政策目标瞄准方向看，我国扶贫政策变迁经历了体制改革下的救济式扶贫阶段（1978～1985 年）、开发式扶贫制度化和"八七"扶贫攻坚阶段（1986～2000 年）、"大扶贫"格局的形成和发展阶段（2001～2013 年）、精准扶贫阶段（2014～）四个阶段。2014～2020 年，我国脱贫攻坚经历的正是第四个阶段——"精准扶贫"阶段。该阶段的主要特点就是突出"精准"二字，即做到"对象要精准、项目安排要精准、资金使用要精准、措施到位要精准、因村派人要精准、脱贫成效要精准"。在全党、全国人民的共同努力奋斗下，2020 年已基本实现了脱贫攻坚目标任务——消除绝对贫困。在新的历史起点上，农村、农民将面临新的问题，形势也将发生新的变化，这就要求我们在脱贫后相当长的一段时期内，工作思路、工作重点也要发生新的变化。

"后脱贫时代"的界定在学术界有狭义和广义之分，程明、钱力、吴波认为，从脱贫攻坚的提出到 2020 年全面建成小康社会目标的实现可以界定为狭义上的，这一阶段的扶贫工作主要解决的是绝对贫困问题；广义上的"后脱贫时代"则是从脱贫攻坚目标提出到 2050 年前后实现贫困对象可持续稳定脱贫，减少相对贫困、基本实现共同富裕的区间段。本报告探讨的是广义上的"后脱贫时代"概念。"后脱贫时代"，其目标就是在 2020 年全面取得"精准扶贫"消除绝对贫困任务胜利的基础上，通过与乡村振兴的有机衔接等一系列措施，防止返贫，进一步巩固脱贫成效，消除相对贫困、实现贫困群体的可持续发展，最后达到共同富裕。

（二）"后脱贫时代"返贫治理特征

1. 从消除绝对贫困转向重点从源头上对贫困与返贫发生进行遏制与预警

"后脱贫时代"以前，我国的扶贫政策与治理机制都是按照消除绝对贫困进行设置的，更多强调的是通过政府自上而下的行政式手段来实现社会资源向贫困群体的倾斜与再分配。进入"后脱贫时代"，随着绝对贫困的消除，原有的扶贫政策已不适应新的扶贫形势要求，贫困治理的重点亦应调整，转向如何从源头上对贫困与返贫发生进行遏制与预警。在完成贫困户"两不愁三保障"脱贫的基础上，切实改善返贫风险户生产生活条件，从"授人以鱼"到"授人以渔"，激发其内生动力，掌握现代生产技能，提升产业就业能力，夯实其资产增收基础，遏制贫困群体返贫发生。

2. 贫困群体识别标准从"单一性"转向"多元性"

"后脱贫时代"，为有效对返贫进行精准阻击，也有对贫困群体进行识别的问题，不过在识别标准上，与传统的以贫困群体收入为主要指标的"单一性"的识别标准不同，"后脱贫时代"的识别标准更多的是从贫困户自身发展能力、抵御风险能力、拥有健康的能力、持续增收能力、参与集体经济组织议事决策能力等"多元性"方面进行审视识别，多元举措有效阻断贫困代际相传，防止贫困户脱贫又返贫现象的发生。

3. 扶贫场域从"整体连片"转向"单一个体"

贫困户返贫问题可以说不是普遍存在的。在"后脱贫时代"，我国的扶贫场域随之也应发生变化，由过去的县、乡、村"整体连片"向贫困单一个体转变，评判指标也由原来的贫困人口数量、贫困发生率等量的指标开始转为返贫发生率、脱贫可持续性等质的指标来衡量。因此，"后脱贫时代"，更需要从贫困户抗御自然和社会风险能力的脆弱性、内生动力不足等方面进行治理，构建防止贫困户返贫的长效机制，提升贫困群体脱贫质量和发展的可持续性。

二 广元"后脱贫时代"存在的返贫风险

广元地处秦巴山南麓，是秦巴山集中连片特殊困难地区，所辖 4 县 3 区均为贫困县（区）。2013 年精准识别时，有贫困村 739 个、贫困人口 34.82 万人，贫困发生率 14.6%。贫困人口体量大、涉及面广，致贫原因复杂，贫困程度较深，经济发展较为滞后，贫困发生呈现区域性，脱贫攻坚任务繁巨。近年来，广元市以习近平总书记关于扶贫工作重要论述为指导思想，坚决落实中央和省委部署，补短板、添措施，尽锐出战，2020 年，全市完成脱贫摘帽任务。2021 年是广元市扶贫工作进入"后脱贫时代"元年，要长期、稳定确保全市脱贫成果，必须充分认识到返贫风险点，剖析返贫风险存在的原因。结合广元市实际情况，经过深入调研，广元市在"后脱贫时代"主要存在以下返贫风险点。

（一）贫困户脱贫不能持续稳定增收而存在的返贫风险

1. 扶贫产业发展风险

一是农业产业受气候、自然条件、病虫害、牲畜疫病等影响较大，容易遭受自然灾害，加之部分扶贫产业基础配套不完善，一旦遇到强自然灾害或者大规模病虫害侵袭，很容易出现大规模减产和资金损失。如广元市红心猕猴桃曾遭遇过大面积溃疡病，部分产业园损失殆尽。二是产品风险。农业市场始终存在产量和价格波动性，农产品对市场价格反应滞后，加之产品与市场信息不对称，可能出现"谷贱伤农"的现象。如脆红李上市期比较集中，加之不易储存和保鲜成本占总成本比例高，容易造成产量与收益不成正比。三是项目风险。扶贫产业前期调研不到位，规划布局混乱，没有形成一二三产业联动、融合。广元市扶贫产业规模化发展已基本成型，但是全市农产品加工、仓储、物流等配套企业不足，大部分产品销售停留在初级产品阶段，造成产品附加值较低（见表 1）；广元本地农副产品叫得响的品牌较少，尤其是近年来有机和绿色产品品牌较少。

表1 2019 年广元市主要扶贫产业结构统计

扶贫产品	规模(万亩、万棒、万头、万只)	初加工企业（家）	深加工企业（家）	注册品牌（个）	电商平台（个）
茶叶	47.00	212	8	36	37
猕猴桃	48.60	47	7	10	54
核桃	200.00	50	7	15	42
蔬菜	100.00	52	9	24	18
食用菌	3.97	75	8	16	57
中药材	30.00	156	14	19	20
生猪	300.86	72	16	21	5
土鸡	4506.00	0	1	22	32
其他特色小水果	39.80	47	6	16	55

资料来源：广元市农业农村局。

2. 就业扶贫风险

贫困户普遍无特长技术，大多数只能从事简单体力劳动，获取劳动报酬有限。由于贫困户普遍文化水平不高，职业技能培训成效不显著。技能培训时间安排不合理，贫困户外出务工时间不固定或者外出务工时间较为集中；培训安排与培训对象脱节；培训内容与贫困户自身发展能力、发展需求不匹配，贫困户对技能培训参与度不高。就业岗位不稳，受经济下行压力加大、企业收缩调整等影响，有的外出务工劳动力将无业可就，有的在本地没有稳定就业机会。针对贫困户的各类公益性岗位设置较少，为无法外出的贫困户提供岗位不足。

3. 新型经营主体发展风险

新型经营主体发展较为薄弱，产业扶贫小微企业融资困难、技术落后、管理水平有限，市场抗风险能力弱。在产品销售上，对现代"互联网＋"信息平台运用不充分。家庭农场规模发展散、乱、小。集体经济建设没有以市场资源配置为主，导致其经营困难，新型经营主体效益不高。

（二）意外灾害存在的返贫风险

1. 自然灾害导致返贫

暴雨、冰雹、干旱等气候灾害，泥石流、山体滑坡、地震等地质灾害可能导致房屋受损，产业受灾，地理条件发生变化，基础设施损坏，人员伤亡和财产损失。

2. 意外事故导致的因伤因残

家庭成员因意外导致伤残，丧失劳动力，家庭收入降低；治愈伤残导致的家庭收支不平衡。尤其是家中主要劳动力一旦出现伤残、完全丧失劳动力，将失去发展产业和就业能力，导致收入减少，返贫风险增加。

3. 突发重大疾病导致返贫

贫困家庭人口突发重大疾病，除基本医疗保险保障外，自身仍需负担较重的医疗开支，特别是家庭成员中有长期慢性病的，将导致整体生活水平下降，存在返贫风险。

（三）个别贫困群众自身内生动力不足导致的返贫风险

个别贫困户安于现状，缺乏自我发展的意愿；或者一味地"等靠要"，对政策依赖性较强。一旦脱贫攻坚结束、干部和政策帮扶脱手，这部分群众极有可能重新陷入贫困。部分贫困户可能因为产业发展失败，甚至形成债务，从而产生气馁情绪，自我否定，破罐破摔。

（四）重大社会事件等不可抗因素造成的返贫风险

21世纪以来，全球政治、经济、社会不稳定因素陡增，我国也不免受到影响。尤其是全球性的公共卫生事件、贸易保护主义等突发事件，导致经济发展下行压力加大，就业形势严峻，使贫困户产业就业受到影响。如2020年第一季度，由于全球新冠肺炎疫情影响，贫困劳动力外出务工受阻，出现暂时就业困难，持续增收面临新挑战。

三 广元"后脱贫时代"构建防止返贫机制对策建议

在高质量完成脱贫攻坚任务的基础上,"后脱贫时代"从根本上破解脱贫—返贫—脱贫的恶性循环,必须要以防为主,防控结合,建立长效机制。具体来说,就是构建防止返贫预警监测机制、构建贫困户可持续性脱贫增收长效机制、构建完善的返贫救助阻击机制、构建防止返贫与乡村振兴有机衔接机制。

(一)构建贫困户可持续性脱贫增收长效机制,化解产业就业风险

1. 着力提升扶贫产业成效

建立扶贫产业风险防控机制,定期发布扶贫产业风险点信息。扩大农业政策性保险范围和覆盖面,对扶贫产业做到应保尽保。鼓励有经济条件的个人和组织参加农业商业保险;对经济较弱的给予适当的补助。进一步完善扶贫产业基础设施和自然风险预警机制,增强扶贫产业抵御自然风险能力。抓好产业定位,打造广元品牌。全市统筹抓好市场和产品调研,坚持发展绿色、生态、有机三大产业,着力打造以苍溪红心猕猴桃、旺苍黄茶、朝天核桃、木耳、中药材等为代表的"广元产"优质扶贫产品和品牌,做好品牌推广、营销、保护。加快推进农超对接、大力发展"地摊经济";利用信息化手段,培育一批电商企业,抓好线上线下产品销售。

2. 着力提升就业能力

因人施策制定有针对性的培训计划,加快贫困户劳动力转移就业。实施就业能力培训工程,根据贫困户自身能力、就业意向,动员和鼓励贫困户参与农业实用技能培训和职业技术培训。培育一批致富带头人、"土专家"、技术能手,探索"N+1"技术帮扶,确保贫困户至少掌握一门致富技术。鼓励本地"包工头"带领贫困户外出或就近务工,落实公益性岗位优先使用贫困户政策。开展对外出务工贫困户权益和法律宣传,加强对农民工侵权法律救济。充分发挥社会力量,通过财政、金融、税收等政策鼓励社会企业

招收贫困户务工就业。筹办好专场招聘会，积极组织贫困户参加招聘。

3. 着力增强新型经营主体发展

招引和新建一批农副产品精深加工、仓储、物流企业，构建完整产业链，提升产品价值。大力发展现代农业观光、农业体验基地、农家乐等旅游服务业。深入推进现代农业产业建设。坚持做大做强现代农业产业园、做深做细村建一村一品示范园、做活做精户建增收脱贫自强园，实现"三园联动"。用好、用活财政、金融杠杆等，增强新型经营主体发展动力。

（二）构建持续返贫救助阻击机制，增强抵御意外灾害造成返贫能力

精准施策构建持续完善的返贫救助阻击机制必须聚焦因病、因灾、因学等多发高发因素，夯实救助底线，精准阻击返贫。

1. 持续落实大病救助机制

对县域外住院治疗的贫困户，在现行医疗报销基础上提高报销比例，经基本医保、大病保险、民政医疗救助等补偿外，将剩余部分纳入卫生扶贫救助基金救助。加快推进《重特大疾病医疗救助试行办法》出台，设立农村困难群众重特大疾病救助基金，对患重特大疾病住院治疗的农村特殊困难群众，经城乡居民基本医保、大病保险、民政救助等途径报销后负担仍然较重的，给予特别救助。

2. 持续落实救灾救济机制

对因自然灾害、意外事故、重大疾病或其他特殊原因造成返贫风险的家庭，落实灾害救助和临时救助政策。按照分类梳理、因户救助的原则，分类确定档次进行救助。临时救助实行一事一救，根据不同情形分类设档限额救助，对符合条件的落实低保政策，实行兜底"一步到位"，按程序纳入保障范围。鼓励已脱贫贫困户利用闲余资金参与各类商业保险，提升保障能力。

3. 持续落实教育救助机制

落实教育扶贫政策，强化控辍保学"六长"责任落实，对辍学失学学生家长加强法治教育，由基层组织和教育主管部门多方做工作及时补救，并就辍学失学原因开展个性化学业辅导和心理疏导，落实特殊学生群体送教上

门。整合希望工程、金秋助学、教育扶贫救助基金、社会组织助学金、爱心企业（个人）助学金等力量，对家庭经济困难、学业支出负担过重的贫困学生，给予帮扶救助。

4. 建好过渡机制

扶贫政策应当调整、逐渐过渡，不能急刹车。设立政策过渡期，在医疗、教育和政策兜底等方面适当保持政策连续性，避免已脱贫户因帮扶政策调整返贫。对因灾因病遭遇暂时困难的人员，基本民生的底线要坚决兜牢，构筑好脱贫攻坚的最后一道防线。落实好"四不摘"政策，在坚持政策底线、控制政策风险的前提下，明确延续政策范围，落实扶持政策，打消群众顾虑，增强脱贫户抵抗返贫风险能力。

（三）构建扶志与扶智相结合阻断返贫传递机制，激发贫困户内生动力

1. 扶志增信心

聚焦外出务工群众、在外就读学生、留守老年人等群体，采取群众看得到、看得懂、听得明白的方式，加强脱贫攻坚宣传。聚焦"两不愁三保障"做实帮扶工作，明确阶段目标和帮扶重点。实行"文明新风积分管理""脱贫示范典型选树"等机制，注重群众参与到户项目的实施管理，增强激励引导效果。

2. 扶智提能力

实施"家庭能人培训计划""致富带头人培育计划"，组织产业发展指导员、科技特派员等专技人员进村入户开展培训；结合岗位需要和就业意愿，开展定制工种、定制技能等级培训；围绕产业发展、企业用工和个人需求，开展"扶贫专班""送训下乡"等培训，使每个贫困劳动力都有一技之长。

（四）加强监测，构建预警机制

根据《广元市返贫预警监测阻击工作实施办法》，健全各层级组织机

构，落实工作责任，统筹全市返贫预警工作。进一步完善"市抽样检测、县区重点监测、乡村全覆盖监测"三级监测机制。在面对不可抗自然、社会等因素时，更加及时、准确加强对返贫风险预警户、"边缘户"的跟踪和监测。落实《广元市返贫致贫预警阻击机制（试行）》，明确返贫致贫预警监测对象；开展返贫致贫风险监测评估；实行返贫致贫风险等级管理；开展针对性返贫阻击；实行风险等级动态管理；落实返贫致贫阻击责任；建立防止返贫致贫工作会商督查制度。加强返贫预警数据分析，分类建立台账，为制定有针对性的返贫阻击措施提供保障。

（五）构建防止返贫与乡村振兴有机衔接机制

要实现乡村振兴，其基础和前提是消除目前农村的"绝对贫困"。这一目标已经实现。在这一基础上，要确保乡村振兴目标的实现，必须把脱贫攻坚与乡村振兴实现有机衔接。

1. 实现全要素流通顺畅

加快构建城乡统筹、一体化发展体系。更加完善农村基础设施建设，优化农村资源配置，逐步补齐农村发展短板，开展"筑巢引凤"工程，引导生产要素向农业、农村流动。

2. 挖掘乡村自身特点

加强农村社会与自然生态保护，加强乡村"耕读传家"等优秀文化发展，弘扬农村自力更生、艰苦奋斗等优良精神，激发农民自身发展动力，从思想源头上将过去"输血式扶贫"转换为"造血式扶贫"，实现乡村振兴战略的"乡风文明"。加强农村生态环境保护，营造"绿水青山就是金山银山"的生态发展理念，实现生态宜居的目标。

3. 加快推进农业产业现代化

充分发挥科学、技术、管理等手段对现代农业发展的助推作用，合理规划和布局现代农业发展模式，实现产业兴旺，为实现乡村振兴提供经济基础。

参考文献

程明、钱力、吴波：《"后扶贫时代"返贫治理问题研究》，《重庆理工大学学报》2020 年第 3 期。

王菲：《基于对脱贫攻坚任务重乡镇的调查与思考——以旺苍县、苍溪县为例》，广元新闻网，http：//www.gyxww.cn/GY/GYYW/201911/385971.html，最后检索时间：2020 年 8 月 25 日。

盛伍：《尽锐出战精准施策——广元市精准发力高质量打赢脱贫攻坚战》，《广元日报》2019 年 8 月 16 日，第 A01 版。

疫情防控篇

COVID –19 Pandemic Prevention and Control Reports

B.17

广元防控新冠肺炎疫情研究报告

宋代春　白力舟　侯昌华　郑亮德　赵文平*

摘　要： 1985 年广元建市并成立广元市卫生局以来，广元在防范化解疫情的组织机构、体制机制、基础建设、装备设施、人才队伍等方面投入大量人力、物力和财力，加强防范化解重大疫情风险能力建设，在预防控制新型冠状病毒肺炎疫情中发挥了重要作用。新冠肺炎疫情暴发以来，广元应对疫情基础扎实、指挥体系健全、联防联控群防群控体系运转高效、检测精准和救治科学、教育宣传引导到位、依法防控得力等举措是广元打赢疫情防控阻击战、总体战的重要保障。但在疫情防控中还存在基层防控方面人员编制缺乏、业务操作流程技术培训达不到要求、监测预警网络体系还不健全等问题。为

---

* 宋代春、白力舟、侯昌华、郑亮德、赵文平，广元市卫生健康委。

此，要在完善疾病预防控制体系、重大疫情防治体系、应急物资医疗保险医疗救助政策和机制及加强公共卫生科技创新等方面进一步建立健全疫情防控体系。本课题以调查法、历史研究法、行为研究法、比较研究法等对广元市防控新冠肺炎疫情能力进行探索研究，为广元市提升防范化解疫情等重大风险能力提供决策参考。

关键词： 新冠肺炎疫情　预防控制　广元市

防范化解疫情重大风险能力内涵十分丰富，一是防范化解疫情重大风险基础能力，二是防范化解疫情重大风险的组织能力，三是防范化解疫情重大风险的应对能力，四是防范化解疫情重大风险机制体制。本文重点从组织机构、专业队伍、设施设备、应对水平等方面以及防控新型冠状病毒肺炎疫情案例进行分析研究。

一　广元防控新冠肺炎疫情基础建设概况

建市以来，广元防范化解疫情重大风险的组织机构从有到全，逐步完善；队伍学科从有到精，专尖先进；设施设备，从有到齐，规模宏大；技术能力，逐代跨越，成效显著，在抗击新冠肺炎疫情期间，发挥了重要的作用。

（一）防范化解疫情组织机构健全

1985年5月，广元市卫生局成立，编制10人。同年，广元县卫生局更名为市中区卫生局（现利州区卫生健康局）。新成立朝天区卫生局（现朝天区卫生健康局）、元坝区卫生局（现昭化区卫生健康局）。1986年8月，广元县防疫站升格为广元市防疫站，此后各县区也相继成立或转隶。

同年成立广元市振兴中医领导小组，广元市医学会和旺苍、朝天中医院。2012 年夏，广元市立足于卫生防疫前瞻视野，将原卫生监督行政执法职能予以有效分离，建立起广元市疾病预防控制中心。2014 年 10 月广元市卫生局与广元市人口计生局合并后新成立广元市卫生计生委。2015 年成立广元市中医药管理局。2019 年，随全国机构改革步伐，撤并广元市卫生计生委等机构，新成立广元市卫生健康委员会。市委等相关部门快速建立起疫情应急机构，相关管辖、隶属机构随机构改革一并改革落实。至机构改革完成后，广元市形成机构完善、组织健全、体系畅通的疫情防控网络。

表1 广元市卫生机构一览

单位：个

年份	1990	2000	2010	2020
数量	542	1021	1800	3570

资料来源：广元市卫生健康委提供。

（二）防范化解疫情专业队伍壮大

1985 年建市以来，全市疫情防控及卫生专业队伍迅速成长。截至 1985 年底，全市有中医师 170 人，西医师 859 人，药师 59 人，中、西医卫技人员 2787 人。

2000 年，广元市专业卫生人员以及卫生技术人员占比分别为 59.5% 和 72.6%，县区卫生局共 7 个，实有行政管理人员 152 人。

2010 年，广元市内的卫生技术人员的总数为 11414 人，其中硕士 24 人、本科 1108 人、专科 4389 人。

2019 年，广元市内的卫生技术人员的总数上升至 20222 人，其中博士、硕士、本科以及专科的人员数分别为 9 人、282 人、3820 人、9584 人。

新型冠状病毒肺炎疫情发生前，全市具有核酸检测能力的医疗机构 0 家，无专业核酸检测队伍；新型冠状病毒肺炎疫情发生以后，全市新建成核

酸检测单位 25 家，专业核酸检测队伍 26 支，按 10∶1 标准混检，日检测量达 250000 份次，能满足疫情暴发后的区域全民检测需求，全市核酸检测队伍能力明显提升。

（三）防范化解疫情设施设备齐全

新中国成立以来至建市之前，医疗卫生基础条件较差。建市之后，全市防范化解疫情重大风险能力的设施设备逐年添置。

1. 床位逐年增加

1990 年 6975 张、2000 年 7911 张、2010 年 11853 人、2019 年 23892 张（见图 1）。

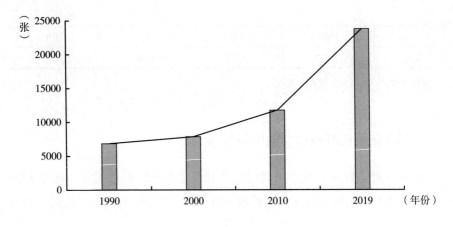

图 1　广元市医院床位数

资料来源：广元市卫生健康委提供。

2. 专用设施数量不断增加

广元市疫情防控专用设施方面。2000 年末有固定资产 400 余万元，检测设备包括原子吸收分光光度仪、CO 测定仪等，全市主要设备共 221 台，总价值 327.1 万元。其中，市本级 82 台总值 122 万元，旺苍县 50 台总值 60 万元，苍溪县 30 台总值 35 万元，其他县区均在 10 台左右。截至 2019 年末有固定资产 29.37 亿元，有扫描仪 CT、磁共振成像装置、200MA 或以上 X

光机、心电图仪、尿液分析仪等硬件设施，全市有专用设备 39682 台，总价值 194839.07 万元。

3. 重大传染病检验检测能力提升

截至 2019 年底，广元建成标准 P2 实验室 34 家，其在"非典""甲流""禽流感"等重大传染病疫情中起到了技术支撑作用，实验室检验检测能力在国家、省的考核评比中屡获肯定。新冠肺炎疫情发生以来，为更精准快速识别新冠肺炎，提供诊断的实验室支撑，中共广元市委、市人民政府加大了在核酸检测实验室建设方面的投入，截至 2020 年 11 月，全市核酸检测实验室的数量达 25 家，实现了核酸检测不出县，基本能满足应急检测需求。

二 广元防控新冠肺炎疫情举措与成就分析

（一）广元防控新冠肺炎基本现状

1. 广元市疾病控制系统组织机构基本现状

广元市疾病预防控制系统整体呈现市强县弱局面。截至 2019 年末，广元市县两级疾控中心仅有一家三级乙等和三家二级甲等疾控中心，主城区利州区和人口大县苍溪县疾控中心仅为二级乙等。2019 年市疾控中心与原 821 医院整合，机构升格为正县级，人员编制增加，目前正在积极争创三级甲等疾控中心（见表 2）。

2. 广元市疾病控制系统基础配套设施设备基本现状

"非典"疫情以来，市县区逐步加大财政保障和投入力度，疾控工作发展形势逐步有所好转，但 2017 年疾控系统取消预防性体检等三项收费后，财政在保障和投入方面并未填补取消收费后的缺口，致使疾控系统短板和弱项日益突出，一些基础设施、仪器物资配置滞后，设备陈旧老化，难以满足新形势下工作需求。据统计，仅 2019 年，全市疾控机构运转经费缺口高达 1536 万元；实验室检测、监测仪器设备和冷链运输车辆等必备设备设施缺

表 2 广元疾控系统现状调查情况（统计调查时间截至 2020 年 9 月 30 日）

单位名称	A	B	C	D	E	F	G	H	I	J	K	L	M	N
市疾控中心	127	15	95	85	22		44	74648	150	1000	200	15000	5000	400
苍溪县疾控中心	60	16	51	91.07	20		41	70000	103	200	20	3510	1050	80
剑阁县疾控中心	59	16	52	43	23		40	63600	149	950.7	20	4488	0	757
旺苍县疾控中心	48	12	42	80.77	12	公卫、检验	43	55354	18	625	35	5410	1500	150
青川县疾控中心	35	25	26	78.78	10		40	65972	140	1600	10	3000	600	29
利州区疾控中心	49	16	42	85	23		45	56376	140	500	18	2465	2735	30
昭化区疾控中心	30	30	15	53.6	32		40.5	57720	46	767	10	2010	1600	40
朝天区疾控中心	38	22	29	76.3	22		43	55000	25	300	15	2020	1600	50
合计	446	152	352	74.19	164		42.5	62333.75	771	5942.7	328	37903	14085	1536

注：A 现有编制个数（个）；B 缺编个数（个）；C 专业人员人数（人）；D 专业人员占百分比（%）；E 缺专业人员人数；F 紧缺专业类型；G 职工平均年龄（岁）；H 2019 年平均工资（元）；I 缺少设备（台、件）；J 购买资金（万元）；K 设备运行维护经费（万元）；L 现有房屋面积（平方米）；M 缺少面积（平方米）；N 2019 年运转经费缺口（万元）。

资料来源：广元市卫生健康委提供。

口 771 台（件）、对应资金近 6000 万元，年设备运行维护经费缺口 328 万元，实验室、办公用房等缺口 14085 平方米。

3. 广元市疾病控制系统学科和实验室基本现状

目前全市疾控系统学科建设滞后，缺乏市级以上的重点学（专）科、实验室，学科建设资金缺乏、设备设施陈旧、专业人才缺乏。市疾控中心各类实验室门类齐全，涵盖疾病预防控制的专业，但实验室建设不突出，没有走在全省前列的重点实验室，在应对重大疫情时缺乏"一锤定音"能力。在病媒防治方面，全市的工作走在全省前列，能全面开展鼠、蚊、蝇、蟑螂、蜱虫等媒介生物生态学监测，抗药性及分子生物学检测，率先在全国全省开展病媒生物抗药性监测、白纹伊蚊及蜱虫调查等工作。在科研学术工作方面，《川北地区登革热媒介白纹伊蚊抗药性现状及抗药性分子遗传机制的研究》课题，发现 1016G \ 1534 两个位点存在可以导致抗性的突变（目前我国仅在北京发现 1016G 位点），填补全省空白，课题成果处于全国领先水平。科研课题《广元市城区饮用水风险分析及对策研究》获得市科技进步三等奖，市级重点研发项目"广元市环境雌激素（双酚类）污染状况、分布规律及居民暴露风险研究"（19ZDYF0016）获市科技局立项，论文《广元市 113 例麻风现症病例死亡原因分析》《2016～2018 年广元市手足口病非 CV－A16 非 EV－A71 肠道病毒研究》分别在专题学术会上交流发言并荣获优秀论文表彰。

4. 广元市疾病控制系统对外交流合作基本现状

全市疾控系统积极开展与省内外高等医学院校和发达地区疾控中心的合作共建。目前，广元医疗卫生机构同多个高等医学院签署了合作协议，其中包括西南医科大学、成都中医药大学、兰州大学医学院和川北医学院，广元市疾控中心成立了兰州大学公共卫生与预防医学的教学科研实践基地，并与杭州市疾控中心、成都市疾控中心建成长期合作关系。青川县疾控中心与四川省疾控中心、绵阳市疾控中心和浙江省杭州市疾控中心、富阳区疾控中心、湖州市吴兴区疾控中心建立支援合作机制。昭化区疾控中心与江油市疾控中心、浙江省建德市疾控中心建立协作关系。朝天区疾控中心与浙江省台

州市路桥区疾控中心签订合作共建协议。利州区疾控中心与杭州市西湖区疾控中心签订合作共建协议。苍溪县疾控中心与杭州市淳安县疾控中心签订合作共建协议。剑阁县疾控中心与绵阳市疾控中心签订城乡医疗卫生对口支援"传帮带"工程协议，与杭州市淳安县疾控中心签订合作共建协议。旺苍县疾控中心与杭州市萧山区疾控中心建立合作共建关系。

（二）广元市应对新冠肺炎疫情现状

1. 高效运转的指挥体系是打赢疫情防控阻击战、总体战的根本保证

一是面对突发疫情，党委、政府高度重视，立即响应，在全市迅速构建起以市级领导小组和指挥部为核心，县区指挥系统为辅助，乡镇（街道）为基础的高效指挥体系。二是根据疫情防控发展需要，实时调整指挥部组织机构，先后设立"一办十二组四专班"队伍。三是实行市领导联系督导县区机制，加强监管，明确相关责任。四是全面落实联防联控机制，市、县、乡、村构建起自上而下的疫情防控网络和指挥体系。

2. 联防联控群防群控是打赢疫情防控阻击战、总体战的不竭动力

一是在全市"两站一场"、高速出口、国省干道节点科学规范设置健康服务站119处，严格执行体温检测和健康码查验制度，对重点地区来（返）广人员和有发热、咳嗽等临床症状人员按照国家防控方案、省市防控措施开展规范处置。依托网格化管理，持续做好境外来（返）广人员健康管理，实行全流程闭环管理。二是因地制宜实施重点场所差异化防控措施。做好养老机构、医养机构、监管场所、精神专科医疗机构等特殊单位日常防控工作。加强学生、医护人员等重点人群的防护指导，减少传播风险。做好集中隔离医学观察场所的日常监督指导工作，加强对集中隔离医学观察场所隔离人员和工作人员的健康监测，保障集中隔离医学观察场所的安全。三是积极探索基于大数据分析手段的精密智控模式，创新"数码战疫"科技支撑疫情防控，实现了对涉疫重点人员"发现、分析、预警、处置、反馈"的闭环管理。

3. 精准检测科学救治是打赢疫情防控阻击战、总体战的技术支撑

一是提升核酸检测能力。市财政统筹安排，优先布局，全市逐步建立起了以市疾控中心、市第三人民医院为核心，其余市级医院和县区疾控、医疗机构为补充的核酸检测体系。截至 2020 年 11 月，全市已建成核酸检测实验室 25 家，具备一定规模的核酸检测能力，满足群众核酸检测需求。批次落实国家、省确定的重点人群"应检尽检"、其他人群"愿检尽检"的指示。截至 2020 年 12 月 15 日，全市累计接收各类实验室样本 376717 份，开展重点人群检测 350000 余人。二是确定 8 家市县定点救治医院，落实 166 间专用病房和 269 张专用病床，明确市县定点救治医院职责。严格按照市政府的部署，将疑似病例以及确诊病例送定点救治医院集中诊治。加强新冠肺炎病例出院管理，落实无缝交接；加强隔离医学观察和核酸动态监测，做好心理疏导和康复评估。落实医院感染防控措施，执行实名制就医和三级分诊制度，推行分时段预约就诊和互联网诊疗服务，减少人员聚集。严格落实住院筛查制度，对有发热或呼吸道症状人员，开展核酸检测和 CT 筛查。严格落实"一患一陪护"要求，患者和陪护人员纳入"应检尽检"人群并开展核酸检测。防止发生聚集性疫情和传播扩散，坚决防止院内感染。三是组建市县专家救治团队，实行"一人一案"精准治疗，充分发挥中医药临床治疗优势，尽早、及时、全病程使用中医中药。组建涵盖 12 个专业 80 余名专家团队，依托市级医院的综合优势，对县区救治工作提供技术咨询和支撑，全面对新冠患者进行精准救治。

4. 健康教育宣传引导是打赢疫情防控阻击战、总休战的社会处方

一是建立公开透明的信息发布机制，及时对不实言论进行辟谣和澄清，消解大众恐慌不安情绪，树立战胜疫情的信心。二是做好"倡导社交文明、加强公共卫生"健康公益宣传，围绕提升个人防护技能、改变不良生活习惯等开展科普宣传，引导群众理性、科学应对疫情。通过传统媒体与新媒体相结合的形式，建立群众防控新冠肺炎疫情知识基础。三是大力开展爱国卫生运动。城乡环境卫生综合整治及病媒生物防治卓有成效，有效防控了媒介传染。

5. 依法防控是打赢疫情防控阻击战、总体战的法律保障

一是认真贯彻省人大常委会《关于依法做好当前新型冠状病毒肺炎疫情防控工作的决定》，依法实施疫情防控及应急处置措施，严格执行传染病防治法等法律法规，提高依法防控、依法治理能力。二是坚决停止春节期间大型活动和聚会聚餐，关停景区景点和公共文化场馆。编制《疫情防控相关法律文件汇编》，制定疫情防控期间应急措施合法性审查、依法查处违法行为等八条措施。三是充分发挥网格基础功能，在疫情防控中累计走访 200 余万人次，摸排境内外来（返）广人员 1.98 万余人次，上报并配合处置事项 3.1 万件。四是打击涉疫违法犯罪，妥善处置涉疫警情 127 起，查处拒不执行停业规定营业场所 53 家，对 376 名违规外出的居家隔离人员采取行政处罚或强制隔离措施。

三　广元防控新冠肺炎疫情存在的困难与问题

（一）防控体系不全

一是基层防控方面存在短板，人员编制缺乏，目前广元市所有乡镇一级无防疫专门编制人员。二是重点场所缺乏检疫人员，交通领域中两站（火车站、汽车站）一场（飞机场）及高速出入口未常设专门检疫人员。市场未设立专门检疫人员。三是哨点诊室设置不够规范，业务操作流程技术培训达不到要求。四是疾病控制体系改革尚未完成，监测预警网络体系还不健全，未建立完整的疫情防控体系。

（二）救治能力不足

一是重大疫情救治公共建筑储备不足，在突发重大疫情时不能及时将大型公共建筑快速改造成可供诊疗与隔离的场所。二是医院重症病房设置还不能满足突发重大疫情时的救治需求，还需进一步补齐完善设施设备配置，按照建设要求配置重症监护床位。三是中医药在重大传染病救治中的独特优势作用发挥还不够充分，中医药科技储备和科研能力不足。

（三）配套政策不全

一是医疗物资储备周转机制不健全，需要完善医疗物资、设施设备统一调度机制，提高医疗救助能力和应急物资保障能力。二是重大疾病医疗保险和救助制度不全，需要完善重大疫情医疗救助政策，商业保险在疫情救治中的价值还未完全发挥。

（四）学科建设不优

一是市、县区两级疾病控制单位缺乏公共卫生专业学科建设。二是疫情防控实验室缺乏。三是公共卫生人才队伍缺乏，现有人才队伍技术能力远远不能满足常态化疫情防控的需求。

（五）信息建设不强

一是大数据与网格化管理未有效对接，大数据与社区（村）网格化重大疫情防控体系没有对接，"互联网＋"理念缺乏，信息系统未互通互联。二是信息化建设严重滞后，"表格抗疫"造成信息"烟囱"和"孤岛"，导致很多工作无法有效对接，大量数据无法有效利用。三是部门与企业、医疗机构之间的信息化协同建设不强，相关数据不能有效联动。

四　广元常态化防控新冠肺炎疫情对策建议

以习近平新时代中国特色社会主义思想为指导，认真贯彻落实习近平总书记关于防范化解疫情重大风险的重要指示批示精神，完善重大疫情防控和救治体系及公共卫生应急管理体系，推动医疗救治、教学研究、疾病预防管理一体化发展，坚持中西医并重，优化资源区域布局，强化疫情监测、决策、指挥、应急响应和重大科学研究的能力，全面提高疫情重大风险防范化解能力和水平。

（一）完善疾病预防控制体系

完善公共卫生监测预警体系。一是构建针对公共卫生应急多级监控系统。在港口、"两站一场"、学校等其他场所设立监测点，并逐步完善监测点功能。全市二级及以上的医疗机构设立呼吸、发热、腹泻门诊，社区卫生服务中心设立发热哨点诊室，整合医疗资源，构建多层级监控系统，及时掌握和报告疫情监测信息，提升预警能力。二是补足完善基层哨点诊室的功能。按照建设要求，规范发热哨点诊室人员管理与培训，加强业务操作流程培训，改善服务水平，提高疾病预防控制能力，从源头上加强对传染病的管理，降低疫情传播风险。三是提升重大传染性疾病监测能力。利用定点传染病医院、市疾控中心专家的优势作用，第一时间对省外、市外传染病流行趋势进行研究和判断，制定防控措施，优化应急方案，使检测水平、预警能力以及应急管控能力显著提升。

1. 完善基层公共卫生预防控制体系

一是补齐县级医疗机构在公共卫生防控方面的短板。依照医院等级创建规定，着力做好信息化建设、设施设备配置、业务科室用房建设等相关工作。依托综合实力较强的县级医院，积极建设县域医疗共同体，实现医院间的紧密联系，创建县级临床检验和医学影像中心，推进医疗资源同质化发展。离主城区较远、人口数量较多、医疗资源缺乏的地区，支持乡镇卫生院发展，方便群众就近就医需求。二是提升基层卫生医疗机构公共卫生防控能力。提升社区医院和乡镇中心卫生院服务能力，改建、扩建和完善发热门诊、中医诊室和哨点诊室，加强院感防控，根据基层所需，做好设施、设备配置，增强基层机构的防控能力，发挥好基层机构健康"守门人"作用。

2. 加强疾病预防控制机构的能力建设

一是加强市疾控中心防控能力建设。发挥市疾控中心技术监督、指导职能和服务职责，联系传染病定点医院，当出现重大疫情时可以第一时间预警，开展流行病学分析判断、病例报告、统计分析工作。二是加强县级疾控中心达标化建设。按照国家生物安全实验室建设要求，结合实际情况，开展实验室建设，配置相关仪器设备，配备专业人员，规范设置生物安全实验室。加强流行病学调查和重大疫情应急处置能力。三是加强疾病防治快速检测能力建设。按照生物安全实验室技术规范和生物安全通用准则要求，市级医院配置 P2 实验室（含 P2 + ）的数量，不少于 10 个，每个县（区）配置 P2 实验室的数量不少于 4 个，建立病原微生物质谱鉴定系统，对微生物进行鉴定和分类，配置标本采集设备，确保样品采集和就地处置。对于常见传染病，能够实现快速检测，一些重大的疾病，例如艾滋病、鼠疫、禽流感等在 24 小时之内完成检测。

（二）完善重大疫情防治体系

建立和完善医疗预防一体化体系。一是强化医疗机构公共卫生职责，建立责任清单，引入考核机制。全市二级及以上的医疗机构要承担疾病预防控制职责，做好传染病检测、发现和报告，做好结核病预防，做好院感防控。完善医院考评体系，医院等级评审时，加入医疗机构对公共卫生职责履行状况的评价。二是加强卫生机构人员培训。完善住院医师规范化培训和卫生专业人员职称评价制度，制定并实施二级及以上医疗机构和公共卫生机构之间的交叉培训方案。

1. 提高重大疫情救治能力

一是切实提升重大疫情救治应急物资储备能力。制定大型运动场馆、展销馆、会展中心等大型公共建筑重大疫情救治应急征用方案，建立公共建筑储备清单以供临时征用。充分参考方舱医院以及人防工程的优秀经验，计划并实施对大型公共建筑的改造工作，对其就通风、场地、传染病防治方面给予充足的空间，可以最快速度创造出可供诊疗与隔离的场所。根据平战结合原则，对新建、在建大型运动场馆的设计方案进行调整和完善。二是进一步规范医疗机构发烧、呼吸道、腹泻门诊的建设。改建扩建市级医院的发热门诊，配备标准化专业化的检查、检验、救治及核酸检测设备，具有诊断、化验、医学影像、医学观察等能力。三是加强负压病房和重症监护室的建设。在现有资源的基础上，改进并优化独立传染病医院负压病房设施，购置负压

救护车。进一步补足配齐重症监护设备，支持市传染病医院重症监护室的建设，配置体外膜肺氧合（ECMO）设备，加快提高重症监护和医疗运输能力。四是建立健全突发公共卫生事件紧急应急预案。完善各级应急预案、部门预案和专业应急预案，加强相互衔接，切实有效地处置各种突发公共卫生事件。建立健全公共卫生信息报告、预警制度。

2. 提升中医应急救治能力

一是充分发挥中医药在疾病预防控制中的独特优势作用。根据气候季节性变化的特点和各种疾病的流行特点，持续探索中西医结合诊治传染病的治疗方案，强化中医药在诊治过程中的重要作用。研究并总结中医药的预防、治疗和康复处方，提升中医药的科技储备以及科研能力，在更深层次上推动临床创新成果的累积。二是提高中医医疗机构的疾病防控能力和院感防控能力。完善中医医疗机构的院感防控和应急救治体系，加强急诊和传染病科室的建设，建立健全传染病医院院感防控指导与培训制度，中医卫生人员定期到传染病医院坐诊，有效提高中医药在突发公共卫生事件中的处理能力和救治水平。

（三）完善应急物资、医疗保险、医疗救助政策和机制

加强市县医疗用品周转储备。构建覆盖市、县、机构的三级医疗物资储备体系，建立战略和应急物资储备目录和清单，建立医疗物资储备周转机制，建立健全医疗物资、设施设备统一调度机制，切实提高医疗救助能力和应急物资保障能力。按照《四川省应对秋冬季新冠肺炎疫情医疗救治工作方案》要求，加强定点医院和后备定点医院的医疗物资储备，二级及以上的综合医院储备床位数应达到医院总床位数的10%，重症监护床位按照不低于定点医院总床位数10%的原则储备。促进医用耗材带量采购，以降低成本。定期发布健康提示，指导单位和家庭定期储备适当数量的应急物资。

完善突发公共卫生事件应急医疗保障体系。紧急情况下产生的医疗费用实施"先诊疗、后收费"制度。完善重大疫情医疗救助体系，研究并制定与之相适应的保险制度、救助支付制度以及财政补贴机制。充分利用医疗保

障基金和公共卫生服务基金，发挥商业保险在突发公共卫生事件中的应急保障作用，支持专业化的保险机构优化重大疾病保险以及相关保险产品，提高其吸引力和安全性。

（四）加强公共卫生人员队伍建设

一是加强对市级人才的支持力度。培养高级公共卫生技术人员，加强对公共卫生和预防医学领域的学术带头人与学科骨干的培训。二是加强重点专科项目建设。加强全市医疗卫生机构检验检测、流行病学、呼吸重症等重点专科项目建设，加大投入，支持设施设备升级，人员和技术培训，学习与交流，科研成果转化，促进相关学科的发展。三是完善公共卫生人员的招录、准入、使用、待遇保障、评估和激励机制。完善全科医生培训和诊治分级制度，加强公共卫生监督执法队伍的专业培训和分级管理。四是完善优秀公共卫生人才招引方案。招募流行病学、传染性疾病以及健康信息学等领域的高端人才，组建公共卫生专家组，建立灵活的招聘机制，实行灵活科学、有吸引力的薪资分配方式。

（五）加强公共卫生科技创新

持续加强公共卫生数字化发展。建立以居民电子病历、医学影像为核心的生命周期健康数据库。在保护个人隐私的前提下，充分发挥大数据作用，推进电子病历、检验检查、药品处方等信息的整合和共享。促进市区县级部门、企业和医疗卫生机构之间相关数据联动，建立多个部门、企业之间的协同机制，加强数据和信息的互联互通，加强关键群体之间的可追溯性管理。

参考文献

国家发展改革委、国家卫生健康委、国家中医药局：《关于印发公共卫生防控救治能力建设方案的通知》，中国政府网，http：//www.gov.cn/zhengce/zhengceku/2020 - 05/

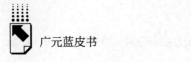

21/content_ 5513538. htm。

四川省人民政府办公厅：《关于印发四川省疾病防控救治能力提升三年行动方案（2020～2022 年）的通知》，四川省人民政府网，http：//www. sc. gov. cn/10462/sydlb/syzcjd/2020/7/12/34be2ca75ed144a79a057fe08bc2f080. shtml。

B.18
防控新冠肺炎疫情中
广元线上教学调查研究

向海平　梁惠琴　李　峰　张佳东*

摘　要： 因新冠肺炎疫情防控的需要，线上教学在广元被大规模应
用。广元在此过程中，通过部门、学校、企业、家庭的共同
参与，取得了令人满意的成效，在特殊时期发挥了特殊作
用。但广元线上教学尚处于起步阶段，各方面条件还不成
熟，特别是对网络教学设施、教学技巧、管理方法、学生自
律等方面要求较高，大规模应用情况下教学效果比起传统课
堂教学仍然存在一定差距。虽然"线上教学"暴露出了许多
不足，但是防疫形势客观上大大促进了其发展，让其不少优
势得到了广大师生、家长的认识和认可。"后疫情时代"线
上教学需要找准定位、转变观念、补足短板，实现稳步
发展。

关键词： 线上教学　后疫情时代　广元市

　　新冠肺炎疫情发生后，根据党中央、国务院的决策部署，教育部及时做
出延期开学的决定，提出"停课不停学"，力求把疫情对于学生学业的影响
降到最低。2月10日，广元市各中小学校开始线上教学工作。为了解线上

---

　　* 向海平、梁惠琴、李峰、张佳东，国家统计局广元调查队。

教学工作开展情况，国家统计局广元调查队于 7 月上旬走访了教育、经信部门和相关电信企业，对 4 所城乡中小学校的数十位教师进行了座谈，对 207 名学生、113 名家长开展了网络问卷调查。结果表明，在部门、学校、企业合力推动下，在教师、学生、家长热情参与下，线上教学工作有序推进，取得了令人满意的成效，在特殊时期发挥了较大作用。但由于在广元大规模开展线上教学尚属首次，各方面条件还不成熟，特别是对网络教学设施、教学技巧、管理方法、学生自律等方面要求较高，教学效果比起传统课堂教学仍然存在较大差距。

一 疫情期间广元线上教学概况

为落实"停课不停学"相关要求，广元教育部门、相关企业、各级学校和教师坚持把疫情防控放在首位，以高度的政治责任感和历史使命感，迅速行动、主动应变、加强协作，有力推进各项工作，努力为广大中小学生居家学习提供优质教育和指导服务，开展了一场前所未有的大规模线上教学实践。疫情期间，广元 447 所学校，21000 余位教师，24 万余名学生参与线上教学，广元市智慧教育云平台共建共享资源总量达到 358.8 万件。仅 2 月份，教师对各主要线上平台的使用就达 23.71 万人次，其中授课 5.47 万人次，备课 6.37 万人次，上传资源 6.7 万人次；学生累计信息化应用 7946.03 万人次，教师累计信息化应用 591.31 万人次；教师累计互动 154.95 万人次，学生累计互动 1257.93 万人次。

（一）确定思路，务实推进

2020 年 1 月以来，广元市教育局先后印发《关于组织开展延期开学期间在线教学活动的通知》《关于加强疫情防控延期开学期间在线教学组织与管理工作通告》等文件，确立"试点先行、分段组织、多方利用、统筹管理"的工作思路，针对小、初、高、职四类学校分别选取学校开展线上教学试点，探索可行办法，保障线上教学质量和效果。要求各学校统筹调配好教学力量，线上教学和线下备教两线并进、两头齐抓，坚持弹性办公，创新管理模式，严格控制时间，严格把控内容，严格规范管理。充分利用教育部部署的网络云课堂、国家及省级教育资源公共服务平台、"一师一优课，一课一名师"资源等多种渠道获取和利用教学资源，以确保网络教学质量。针对高中、初中毕业年级，根据各学校实际复习进度灵活确定线上教学内容；遵循线上教学规律，全学段加强阅读教学，加强科学锻炼，提高防疫意识，培育阳光心态，拓展综合素质。

（二）精心组织，保障有力

在确定线上教学前，广元市教育局牵头筛选出免费优质网络学习平台十余家，组织编写在线授课操作指南，上传微课 1000 多节供学校开展试点。通过广泛征求师生意见和反复探索验证，最终确定采取"网络学习空间"录播教学和"网络学习空间 + 直播工具（腾讯会议等）"直播教学两种基本组织形式，按照分年级授课、分班级管理的原则，教师通过线上直播讲课、上传录播课及推介优质教学资源等方式进行线上教学，学生通过手机、电脑、电视完成课程学习、课后练习和家庭作业。始终坚持以学生为中心，做到"以生为本，以学定教"，要求使用的教学软件或设备尽量不超过两种，同一班级不同科目使用统一网络平台授课，尽量避免学生在不同网络平台间频繁切换，尽量减轻学生家庭购买教学设备的负担。同时组建了 35 人专家技术团队，先后开展线上教学能力培训 14 批，全市参训 52857 人次，为全面开展线上教学提供了有力保障。

（三）遵循规律，讲求实效

实施好在线教育，除了需要流畅的通信平台、优质的数字资源、必备的学习工具之外，更需要合理的课程安排、适宜的教学时长和灵活的教学组织方式。为科学合理实施线上教学，各学校主要采取了以下办法。一是推行"少慢精实"四字教学原则，让"内容少一点，进度慢一点，重点精一点，监测实一点"，精简教学内容、缩短上课时间，绝不允许"满堂灌"、做

"夹生饭"。二是拓展教学内容上好"五堂课"。在上好基础课程的同时，抓住全社会团结抗击疫情的契机，上好爱国主义教育、生命教育、社会责任感教育、规则教育、爱与感恩教育"五堂课"。三是培养学生自主学习。针对线上教学特点，精心设计学生预学案、导学案，以预学案、导学案的编制和推送为抓手，将转变学习方式、培养学生自主探究学习能力作为线上教学的重要任务。

二 特殊时期线上教学成效明显

此次线上教学是广元市有史以来覆盖人数最多、规模最大的一次新型教学实践，其最大限度降低了疫情对教学工作的影响。此次调查结果显示（见图1），多数人对线上教学给予积极评价。其中，非常满意占21.2%、比较满意31.2%、不满意和非常不满意的仅5.3%。

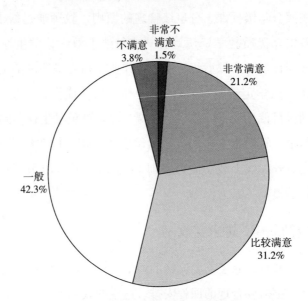

**图1　广元市学生和家长对新冠肺炎
疫情期间线上教学的满意度**

（一）实现教学工作与疫情防控两不误

线上教学不仅实现了基础在线教育"不停学"的目的，而且取得了不错的成效。广元市教育局数据显示，2020年春季全市中小学校期末考试测评成绩与往年相当；从调查的两所高中2020年高考成绩来看，一本上线率和本科上线率都较前两年有所提高（见表1）。与此同时，疫情防控也取得明显成效，广元各类学校未发生一例新冠肺炎病例。

表1　走访的两所高中近三年高考本科上线情况

单位：%

调查对象	年度	一本上线率	本科上线率
学校一	2020	70.6	96.4
	2019	65.1	94.9
	2018	63.6	94.1
学校二	2020	66.9	97.0
	2019	52.5	94.4
	2018	45.2	89.2

资料来源：广元市教育局。

（二）推进边远农村学校教育公平进程

实施线上教学既是应对危机的非常之举，也是推进教育公平的战略选择。这次线上教学为保障疫情期间"停课不停学"发挥了十分重要的作用，也促进了优质教育资源的共享共用，特别是为薄弱学校、艰苦边远农村地区输送了优质教育资源，是一次推进教育公平的重要探索。疫情期间，几乎所有资源平台都可以免费使用，种类丰富的优质教学资源实现了互惠共享，每一位教师都有机会学习到来自名校名师的课堂设计、教学方法，每一位学生都能通过网络聆听名师讲座。

（三）培养了学生自主学习能力和习惯

线上教学要求做到"时间短、内容精"，要从过去的老师教为主转变到以学生学为主，要更加注重引导学生探究式与个性化学习，从单纯的知识传递向知识、能力、素质的全面培养转变。调查了解到，线上教学期间，老师们精心设计预学案、导学案，积极引导学生探究式学习、拓展式学习，合理安排教学内容，精讲重要知识点，加强教学互动，组织开展学习讨论，进一步增强了学生自主学习的兴趣和能力，一些学生逐渐养成了自学的习惯。一位初中物理老师说，由于线上教学学生难以长时间集中注意力，上课时间一般安排较短，老师们只能精讲重点内容，其他的次要知识点需要靠学生自主学习，有的学生做得比较好，会主动自学掌握老师没有讲到的内容，对一些重要的知识点也会查阅资料加深掌握，线上教学给了学生更自由的学习空间，更贴合现代教学"以学生为中心"的教学理念，有利于培养学生自主学习能力，养成良好学习习惯。

三 新冠肺炎疫情期间广元线上教学显现的问题

线上教学的优点在于不受时间空间限制，师生之间可以跨时空交流，开展方式灵活，教学方法多样。但缺点也十分明显，教、学双方始终隔着冰冷的屏幕，互动交流不够有温度，沟通效果不理想；学生们分散在不同地点、不同环境，学习容易受到外界干扰；老师对学生缺乏有效监管，难以掌握学习情况和效果。

（一）缺乏学习氛围，易受外界干扰

传统教学有统一的作息安排、严格的管理规范，学校为学生们提供了相对独立、不受干扰的学习环境。同学们学习在一起、生活在一起，教学上通过师生互动、同学互动，营造了良好的班级文化氛围、校园文化氛围，这些与教学相宜相应，对教学产生着积极的影响。而居家线上学习，由于学习与

生活没有清晰的边界，外界干扰因素极多，学生容易被其他事情分心。调查中，民盟烛光中学的老师们反映，在家学习作息时间不规律，无法适应教学需要，有时已经开始上课了学生还没有吃早饭，线上教学期间迟到缺席的情况比平时多。有的家庭没有为学生提供独立、安静的学习空间，网课中经常传来猫狗叫声、小孩打闹声，有的家长甚至在孩子学习时打牌、聊天。还有的学生家长做生意，孩子上课就在嘈杂的街市，环境十分糟糕。也有不少家长反映，网络环境差，各种弹窗广告、网络游戏、不健康内容影响学习，线上教学期间孩子注意力不集中，上课容易分心走神，认为居家学习没有在学校的那种良好氛围。此次调查显示（见图2），线上教学期间"只能在小部分时间里集中注意力"的占了22.6%，有5.1%的学生"完全无法集中注意力"。

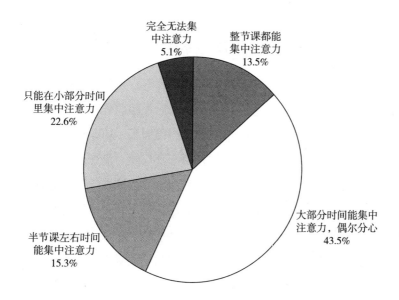

图2 新冠肺炎疫情期间广元市线上教学学生的学习注意力

（二）互动交流不畅，教学效率不高

有教师反映，线上教学过程中语音连麦和接通视频容易卡顿、中断，文

字互动不同程度存在延迟现象，设备终端有时会出现显示不及时、不同步的情况。学生参与互动不积极、不主动，以无麦克风、无摄像头、网络信号不好等各种理由躲避互动，课堂上启而不发、问而不答、答非所问的情况时有发生。广元八二一中学负责人说，学校内部开展的问卷调查情况显示，线上教学期间与老师互动5次以上的同学只有41%，1~5次的同学有37%，一次都没有互动的有22%。还有老师反映线上教学效率不高，有的学生拖拖拉拉不准时上线，需要通过电话一个个催促，费时耗力。在网络环境下，教师对学生的状态无法掌握，学生听没听懂不知道，同样难度的知识点落实的时间会比较长。批改学生作业比平时更麻烦，学生交作业不积极，需要老师催，拍上来的作业图片不清晰，批改时间长了眼睛很吃力。老师们反映线上教学有"三累"——眼累、心累、嘴累，批改电子作业久了眼累，隔着屏幕掌握不了学生状态时心累，同学生、家长反复沟通时嘴累。

（三）监督管理困难，学习效果不佳

线上教学做到对学生的有效监管是一大难题。走访的几所学校都不同程度存在网络教学监管难的问题，由于无法开启视频监管每位学生的动态，有的学生上课时偷偷玩电子游戏，有的学生"挂机"做其他事情，还有的学生干脆以各种理由缺课。受访的多数任课老师反映，复课后开展的学习效果测试，学生成绩普遍下滑了5~10分。其中，沙河镇中学一位老师说，线上教学期间学生成绩出现了两极分化中间断层的情况，自律能力强的学生成绩稳定，自律能力一般或较差的下降幅度较大，有的学生成绩直接掉了20多分。这也印证了家长们的担心，对113位家长的问卷调查显示，"学生自觉性差，学习效果不好"是最担心的问题，有81.2%的家长选择。为了弥补学习效果的差距，复课后各学校一般都安排一到两周时间，对线上教学所学知识进行复习巩固。

（四）优势发挥不足，潜力有待挖掘

开展线上教学是非常时期的应急之举，虽然此前各类学校也有运用信息

技术开展线上教学的经历，但运用的范围较小，涉及的领域较窄，使用的程度不深。大范围、大规模、规范化开展线上教学的能力和经验各级学校、广大教师都不具备，学生们在思想上、行为上也没有足够的时间做好准备。这是一次摸着石头过河的大规模创新教学模式的探索和尝试，存在的问题不可避免，特别是教师们对这一新兴教学模式需要一个了解、适应、掌握的过程。调查发现，受访的大多数教师没有开展线上教学的经历，对线上教学的认识、了解、掌握还很有限。在开展线上教学的过程中，有的老师对教学工具的使用比较生疏，有的老师不会制作 PPT 课件，有的老师对线上教学网络平台功能不熟悉。在灵活利用网络优质教学资源、多样化呈现教学内容、开展线上教学互动、加强学生在线管理、掌握学习效果、个性化因材施教等方面还有很大的进步空间。

四　后疫情时代对线上教学的新期待

"一场疫情，让护士成了战士，让教师成了主播，让家长成了班主任……"这是线上教学期间的网络流行语，不仅是护士、教师、家长，疫情对经济社会各个方面都产生了深远的影响。线上教学作为疫情期间的应急之举，虽然暴露出了许多不足，但是防疫形势客观上大大促进了其发展，让它的不少优势得到了广大师生、家长的认识和认可，"后疫情时代"线上教学或将迎来大发展。

（一）线上教学前景广，语数外备受期待

线上教学以其独有的优势，在"后疫情时代"的日常教学中，仍然得到了许多学生和家长的认可。调查显示：有 37.1% 的学生和家长认为在日常教学中需要开展线上教学。说明经过疫情期间的大规模实践，线上教学逐渐被人们所接纳，有较大发展需求空间。受访者认为线上教学适用的领域非常广泛，语数外、音美体，甚至兴趣特长培训都适合采用线上教学方式，其中有 65.0% 的受访者认为线上教学应多在语数外等文化类科目的教学中发挥作用。

表 2　广元市学生、家长对适合线上教学科目的倾向频次（多选）

科目	频数(人)	占比(%)
语文、数学、外语等文化类	221	65.0
音乐、美术、体育类	62	18.2
思想教育类	127	37.4
科学实验类	43	12.6
课外学业(作业)辅导	107	31.5
兴趣特长培训	80	23.5
其他	8	2.4

（二）平台选择更理性，价格敏感度较高

经过线上教学的体验，学生和家长对线上教学的选择相对成熟和理性，"课程内容"是选择教学平台的第一关注点。调查显示：72.4%的人选择线上教学时更关注"课程内容"，49.7%的人更关注"名师资源"，36.2%的人更关注"互动氛围"，27.9%的人更关注"平台口碑"。在选择授课方式时，更偏好"本校（本班）老师授课"占56.4%；其次是"一对一教学"，占17.4%；再次是"名校名师的公共课"，占17.1%；"使用人工智能、动画等非真人授课方式"占8.2%，"其他"占0.9%。在对价格的敏感度方面，基础教育阶段更倾向于选择免费的平台。在价格方面（见图3），57.1%的被调查中小学学生和家长更愿意选择免费的线上教育平台，14.7%的人能够接受每课时价格在"20元以内"，10.3%的人能接受"20~100元"；也有对价格不敏感的人群，这部分人认为"内容够好则不考虑价格"，占15.3%。

（三）期待资源更丰富，师生互动更顺畅

调查显示（见图4），64.7%的人希望线上教学"教育资源更丰富"，居第一位；47.9%的人希望"有更多和老师直接交流的机会"，居其次；

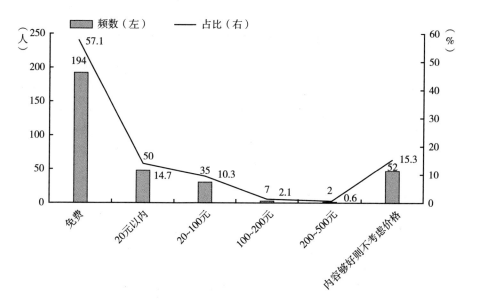

图3 学生、家长能接受的线上教学课程每课时价格情况

31.2%的人希望"收费更便宜",居第三位。此外,学生和家长们还希望线上教学能够"服务更精细""可选形式更多样""品质更有保障",还建议"有关部门出台监管办法",加强对线上教学平台的规范引导,促进行业健康发展。

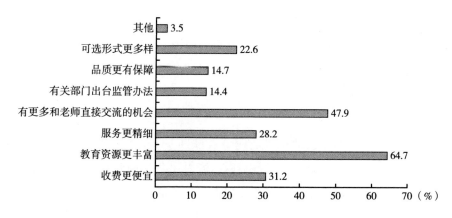

图4 广元市学生、家长对新冠肺炎疫情期间线上教学的期望(多选)

五 促进广元线上教学健康发展的建议

通过疫情防控这个特殊契机，广元市线上教学向前迈进了一大步，培养了一大批使用它、熟悉它、喜爱它的群体，播下了有朝一日兴起和繁荣的火种。当前，虽然传统课堂教学的地位不可撼动，但线上教学发展的空间已然显现，应该把握难得的机遇，乘风借力顺势发展。

（一）找准定位，稳步发展

线上教学最大优点在于改变了教、学、管、形，是一场"教学革命"，是未来教育形式的发展趋势和方向。线上教学促使教师积极运用信息化手段，强化课堂设计，把学习内容制作成有利于学生自主学习的教学资源，从过去注重教师"教了什么"到更加注重学生"学到了什么""学会了什么"，引导学生探究式与个性化学习，从单纯的知识传递向知识、能力、素质的全面培养转变，体现了从"教师中心"向"学生中心"转变的最新教育理念。全市教育系统各层面要认真分析研究这次大规模线上教学应用取得的宝贵经验和教训，结合现阶段实际情况和现实条件，找准线上教学的发展定位，积极探索一套科学可行、能够发挥线上教学优势的教学模式方法。相关部门需加大政策支持力度，营造有利于线上教育的发展环境，努力促进其健康稳步发展，为新时代教育工作注入新的活力。

（二）更新观念，主动适应

1. 主动适应线上教学

目前，全市有部分教师难以适应"互联网＋"环境下的线上教学，感觉压力大、工作累，甚至抱有抵触心理，流露出急于回归传统课堂的想法。因此，要开展好线上教学，各级学校和教师是关键，要从自身观念改起，走出心理"舒适区"，加强学习、掌握技能，尽快实现从被动接受到主动适应的转变。

2. 丰富网络教学资源

要充分认识到线上教学必须围绕学生的学开展，教学应当从设计"如何教"转向设计"如何学"。要巧借网络之力，大胆尝试与创新，优化教学模式，最大限度地调动学生的学习主动性。积极应用网络平台推送资料引导学生课前学习，加强课堂师生答疑解惑、鼓励学生参与互助，努力发挥学生主体作用。

3. 增强网络教学的趣味性

开展游戏互动增强学科趣味，提升学生学习兴趣。灵活运用平台教学小游戏，让学生在游戏中完成学习任务，达到教学目的，巩固教学效果。要运用好评价机制，积极的评价可以让学生看到自己的成长与进步，体验到付出与回报的乐趣，促使他们更好地投入学习与探究活动中。

（三）升级设施，净化环境

1. 优化网络硬件

网络基础设施是有效开展线上教学的基础支撑。各级政府要进一步加大5G通信设施的建设进度，加大资金投入和政策倾斜，加强对农村地区、偏远山区的网络信号覆盖，提升网络等级。调查中老师们反映，在沟通互动、查看学生状态时出现网络卡顿、延时、中断的现象，对线上教学工作的开展造成了较大影响，导致老师无法掌握学生学习状态，甚至出现教学中因网络影响减少沟通互动的情况。线上教学对网络条件提出了很高的要求，4G网络还无法很好地满足线上教学对网络传输速度、容量的要求，有赖于5G通信设施加快建设实现彻底改变。

2. 完善网络软件

当前的教学软件并不适应大规模的线上教学，网络平台的定位更多的在于推送优质教学资源，然而要把教学工作做好，还需要在监督管理、互动体验、学情掌握、个性化教学等诸多方面共同发力，这一次线上教学实践，恰恰是这些方面存在突出的短板，影响了教学效果，如果能够在这些方面取得进步和突破，线上教育的兴起和大繁荣只会是时间问题。

3. 净化网络环境

传统教学模式，营造一个良好的校园环境至关重要，线上教学模式下网络空间就相当于一个校园环境，如果在网络空间里经常被各种资讯打扰分心，一定会影响教学效果。因此，当前的网络环境并不能满足开展线上教学的需要，特别是基础教育阶段的学生，自主学习的意识还没有养成、自律能力还较差。相关部门应下大力气整治网络环境，给学生利用网络学习创造一个清爽的虚拟校园环境。

参考文献

吕玉刚、续梅：《教育部举行疫情期间大中小学在线教育情况和下一步工作考虑发布会》，教育部网站，2020 年 5 月 14 日。

曹中秋、张晨阳、康雅丹：《当前大学生网络课堂学习现状调查及对策分析》，《教育教学论坛》2020 年第 14 期。

庞永刚：《网络教学与学生自主学习能力的培养》，《读写算》2011 年第 15 期。

B.19
广元市应对新冠肺炎疫情筛查路径优化

石平　肖健　钟冬胜　谭玲　张菊*

摘　要： 新冠肺炎疫情具有传染性强、传播速度快、病死率高的特点，有效的应急防控措施能明显降低其可能造成的危害程度。广元坚决落实中央决策部署，迅速组建医疗防控体系，根据诊疗水平和人口、地域分布情况，研究制定了广元市疫情防控筛查路径。此路径分为门、急诊筛查路径和住院筛查路径。门、急诊筛查路径分为一级预检分诊、二级预检分诊、三级预检分诊；住院筛查路径包括5部分评分标准，共计10分。此路径不仅提高了疫情筛查效率、降低了漏诊率，也降低了医务工作者的焦虑情绪。在重大疫情面前，医疗机构不仅要做好门禁管理、疫情筛查，也要保障物资的持续供应，还应重视医务工作者的心理健康。

关键词： 新冠肺炎疫情　筛查路径优化　常态化延伸　广元市

突如其来的新冠肺炎疫情，带给广元前所未有的应对能力考验。实践证明，广元经受住了考验且成效显著。面对新冠肺炎疫情这类重大的突发公共卫生事件，广大医务工作者在广元市委市政府的正确领导下，建立迅速的反应机制、制定完善的应急方案，建立起广元市新冠肺炎疫情筛查路径，根据《新型冠状病毒肺炎诊疗方案》的不断更新，广元也在不断完善新冠肺炎疫情防控筛查路径。

---

* 石平、肖健、钟冬胜、谭玲、张菊，广元市中心医院。

一 广元市新冠肺炎疫情筛查路径

在广元市委市政府的正确领导下，各级医院选派人员奔赴抗疫第一线，选派人员值守疫情防控点，积极组建发热门诊，并制定住院患者疫情告知书、陪伴管理制度，确保疫情防控有条不紊开展。

（一）疫情初期，广元市中心医院疫情防控情况

1. 门、急诊疫情防控情况

以广元市中心医院为例，在疫情发生后，立即整合医疗资源，并及时召开全院医师培训工作会议，对国家卫生健康委颁布的最新版《新型冠状病毒肺炎诊疗方案》进行详细解读。同时，高度重视发热患者的分诊工作，结合其他地区的经验，设立了发热门诊，对于疑似患者开设了特殊发热门诊。

2020年1月19日至2月17日，广元市中心医院转至发热门诊患者共420例（妇儿分院184例，院本部236例），其中特殊发热患者共200例（妇儿分院73例，院本部127例），有流行病学史40例（妇儿分院18例，院本部22例），启动院内会诊81例，疑似待排转定点医院12例。

疫情初期，仅有420例患者至发热门诊就诊，部分群众担心被隔离、不了解疫情的严肃性，导致部分有发热或呼吸道症状的患者并未正规进行流行病学史的问诊及新冠肺炎病毒筛查。在如此严峻的情形下，发热门诊医务工作者的广泛性焦虑障碍量表评分波动在8～16分（5分以上为轻度，10分以上为中度，15分以上为重度）。此阶段，特殊发热患者200例（47.62%），作为疑似待排转定点医院的患者12例（2.86%），这么高的比例可能与缺乏高效的筛查路径、发热门诊医生对新冠肺炎诊疗方案的认识不同及焦虑情绪等因素密切相关。

2. 住院部疫情防控情况

2020年1月19日至2月17日，广元市中心医院住院患者共2143例，

对有发热等临床症状或有疫区接触史的患者均完善新型冠状病毒核酸检测。据统计，完善新型冠状病毒核酸检测患者共 1260 例，完成率 58.80%；完善新型冠状病毒 IgM、IgG 抗体检测共 1148 例，完成率 53.57%。住院过程中如果出现陪伴发热，立即由专人通过发热通道转至发热门诊进一步检查。

此阶段，住院患者或陪伴出现发热等症状后，医护的紧张情绪可能会直接影响对疾病的整体判断。因此，医务工作者认为，亟待制定便捷有效的疫情筛查路径，才能更高效地早期筛查疑似病例。

（二）广元市新冠肺炎疫情筛查路径

根据国家卫健委颁布的《新型冠状病毒肺炎诊疗方案（试行第五版修正版）》制定广元市门、急诊及住院患者的疫情防控筛查路径，并参照最新版诊疗方案不断完善筛查路径。

1. 门、急诊患者新冠肺炎疫情筛查路径优化方案

面对众多的门、急诊患者，特别是在特殊时期面对大量未知原因的发热患者带来的心理负担，发热门诊医护工作者的压力极大。长期的高压之下，大家亟须便捷的筛查路径指引方向。在门、急诊筛查路径中完善筛查流程，避免患者在就诊过程中交叉感染，保障其他就诊患者不漏诊、不被感染；已感染人群不播散；患病人群能治疗。为此，广元市中心医院制定了门、急诊患者新冠肺炎疫情防控筛查路径，该路径分为：一级预检分诊、二级预检分诊、三级预检分诊（见图1）。

一级预检分诊：凡是进入医院的所有人员详细询问流行病学史、测量体温，如有发热立即到发热门诊。

二级预检分诊：对于普通患者进行二次预检分诊，再次测量体温及询问有无呼吸道病史，再次排查可疑患者。

三级预检分诊：普通患者通过各诊室的医生进行第三级预检分诊，接诊过程中再次询问患者流行病学史、症状、体征等进行预检分诊，如有可疑患者立即送到发热门诊。针对进入发热门诊的患者，如体温≥37.3℃或有呼吸道症状或影像学不支持、核酸检测阴性、抗体检测阴性的患者，进入发热门

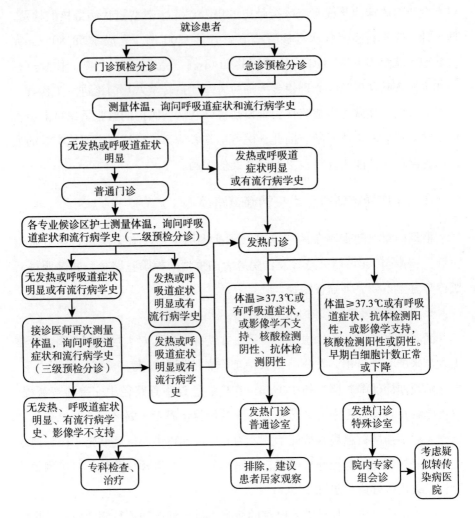

图1　门、急诊患者新冠肺炎筛查优化方案

资料来源：广元市中心医院。

诊普通诊室，进行专科检查治疗或居家观察排除；如体温≥37.3℃、有呼吸道症状、抗体检测阳性、影像学支持、核酸检测阳性或阴性、早期白细胞计数正常或下降的患者，进入发热门诊特殊诊室，并进行院内专家组会诊，如考虑疑似患者立即转定点医院诊治。

所有来院的门、急诊患者均严格按照上述流程进行筛查。广元一直在此过程中验证流程的科学性，及时进行修正，使路径最优化。例如，最早的时候，该路径并没有体现影像学的重要性，随着诊疗方案的不断更新，影像学的价值在路径中得到体现。又如在能进行抗体检测的时候，也立即将抗体的价值体现在路径中。除此之外，还设置有专门的医务人员通道和病人通道，最大限度地避免交叉感染及疫情蔓延。

2. 住院患者新冠肺炎疫情筛查路径优化方案

住院患者一直是医院关注的重点，广元住院患者新冠肺炎筛查路径依据新冠肺炎筛查评分表（见表1）。该表主要基于新冠肺炎诊疗方案里面的诊断标准而定。病原学检查在整个疾病中的指向性是很明确的，对于核酸检测阳性占4分，是整个评分表中占比最高的部分。流行病学史是利用流行病学特征，根据传染病人的接触史，对病人进行传染来源的推断或诊断，占2分。典型的肺部影像学改变对新型冠状肺炎的诊断也具有一定的指向性，根据病变严重程度分为轻、中、重，各占0.5分、1分、2分。发热或呼吸道症状属于临床表现，各占0.5分。外周血白细胞减少或正常、淋巴细胞减少，各占0.5分。对于总评分≥4分，立即予以隔离，并报医务科转定点医院救治；总评分≥3分且<4分，立即请医务科组织院内会诊；评分≥2分且<3分，请呼吸与危重症医学科会诊；总评分<2分，按日常工作流程进行处理。

表1 新冠肺炎筛查评分

项目名称	流行病学史*	发热或呼吸道症状（各0.5分）	肺部影像学改变（轻度0.5分，中度1分，重度2分）	白细胞减少或正常，淋巴细胞减少（各0.5分）	核酸检测阳性	评分结果
分值评分	2	1	2	1	4	10

*流行病学史包括来自疫区或者有密切接触史。
资料来源：广元市中心医院。

广元严格执行住院患者陪伴制度，住院期间不能频繁更换陪伴，一床一个陪伴，所有陪伴均接受核酸检测。如出现陪伴发热，立即由专人负责按发

热通道转至发热门诊进行就诊，在陪伴综合结果出来前，全科暂时隔离。待排除疑似病例后，该陪伴收入专科诊治，同时患者所处科室解除隔离。如陪伴综合结果显示疑似病例，那么该患者转至定点医院进一步诊治，患者所处科室的所有人员全部隔离（至少14天），同时完善核酸检测，动态监测有无发热或呼吸道症状，同时上报院感染科、市卫健委，动态评估解除隔离时机。

二 广元新冠肺炎疫情筛查路径的前后对比

（一）门、急诊患者采用新冠肺炎疫情筛查路径优化方案的前后对比

2020年2月18日启用新冠肺炎疫情筛查路径，至7月18日广元市中心医院共收治发热门诊患者11168例（妇儿分院6640例；院本部4528例），其中，特殊发热患者7970例（妇儿分院6530例；院本部1440例），有流行病学史316例（妇儿分院45例；院本部271例），启动院内会诊739例，疑似待排转定点医院40例。

启用广元市新冠肺炎疫情筛查路径后5个月共11168例患者至发热门诊就诊，较疫情初期明显增多，这离不开国家、四川省、广元市政府的大力宣传及相关的政策、措施，让疫情不可怕、隐瞒害人害己的思想深入人心，才能让有症状或有接触史的患者主动来院就诊，减少了漏诊的风险。特殊发热患者共7970例（71.36%），较采用该路径前明显增多，在广元市委市政府的大力支持下，新冠病毒核酸、抗体检测试剂得到持续供应，才能对众多的患者进行检测，避免因无法检测而出现疫情反扑。在整个筛查过程中发现，部分患者存在隐瞒的情况，但在第三级预检分诊反复询问患者时，大部分患者情绪波动较大，明显降低了瞒报的情况。该路径通过层层筛查的模式发现了数例瞒报疫区接触史、与疫区返回亲属接触史的患者，提高了筛查的准确性。作为疑似待排转定点医院的仅有40例（0.36%），较疫情初期明显降低，说明该筛查路径可以有效地对门、急诊

患者进行分辨。对发热门诊医务工作者进行心理健康评估发现，广泛性焦虑障碍量表评分波动在 3～10 分（5 分以上为轻度，10 分以上为中度），分值较前普遍降低。

（二）住院患者采用新冠肺炎筛查路径优化方案的前后对比

自 2 月 18 日启用新冠肺炎疫情筛查路径，至 7 月 18 日，广元市中心医院住院患者 20107 例，其中完善新型冠状病毒核酸检测 19563 例，完成率 97.29%；新型冠状病毒相关抗体检测 19672 例，完成率 97.84%。追踪未完善检查原因，发现系自动出院患者及新生儿母亲已检测的未做。对所有住院患者运行病历新冠肺炎筛查表统计：0.5 分以上 2117 例；2～3 分 119 例，立即请呼吸与危重症医学科会诊，均不考虑新冠肺炎；3 分及以上 0 例；填写错误纠正 181 例。分析筛查表统计分数不高的原因，主要系门、急诊新冠肺炎疫情筛查路径的高效开展，极大地降低了住院患者潜在新冠肺炎的风险。住院患者陪伴数：18859 例，检测数：18903 例（新入住院患者陪伴检测 17846 例、补测或其他 1057 例），新入测占比 94.63%，均为阴性。其中陪伴发热 159 例，立即转入留观病房，复查新冠病毒核酸、抗体和胸部 CT 等，再次评分，评估处理方法。其中，评分 <2 分的陪伴 127 例，按日常工作流程进行处理；评分 ≥2 分且 <3 分的陪伴 29 例，立即请呼吸与危重症医学科会诊，均不考虑新冠肺炎；评分 ≥4 分的陪伴 3 例，立即予以陪伴及全科室隔离，考虑该 3 例陪伴均无流行病学史、复查新冠病毒核酸及抗体均为阴性，主要是临床症状及影像学检查结果较重，故考虑新冠肺炎可能性小，但为了避免漏诊，按照新冠肺炎筛查评分表，立即报医务科，并将其作为疑似待排转定点医院救治，患者于定点医院再次复查阴性后解除科室隔离。

该路径实施后，住院患者及陪伴新冠病毒的检测率明显提高，这就大大减少了漏诊的可能；医生能根据筛查表内容对住院患者的疫情情况进行初步判断，并且能够在患者出现发热等症状后保持冷静，逐步完善相关检查后再进行有目的的会诊。住院患者的新冠肺炎疫情筛查路径不仅对住院患者的整

体把控是非常好的，而且对陪伴的筛查也是非常实用的，在大大降低漏诊的同时，也提高了诊疗规范①。

三　广元新冠肺炎疫情筛查路径存在的问题

随着新冠肺炎疫情的暴发与蔓延，疫情防控成为全国各地政府与医务工作者的重中之重，因此尽早尽快筛查出人群新冠肺炎的感染情况、从源头上控制疫情的传播仍旧是当务之急。新冠肺炎筛查路径的优化以及筛查评分表的应用既丰富了疫情的诊断方法，又将筛查流程规范化、标准化，有助于新冠肺炎的准确快速鉴别，但是这些方法的应用也存在不足之处，尚需进一步完善提高。

（一）早期区分普通患者困难

核酸检测与肺部影像学检测是确诊新冠肺炎的有效方法之一，筛查表中也以此两种方法作为病情的主要确诊手段。然而由于各种因素的影响，早期核酸检出率仅在30%～50%，患者早期影像学表现也存在隐匿性，早期明确区分出普通患者（如普通发热患者或普通肺炎患者）仍存在一定困难。因此如何合理地联用其他检测项目，添加适用的检测指标，提高筛查敏感性，还需后续进一步参照不断更新的循证医学证据等临床资料来调整和完善筛查评分内容，并指导实践。

（二）筛查评分表分值占比相对固定

目前筛查评分表中各项目评分数值共10分，各项目分值占比均为固定值，然而疫情的发展是一个动态趋势，各项目分值所占比例不应该是一成不变的，应当考虑随着新冠肺炎的感染进程、发展和最新研究动态等情况

---

① 资料来源：广元市中心医院。

更新各项目的具体分值。并且，我们主观地将分值分为 4 等级，各级予以不同的处理方式，但是对于复杂多变的疫情，该评分等级也应该进行动态调整。

（三）流行病学史的评分在实际疫情排查中有一定的复杂性

新冠肺炎作为一种新发传染疾病，其流行病学调查内容在不断更新，对于流行病学史的评判需要始终与国家和四川省相关情况一致，这就需要随时关注与整理最新流行病学调查结果，掌握最新疫情风险等级分区、分级、分类，做好流行病学史评判工作。

四　广元医疗机构防控常态化筛查对策

在重大疫情面前，疫情就是命令，防控就是责任。医疗机构特别是三甲综合医院，不仅门诊量大，而且住院患者、陪伴等其他人员众多，构成复杂，医疗秩序维护困难。如果医疗资源缺乏，无法满足就诊患者需求，可能出现伤医等恶性事件。虽然国家各级行政部门针对恶意扰乱社会秩序、威胁暴力阻碍医疗救护人员或救护车等行为都出台了相关的法律法规，依法进行严厉打击，但作为医疗机构，我们也需要制定相应的应急方案来解决上述矛盾。结合此次疫情，我们总结了重大疫情面前的应急防控对策。

（一）设立门禁

设立患者通道和医务人员通道。住院患者禁止离开科室；住院患者陪伴凭陪伴证可出院购买生活用品，每层均设立临时食堂，减少住院患者陪伴进出医院频次；特殊时期避免探视，必要探视时，需限定探视时间及人次，各患者分时段实名制探视，做好个人防护。门诊就诊患者均通过扫描广元健康通二维码并登记身份证号码进入医院。对于门诊患者需严格执行"一诊室一患者"制度，候诊患者需在划定区域按相应间隔距离等候。门诊护士巡

视过程中，如发现门诊人员数量过多，需及时通知门禁人员，控制进院人数，尽量降低医院人流密度，降低疫情传播风险。

（二）疫情筛查路径

回顾我国发生的几次重大疫情，包括 2003 年的重症急性呼吸综合征（SARS）、2009 年的甲型 H1N1 流感、2013 年的 H7N9 型禽流感及 2020 年的新冠肺炎，均为呼吸道传播疾病，传播速度快。本文的新冠肺炎疫情筛查路径适用于这类重大疫情，做好快速准确的疫情筛查工作有利于防控工作的精准开展，有助于控制传染源，有效防控疫情传播。

（三）成立应急物资管理小组

新冠肺炎疫情发生使医院物资紧张，保证应急物资的合理分配、使分配效能达到最优化，成为打赢疫情防控战的重要环节。在疫情初期及时成立应急物资管理小组。应急物资分类、分区、专人管理，统一调度使用，实时更新储备数量，确保物资充足。实时关注疫情走向，并与全省甚至全国建立物资供应平台，不仅可以迅速筹备所需物资，也能准确发放物资到相应地区，避免浪费，合理调配物资。

（四）成立心理咨询科

每一次的重大疫情，都会对社会治安、社会经济、舆论等造成不同程度的影响，从而影响人们的心理健康。医务工作者作为抗疫的一线人员，所承受的心理压力极大，很容易出现紧张、焦虑的心理反应。因此，在疫情初期，医院应及时成立心理咨询科，对有需要的医务工作者进行持续关注，给予心理健康指导提升心理防御能力，通过加强医务工作者的个人防护、保障物资供应、避免长时间疲劳工作等方式降低焦虑等心理反应的发生。对有严重心理反应的医务工作者予以专科治疗。

参考文献

国家卫生健康委员会：《新型冠状病毒肺炎诊疗方案（试行第五版修正版）》，2020年2月8日。

国家卫生健康委员会：《新型冠状病毒肺炎诊疗方案（试行第六版）》，2020年2月18日。

国家卫生健康委员会：《新型冠状病毒肺炎诊疗方案（试行第七版）》，2020年3月3日。

B.20
应对突发公共卫生事件的
护理策略与实践研究
——以广元应对新冠肺炎疫情为例

王琼莲　李云鹰　王　媛　梁　玲　欧阳淑一*

摘　要： 新型冠状病毒肺炎疫情的全球化蔓延，无疑是对各地公共卫生医疗机构防控能力的一次全面持久考验。广元市护理人员面对新型冠状病毒肺炎疫情这一突发公共卫生事件，迅速组建全市护理防控体系，优化配置护理人力资源；多措并举，全力推进各项护理疫情防控工作；加强宣传引导，提高护理疫情防控认识，保障广元市疫情防控工作稳步推行。但存在的问题也不能忽视，如地处交通要塞人员流动性大、疫情反弹防控护理压力大、专业应急救援护理人员稀缺等。需进一步做好公共卫生的护理教育、做好应急护理处理工作、重视系统预警和监测、加强应急物资管理、平时注重应急应对训练，加强和夯实应对疫情的护理工作。

关键词： 突发公共卫生事件　新冠肺炎疫情　护理策略　广元市

突发公共卫生事件是指突然发生，造成或者可能造成社会公众健康严重损害的重大传染病疫情、重大食物和职业中毒、群体性不明原因疾病及

---

* 王琼莲、李云鹰、王媛、梁玲、欧阳淑一，广元市中心医院。

其他严重影响公众健康的事件。比如，2003 年重症急性呼吸综合征（SARS）、2009 年甲型 H1N1 流感、2013 年 H7N9 型禽流感以及 2019 年新型冠状病毒肺炎（Corona Virus Disease 2019，COVID - 19，简称"新冠肺炎"）。新冠肺炎疫情是新中国成立以来发生的传播最快、感染范围最广、防控难度最大的一次重大突发公共卫生事件。面对新冠肺炎疫情严峻形势，广元市护理人员在市护理学会的领导下，迅速建立反应机制、制定完善的应急方案，最大限度地发挥护理队伍职能，确保疫情防控全面有效开展。

一　新冠肺炎疫情背景与广元现状

2020 年 1 月 20 日，国家卫生健康委员会发布 1 号公告，将新冠肺炎纳入传染病防治法规定的乙类传染病，但采取甲类传染病的预防、控制措施，同时将其纳入检疫传染病管理。

2020 年 1 月 25 日，全国 30 个省份启动重大公共卫生事件一级响应。2020 年 1 月 30 日，世界卫生组织（World Health Organization，以下简称世卫组织）宣布将新冠肺炎疫情列为国际关注的突发公共卫生事件。

截至 2020 年 8 月 3 日 8：00，国外疫情累计确诊病例 18147157 例，累计治愈 11353442 例，累计死亡病例超 687894 例，中国累计确诊病例 88420 例，累计治愈 81459 例，累计死亡 4675 例。四川省累计确诊病例 607 例，累计治愈 596 例，累计死亡 3 例。广元市累计确诊 6 例，累计治愈 6 例，无死亡病例（见图 1）。

四川省各市州中，成都市累计确诊病例 212 例，累计治愈 201 例，巴中市累计确诊病例 24 例，绵阳市累计确诊病例 22 例，南充市累计确诊病例 39 例，达州市累计确诊病例 42 例，德阳市累计确诊病例 17 例，甘孜州地区确诊病例更是高达 78 例，而广元累计确诊病例仅 6 例，且连续 7 个月无新增病例（见图 2）。

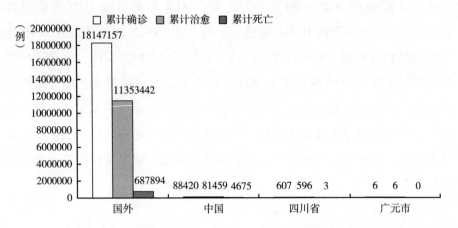

图 1　全球、全国、四川省及广元市累计确诊、治愈和死亡病例统计

注：截至 2020 年 8 月 3 日。
资料来源：国家卫生健康委员会官网。

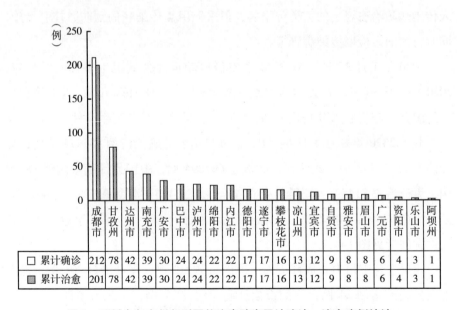

图 2　四川省各市州新型冠状病毒肺炎累计确诊、治愈病例统计

注：截至 2020 年 8 月 3 日。
资料来源：国家卫生健康委员会官网。

二　广元应对新冠肺炎的护理策略与实践

（一）迅速建立全市护理防控体系，优化配置护理人力资源

按照广元市应对新冠肺炎疫情应急指挥部的统一部署，广元市护理学会高度重视并组织行动，成立了以广元市护理学会理事长王琼莲为首的疫情防控护理行动组，第一时间安排部署，充分调动全市各医疗机构护理力量，建立有效的防控机制，全力保障疫情防控工作。

1. 建立健全组织架构

广元各医疗机构成立了新冠肺炎防控护理领导小组，完善组织架构，建立发热门诊及新冠肺炎病区护理小组，制定工作方案及工作职责。各临床科室成立疫情防控小组，科主任、护士长为第一责任人，并指派专人落实疫情防控工作。构建市、县、乡、村自上而下组织管理体系，强化工作职责，坚持预防控制和日常工作双管齐下，做到疫情防控先行、日常护理工作有序开展。

2. 护理人员积极备战

广元各医疗机构护理人员高度重视，主动请缨参与疫情防控。疫情发生后，全市护理人员取消春节假期，全市 25 家医疗机构 3141 名护理人员主动递交出征武汉抗疫的请战书。经过广元市护理学会层层选拔，强中选强，优中选优，遴选出由急危重症、感染科、呼吸内科等 40 名护理人员组成新冠肺炎疫情防控梯队，完成人才储备，分别于 1 月 28 日、2 月 9 日及 2 月 21 日奔赴武汉抗疫一线，在武汉红十字医院、方舱医院等病区积极开展临床工作。

（二）多措并举，全力推进各项疫情防控工作

新冠肺炎疫情发生后，广元卫生系统立即召开紧急会议，设立定点医院 8 家，专用病房 166 间，专用床位 269 张，配备负压病房 3 间、普通负压病床 6 张，设立发热门诊 87 个。根据护理职责，各医疗机构护理部门高度重

视，迅速反应，安排部署工作，建立健全工作机制，多措并举，保障疫情防控护理工作有序、有效推进。

1. 筑牢疫情护理联防联控阵地

广元市是集水运、陆运、航运于一体的交通枢纽，广元市各医疗机构加强交通要道重点区域疫情防控，如：火车站、汽车站、高速路口、飞机场的体温监测和疫情排查工作（见图3）。市内各级医疗机构护理人员在发热门诊、预检分诊、机构内各重点部门及卡口加强人员管理及疫情排查（见图4）。

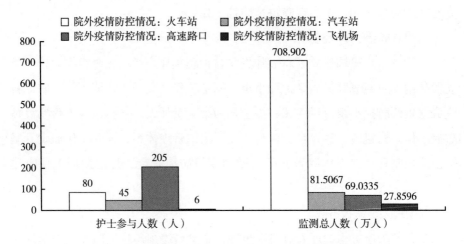

图3　广元市护理人员参与院外疫情防控部分工作量统计

注：截至2020年8月3日。
资料来源：广元市护理学会。

2. 实施三级预检分诊

落实人员不同，侧重点也有差别，层层把关，目的就是尽早把"可疑"患者分流安排至特定地方分开诊治。三级预检分诊工作制度，做到早发现、早隔离、早诊断、早治疗。第一级预检：凡是进入医院的所有人员详细询问流行病学史、测量体温，如有发热立即到发热门诊；第二级预检对于普通患者再次测量体温及询问有无呼吸道病史，排查可疑患者；第三级预检：普通患者通过各诊室的医生进行预检分诊，接诊过程中再次根据患者流行病学

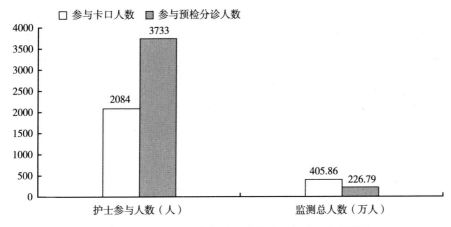

图4 广元市护理人员参与院内疫情防控部分工作量统计

注：截至2020年8月3日。

资料来源：广元市护理学会。

史、症状、体征等进行预检分诊，如有可疑患者立即送到发热门诊（见图5）。

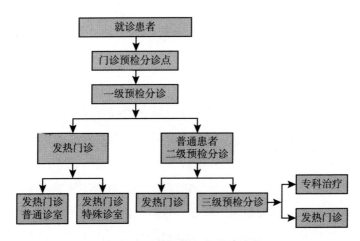

图5 各医疗机构三级分诊流程

资料来源：广元市卫生健康委员会。

3. 建立专用通道，规范人员出入

规范全市医疗机构通道管理，三级医院建立"三通道"，即普通发热患

者通道、发热患者通道、医务人员通道；二级医院建立"双通道"，即普通患者通道、发热患者通道，有效引导人员及机动车通过专用通道和线路进出。各通道设置专人专岗，负责对进入院内人员进行体温监测，确保一人一测全覆盖，建立出入口值班值守制度。

4. 规范就诊流程，减少患者聚集

采取挂号分诊及预约分诊：通过多种方式网络挂号自行预约就诊时段，提前15~30分钟到医院就诊，避免人员聚集。针对门诊挂号、出院办理、医保报销、影像科、检验科等场所，对排队等候人员实行"1米间隔"等候；通过分时段进行预约检查，减少等候时间。采取现场就诊候诊分诊：就诊人员按时段进入候诊区，自助机上报到，按凭条显示顺序就诊；候诊区严格实行隔座管理，降低传播风险。

5. 精准施策，加强患者及陪护管理

市内各医疗机构护理人员严格执行四川省应对新冠肺炎疫情应急指挥部办公室下发的《普通病区管理制度》《普通病区陪护/探视制度》《医疗机构出入管理制度》相关要求，结合各医疗机构实际情况、专科特点，通过张贴告示、签署疫情防控告知书等多种形式，加强宣传，取得患者及家属理解与配合。

严格落实出入口管理责任制，签订《出入口管理责任书》《新冠肺炎期间流行病学史及健康情况调查承诺书》《陪护者探视者新冠肺炎期间流行病学史及健康情况调查承诺书》《门诊患者新冠肺炎期间流行病学史及健康情况调查承诺书》，对陪伴人员进入病房实行出入证进出管理，且必须对探视人员进行严格检测，做好患者、家属解释工作。取消二级护理及以下护理级别的病员陪护；严格探视限制，限定探视时段、探视时长，防止病房内交叉感染。制定陪护证：待新冠核酸检测结果阴性后，再采集陪护人像粘贴于陪护证上，以确保人证合一，做到"一患一陪一证"。对有特殊探视需求者，需扫行动轨迹码、广元健康通，进行流行病学史排查待新冠核酸检测结果阴性后，发放探视证，并严格规定探视时间，建立病区出入人员管理登记本，测量体温并登记。登记项目包括：姓名、身份证号码、体温及联系方式、进入病区目的、是否有疫区接触史等信息。

6. 设置过渡病房,加强筛查新入患者

为防止交叉感染,多家医疗机构调整流程,在病区内设置过渡病区。凡是新入院的患者,必须进入过渡病房进行医学观察,待新冠病毒核酸检测、新冠病毒抗体结果均阴性后,才能转入普通病房。

7. 落实三级感控,强化院感督导

新冠肺炎疫情期间医院感染防控主要目的是全面落实各项防疫措施。做早、做细、做实疫情防控,及时发现新冠肺炎疑似患者,严格设置防护分区,进而提高新冠肺炎防控工作的主动性和预见性。面对突发疫情,应当给予严格的护理管理,同时加强医院感染控制,做好院内感染防控,降低医院感染发病率和疾病病死率。

疫情期间各医疗机构严格实行"三级感控措施":成立院感控制小组,院感科设立专职感控督导员,科室设立感控专员,督导全院院感措施落实情况,实行问责制。严格落实感控分区管理,对不同区域的管理制度、工作流程和行为规范加强监督管理,合理划分清洁区、潜在污染区和污染区,采取科学规范的个人防护措施。加强院区和人员管理,在人员较为密集的场所放置速干手消毒剂,比如门诊大厅、电梯间、候诊室等。就诊者、陪诊人员及相关人员进入门诊诊疗区域前均须佩戴口罩,同时加强手卫生。加强重点人群管理(包括物业保安、食堂人员、护工、母婴服务人员等),与相关服务企业建立联防联控责任,严格管理外出服务人员,规范手卫生、环境保洁和消毒操作流程。

8. 信息化手段助力培训,预防传播风险

运用雨课堂全面学习新冠肺炎文件,进行培训考核,全院护理人员、规培护士培训考核率达到100%。既避免了聚集培训带来疾病传播的风险,又提高了培训考核率及疾病的知晓率。通过微信"课堂派"线上推送培训课件对护理人员进行"三基"理论培训,并以试题互动纸笔作答上传照片的形式来检验学习效果,确保特殊时期护理"三基"培训"不打烊"。利用微信、公众号、QQ等线上以及早会等方式线下培训,参培率100%,培训合

格率100%。

9. 智能化运用，助力疫情防控

智慧化系统充分利用大数据、自动化等功能实现线上预检分诊、分时分段预约挂号看诊、分时分段预约检查，以减少人员聚集及就诊等候时间。

市精神卫生中心运用高精度热成像系统、豹小秘——机器人无接触式体温排查，快速、准确地感应排查出体温异常人员，同时引进全市首台智能清洁消毒机器人"上岗"，严格进行清洁和消毒。

市中心医院率先在医院门诊预检分诊处安装了全自动红外线热成像仪，有利于在人流密集出行的情况下，进行全盘扫描跟踪。一旦发现后台监视器中的红外热像图出现局部异常，可以马上进行人工逐一监测，红外线热像仪和红外线手持额温枪形成高效互补，可以快速、精准、全覆盖地进行体温监测。

（三）加大宣传引导，提高疫情防控认识

利用远程医疗平台为确诊和隔离患者进行"一对一"心理疏导，为一线隔离病区的医护人员做团体心理辅导。组织编印《广元市心理援助热线工作手册》和《新冠肺炎（NCP）心理调适图文手册》科普读物5000余份，发放健康知识单20000余份，开通24小时心理援助热线"解心结"。与市区广电联合录制了20余期专题节目，精准订制出老人、儿童、孕妇、医护、居家等人群的心理套餐。与市妇联、广元日报社联合制作《广元战"疫"心理疏导面对面》节目并开通手语直播惠及聋哑人群。开通微信订阅号发布《心灵之声》音频20余期，与阿基米德平台推送精卫FM视听节目，截至目前受众800万余人；先后派出专家赴达州、巴中及县区，培训热线咨询员，制订干预计划，规范疏导流程，并进行了现场示范，指导个体与团体心理辅导，同步督导"重精"管理，有效推动了川东北区域心理防疫。

发动大批社会各界志愿者及医院护理队伍利用休息时间加入志愿者活动，送病员、为患者导医、宣传防疫知识，提供健康宣教（见图6）。

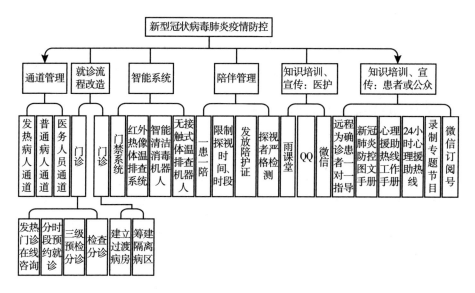

图6 广元市各医疗机构内新型冠状病毒肺炎疫情防控措施

资料来源：广元市卫生健康委员会。

三 疫情防控面临的困难和挑战

世卫组织于2020年8月1日发布声明：此次新型冠状病毒肺炎的暴发是人类历史上第六次进入全球卫生紧急状态，也是最严重的一次，认为COVID-19大流行疫情预计将持续很长时间，同时强调了持续开展社区、国家、区域和全球应对工作的重要性。

在社会各界积极稳步推进复工复产的同时，如何常态化推进各项疫情防控措施，打好疫情攻坚战，仍是广元市护理人员面临的严峻问题。

（一）地处交通要塞，人员流动性大

广元地处出入川交通要塞，人口多、人员流动量大，部分来院患者及陪护人员不明确疫情期间防控工作的法律责任，不主动配合监测体温、不按要求出入医院指定通道、在疫区有过旅居史不愿主动交代详细情况

等，因此疫情防控和救治工作面临着巨大困难和考验。全市护理人员作为抗击疫情的中坚力量，在全面抗击疫情的关键时期，快速合理、科学有效地配置和管理，对于做好疫情防控工作具有至关重要的作用。

（二）疫情反弹防控护理压力大

根据全省新冠肺炎疫情防控形势，2020年2月26日，四川省应急委员会将疫情防控应急响应级别由一级应急响应调整为二级应急响应。3月25日，由二级应急响应调整为三级应急响应，各地区陆续复工复产，人口流动性增加，随着国外疫情持续发展，国内输入性病例时有发生，医院疫情反弹防控压力巨大。

（三）疫情防控物资紧张

此次疫情正值春节前后，在疫情防控的一线救治过程中，主要存在床位紧张、医疗物资缺乏等情况。由于原材料供应不足、企业停工、物流停运、各地防护物资分布失衡及地方物资管控等，医疗物资短缺。目前国内疫情扩散势头有所下降，各地区也陆续复工复产，但是国外疫情持续发展，国内输入性病例和本地病例时有发生，疫情防控将是一场持久战，对防控物资的需求依然很高。

（四）专业应急救援护理人员稀缺

《中国卫生和计划生育统计年鉴》显示，继SARS之后的2004、2005年全国公共卫生人员短暂增加，之后逐年下降，2006、2010、2012、2015、2018年流失最多，分别较上一年度流失5924人、1220人、1397人、1437人、2904人，其中护理专业技术管理人员流失尤为明显。同时，我国到目前为止，尚未成立国家或者省级卫生行政部门专门负责审批以及认可的专业应急救援护理人员机构，并未重视突发公众卫生事件中的专业护理人员，导致护理专业人才缺失。

四 对策与展望

（一）做好公共卫生的护理教育

1. 政府主导，实现行政干预的健康教育

政府信息公开化，尊重公众知情权，获得公众主动配合，建立管理危机的快速反应机制，制定科学的危机管理机制，提高危机识别能力，普及疫情防控知识，提高城市公众卫生水平和公众防控疫情的意识。《广元市应对新型冠状病毒肺炎疫情应急指挥部公告》（第 38 号）文件对所有来自高风险地区及非中高风险地区人员防控进行了明确规定，按照文件精神，广元市各医疗单位对所有进入医院的人员进行相应健康教育。如：科学佩戴口罩、勤洗手、常通风，最大限度减少人群聚集等。

2. 加强护理人员专业培训

突发公共卫生事件发生时，专业技术管理人员承担决策计划职责，加强针对性训练，着力锻炼护理人员的识别能力、决策能力及应急处理能力，培养一支素质过硬、能力突出的专业技术人才队伍。

（二）做好应急护理处理工作

一旦发生突发公共卫生事件，护理学会同政府其他部门密切合作。护理学会尽快派出有经验的护理专业技术人员进入现场，获得突发事件的第一手资料，并及时上报主管部门和政府相关部门。突发公共卫生事件发生期间，畅通报告系统，及时收集患者样本，建立科学、安全的保存方法，以用于诊断和研究。同时做好询问流行病史、监测体温、采集咽拭子、隔离、消毒等疫情防控工作。

（三）重视系统预警和监测

进一步完善相应的信息管理系统和疫情监测预警系统，构筑"互联

网＋医疗健康"平台，及时收集、分析数据，从而让护理人员及时了解疫情发展变化，有利于第一时间为政府和公共卫生机构制定方针政策提供依据。

（四）加强应急物资管理

突发公共卫生事件发生后，各医疗机构卫生物资极为缺乏，一方面需尽可能提供更多的物资保障，另一方面更要提高物资的使用效益和效率。因此，各医疗机构对疫情期间应急物资分配按"统筹兼顾、急用优先"的原则，最大限度发挥防疫物资的效用，保障疫情期间应急物资的供应。

（五）平时注重应急应对训练

提高护理人员疫情防控应急应对能力，保障疫情环境下医疗任务的顺利完成。训练内容包括以下三方面：一要进行快速反应训练，突出疫情处置的时效性，提高快速反应能力；二要进行适应性训练，锤炼护理人员心理素质和在恶劣条件下组织与实现医疗服务的能力；三要组织综合演练，提高护理人员处置疫情事件的组织指挥能力及各部门相互协同能力。

（六）继续坚持"外防输入，内防反弹"防控策略

当前广元市疫情防控形势持续向好、生产生活秩序加快恢复，统筹推进疫情防控和经济社会发展工作取得积极成效。但疫情在全球出现大流行，境外输入性风险持续加大，人员流动和聚集带来疫情反弹风险进一步增加。全市护理人员认真学习贯彻习近平总书记关于疫情防控系列重要讲话和重要指示精神，按照党中央决策部署和省委工作要求，准确把握当前疫情防控形势变化，因时因势调整工作着力点和应对举措，"外防输入、内防反弹"，慎终如始、一鼓作气，积极推动形成正常生产生活秩序，奋力夺取疫情防控和经济社会发展双胜利。

参考文献

胡晓华、郭达、张曦予：《新冠疫情下我国突发公共卫生事件应急管理体系的回顾与思考》，《健康中国观察》2020年第7期。

储节旺、郭春侠：《突发重大传染病疫情数据管理实践及其思考——以新型冠状病毒肺炎疫情为例》，《情报理论与实践》2020年第5期。

王莹、燕朋波、宋文静、孙志萍、郝晶：《抗击新型冠状病毒肺炎疫情一线护理人力资源管理实践》，《天津护理》2020年第2期。

特色产业和特色文化篇

Characteristic Industry and Culture Reports

B.21
广元文物保护利用现状与策略研究

刘志国　何自力　俞天喜　付 尹[*]

摘　要：　广元历史文化厚重,历史文化资源独特而稀有,有全国、省、市、县重点文物保护单位356处,市级以上非物质文化遗产73个,重点文物保护单位总量居四川第二,中子铺细石器文化遗址是四川历史最长文保单位,"十古"资源全国独有,旺苍红军城是川陕苏区唯一保存完好的旧址群落。目前,这些文物成为蜀道申遗不可或缺的部分,成为确立川陕甘结合部历史文化中心地位的基础,成为生态立市、文旅兴市的资源保证。广元在文物保护和利用上成绩显著,促进了文旅融合深度发展。如加快改革开放步伐,解决好资金、人才等瓶颈问题,在蜀道申遗上发力,在"古游天

* 刘志国、何自力,广元市政协;俞天喜,广元市文化广播电视和旅游局;付尹,广元市哲学学会。

堂"品牌上做大，广元的文物保护和利用事业就会越来越好。

关键词： 文物保护　文旅融合　广元市

一　广元文物资源是文旅兴市的重要资源

文旅兴市是中共广元市委在党的十八大之后立足生态发展的战略思路之一。广元历史文化厚重，文物资源丰富而独特，其中不乏稀缺资源。

从文物资源来看，全市有不可移动文物 1098 处。其中蜀道金牛道被列入中国世界文化遗产名录，有全国重点文物保护单位 8 处，省级文物保护单位 98 处，市县级文物保护单位 250 余处；有文物库房 5 个，馆藏文物 5155 件/套，其中馆藏珍贵文物 3100 余件；有博物馆（纪念馆）12 处，其中 5 处被列入国家免费开放名录，皇泽寺博物馆为国家三级博物馆；有国家、省级历史文化名城（名镇）5 处，省级历史文化街区 3 处；有爱国主义教育基地 33 个，其中国家级 2 个、省级 7 个、市级 4 个、县级 20 个。

从特色资源来看：一是革命文物资源，拥有不可移动革命文物 300 余处，革命文物资源总量排全省前 5 位；二是蜀道文物资源，广元境内的剑门蜀道遗址是蜀道的重要组成部分与精华，拥有蜀道遗产点 21 处，排全省第 1 位；三是三国文物资源，广元拥有三国文化遗址遗迹 28 处，三国文物资源排全省第 1 位；四是石窟文物资源，广元石窟寺及石刻文物保护单位 27 处，石窟文物资源排全省第 1 位；五是武则天名人文化资源，有皇泽寺、广元女儿节等，为中国独有；六是历史名城镇与建筑，广元拥有省级历史文化名城 3 个，国家级历史文化名镇 1 个，省级历史文化名镇 1 个，省级历史文化名村 3 处，市级历史文化名镇 1 个，省级历史文化街区 3 处，传统村落 97 个。

实践证明，中共广元市委立足广元实际确定文旅兴市这一战略决策，对2020年广元能由整体连片贫困到同步全面小康跨越发挥了积极作用。2019年，全市实现旅游总收入503亿元，这得力于广元文物古迹在广元文旅融合游发展中的主要作用。

（一）历史跨度最长文保单位四川第一

2019年10月10日，国家公布了第八批全国重点文物保护单位，其中有广元新石器时代的"中子铺遗址"。从新石器的角度来讲，"中子铺遗址"是四川发现的新石器时代遗址年代最久远的一个。经测定，中子铺遗址年代距今6000~7000年。出土的2万多件石器，石核类型较为齐全，其中锛状楔形石核、斜底柱形极为罕见，或首次发现。中子铺细石器遗址的发现，证明了广元是细石器的发源地之一。

（二）国保省保单位拥有总量四川第七

广元有全国重点文物保护单位8处，省级文物保护单位98处，市、县级文物保护单位250余处。广元8处全国重点文物保护单位分别是皇泽寺摩崖石刻造像、广元千佛崖摩崖造像（包括观音岩摩崖石刻造像在内）、觉苑寺、剑门蜀道遗址（包括朝天峡古栈道遗址）、郝家坪战国墓葬群、鹤鸣山道教石刻造像及石刻、中子铺遗址、木门会议旧址。其中剑门蜀道遗址保留着古蜀道唯一完好的形态遗存，观音岩摩崖石刻造像集中了观音菩萨各种形象，极其稀有，弥足珍贵。像这样稀缺有价值的文物古迹还有很多，尤其是，广元四级文保单位总量达到356处，拥有量居全省第12位，国保、省保单位居全省第7位（见表1）。另外，广元还有市级非物质文化遗产52个，省级非物质文化遗产17个，国家级非物质文化遗产4个，它们也是广元文物保护资源中的重要内容之一。特别是国家非物质文化遗产川北薅草锣鼓、麻柳刺绣、白花石刻、射箭提阳戏不仅川北有名，麻柳刺绣、白花石刻还为全国独有。

表1　四川地市州文保单位（国保、省保）总量前10一览

单位：个

序号	地市州	数量	序号	地市州	数量
1	成都	149	6	泸州	78
2	南充	119	7	广元	73
3	巴中	113	8	凉山	64
4	甘孜	95	9	宜宾	64
5	绵阳	88	10	阿坝	63

资料来源：广元市文化广播电视和旅游局。

（三）剑门蜀道"十古"资源全国独有

文物古迹游，是世界级的热门旅游项目。2014年，国内"六古"旅游，即古城、古镇、古村、古街、古道、古关游掀起高潮。全国休闲标准化技术委员会、中国旅游协会休闲度假分会在江苏同里古镇组织召开了全国性的"六古"旅游研讨会，以推动中国"古游"发展。2015年，以探讨如何在保护好"六古"资源的同时寻求"六古"旅游发展新路径新模式为重点的"六古"旅游论坛移师广元剑门关召开。来自国家和各省市的参会专家在实地考察广元的古游资源后大吃一惊。其他地方的"六古"资源很分散，看完"六古"要跑很多地方。在广元却不同，"六古"相当集中，而且都很有代表性。专家还新发现了广元的古树、古渡、古崖、古驿保存完好，将"六古"扩至为"十古"，高度评价道："广元'十古'，全国独有。"在参观了广元青川郝家坪战国古墓、朝天中子铺细石器遗址、旺苍红军城"旧址群落"等后，著名旅游专家魏小安感叹道，广元就是"古游天堂"，是"全古旅游"的不二之地。

（四）旺苍红军城"旧址群落"川陕革命老区唯一

国务院制定的川陕革命老区规划中，把发展红色旅游放在了重要位置。作为四川省重点文物保护单位的旺苍红军城，是川陕革命根据地后期

首府，当年党政军46家单位的旧址保存完好，形成了完整的红色政权"旧址群落"，在川陕老区再找不出第二个能见证川陕革命老区曾经如此辉煌的地方。离红军城西南30里的国家重点文物保护单位"木门会议旧址"，与之交相辉映。旺苍红军城诞生过人民军队史上成建制的妇女独立师、少共国际先锋师、红军水兵连、巴山游击队；木门会议被党史专家称为红四方面军的"遵义会议"，会议决定将红四方面军4个师扩大为4个军，成为红四方面军发展史上的里程碑，红色旅游价值非同一般，红色旅游前景看好。

二　广元文物保护与利用亮点纷呈可圈可点

广元历史文化悠久厚重，国家在1961年3月公布的180处第一批全国重点文物保护单位中，广元皇泽寺摩崖石刻造像、广元千佛崖摩崖造像（包括观音岩摩崖石刻造像）2处榜上有名。广元建市后，一直重视文物古迹保护和开发利用，历届广元市委市政府把"剑门蜀道、女皇故里"作为广元名片广为宣传，还以地方立法的方式，确定了每年9月1日为"广元女儿节"，以纪念武则天出生广元的史实。35年中，不断把广元现有的稀有珍贵文物古迹确定和申报为国家、省、市、县（区）级重点文物保护单位，数量高达356处，文物保护单位拥有总量居四川全省第二，而且文物资源丰富而多元。在文物古迹的开发利用上，广元第一个在四川省提出"文旅兴市"的战略发展思路，第一个在四川省进行文旅融合的深度实践，取得了显著成绩。

（一）重基础，广元文物保护和利用投入巨大

生态立市，文旅兴市的创新发展战略思路，让广元把文物古迹保护放到了一个显著位置。广元为了文物保护和利用基础，重视规划，重视基础投入。在选择保护中，花多少钱，借多少债都要干；在选择利用中，首先做到的是更好地保护。

1. 科学定策规划先行

近几年来，完成了广元市中心城区、旺苍和剑阁省级历史文化名城保护规划（2017～2035）编制工作，其中广元市中心城区和旺苍县的保护规划文本已获省政府审批；完成了长征国家文化公园广元段建设保护规则编制工作；全市59个传统村落已编制了专项保护规划，市政府出台了《广元市历史乡土建筑和传统村落保护办法》，保护项目强力推进。全力做好灾后文物抢救和保护。"5·12"特大地震后，广元市有39处文物保护项目被纳入灾后重建目录。先后整合资金近30亿元，实施了剑门关、昭化古城、皇泽寺、千佛崖、红军城、鹤鸣山等文物保护项目40余个，全面改善了文物生存环境，使"剑门蜀道、女皇故里"名片更加亮丽。储备了一批项目，策划了红四方面军长征出发地主题公园、大蜀道博物馆、朝天中子铺细石器博物馆，青川战国木牍文物陈列馆、青川国家考古遗址公园等项目。在省级以上历史文化名镇和传统村落中，选择条件较好、保存完整、特色鲜明的镇村，培育创建"四川最美古镇古村落"，青川县两河村等5个传统村落被评为四川最美古村落，昭化区昭化镇获四川最美古镇称号，提升了影响力和美誉度。

2. 铁道国道让道"国保"

皇泽寺、千佛崖、剑门关、明月峡等国家重点文物保护单位，因历史原因，宝成铁路、108国道长年穿境而过，严重影响了这些国家重点文物的生存环境，也影响到旅客的安全。2008年"5·12"特大地震后，经过多方面争取，先后斥巨资实现了千佛崖、明月峡古栈道、剑门关景区内的108国道改道。又斥巨资实现了皇泽寺前的宝成铁路改道，创造了"千难万难不让国保为难""公路铁路为文物让路"的"广元经验"，在全国学习推广。

3. 最好口岸留给"文保"

灾后重建的广元城，青春亮丽。特别是文化界来的客人，都会为矗立在利州广场旁那栋造型别致的大楼啧啧感叹，因为很少见到文化艺术中心能建立在城区中心位置的。广元决策层的眼光不同，在灾后重建中，不少开发商盯上了这里的商用价值，用高价争相索要这里的地皮进行开发。当时的广元

主要领导拍板：要把最好的口岸留给文化。于是，这里建起了全市独有的文化艺术活动中心，市博物馆、图书馆、文化馆、电影院等文化单位先后搬了进去。在万缘新区，投入近2亿元的广元传媒中心大楼就建在这里最好的地段。

4. 遗产传承走进学校

文物保护中最头疼的问题还是非物质文化遗产的保护与传承。众所周知，非物质文化遗产有它的特殊性，其历史性、地方性、家族性、单传性很强。已经消失的不说，很多珍贵的非物质文化遗产的传承已经进入末代期，很难找到传承者了。以广元朝天国家级非物质文化遗产麻柳刺绣为例，朝天为了传承弘扬麻柳刺绣这一传统文化，在当地学校和职业技术学校专门开设了"麻柳刺绣"课程，效果明显。2018年9月24日，中国机械工业集团董事长任洪斌将"麻柳刺绣"作为礼品赠送给了联合国秘书长古特雷。麻柳刺绣走进联合国，受到世界欢迎，反过来激发了当地女性参与麻柳刺绣传承的积极性，也成为当地妇女脱贫致富的主要手段。用同样的方法，广元其他有传承价值的非物质文化遗产得到了很好的保护与传承。

（二）重长远，广元文物保护和利用突出龙头效应

广元是文物古迹大市，在如何保护好文物古迹，使其成为广元转型发展的"金山银山"，并且具有长远性、可持续性方面，广元决策者、管理者想得更深，做得更行稳致远。

1. 主动支撑蜀道申遗

中国蜀道看四川，四川蜀道看广元。四川通往中原的古蜀道有4条，即金牛道、米仓道、阴平道、荔枝道，前3条在广元境内交集，经剑门关通往成都。蜀道广元段，被称为剑门蜀道，是国家重点文物保护单位。剑门蜀道是古蜀道核心地段，是整个古蜀道交通形态保存最为完好的地段，是古蜀道完美的缩影。蜀道的自然文化特征、线路文化特征，包括其延伸的文化形态，符合或超过了世界文化遗产名录标准。长期以来，广元是"蜀道申遗"的主要呼吁者、推动者、行动者。2014年5月，四川省正式启动蜀道申报

世界文化和自然双遗产工作。2015 年初，四川完成蜀道申遗的预备清单，报国家住建部初审后，报联合国教科文组织备案，蜀道由此进入世界文化和自然双遗产预备名单。有此成果，广元功不可没。一旦蜀道"双遗产"申遗成功，广元是最大的受益者，必将步入文旅深度融合和文旅经济高速发展的快车道。

2. 打造品牌重拳出击

文旅兴市，需要文旅融合，需要文旅产业支撑，需要文旅龙头产业带领。灾后重建以来，广元采取项目争取资金、自筹资金、社会集资等多种方法，整合资金上百亿元，做大特色景区，做强文旅游龙头企业，推动广元文旅游经济跨越发展。经过努力，广元不少重点文保单位景区成为文旅经济产业大户。广元 2019 年实现旅游收入 503 亿元，在四川 21 个地市州中排位第 8。其中，以文物古迹为重点内容的景区亮点纷呈，5A 级景区剑门关风景区斩获中国"年度魅力人气旅游景区""年度魅力主题线路"两项大奖。除旺苍红军城、木门会议旧址等 4A 景区属于公益免费外，其他景区如皇泽寺、千佛崖、明月峡栈道等文保单位景区经济效益也表现不凡，连续 5 年呈正增长趋势，成为广元文旅游融合的典范。

3. 主动作为好戏连台

近年来，广元以重点文物保护单位剑门蜀道和皇泽寺等为载体，主管单位与社会联动，采取主动走出去、上门请进来的办法，积极打造"剑门蜀道、女皇故里"名片，宣传广元文物，提升广元形象，做到更好地保护和利用，取得了良好的社会效果。如人大、政协经常组织人大代表、政协委员深入文保单位考察调研，征求关于加强文物保护和利用的意见。主管部门经常邀请国家、省、市专家到广元重点文物保护单位现场传经送宝，多次召开"蜀道申遗""武则天名人文化"专题研讨会，商讨如何弘扬传统文化，推动广元文旅融合深度发展。社科系统创办了漫画、微信表情包等内容形式在青少年中普及蜀道文物知识等，效果明显。2018 年，广元借央视"中国魅力城第二季"评选机会，主打"剑门蜀道、女皇故里"品牌，让蜀道文化走向世界，因此获得 2018"魅力城市"荣誉称号。2019

年广元再创文旅融合发展佳绩，与主动推介广元文化品牌、扩大知名度和美誉度不无有关系。

（三）重创新，广元文物保护和利用开拓举措不断

广元在文物保护和利用的实践中，通过文旅融合发展，改变了广元经济发展的单一模式，推动了经济的可持续与高质量发展，而且认识到重视文物保护，是实现"青山绿水就是金山银山"最佳途径。科学地利用，就是对文物最好的保护与传承，因而在文物保护和利用中有了创新举措。

1. 重保护，轻开发

广元许多文物古迹罕见稀有，属于不可再生文物，在保护上舍得花大力气。广元把古迹安全作为古迹保护工作的底线，视为保底工程来抓。一是组建了文化市场综合执法队伍，开通了12318投诉举报中心，24小时受理文物违法案件举报；二是加强文物常规检查，组织开展文保单位（点）专项巡查工作，确保文物安全无事故，先后查处了元坝区（现昭化区）系列古墓盗窃案、土基坝古墓被盗案等，有力打击文物违法犯罪，央视《天网》《法在身边》等栏目进行了报道，元坝区系列古墓盗窃案成为首个被列入"全国十大案件"的文物案件；三是坚持隐患整治，加强对安全隐患多、年久残旧的古院落、古建筑进行抢救性修缮。

广元坚持宁可不开发也要保护好的原则，决不盲目开发，如观音岩摩崖石刻造像，至今养在深闺无人识。就因为这个石窟文物稀有和珍贵，一旦开放，会导致一定的损毁或破坏。广元在文物保护工作中，认真贯彻落实习近平总书记保护和利用好传统文化的指示精神，重视留住乡愁，牢固树立以保护为主、开发利用次之的理念。如剑门蜀道中的剑（阁）昭（化）段，是现存蜀道遗址中保存最为完整的核心地段，但部分段道中断，或遗迹消失，造成古道整体性和系统性破坏，蜀道价值未能释放出来。2019年，剑阁县集资近2000万元，修复了破损道路20公里，修复古驿道相关文化元素如石道、栈道、土栈、古桥、拦马墙、门槛石、界石、地名碑、饮马池、拴马桩、关、阁、廊、亭、馆舍、街等。这样修复的目的，不是为了开发，而是

为了保护。

2. 保护为主，利用兼之

广元昭化区在脱贫攻坚的农房改造中，对原有的土坯房并不是推倒重来，而是考虑到它们是川北最传统的民居，冬暖夏凉，不仅实用性强，而且乡愁味特别浓。就在保证安全的前提下，创新性地对土坯房集中的村落进行了保护性开发。以集中规划为前提，然后加固、粉刷、统一色调，房前屋后栽花种草种茶，突出了川北传统院落特色，搞庭院经济。这样，为这些传统村落的乡村旅游发展奠定了坚实的基础。乡村旅游实践证明，昭化保持了传统村落格调的村子，土坯房的吸睛率特别高。

三 广元文物保护和利用中的瓶颈与困难探析

尽管广元在"生态立市、文旅兴市"的战略实践中如鱼得水，收获颇丰，但在文旅融合发展过程中，在实现文旅经济高质量发展中，也出现了一些问题，不能不引起注意和重视。

（一）对文物认识不够，文物保护理念尚未形成

有记者在广元城区随机调查，很多市民对街道为什么叫兴安路、绵谷路不知怎么回答。有说是提醒要重视安全，才叫兴安路；有说与绵阳丰谷酒有关系，所以叫绵谷路。殊不知，这两条街道的取名与广元最初的名字有关。广元东晋孝武帝时始设县，取名兴安县，隋时又改名绵谷县，唐时称利州。对地方历史文化认识有限，对历史文物的认识就更有问题了。作为广元的地方官员来讲，广元曾经属于蜀开明王朝时的封侯国，叫苴国，是秦灭巴蜀后建立葭萌县治所在地。

认识不到位，就难以对文物保护重视，甚至造成破坏。广元昭化区有一条马克思街，全中国只有这一条是由红军正式命名的马克思街，其唯一性、珍贵性不言而喻，但因建经济开发区被毁掉了。有专家在广元川陕交界处发现了一块能证明七盘关的石刻碑，有近两百年的历史，是一块很重要的可移

动文物，可被当地老乡当作洗衣板用。

认识不足重视不够还有如下表现：一是一些地方和部门不同程度地存在把不可再生的文物古迹资源当成社会包袱而非财富的认识，因为保护和维护需要花钱，怕投入；二是对文物古迹的保护和开发利用在人、财、物保障等方面尚未形成有效合力，遇到问题相互扯皮相互推诿；三是古迹保护和开发融合不够，在城市建设与古迹保护利用之间的不协调问题仍然存在，阻碍了城市的发展。

（二）后续保障投入不足，制约文保事业健康发展

近3年来，广元市GDP增长与文物大市的文保资金投入不成正比（见表2）。

表2　近3年广元GDP与文保投入资金对比

单位：元

项目	2017 年	2018 年	2019 年	总计
GDP	730.00 亿	801.85 亿	941.85 亿	2473.7 亿
文保资金	30 万	10 万	10 万	50 万

资料来源：广元市文化广播电视和旅游局。

从表2可以看出，近3年广元市GDP呈逐年逐长态势，3年总和达2473.7亿元。而市级文物保护资金年平均只有16.7万元。而纳入市级的文保单位就达77个，3年平均每个市级文物的文保经费仅六千余元，年平均才两千多元。这些市级文物保护单位，涉及古道、古树、古墓、古桥、古院落、古祠堂、古庙、古牌坊等，很多年久失修，需要加固或维护，可以说，预算的费用只能是杯水车薪。全市26个国家级传统村落除10个争取了国家专项保护资金3064万元外，其余传统村落和137处历史建筑均无任何保护资金，难以有效保护。广元文物修缮费用严重短缺，不说与省内其他市相比，就与川东北片区相比（见表3），也多有差距。

表3 2019 年川东北五市文保经费投入对比

单位：万元

城市	南充市	广安市	达州市	巴中市	广元市
经费	180	500	10	30	10

资料来源：广元市文化广播电视和旅游局。

广元文保资金投入不足，并非管理层不重视，而是另有原因。广元脱贫攻坚、防控疫情、应对自然灾害、民生事业、项目配套资金等都需要加大投入，市财政捉襟见肘。资金缺乏，是广元文物古迹保护工作中面临的最大困难。如剑阁、旺苍、苍溪、青川、昭化等文物大县，每年需要维护的文物若干，而日常维护费用只有几万元，严重制约了文保工作开展。

（三）机构设置和队伍建设滞后，制约文保工作正常开展

因为编制和机构改革的原因，广元文物管理机构和人员配置长期未能单立，文保工作实为代管、兼管，这制约了文物保护和利用工作的正常开展。

1. 有机构无编制缺职能

自 2006 年起至今，广元市文物局仅作为挂牌机构，一无职数，二无职位。相关的文物科室设在市文化广播电视和旅游局内，且正式编制只有 1 人，在长达 14 年时间里靠借人办事。市级有皇泽寺、千佛崖、市博物馆三个机构，但研究人才缺乏，管理体制不顺。如昭化汉城博物馆，属于国资委管理；明月峡景区属于明月峡景区管委会管理；苍溪红军渡属于红军渡景区管委会管理；剑门关蜀道遗址交给企业管理等，造成文博政策法规难以有效贯彻落实，缺乏专业指导和规范管理。2018 年机构改革后，市辖县（区）新建文旅体局大多未设文物股室，而且县区文管所变为事业性质的文化管理中心，已经不具有文物行政管理职责。文物管理职能淡化或被削弱，本来就脆弱的文物保护系统就更难承重。

2. 从业人员少专业人才缺

广元境内现有不可移动文物 1098 处，文物资源点多线长面广。机构改

革后，文物管理从机构设置到人员定岗定编，也呈削弱趋势。广元的文保单位多在偏僻的乡村山野，人员严重不足，资源和人员严重不匹配。市级主要依靠县级，而县（区）文物保护机构人员一共才34人。文物保护专业人才更是缺乏，近几年来虽引进了一些高层次人才，但是因待遇条件等因素，引进的人才基本流失殆尽。文物队伍不稳定，专业人才缺失，全市文物从业人员硕士生仅6人，大专及以下学历占52%，不利于广元文物保护事业高质量发展。更甚者，广元现有文物保护队伍年龄结构参差不齐，县（区）34名文物工作者，30岁以下仅2人，30~40岁仅6人，文物工作者老龄化偏重，严重青黄不接，缺少造血功能。

（四）管理利用手段落后，文旅深度融合不够

广元除现有文物保护方面存在一定的瓶颈外，在文物利用上也有进一步改善的地方。

1. 管理利用手段落后

广元除国家重点文物保护单位外，其他文保单位管理基本停留于粗放式管理阶段，而且科技手段落后。很多文物保护单位基本处于"人盯文物"阶段，现代科技涉及较少，高新技术应用有限。应急抢险车辆、监控设备、报警系统、安防及消防设备等，除国保单位外，其余都没有配备。搭建网络信息化管理平台，还处于起步阶段。缺少使用科技化手段的管理人才，大量的田野文物、古建筑由临聘人员管理，停留在看护阶段，没有形成有效管理研究。广元文物资源丰富，类型多样，因缺少资金和人手，无暇在利用传承上下功夫，特别是非物质文化遗产的传承利用。文物资源的转化、活化程度仅限于蜀道上几个重要景区。全市的传统村落开发利用普遍不够，先秦文物、蜀道文物、三国文物、红色文物还未深度开发和利用，经济回报和带动效应都不及预期。

2. 文旅深度融合不够

在现代公共文化服务体系尚需完善方面，文化馆、图书馆、博物馆提档升级工作需要进一步加强；在文旅产业实力方面，广元现有文化旅游企业规

模存在小、散的格局，产业层次总体水平不高，新兴业态培育进展缓慢，难以满足消费者多样化多方面多层次的精神文化需求；在文物资源转化上，现有形式较为单一，文化内涵发掘和创意还处于初级阶段。如皇泽寺、千佛崖同属 1961 年国家首批公布的 14 处石窟国保单位，由于各自为政，到现在仍是科级事业单位，地位、品位基础不够，很难形成世界文化遗产品牌基础。同期的敦煌、云冈、龙门、大足等 12 个研究院均已成为正县级以上事业单位，并已经成功申报为世界文化遗产，形成了品牌效应。

四 进一步做好广元文物保护和利用的对策建议

地方历史文物，是中国传统文化的组成部分。对地方传统文物知识缺失，对中国传统文化必然缺乏全面了解，就会影响文化自信的确立，就会在"四个自信"中缺失最基础的东西。习近平总书记说得好，文物承载灿烂文明，传承历史文化，维系民族精神，保护文物功在当代、利在千秋。因而，对文物的保护还得要广泛宣传深入宣传，落实到行动上。

（一）增强责任担当，抓住机遇推动文物保护利用再上台阶

历史文物承载着历史发展的脉络，彰显着文明的无限魅力，具有重要的历史、艺术和科学价值，有着深远的发展利用前景。广元是文物大市，发扬好广元历来重视文物保护的优良传统，是当前和未来广元人的责任与担当。广元丰富的蜀道文物资源、三国文物资源、石窟文物资源、武则天名人文化资源、传统村落与历史建筑、乡土建筑资源、革命文物资源等，是不可再生、不可替代的宝贵资源，是广元经济社会发展的一张亮丽名片。

1. 抓住蜀道申遗机会，推动广元文物走向世界

特别是蜀道申遗，机会难得，意义重大，广元要发挥核心地段和保存完整的优势，努力并支持蜀道申遗成功。申遗六项标准中，其中有一项标准是"在建筑、文物等方面，展现了人类价值观念在一定时期的重要交流"，可

见文物保护与展示多么重要。但专家在考察剑门关蜀道段时,指出有的蜀道遗址被破坏或被掩埋,新建"文物"太多。广元已经认识到这一点,剑阁凉山铺一段的修复就无新建痕迹。

2. 积极融入成渝经济圈,提升广元文旅影响力

在全球经济一体化背景下,国内区域合作方兴未艾,成渝经济圈的顶层设计将会拉动四川重庆经济社会发展进入一个新境界。2020 年 5 月 12 ~ 15日,广元与天府新区成都管委会、重庆渝北区、重庆合川区签订战略合作协议。广元文物部门要抓住这一战略合作机遇,以文物交流为纽带,主动出击,深化 3 地合作,有许多同质文物可以合作交流、研究:如重庆有抗蒙遗址钓鱼城,广元有苍溪大获城、剑阁苦竹寨;重庆有大足石窟,广元有千佛崖石窟、皇泽寺石窟;重庆是巴人的中心,广元曾是巴人生活过的地方,许多地方的民间文化如端公戏、金钱棍等,还有散布广元山区的"巴人洞",都与巴人文化有关,加上一江相连的嘉陵江,广元与重庆等地的文物交流、研究有很大的空间,三地文旅深度融合有着广阔的前景。可喜的是,广元融入成渝经济圈已在行动,除了与成都达成多项协议外,2020 年 6 月19 日,广元重庆两地文化旅游协同发展战略合作协议在重庆市合川区签订,发展前景广阔。

3. 以旺苍红军城为中心打造川陕甘结合部区域红色文化教育中心

广元要建成川陕甘结合部区域中心城市,文化是基础。广元历史文化的多元、厚重、稀有、丰富,决定了广元在川陕甘结合部的文化地位。而红色文化资源,在川陕甘结合部更是举足轻重,红色文化资源富集独有。如果以旺苍红军城为中心打造川陕甘结合部区域红色文化中心教育基地,可以说是不二之选。旺苍红军城是川陕革命老区后期首府,是红四方面军长征的战略集结地和出发地,是红四方面军妇女独立师、少共国际先锋师、红军水兵连、巴山游击队诞生之地,是四川省重点文物保护单位。红军城内保存完好的 46 处党政军机关住地旧址群落,就是川陕苏区政权结构的完整缩影。不出旺苍红军城,就可以一览当年川陕革命根据地整个风采。可见,旺苍红军城最有条件、最有优势成为川陕甘结合部区域红色文化教育中心。如果高度

重视，并认真加以策划、规划、创意、打造，必然会进一步夯实广元川陕甘结合部区域中心城市的地位。

（二）拓宽渠道，增加资金投入和人才引进

广元文物保护和利用要得到进一步双提升，就必须解决最主要的瓶颈问题，即经费不足和人才缺乏的问题。经费上，本级财政要克服困难想方设法加大投入，要搞好创意策划积极向上争取项目和资金；人才引进上，要制定好吸引人才的制度，创造留得住人才的条件。

1. 建立文物保护利用基金

面向社会开放文物保护和利用，鼓励社会资金投入。全社会不乏文物爱好者，他们中有专家学者，有工人，有农民，有军人，有学生，有企业家等。调动好他们参与文物保护和利用的积极性，可以成立志愿者团体，可以向社会募集文物保护和利用资金，设立专门基金。还可采取股份制等形式，将历史、乡土建筑租赁或入股，鼓励企业、民间团体、返乡创业群体等社会力量共同参与，形成社会合力。要千方百计向上申报争取政策和项目资金。积极做好与国家和省级有关部门的汇报对接工作，努力争取更多更好的政策项目资金在广元落地落实。还应加大政府投入，设立文博产业扶持资金，奖励文旅研学、开发文创产品，加大古迹保护力度，以此突破文物保护、管理、利用的瓶颈，确保在文物保护和利用方面发挥出最大效益。

2. 整合力量形成人才队伍优势

针对市县文物部门空编无编等现状，文物系统要整合内部力量，增强内设机构和增加编制，备齐备强文保工作人员。如皇泽寺、千佛崖都是以石刻文物保护利用为主，专业人才分散于两馆，各自为政，造成人力、物力、财力的分散使用和平均用力，不利于广元石窟文化的整体发展。可在现有编制和人员上进行整合，两家合一家，成立广元石窟保护研究院，集中有生力量，做强做大石窟文化，并壮大产业。另外，在市博物馆的基础上成立广元市文物考古研究院，可以两块牌子一套人马。引进人才可以提供优厚条件，

但对现有的文物人才不能慢怠，对现有优秀人才，以及长期在基层一线工作的文物工作人员应创造职称评定的优厚条件，提高基层人员工作的积极性。要加大与省内外高校、科研院所、大型文保单位合作力度，以培养和提升现有人员的素质与能力。

（三）推出"古游天堂"名片，突出川陕甘结合部历史文化中心地位

建设川陕甘结合部区域中心城市，从历史文化中心来讲，广元是有话语权的。广元有人类活动史在7000年左右，中子铺细石器遗址就是佐证。3000年前，汉中等地就属于蜀国管辖。之后，蜀国以葭萌为中心建立的封侯国苴国就管理着今天的汉中、陇南、巴中一带。如果从西周在今天的昭化建城说起，蜀道文化、城市文化、茶叶文化、先秦文化、三国文化、女儿文化、南宋抗战文化、红色文化重叠在一起，与周边地市相比，历史之厚重，资源之独特，品质之多元，可以说是金鸡独立。

如果从"古游"的角度来讲，广元在川陕甘结合部的历史文化中心地位更加凸显。"古游"指的是以文物古迹为主的旅游，在世界范围内从没衰落过。广元为"古游天堂"，是国家级专家的评定，由此确立广元在川陕甘结合部的中心地位。

广元要在做大做强"古游天堂"品牌上做好文章，从历史文化的角度去夯实川陕甘结合部区域中心城市的地位。首先，编制好"十四五"广元市文物古迹保护和利用总体规划，并编制广元市重点文保单位和重点区域文化遗产保护详细规划，同时编制广元市古镇古村、传统村落、历史建筑保护规划。加快推进华侨城剑门关旅游区、昭化古城旅游度假区、新华联曾家山旅游综合开发等"十大项目"建设，尽早实施郝家坪战国墓群遗址公园、郝家坪战国墓群展示馆、寻乐书岩现代农业园区、中子铺细石器博物馆建设，以木门会议旧址为中心的文物利用等项目工程。借蜀道申遗东风，依托"十古"资源，做大做强中国"古游天堂"品牌，叫响川陕甘结合部历史文化中心地位。

参考文献

隋笑飞、吴晶晶、周玮：《留住历史根脉　传承中华文明——习近平总书记关心历史文物保护工作纪实》，新华社，2015年1月9日。

广元市地方志编纂委员会编《广元市志》，方志出版社，2016。

政协广元市委员会编《广元十古》，中国文史出版社，2019。

王丹：《我国文物保护利用现状与策略研究》，《科学与财富》2015年第33期。

B.22
广元茶业历史构成与发展趋势研究

彭锦 胥智 何燕 付尹 王霏 陈世平*

摘　要： 广元是中国茶叶起源地，是最早的贡茶生产地，有3000多年的产茶史。西周时就有茶叶进贡周天子，秦灭巴蜀后，又以茶叶葭萌为名在广元境内置葭萌县。西汉时，葭萌茶叶声名鹊起，"蜀人眉茶曰葭萌"。时至清朝，广元"苍溪茶"成为孝庄皇后及后宫专用茶。历史上广元茶品质好，但规模不大。这一状况在广元建市后得到改变。在浙江及国内茶叶科研所的帮扶下，广元引进茶叶最新科研品种和先进的科学种植加工技术，产量不断提升，品种齐全，品牌跻身全国行列。但广元茶叶也面临总量不大、市场竞争激烈、综合利用滞后等问题和困难。建议在资金投入、基础建设、要素投入、扩大规模、文化挖掘、公共品牌建设、市场开拓等方面努力，让广元成为产茶大市、名茶大市。

关键词： 广元茶业　高端精品　广元市

一　广元是中国茶叶发祥地之一

广元是茶的故乡，是中国茶文化的发祥地。

---

* 彭锦，广元市社会科学界联合会；胥智、何燕，广元市茶业（集团）公司；付尹，广元市哲学学会；王霏，广元市茶文化艺术研究会；陈世平，博士，四川省贸易学校。

（一）从地名看广元茶叶的起源

广元在东周末期战国早期为苴国之地，到战国末期，苴国为秦国所灭后，新置葭萌县，广元属于葭萌辖地。苴国、葭萌这两个地名，均与茶有着深厚的渊源。

1. "苴国"与广元茶叶

据《华阳国志·蜀志》载：周显王（公元前 368 年～前 321 年）时，"蜀王别封弟葭萌于汉中，号苴侯"。这应该是有关苴国的最早文献记载。

苴国与茶叶有关系，始于《华阳国志·巴志》，其中说到武王建周朝后（公元前 1050 年前后），巴国"鱼盐铜铁丹漆茶蜜……皆纳贡之……其属有濮、賨、苴、共、奴、獽、夷、蜑之蛮"。

文中提及巴国成周王朝附属国后，巴向周进贡的贡品中有茶，进贡这些贡品的族群中包括"苴"，"苴"是巴国众多族群中的一支。据考证，苴族所在的地方就是今天的广元一带，所以有了后面以族群命名的苴国。

贡茶出自苴族所居地方，从地名出处来看，那么就说明广元在 3000 年前就产茶了。

2. "葭萌"与广元茶叶

葭萌作为茶名，与蜀开明五世王朝蜀王杜尚之弟杜葭萌的取名有关系。蜀地经历了蚕丛、鱼凫、杜宇时代，到了蜀开明王朝，已经奠定了以农耕文化为基础的蜀地文明。从劝人蚕桑、劝人渔业到种养植业，蜀地应该早就有了茶业。到了开明氏王朝，茶叶得到了进一步发展。蜀王杜尚之弟取名葭萌，"葭萌"后来成为地域茶名，这个名字是蜀茶发展状况的一种反映。

杜葭萌封侯苴国，苴国之地包括今天的广元和汉中苴国都邑——葭萌，又名吐费城，就是今天的广元的昭化古城所在地，一个叫土基坝的地方。苴国侯杜葭萌的到来，对推动广元当地茶叶走向兴盛肯定有影响。秦灭巴蜀后，以葭萌为名建葭萌县，不可能是对一个被灭亡诸侯的纪念，应该与当时葭萌所在地出产茶叶有关。

到了 1000 多年后的唐文宗时代，原葭萌县虽然历经汉寿、益昌换名，

但茶叶生产一直未断。晚唐文学家孙樵在《书何易于》一文中有"益昌民多即山树茶"句，记载了益昌百姓以种山茶树为生的事实，可以看出葭萌茶业的兴旺与延续。

（二）从文献看广元茶叶的起源与品质

探究广元茶叶的起源，得从中国历史留下的茶叶记载说起，这些记载和文献证明，广元应是中国茶叶的发源地之一。

1. 西周时广元就出贡茶

如前所述，《华阳国志·巴志》载巴国进贡周天子的贡品中有茶，点明其中有苴族的进贡，而苴国又是因苴族而得名，广元是古苴国所在地，说明商末周初之时，在巴国进的茶中，就有产自广元一带的贡茶。

2. 蜀人眉茶曰葭萌

西汉扬雄著有《方言》，其中有句曰："蜀人眉茶曰葭萌。"就是说蜀地的人们最喜欢的茶叫"葭萌"，可见西汉时，"葭萌茶"已经名满巴蜀了。葭萌茶，始于周，兴于汉，盛于唐。

3.《蜀中名胜纪》载有广元茶中奇品

曹学佺的卷二十六《川北道·保宁府三·剑州》载："有梁山寺，产茶，亦为蜀中奇品。"曹学佺出身红茶故乡福建，本身应该对茶叶有过研究，在四川为官多年，熟悉四川茶叶产地和品种，对剑门关上梁山寺所产茶叶赞之为"奇品"，有这样高的评价，不会是空穴来风。

4. 清史中的广元贡茶

据《孝庄皇后——辅佐大清三代帝君的幕后女人》《清代内阁大库散佚满文档案选编》等对孝庄皇后饮茶情况有清楚记载。如："十七年三月，太皇太后、皇太后一个月所饮苍溪、伯元茶，二斤八两，此一斤以八钱计，银二两。"从上面提到的孝庄皇后饮茶数量和开销来看，孝庄皇后所饮的苍溪茶，是由皇家指定的品种，按月定量购买，说明了孝庄皇后对苍溪茶的喜爱程度。

（三）从传说看广元茶叶的起源与品质

历史传说、民间传说，虽并没有可靠的史籍或实物佐证，但马过留痕、雁过留声，传说从侧面可以反映出广元茶叶悠远的历史和优越的品质。

1. 广元旺苍高阳贡茶的传说

民国《重修广元县志稿》载："茶，县东鹿停溪、普子岭一带产之。俗称东路茶。其粗茶称老叶茶。运销陕、甘等省及松潘以内番地。"从地方志的记载来看，旺苍是广元地区茶叶的重要产地之一，产品以老叶茶为主。传说明万历年间，广元地方官选中鹿停溪内高阳坡的茶进贡朝廷，于是，高阳坡茶便出名了，被称为高阳贡茶，沿用至今。

2. 广元青川七佛贡茶的传说

中国唯一女皇帝武则天出生广元，传说武则天幼年时就喜欢上了青川七佛之地生产的茶叶，当政之后，对七佛茶叶情有独钟，专在此地设置了茶官，建起了贡茶园。于是有诗曰："女皇未尝七佛茶，百草未敢先开花。"传说中的贡茶园至今遗迹尚存，高墙古树，依然透着皇家风范。

二　广元现代茶业发展阶段与发展成就

在漫长的中国封建社会中，战争频频，保家卫国，扩大疆土，就需要大量的马为运输工具、作战工具。但内地基本不产马，就需要从边疆从事游牧业的番人手中购买。番人好茶，历代统治者就以茶易马，于是有了茶马古道，有了茶的专营制度。广元的茶叶发展一直受制于专营，历来规模和产量都不大。大规模发展茶叶，是广元建市之后。

（一）广元现代茶业发展的阶段性特征

广元茶产地主要分布在旺苍县、青川县。近代史上的广元茶叶生产，一直处于散放式和作坊式生产，规模产量都不是很大。新中国成立后，随着对农业经济的重视，茶叶开始规模化生产，品种也从单一性到多样

性转变。广元现代茶业发展可分为两个阶段，一是广元建市前，二是广元建市后。

1. 广元建市前

建市前，广元地区产茶地集中在旺苍、青川、剑阁3个县，其中又以旺苍为重，但其规模和产量都不大，名优茶刚刚起步，基本上没有高端品牌茶。1985年，旺苍县茶园面积686.67公顷，产茶4320担，其中细茶2136担。1985年，青川县茶园455.67公顷。因自然条件及土壤和气候的关系，剑阁多数地方不适宜种茶。只有剑门关梁山寺一带的茶保持着生产。

2. 广元建市后

1985年广元建市，1986年茶叶产量达到33.5吨，1987年达到38.5吨，产品多为中低档茶，几乎没有名优茶。1997年茶叶产量达到250吨，虽然比建市时产量增长了6倍多，但茶叶质量没上去，缺乏叫得响的名优茶。

1997年，浙江省开始对口帮扶广元茶叶生产，广元的茶叶生产有了量和质的飞跃。2001年，建成茶叶基地6个，新建茶园约1400公顷，改造低产茶园1334公顷，茶园总面积3334公顷，总产量达到654吨，在1997年的基础上增长了1.6倍。其中，含名优茶130吨，广元茶叶走向品牌之路。

在浙江的对口帮扶下，广元坚持以市场为导向，以效益为中心，以无公害、绿色、有机茶生产为重点，注重引进高端品种，开发富硒绿茶，做大做强茶叶龙头企业。2019年，广元共种植茶叶33334公顷，产量达到15000吨，综合产值近50亿元，是建市时的400多倍，形成了茶叶种植、加工、品牌、营销的规模化和集约化，培植了一大批名优产品，成为广元农业优势经济发展的支撑产业。

（二）广元茶业发展优势

广元茶业发展有着自己独特的优势，正因为这些独特优势，广元茶业发展看好。

1. 历史品牌优势

如前所述，广元产茶历史悠久，为中国茶叶源茶地、发祥地。西周早期，就产贡茶；两汉期间，葭萌茶叶闻名遐迩；到了唐朝，茶叶成为广元主要赋税之一。巴蜀茶地曰葭萌，巴蜀有茶曰葭萌，巴蜀好茶曰葭萌。可见，广元茶叶具有独特深厚的历史文化品牌优势。

2. 品质品种优势

广元处于南北气候交界线，适宜的气候环境、优良的土壤和水质，是发展茶叶的绝佳区域，所产茶叶在性质、功能、作用等方面具有延伸性独特优势。

（1）品质优势

①品尝价值。广元茶属于高山云雾茶，主要生长在 500～1200 米的中高山区域，高山云海迷雾，花青素生成量少，茶汁浓而不苦。由于橙色光增多，叶片光合作用加强，内含物合成多，造就了广元茶叶产品内含物丰富、氨基酸含量高的特点，具有"香高、味浓、耐泡、形美"的独特品质。

②养生价值。广元茶叶主要生长在旺苍县、青川县海拔 500～1200 米的山区。这些地方的土壤富含对人体有益的天然锌、硒等微量元素。据农业部茶叶质量监督检验测试中心检测，广元绿茶硒含量 0.66mg/kg 以上，比普通富硒茶含量高出一倍多，锌含量 60mg/kg，比普通富锌茶高出 50%。锌是人体许多重要酶的组成成分，是促进生长发育和合成胰岛素的必需元素。硒是抗氧化酶的重要成分，可提高人体免疫力，被称为人体微量元素中的"抗癌之王"。

③药用价值。茶能治病，早在远古就有实践，如神农尝百草中毒，以茶而解的故事。在抗击新冠肺炎疫情中，浙江科学家发布最新研究成果：日常生活中饮用的茶水，具有抗拒新型冠状病毒的作用。茶叶是我国上千年来一直使用的具有防病、治病与养生的健康饮料，广元茶叶的特有品质及其所含的特殊成分，对预防病毒侵袭更具有显著的效果。

（2）品种优势

在中国农业科学院茶叶研究所、四川省农业科学院茶叶研究所、四川农业大学、西南大学等科研院校大力帮扶下，广元先后引进和筛选了适应广元发展的中黄1号、白叶一号、龙井43、龙井长叶、福选9号等优良品种15个，让广元站在了现代优质茶叶的最前沿。

特别是黄茶，成为广元特色珍稀茶。广元黄茶是茶叶品种中的新贵，属于天然树上黄，非传统"闷堆渥黄"的加工处理，是绿茶风味及传统黄茶风格相融合的新一代黄茶，被誉为"黄金茶"。

这里还要提到一个特别的品种，那就是引进浙江安吉白茶——白叶一号。安吉白茶外形挺直略扁，形似凤羽，色泽翠绿。冲泡后，清香高扬且持久，汤色清澈明亮，回味甘而生津，是绿茶中又一极品，将为广元茶叶发展带来更新的空间。

（3）政策服务优势

历届广元市委、市政府都重视广元茶叶历史文化的传承与弘扬，特别是本届市委、市政府，把茶叶生产列入全市七大全产业链中，放在了一个更高的高度。印发了《市领导联系重点产业发展工作方案》（广委办函〔2019〕64号），明确了广元市领导挂联茶产业的工作机制。现任广元市委书记王菲亲自挂联广元茶产业融合发展项目。

（三）广元茶业发展成就

广元建市35年来，大力发展茶叶生产。如今，茶业已经成为广元农业七大特色优势产业之一，在四川省11个茶叶主产市183个产茶县中占有举足轻重的地位。2020年7月2日，在成都举行的四川省第九届国际茶博会开幕式上，主办方宣布了由省农业农村厅、省经济和信息化厅、省商务厅、省文化和旅游厅等部门组织相关专家评选出的"四川茶业十强县"名单（见表1），广元市旺苍县一举夺银，成为此次评选最大的黑马，可见广元市茶业发展实力与成就非同寻常。

表1 四川茶叶十强县

名次	茶叶名	名次	茶叶名
1	宜宾市翠屏区	6	泸州市纳溪区
2	广元市旺苍县	7	达州市万源市
3	乐山峨眉山市	8	自贡市荣县
4	雅安市名山区	9	乐山市夹江县
5	宜宾市高县	10	乐山市雨城区

资料来源：https：//baijiahao. baidu. com/s？id =1665032696278429806，下同。

1. 品牌成就

1997 年以来，经过 20 多年的发展，广元已经成为全国高香茶、有机茶、保健茶的重要基地，米仓山茶、七佛贡茶、广元黄茶成为全国知名品牌。

截至 2019 年，全市已累计建成驰名商标 2 个，地理标志证明商标 3 个（原国家工商总局认证），国家地理标志保护产品 2 个（原国家质检总局认证）。2018 年，"七佛贡茶""米仓山茶"成功入选区域品牌（地理标志产品）百强榜单，"七佛贡茶"品牌价值评估 12.15 亿元，"米仓山茶"品牌价值评估 10.48 亿元（见表2）。

表2 中国茶叶品牌价值排行榜（2018 年）

单位：亿元

全国前十位			四川省前十位		
序号	品牌名称	品牌价值(亿元)	全国排位	品牌名称	品牌价值(亿元)
1	普洱茶	64.1	8	蒙顶山茶	30.72
2	信阳毛尖	63.52	36	雅安藏茶	18.45
3	洞庭山碧螺春	42.06	52	马边绿茶	13.42
4	福鼎白茶	38.26	55	七佛贡茶	12.15
5	大佛龙井	38.23	56	南江大茶叶	12.03
6	安吉白茶	37.76	64	万源富硒茶	10.70
7	福州茉莉花茶	31.75	65	米仓山茶	10.48
8	蒙顶山茶	30.72	70	犍为茉莉花茶	9.54
9	都匀毛尖	29.9	78	筠连红茶	7.79
10	祁门红茶	28.59	89	平武绿茶	3.52

中国茶叶大小品牌不计其数，广元茶叶虽然出道晚，知名度低，但从表2可以看出，广元的"七佛贡茶"和"米仓山茶"能在全国前65名中占据两席之地，而且能在四川茶叶品牌价值榜居前10位，可见广元茶叶品质的基础不一般。

为巩固和深化品牌价值效应，2020年5月21日，由媒体联合茶叶专业研究机构根据大数据，从产业规模、电商发展、营商环境、产业口碑、收益能力和创新能力六大维度全面评估四川183个县（区、市）茶产业竞争力，推出了《2020·川茶竞争力榜单》。从竞争榜单总榜中可以看出，广元旺苍县位列第12，广元青川县位列第19，广元市两个产茶县双双上榜（见表3）。在收益指数榜上，广元旺苍排名第4（见表4），表明旺苍茶业的经济效益已跻身四川第一梯队。

表3 2020年川茶竞争力榜单总榜（前20名）

名次	区域	名次	区域	名次	区域	名次	区域
1	雅安市名山区	6	成都市都江堰市	11	宜宾市筠连县	16	乐山市马边县
2	雅安市雨城区	7	宜宾市高县	12	广元市旺苍县	17	自贡市荣县
3	乐山市峨眉山市	8	达州市万源市	13	成都市武侯区	18	泸州市纳溪区
4	成都市邛崃市	9	眉山市洪雅县	14	乐山市夹江县	19	广元市青川县
5	成都市蒲江县	10	宜宾市翠屏区	15	巴中市通江县	20	巴中市平昌县

表4 2020年川茶竞争力榜单分榜收益指数榜（前10名）

名次	区域	名次	区域
1	眉山市洪雅县	6	泸州市纳溪区
2	雅安市名山区	7	乐山峨眉山市
3	乐山市马边县	8	乐山市夹江县
4	广元市旺苍县	9	巴中市通江县
5	达州市万源市	10	巴中市南江县

2.规模成就

（1）生产规模

截至2019年底，全市累计建成11个万亩现代茶业园区和45个千亩茶叶示范片，辐射带动青川、旺苍41个产茶重点乡镇的发展。2019年，广元市有茶园面积33334公顷，其中黄茶（品种黄，中黄1号）面积1334公顷，白茶（品种白，白叶一号）面积334.47公顷，茶产量15000吨，综合产值近50亿元（见表5）。认证国家茶叶绿色食品原料基地13334公顷。建成旺苍全国绿茶加工示范基地和青川省级茶叶标准化示范基地，实现适茶区应栽尽栽。旺苍县建设黄茶良繁基地13公顷，年繁育"中黄1号"茶苗3000万株以上，初步实现黄茶种苗供应本地化。

表5 2019年广元茶叶基地情况

单位：公顷

总面积	黄茶(中黄1号)面积	白茶(白叶一号)面积	绿色食品原料基地	茶叶现代农业园区	黄茶良繁基地
33334	1334	334.47	13334	12个	13.34

资料来源：广元市茶业（集团）公司。

（2）加工规模

2020年1月10日，注册资金9000万元，代表广元高度市场化、专业化茶产业龙头企业的国有控股的混合所有制茶业股份有限公司——广元市茶业（集团）有限公司挂牌。至此，广元市已经培育各级茶叶产业龙头企业39家（产值200万元及以上），形成年加工干茶产品7600吨的生产能力，产品品种以绿茶为主，约占全部产能的80%，涵盖黄茶、绿茶、红茶、花茶等基本茶类和再加工茶类。2019年，规上加工企业加工干茶1720吨，实现产值9.1亿元。同时，全市培育了一批以专业合作社、家庭农场为模式的加工点348个，其中，旺苍县专业合作社95个（国家级示范社2个）、家庭农场60个（省级示范场6个），青川县专合社31个（省级示范社2个）、家庭农场达到40个。

3.科技发展成就

在中国农业科学院茶叶研究所、四川省农业科学院茶叶研究所、四川农业大学、西南大学等科研院校的专家指导下，推广和运用新技术，广元茶

的种植水平达到了一个新的高度。在创新生产管理机制上，制定并完善四川区域性茶叶地方标准 13 个，并大力推动茶叶标准化生产、茶叶机采机制。在研发产品新工艺方面，引进推广名优茶中高档生产线 31 条和国内领先的无菌茶叶包装车间，大力推广茶叶自动化、清洁化加工技术，研发扁平型绿茶、耐泡性黄茶等制作工艺，开发绿茶、红茶系列产品 30 余种，研发茶糕点、茶饮料、茶套餐等新产品 10 余种。在管护新技术方面，广元全市建立了茶叶重点乡镇和主要茶叶园区应用网络信息平台，完善了园区生产、专家咨询、产品追溯"三大可视系统"，实现茶叶基地网络化、可视化和精准化管理，茶园病虫害绿色防控覆盖面实现 100% 覆盖。

三 广元茶业发展的短板与问题所在

从茶叶产量、产值、市场占有率、品牌影响力等角度分析，广元茶产业在产业优势、品牌优势、商品优势等方面尚未得到充分挖掘和发展，制约了广元茶业的发展速度、发展质量、发展高度，需要认真反思。

（一）基础建设滞后，影响茶园发展

广元茶园大多地处深山，分布广，呈零星分散状况。除有规模的企业外，很多茶园受地理条件限制，施工难度大，建设成本高，道路、水利、电力等基础设施滞后，制约了机械化、规模化生产和集约化经营的发展。

1. 种植面积偏小

根据省农业农村厅 2017 年认定数据，广元茶叶面积 2.53 万公顷，位列全省第 5，仅占全省的 7%，与宜宾市（7.78 万公顷）、乐山市（7.24 万公顷）、雅安市（5.46 万公顷）等茶叶主产市相比，差距太大。

2. 全市茶叶产量低

广元茶园平均每公顷产茶 0.3825 吨，与全国的每公顷 0.9 吨和四川省的每公顷 0.7725 吨差距较大，在全省位列第 10，在 11 个主产市州中仅高于巴中。出现这种情况，与广元主要产出高山茶有关。广元中高山区域茶园的

采茶、管护、收购成本高，平均每公顷鲜叶产量不足 0.375 吨。另外，广元茶叶产量偏低，还与气候有关。遇到春季雨水较多年份，采茶期相比延长，如遇春季干旱，名优茶采茶期仅一个月左右，严重影响鲜叶产量。

（二）综合利用率低

广元茶叶加工企业小、加工工艺水平低，产品市场覆盖面窄，品种单一，产品附加值低。另外，广元茶企"小而全""多杂乱"现象较普遍，多数是单打独斗，不成规模，带动力不强。

原因之一，规模化加工能力有限。广元有茶叶企业 39 家，其中规模以上加工企业 6 家，市内规模最大的米仓山茶业集团 2018 年仅加工茶叶 959 吨。与四川产茶市相比，乐山市有茶叶企业 5000 余家，规模以上加工企业 140 多家，仅竹叶青集团 2018 年就生产茶叶 2000 吨，产值达 10 亿元。

原因之二，广元茶企规模小、底子薄。广元大部分企业、大户、专合社起步较晚，规模小、工艺差，各自生产执行的茶叶标准不统一、不同批次间的茶叶质量不稳定，导致市场竞争力较弱。相比之下，近两年雅安市已经关停了"小、乱、差"茶企 600 多家。这些作坊式的茶企，执行茶叶生产标准不一、造成品质不一、价格不一，严重影响了广元茶叶整体形象。

原因之三，人才十分匮乏。广元仅有两名专业技能大师，茶叶生产、加工、营销人才的缺乏，在一定程度上削弱了广元茶叶市场竞争力。

（三）品牌多而杂

1997 年以来，在国家和省的茶叶科研单位帮扶下，广元大力推广茶叶新品种、高端品种，培育了不少好的品牌，如米仓山茶系列、高阳贡茶系列、七佛贡茶系列等。虽然广元茶叶品牌多，但问题也不少。

1. 未形成公共区域品牌

旺苍县仅有 4 家企业使用"米仓山茶"品牌，青川县使用"七佛贡茶"公共品牌，广元全市尚未形成统一的公共品牌。这样一来，导致营销力量分

散、市场经营效果欠佳。旺苍县米仓山茶虽具有一定的市场影响力和竞争力，但其市场开拓与促销还不够，缺少专业营销管理人员，品牌宣传投入较少，推介力度不大，形式单一。青川县七佛贡茶对省内外的各种展会形式大于行动，缺乏专业营销团队的培养，导致"七佛贡茶"知名度不高，市场占有率低，效益不明显。

2. 品牌整合难度大

针对广元茶叶发展瓶颈，目前广元在整合、构建广元公共品牌"一品剑门"上付出了不少心血，但困难很大。"米仓山茶"现为四川米仓山茶业集团的企业商标，需四川米仓山茶业集团先注销"米仓山茶"企业商标，放弃中国驰名商标、地理标志保护产品等一切商标权利后才行。

四　广元茶业发展对策与建议

广元茶叶发展历史悠久，广元茶又是高山云雾茶、富锌富硒茶、生态有机茶、特色珍稀茶，最具市场开发潜力。2019 年以来，川茶作为四川现代农业十大优势特色产业之一被放在了又一重要位置。广元根据四川省委、省政府加快构建现代农业"10＋3"产业体系战略要求，把茶业列入构建现代特色农业"7＋3"产业体系，以建成"川茶"品牌重要产业基地为目标，突出"巩固提升绿茶、突破性发展黄茶、区域性发展白茶、全域发展有机茶、大力开发夏秋茶"茶业战略发展思路，建成茶园 3334 公顷，茶叶产量年超过 15000 吨，综合产值接近 50 亿元，茶产业已经成为广元助农增收的主导产业，拉开了广元茶业发展新篇章。但广元茶业如何进一步发展，根据前述诸多问题，需要针对性解决如下问题。

（一）做好顶层设计，加大基础投入

1. 做好顶层设计

茶业作为广元七大优势特色产业之一，要做大做强，首先得做好顶层设计。顶层设计的重要内容，首先得解决产茶区茶叶种植面积总量少的问题。

种植面积总量小，茶叶产量就少，形成不了规模，就会影响到中下游的产业链，加工量低，产品数量跟不上，形成不了市场规模，缺乏竞争力，就没有市场，成为支柱产业就是一句空话。

其次要全面科学地做好产业链条设计，避免头重脚轻、顾此失彼。茶叶产量上去了，后面的加工业又跟不上；加工业上去了，市场营销又出了问题，也不行。同时，也要考虑好文化创意、品牌包装、营销策划等延伸链条。在科技方面，要把优质茶种的引进推广和优质茶叶的科学研究放在产业链条之中，做到茶叶产品不断创新，不断推出新品种、新品牌，以满足市场不断变化的需求。

2. 重视基础建设

重视茶叶产业，需要基础投入。广元的茶叶基地多在高山地区，虽为基地，但在水电路等基础设施的配套建设上，政府投入不足。业主资金有限，顾了头顾不了尾，导致生产规模小，产量低，提质增效困难。这方面，旺苍木门镇茶叶基地建设就不错，水电路配套不说，观光、休闲和体验，加上农家乐等其他设施，文茶旅融合发展，品牌效应十分明显。广元在其他产业园区建设中都是基础先行，如能在茶叶基地基础建设上加大投入，将会对茶叶发展产生引擎效应。

3. 提高综合利用率

发展茶叶生产必须提升茶叶生产的综合利用率。在提高茶叶综合利用率上，旺苍的策划创意值得肯定。2020年3月11日，旺苍通过网络推介会，发布了计划总投资686.3亿元的招商引资项目。其中，要建设"东河记忆——广元黄茶"县城生态康养旅游目的地，要建茶叶博物馆，要建设10条茶叶生产线，10条茶饮料、茶多酚、茶多糖生产线及附属设施，还要开发"中国·木门黄茶小镇"……这些项目实现后，将加快广元茶叶产品的深度开发和综合利用步伐，延伸产业链条，提高广元茶叶产品附加值，助力广元成为茶叶综合利用的四川省乃至全国性典范。

（二）重视文化发掘，提升广元茶叶品质内涵

1. 叫响"中国茶源地"，增强广元茶叶公共品牌"一品剑门"及子品牌文化

内涵

无可置疑，广元是中国茶叶的起源地，广元茶在商周时就成为贡茶，苴国时的都邑被蜀王杜尚以茶叶葭萌赐名，秦灭巴蜀后，秦惠文王又以茶叶葭萌为县名；到了西汉，"蜀人眉茶曰葭萌"，葭萌茶名扬巴蜀；到了明末清初，广元苍溪产的红茶又成为清廷后宫的专用贡茶。今天的广元茶不能与历史割裂，要找准广元茶历史文化与现代茶文化的结合点，倾力打造广元特色茶文化。

广元已经推出了茶叶公共品牌——一品剑门。建议用"中国源茶·一品剑门"作为统一品牌。这个品牌含古喻今，意味深长。今天的剑门关名扬天下。剑门属于地理概念，包含了古苴国、古葭萌县、古葭萌茶所在地、所生长之地。一品之定性，相当准确。剑门蜀道这一带，自古就生产贡茶，"一品剑门"茶的品质自然位列中国茶叶的高端系列。

2. 保护开发广元茶叶文化的历史遗存

广元产茶历史悠久，商周前后所产的茶叶应该以野生茶树为主，但广元市及县区所列野生植物和古名木树中，均无古茶树名目。广元境内到底有多少古茶树，古到什么时代、什么年龄，这就需要林业部门来一次重点普查分析。云南一株古茶树的价值能达到上亿元，古茶树的价值不言而喻。然后在对古茶树进行重点保护的基础上，做好古茶树的文化研究，做好古茶的开发利用，并配套进行旅游开发，做到茶文旅融合发展。

苍溪红茶的制作工艺有清末的老照片展示，如果还原当时的作坊、加工流程，并加上品尝的环节，作为红茶生产的体验场所，既能助推广元的红茶发展，还能在发展茶旅研学上大有作为。剑门关上的梁山寺，"禅茶"独树一帜，是茶中"奇品"，而且历史悠久，也可能成为茶旅研学之地，要做好保护与开发。

（三）围绕公共品牌精心打造高端精品茶系列

广元已经确定"一品剑门"为广元茶叶公共品牌。下一步，就要实施品牌带动战略，通过联合与扩张，建立茶产业联盟，打造一批叫得响的系列品牌。特别是要巩固已有整合成果，紧盯高端市场，在"一品剑门"的统领下，发挥好米仓山茶系、七佛贡茶系等已有名优品牌作用，整合企业，整合加工，整合品牌，整合市场，迅速推出"一品剑门"高端精品茶系列。

1. 高标准建设高端精品茶系专用原料基地

（1）高标准建设种苗基地

以旺苍县现代农业园区为核心区域，建设1个高技术含量的种苗示范基地，首期建设不低于13.34公顷，采用"地企联建"的方式，运用工厂化快繁、物联网技术等国内最先进的茶苗培育快繁技术，打造高端茶种苗供应基地。

（2）高标准建设核心原料基地

结合广元已规划建设的国家、省级现代农业园区，用3~5年时间全面建成两个以上茶旅融合的茶业科技园，作为打造高端精品茶指定原料核心基地、高标准茶园种植管护示范基地，规划面积不低于666.67公顷，其中核心基地不低于66.67公顷。

（3）提升改造现有茶园

广元要整合市县两级涉农、涉林、涉旅资金、浙川对口扶贫资金等，专项用于老茶园的改造、茶业科技园基础设施建设和种苗基地建设。

2. 强化高端精品茶系人才支撑

（1）组建茶产业研究院

依托广元市现有科技资源、整合广元茶业相关资源，与中茶所深度合作，引进中茶所、省农科院茶研所专家技术团队，组建广元茶产业技术研究院。广元茶业按市场化运作方式，筹建1~2个院士工作站、博士后工作站和大师工作室。

（2）强化人才培养

在引进茶叶科技人才的同时大力培养本土种茶、制茶专家。同时，主管部门、科技部门要以科技帮扶的形式派驻技术人员进入茶业企业，加大科技帮扶。

（3）开展茶产业职业技能竞赛

2020年10月，广元市委、市政府主办，市人社局、市总工会等承办，市茶文化艺术研究会、市茶业集团、旺苍职中等协办，举行了广元市首届茶产业职业技能竞赛，开设了茶艺、评茶、制茶、鲜叶采摘、茶树栽培与修剪等5个工种，开创了全省地市州茶产业职业技能竞赛的先河，取得了很好的效果。

3.加大科技投入不断开发高端产品

（1）与知名茶企合作，引进顶级茶叶精制加工生产线

对接沿海相关企业，引进高水平的红茶生产线1条。以茶产业研究院为依托，邀请中茶所、安徽农大、川农大、省农科院等科研院所，对广元红茶制作生产线进行测试，确保广元红茶生产顺利。

（2）推出高端茶文化创意新产品

引进国内知名高端茶文化创意机构，对广元茶进行文化创意产品系列设计，研发面世茶具、茶包装及系列文创产品。与中国农科院、省农科院、川农、西农等科研院所合作，共建茶产品研究室，研制开发茶产业多种不同品类和功用的系列产品，研发设计茶饮、茶日化品等系列品牌。

（3）建设高端茶营销体系

采取"线上+线下"营销模式，线上重点与移动、联通、电信三大运营商及京东等合作，实现精准营销。线下重点是建立专营店和布局加盟店，与正山堂等知名茶企合作，共享营销渠道，双方产品互进专卖店和加盟店。同时，扩大营销渠道，积极占领国际市场。2020年1~5月，四川出口茶叶1349吨，同比增长271.95%。广元茶叶要根据国外市场对四川茶叶看好的趋势，降低生产成本，强化品牌和质量宣传，加快占据国外市场的步伐。

参考文献

广元市地方志编纂委员会：《广元市志》，方志出版社，2016。

四川省旺苍县志编纂委员会：《旺苍县志》，四川人民出版社，1996。

青川县志编纂委员会：《青川县志》，成都科技大学出版社，1992。

（汉）司马迁：《史记》，中华书局，2013。

（汉）扬雄：《方言》，商务印书馆，1937。

（晋）常璩：《华阳国志》，巴蜀书社，1984。

（明）曹学佺：《蜀中名胜记》，重庆出版社，1984。

中共四川省委、四川省人民政府：《关于坚持农业农村优先发展推动实施乡村振兴战略落地落实的意见》，《四川日报》2019 年 3 月 7 日。

中共广元市委、广元市人民政府：《关于加快构建现代特色农业"7 + 3"产业体系推进特色农业强市建设的实施意见》，《广元日报》2019 年 12 月 24 日。

B.23
广元市古树名木资源现状
及保护利用对策

刘继洪 吴志文 刘 爽 梁勤彪 麻文建*

摘 要: 广元是林业大市,林业用地面积 100.53 万公顷,森林面积
93.4 万公顷,森林覆盖率 57.22%,古树名木资源十分丰富。
经省、市、县古树名木主管部门审核,各级政府认定和公布
的古树名木共有 10807 株,以古柏居多,占比达 82.4%。一
级古树 7787 株(含名木 1 株)占 72%,二级古树 864 株占
8%,三级古树 2156 株占 20%,涉及科 44 个属 71 个种 104
个。在古树名木的保护中还存在重视程度不够、责任落实不
够、资金投入不足、专业人才不足的问题,建议加强宣传教
育、提高全民保护意识,细化分级管理责任、形成保护奖惩
制度,加大保护资金投入、确保各项措施落实,加强人才队
伍建设、提升科学保护水平。建议开发利用,申报世界文化
遗产;实行古树名木的价值及损失补偿评估。

关键词: 古树名木 保护利用 广元市

古树名木是大自然回馈人类的宝贵礼物,是有生命的化石和绿色的文
物,也是先辈们传承给后代的非常珍稀的历史遗产,在历史研究、文化追

---

* 刘继洪、吴志文、刘爽、梁勤彪、麻文建,广元市林业局。

溯、生态保护、科研调查和景观添彩等方面具有极其重要的价值。2016 年，广元市、县级林业主管部门组织力量开展古树名木资源普查，GPS 定位，数码拍照，采用走访调查为主的访谈估测法、查阅历史文献为主的资料追踪法、测量树木钻入阻抗为主的针测仪测定法、扫描断面为主的 CT 扫描测定法等方法，合理推测和科学鉴定出古树名木树龄，完善"一树一档"资料库。2019 年《四川省古树名木保护条例》在充分征求各地市州意见后，经四川人大审议通过，标志着四川的古树名木保护进入了有法可依、依法保护的崭新历史阶段。因此，细致调查，全面掌握广元古树名木资源现状，认真分析政策层面、资金保障、落实措施、队伍建设存在的不足，以问题为导向精准提出对策措施，对于推动条例落实落地、古树名木保护再上新台阶、文旅融合和森林康养旅游高质量发展有着极为重要的意义。

一　广元市古树名木资源现状

（一）总量及种类结构

经省、市、县古树名木主管部门审核，各级政府认定和公布的古树名木共有 10807 株，以古柏居多，占比 82.4%。一级古树 7787 株（含名木 1 株）占 72%，二级古树 864 株占 8%，三级古树 2156 株占 20%，涉及科 44 个属 71 个种 104 个。

（二）从县区空间分布分析

1. 县区数量分析

古树在各县（区）分布：剑阁县 7841 株、苍溪县 488 株、旺苍县 462 株、青川县 392 株、利州区（含经开区）571 株、昭化区 812 株、朝天区 241 株。

2. 县区旅游资源分布图分析

古蜀道的古树名木群落分布最多，在森林公园古树名木资源相对较多。由于历史上植树表道，重视古树保护、自然条件优越、地质土壤适合柏树等

生长，在古蜀道古柏群落最多。广元建城迄今已有 2300 多年，是蜀地与外界资源、信息交流的重要要塞，是古驿道、古栈道文化的集中展现地，是川陕革命根据地的重要组成部分，是三国历史文化的重要发祥地，同时还是中国历史上绝代女皇、杰出的政治家武则天的出生地。明朝以来，州、府、郡首府一直设在广元。元朝时期，"德威广播，疆土广大"的思想盛行，其统治阶层将"川陕行中书省"从曾经盛极一时的咸阳搬迁到了广元。广元区位优势独特，地处四川省北部、嘉陵江上游，巴中在其东，南充阆中在其南，绵阳江油在其西，甘肃陇南、陕西汉中在其北，一直有"川北明珠""蜀道咽喉"之称。西成、兰渝、宝成等铁路干线横穿广元，铁路里程达507.3 公里；建成的广元港助力水路运输，可直达重庆等重要港口城市；京昆、兰海、万广等高速纵横交错，公路里程达 20033 公里；建有广元至北京、广东、新疆等民航营运线路 11 条。扼水陆要道，控南北咽喉，基本建成贯通南北的四川区域性综合立体交通枢纽。广元在促进四川省会成都、陕西省会西安、甘肃省会兰州、重庆四大城市经济融合，以及连接长江流域经济带和丝绸之路经济带上都发挥着极其重要的作用。广元旅游发展迅速，位于秦岭南，同时拥有南北气候特征，生态底蕴丰厚，林业用地面积 100.53 万公顷，森林面积 93.4 万公顷，森林覆盖率 57.22%，空气质量优良比例达到 90% 以上，拥有剑门蜀道、唐家河原始森林世界级的旅游资源 2 处、鼓城山、七里峡、南河湿地等国家级的旅游资源 135 处，成功创建有 5A 级景区 1 个、4A 级景区 20 个，3A 级景区 17 个，2A 级景区 8 个。经过大规模城市绿化建设，建成以山水林城为特色、城区立体绿化为方向的国家森林城市、国家园林城市、中国优秀旅游城市。

二 广元市古树名木的价值及保护现状

（一）古树名木的价值

1.历史价值

古树名木是有生命的化石、是动态的历史遗存，是绿色的文物，记录了生物演替和山川气候的变换，历尽沧桑，记录着朝代更迭、战场战事和时代变迁的痕迹，是人类社会历史发展当之无愧的见证者。孔明伐魏等名人逸事、姜维守关等历史典故、天降大鼓等秀丽风景都能与古树名木联系在一起，具有很高的历史价值。例如，剑阁县的古柏，始植于秦汉，完备于明清，以明柏居多，秦朝时期称皇柏，三国时期称张飞柏，晋代称晋柏，宋朝称宋柏，清朝时期称李公柏。又如三国时期，张飞扎寨现在的朝天区，栽植东西南北柏树四株，小地名因此取为帅扎营。

2. 文化价值

古往今来，以古树名木为载体的民间传说、诗词歌赋、碑刻流传，影响深远。例如轩辕柏、书圣樟、东坡棠、总理桂、小平榕等，将人文精神赋予其上，体现出历史感、文化感、人性感。人格之"真、善、美"与古树名木结合在一起，对中国文学、文物学、园艺学等产生重大影响。例如剑门关翠云廊《观云亭》对联"金牛古道曾淹留鸟迹猿踪是谁凭倚剑门裁三百里翠云铺来尘外，天堑奇观长守护秦关汉月邀我瞻依皇柏读数千年青史悟到心头"，点出了难行的金牛古道，与李白的《蜀道难》遥相呼应，翠云廊的沧桑历史和古柏的苍松挺拔跃然纸上。

3. 生态价值

一株古树名木经历千百年的锤炼仍然能屹立不倒，充分体现出顽强的生命力，其高大的树体，巨大的树冠，遮阴面积达上百平方米，有效地沉降空气中的颗粒粉尘和降低声波，在平衡空气碳氧比例、降低污染物含量、提高土壤含水量、提升防风固沙等方面有重要作用。同时古树名木还为倦鸟归巢、繁衍生息提供了场所，极大地展现了生物多样性和和谐共生的自然美景。

4. 科研价值

古树名木作为千百年磨砺的幸存者，在植物研究、种质资源、气候研究、地理水文、物种进化、政治历史等方面有非常重要的价值。雨季的早晚和气候的干润对树木年轮影响极大，可以根据古树名木的年轮宽窄情况，推测甚至重建过去百年、千年的温度变化，也可以推算雨水变化。还可以根据

树体结构和组成，推测当时的社会环境情况。例如剑阁古柏不仅是柏木珍贵的种质资源和遗传宝库，而且保存了古驿道、古栈道的历史信息。其中"剑阁柏"在树木分类中作为模式标本来源，具有重要科学价值。

5. 景观价值

古树名木苍劲挺拔，古朴厚重，寓意非凡，是镶嵌在神州大地上的明珠，它们同古刹胜迹、名山大川、园林建筑巧妙地融为一体，是不可或缺的有机组成部分。古树名木冠荫覆地、枝繁叶茂，是繁荣兴旺的象征，激励人们积极向上、奋发有为。让人观之后敬畏之情油然而生，不仅喟叹历史的沧海桑田，还赞叹生命的顽强蓬勃，既能有效地增强对祖国大好山河的热爱之情，又能增强民族自豪感和文化自信心。

6. 经济价值

古树名木有树木基因、生态文化、景观等多重效用。对于树种规划有参考价值、产业价值、旅游价值。把古树名木的保护与创意开发利用结合起来，可为申报世界自然文化遗产服务。古树名木价值主要包括：基本价值、生态价值、科研价值、文化价值、景观价值和社会价值。古树名木生态经济价值评估的研究具有从单纯的自然价值过渡到生态文明建设的趋势。

（二）古树名木保护现状

每株古树名木的树龄千差万别，生长环境不尽相同，长势情况各有所异，完善每株古树名木的身份信息尤为重要。市、县级林业主管部门组织力量完善信息，经各级古树名木主管部门审核，再由各级人民政府分别认定公布的古树名木有10807株，其中认定公布的一级古树有7787株（名木有1株），二级古树有864株，三级古树有2156株。

1. 古树在各县（区）分布情况

苍溪县有古树488株、剑阁县7841株、旺苍县462株、青川县392株、利州区（含经开区）571株、昭化区812株、朝天区241株（见图1）。其中，一级古树苍溪县有56株、剑阁县有7518株、旺苍县有44株、青川县有66株、利州区（含经开区）有39株、昭化区有42株、朝天区有22株

（见图2）；二级古树苍溪县有59株、剑阁县有229株、旺苍县有95株、青川县有101株、利州区（含经开区）有205株、昭化区有135株、朝天区有40株（见图3）；三级古树苍溪县有373株、剑阁县有94株、旺苍县有323株、青川县有225株、利州区（含经开区）有327株、昭化区有635株、朝天区有179株（见图4）。

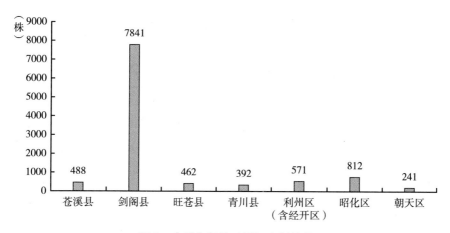

图1　广元市各县（区）古树情况

资料来源：广元市林业局。

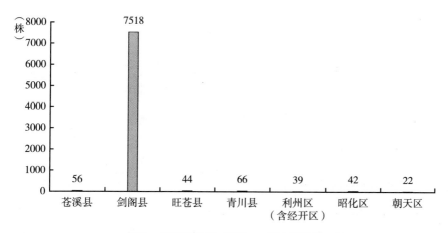

图2　广元市各县（区）一级古树情况

资料来源：广元市林业局。

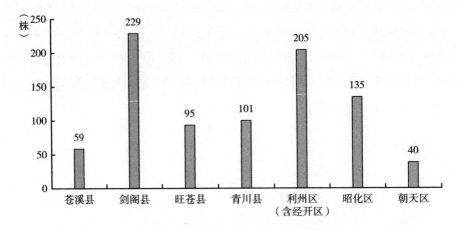

图3 广元市各县（区）二级古树情况

资料来源：广元市林业局。

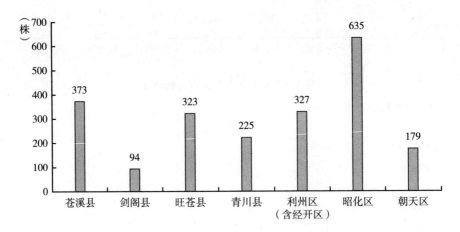

图4 广元市各县（区）三级古树情况

资料来源：广元市林业局。

2. 古树名木科属种组成情况

按科分涉及44个科，其中柏科8911株占82.4%、漆树科378株占3.5%、银杏科197株占1.8%、松科385株占3.6%、胡桃科139株占1.3%、豆科140株占1.3%、壳斗科234株占2.2%、其他科429株占3.9%（见表1）。

表1　广元市古树名木按科分情况

单位：株，%

科名	柏科	漆树科	银杏科	松科	胡桃科	豆科	壳斗科	其他科
株数	8911	378	197	385	139	140	234	429
占比	82.4	3.5	1.8	3.6	1.3	1.3	2.2	3.9

资料来源：广元市林业局。

按属分涉及71个属，其中柏木属8907株占82.4%、黄连木属374株占3.5%、银杏属198株占1.8%、松属149株占1.4%、枫杨属135株占1.2%、皂荚属103株占1.0%、栎属160株占1.5%、油杉属231株占2.1%、其他属556株占5.1%（见表2）。

表2　广元市古树名木按属分情况

单位：株，%

属名	柏木属	黄连木属	银杏属	松属	枫杨属	皂荚属	栎属	油杉属	其他属
株数	8907	374	198	149	135	103	160	231	556
占比	82.4	3.5	1.8	1.4	1.2	1.0	1.5	2.1	5.1

资料来源：广元市林业局。

按种分涉及104个种，其中柏木8907株占82.4%、银杏198株占1.8%、黄连木374株占3.5%、枫杨135株1.2%、皂荚103株占1.0%、铁坚油杉231株占2.1%、油松97株占0.9%、其他种768株占7.1%（见表3）。

表3　广元市古树名木按种分情况

单位：株，%

种名	柏木	银杏	黄连木	枫杨	皂荚	铁坚油杉	油松	其他种
株数	8907	198	374	135	103	231	97	768
占比	82.4	1.8	3.5	1.2	1.0	2.1	0.9	7.1

资料来源：广元市林业局。

3. 古树名木权属组成情况

按权属分集体所有 1612 株占 15%、国家所有 8681 株占 80%、个人所有 520 株占 5%（见图 5）。

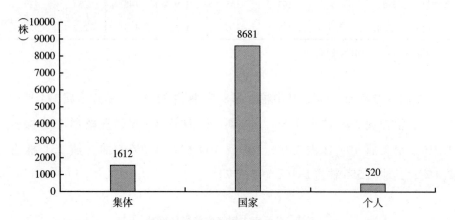

图 5　广元市古树名木权属情况

资料来源：广元市林业局。

4. 古树名木长势情况

按长势情况分正常株 7289 株占 67.4%、衰弱株 3366 株占 31.1%、濒危株 158 株占 1.5%（见图 6）。

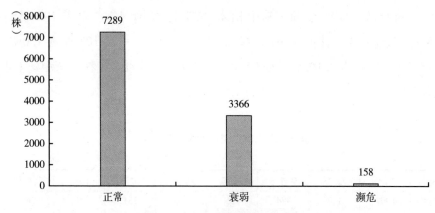

图 6　广元市古树名木长势情况

资料来源：广元市林业局。

三 广元市古树名木保护与利用的问题及不足

通过前期工作，完善了古树名木身份信息，初步建立了管护机制，但目前全市古树名木衰弱和濒危数量不容忽视，古树名木保护和利用工作还存在一些不足。

（一）重视程度不够

古树名木保护措施力度不够，地面硬化前预留空间不够大，刻划钉钉、污水倾倒、管线架设等破坏古树名木生长环境的行为时有发生，部分古树名木养分吸收受阻，甚至生长受损。道路升级改造、房屋搬迁等工程建设中，盲目移植，导致一些古树名木长势受损，衰弱株数量已不可忽视。

（二）责任落实不够

古树名木权属分国家所有、集体所有和个人所有，多个保护管理责任单位在管护上互相推诿。日常养护责任书还未全部签订完成，管理单位变化快、养护人员变动频繁、养护责任不落实的现象多有发生，部分需要养护和复壮的古树名木未落实应有的措施，处于自然生长的状态。

（三）资金投入不足

古树名木的资源情况普查、抢救复壮、日常养护、科学研究等需要资金保障，地方政府还未完全纳入地方财政预算，许多生长在农户房前屋后、集镇、交通路口和人烟稀少森林中的古树名木生长状况动态监测、病虫害防治、肥水管理、树体支撑加固、避雷针安装等日常养护工作不能及时实施，古树名木灾害受损情况频发。

（四）专业人才不足

古树名木的保护在细化科学措施时，不仅需要对植物生理进行研究，

而且需要对当地的历史地理气候等进行分析。政治过硬、责任心强的管理者，植物、物候、地理、历史等方面的专业人才就变得十分重要，但目前专业技术人才短缺，"一树一人"服务不到位，技术支撑匮乏的问题日益严重。

（五）开发利用不足

对古树名木资源开发利用的科学技术研究不够。对古树名木的经济价值补偿研究不够，古树名木保护补偿机制不完善，实行资源有偿使用不足。对古树名木的历史文化价值挖掘整理不够。

四　广元市古树名木资源保护及利用对策建议

（一）广元市古树名木资源保护对策

1. 加强宣传教育，提高全民保护意识

首先，应在学校教育中充分地融入古树名木保护教育，让市民从小树立古树名木保护意识。其次，结合宣传标语、宣传手册、宣传栏、网络等多种手段，创新宣传方式，积极向全社会普及古树名木的种类、保护意义、保护方法等知识，积极号召民众参与古树名木保护行动，从技术上提高民众的古树名木保护水平。旅游公司、导游、景点、酒店等应积极利用自身优势，加强对游客的古树名木保护宣传，提高全民参与度。

2. 细化分级管理责任，形成保护奖惩制度

建立目标责任制与森林资源管理工作同步考核。古树名木保护由各级政府统一部署，纳入相关部门单位的目标考核，坚持推行行政一把手"离任交接"制度，将古树名木保护绩效纳入离任审计，倒逼各级责任人真正"把责任扛在肩上"。落实管护协议签订，明确管护任务，压实管护责任，形成古树名木保护责任长效奖惩制度。引导社会力量参与古树名木认养，纳入全民义务植树尽责评价。

3. 加大保护资金投入，确保各项措施落实

加强政策和资金保障力度，加强创新管理机制，大力推行"一树一园"，建设特色古树名木公园。探索创建古树名木保护基金，专项用于古树名木保护活动，深层次撬动社会资金参与古树名木保护。

4. 加强人才队伍建设，提升科学保护水平

建设古树名木专家库和养护责任人库及信息化系统。建立古树复壮专家网及专家队伍。坚持以人为本，建立人才激励机制，吸纳更多优秀人才投身到古树名木保护中。搭建古树名木保护业务能力交流平台，积极引进专业人才，支持业务人员外出调研、参观、学术交流，适时邀请国家级、省级专家实地指导，壮大古树名木专家库，促进人才队伍综合能力建设，培养一批有责任心、有干事心、有爱心的管理团队，锻炼一批头脑过硬、技术过硬、专业过硬的人才队伍。

5. 开展安全性评估调查

对周边社区群众居民、中小学生、游人、过往车辆司乘人员讲解《四川省古树名木保护条例》。在旅游景点、游线、设施附近竖立保护设施，如护栏、围栏、警示牌、垃圾箱、限制牌、"三废"处理等设施。建议国家《古树名木保护条例》统一古树名木标识标牌标准并增加技术性，勿损伤树体。

（二）广元市古树名木资源利用建议

1. 建议"翠云廊"申报世界文化遗产——"中国古代的绿色通道工程"

建议申报"中国或世界古柏之乡"。建立古树名木历史文化信息员队伍。据调查，广元古树名木资源在全市七县区以群状或零星状态分布，72.5% 即 7839 株是在古蜀道两旁的古树，7091 株为古树群——翠云廊，占广元市古树名木资源的 65.6%。驿道古柏为极为稀有的史诗级的历史文化活体群。翠云廊千年"剑阁柏"，入围"中国最美古树"。古川柏木群，历经沧桑、保存完美，绵延 200 余千米，世界罕见。

2. 建议古树集中分布的生长环境范围的土地实行国有化管理

古树名木保护补偿机制不完善，应实行资源有偿使用。国家法律明令保护，保护管理规范化、科学化，健全古树名木健康档案。加强日常养护，做好除草、浇水、施肥、堵树洞、检查病虫等工作。应对自然因素和各种人为的影响，采取科学保护措施。复壮、围栏、浇水、支撑、砌地、防病虫害、修补树洞、预防风雪雷雨。保护资金主要由政府承担，所有者无意管护或失去养护能力，所有权可以转让国家所有，实行补偿。

3. 建议制定古树名木的价值及其损失补偿评估办法

国家工程项目建设征用、占用林地时，因自然灾害或人为活动破坏，应进行价值认定或评估损失价值及损失补偿。对管护责任人进行补贴。诸如补偿范围、补偿种类、补偿标准。古树名木有特定时机性，具有重置价值。名木的产生也有机遇性。不能在短期大量生产，具有不可再生性。古树名木具有科研价值。果实、种子或叶片，还可开发为旅游纪念品，具有市场价值。古树名木是有自然与人文内涵的珍贵遗产。可参考特用林、防护林补偿标准，先制定广元市古树名木的价值及其损失补偿评估办法。

参考文献

吴志文：《中国古代的绿色通道工程——翠云廊及其形成》，《世界林业研究》2001年第5期。

吴志文：《广元古树名木的原真性及历史文化独特性与保护利用》，《世界林业研究》2009年9月。

伏建芳、唐天勇、何显平等：《剑阁县驿道古柏资源调查初报》，《四川林业科技》2018年第6期。

县域发展篇

County Development Reports

B.24

成渝地区双城经济圈建设背景下
阆苍南一体化协同发展研究报告

谢龙飞　赵文勇　陈　强　卢奕可　张　郁*

摘　要： 习近平总书记在中央财经委员会第六次会议上强调，要大力
推动成渝地区双城经济圈建设，在西部形成高质量发展的重
要增长极。阆中、苍溪、南部三县（市）处于成渝地区双城
经济圈北翼，区位条件独特、资源禀赋良好、文化底蕴深厚、
产业特色鲜明，推进阆苍南一体化协同发展将有力助推区域
同步达到全面小康，同步实现乡村振兴，形成川东北新兴增
长极。课题组提出了探索建立一体化发展体制机制、推进基
础设施互联互通、推进产业发展协作共兴、推进城市相向建

---

* 谢龙飞，中共苍溪县委；赵文勇，苍溪县社科联；陈强，苍溪县发展和改革局；卢奕可，苍溪县委政策研究室；张郁，苍溪县互联网信息中心。

设、推进流域协同治理、推进公共服务共建共享等阆苍南一体化协同发展的具体内容，为阆苍南区域一体化协同发展并融入成渝地区双城经济圈提供了有益参考。

关键词： 阆苍南　成渝经济圈　一体化　广元市

一　阆苍南一体化协同发展的意义与定位

　　阆中市、苍溪县、南部县同处四川盆地北缘，秦巴山脉南麓，嘉陵江中游，均属川陕革命老区，辖区面积 6437 平方公里，总人口近 300 万，是西部地区除中心城市外人口最密集地区，且县城之间距离近，仅为 30 公里，三地曾长期属于同一地区管辖，地缘相连、人缘相亲、情缘相通，拥有共同的历史记忆、文化根脉和发展愿景。推动阆苍南一体化协同发展，是省委基于重塑区域经济版图、打造川东北经济区新兴增长极做出的重大战略决策，为三地协同发展提供了新契机、注入了新动力。

（一）阆苍南一体化协同发展的意义

1. 符合县际区域协调发展的时代需要

　　在我国行政结构中，县一级从古至今都处于承上启下的重要位置，它是发展社会经济、保障百姓民生、维护社会稳定、促进国家繁荣昌盛与长治久安的重要基础。阆苍南一体化协同发展建设是遵循习近平总书记提出的实施区域协调发展战略的重要体现，是实现乡村振兴战略的重要方式，是深入贯彻落实省委"一干多支"发展战略、推动川东北经济区高质量发展的重要举措。

2. 形成县际区域协调发展的生动实践

　　当前，我国区域协作已经走过几十年的历程，也建立起一系列的理论体系，但是，区域协作多是在宏观区域领域，主要聚焦相邻国家、相邻省份和相邻市，而相邻县域之间的区域协作实践较少，理论研究缺乏。成渝地区双城经济圈的建立，可以探索建立一套内陆地区区域协作的宏观理论体系，而阆苍南一体化协同发展实践，可以探索建立县级层面经济区与行政区适度分离的机制体系，阆苍南小区域协作研究可以填补成渝地区双城经济圈协作的理论空白。

3. 打造川东北经济区新兴增长极

阆苍南一体化协同发展建设为三地实现经济高质量发展搭建一个切合实际、操作性强的重要平台，提供一条全新而独特的实现路径，不断优化川东北经济格局，进而推动川东北经济区高质量发展。同时，强化与渝东北合作，联动发展，可以有力促进成渝地区双城经济圈北翼振兴。

（二）阆苍南一体化协同发展的定位

阆苍南一体化协同发展紧扣"成渝地区双城经济圈建设""新时代西部大开发"等重大战略机遇，积极打造川陕革命老区振兴发展示范区、嘉陵江流域国家生态文明先行示范区、嘉陵江国家生态旅游示范区。具体来看，在省级层面的定位是：成渝地区县域协同发展的示范样板；在区域层面的定位是：川东北经济区新兴增长极。

二 阆苍南一体化协同发展的模式与路径分析

（一）阆苍南一体化协同发展的模式

通过研究借鉴长江三角洲区域一体化发现，长三角区域一体化过程中"市场"占据主导，即该区域一体化过程是由社会经济高度发展来推动一体化进程。目前，阆苍南三地都处于快速发展阶段，受制于资源和经济水平，要实现联动发展、互补发展、共赢发展，仍需要依靠强有力的政策手段来推动一体化，增强发展动力，因此，必须采取"行政－市场"联动发展模式（见图1）。

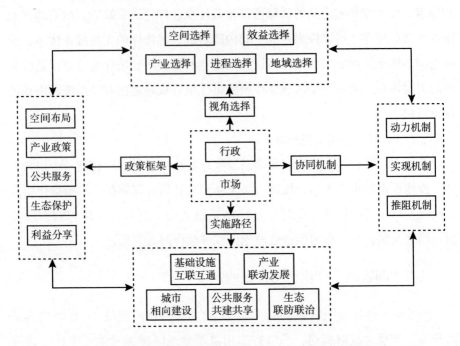

图1 阆苍南一体化发展"行政－市场"联动发展模式

资料来源：苍溪县发展和改革局相关资料。

（二）阆苍南一体化协同发展的实施路径

围绕"规划衔接、基础设施、产业协作、生态治理、公共服务建设"等协作内容，通过一体化协同发展，进一步聚焦阆苍南三地目前面临的区域性重大问题，包括经济发展不均衡、基础设施不畅通、竞争同质化、公共服务不均等问题，强化分工合作，相互取长补短，优化资源配置，将阆苍南区域建成一个有影响力的区域共同体。

1. 探索建立一体化发展体制机制

协同发展的根本要求和目的是破除行政壁垒和市场隔离，促进区域生产要素合理流动、资源有效配置，消除区域内部消耗，最终实现区域科学发展、均衡发展。要实现这一根本目的，关键在于以体制机制改革来释放活力。阆苍南作为县域协作的重要实践地，正在积极探索建立互利共赢的税收分享机制、土地管理制度改革试点等。着眼激活市场主体、激活资源要素、激活政策供给，在规划对接、利益分享、创新协同、开放合作、人才互动等重点领域和关键环节，谋划推出一批突破性改革举措。目前，三地建立党委政府牵总引领、部门对口协调、三地联席会商的工作落实机制，定期开展交流互访，三地轮流承办联席会议，研究解决工作中的实际困难和具体问题。

2. 推进基础设施互联互通

统筹区域交通整体布局，加强交通规划对接，实现同规共建。编制阆苍南区域交通"一张网"，畅通内联外达通道，建设成渝地区北向重要门户枢纽。把城际公交、沿江快速通道、城市轻轨作为加快区域一体化发展的优先事项，打造"15分钟交通圈"。构建统一的市政通道，推进苍溪至阆中沿江快速通道、国道212线、省道205线、G75高速出口等项目，打通县域之间的断头路，补齐交通短板，构建骨架相通、末节相连，有层次、有纵深的区域交通路网。推进广元港张家坝作业区港口建设，完善基础设施，争取进港公路、铁路项目，推进嘉陵江航道整治和扩能提升，构建以港口为核心的多式联运物流枢纽。

3. 推进产业发展协作共兴

三地通过定期举办的联席会议，明确三县（市）三次产业主攻方向，建立产业协作体系，立足各地产业禀赋，推动产业基础高级化、产业链现代化，共同构建高效分工、错位发展、有序竞争、相互配合的现代产业体系。促进文化旅游资源向阆中市集中，特色农业、清洁能源开发和乡村旅游产业向苍溪县集中，机械制造业及粮油产业落户南部县。重点围绕"强链条、育集群、建体系"来展开，就是根据产业基础和市场需求来共同建链、延链、补链、强链。旅游产业方面，依托阆中响亮的古城招牌，三地已经构建旅游联盟并开发红色文化旅游线路、清凉避暑线路、宗教文化线路、沿嘉陵江亲水线路、乡村旅游精品线路5条，共建打造"嘉陵江国际文化旅游产业联盟"，抱团融入成渝地区双城经济圈。

4. 推进城市相向建设

在新一轮县城总体规划修编中，苍溪明确提出城市发展空间南拓建设百利坝片区，新建一座康养休闲"慢城"。目前，已完成了百利新区控制性详细规划。按照《控详规划》，强力推进"四百项目"（即石家坝百利大桥、百利河堤、百利干道、百利安置点），加速百利新区开发建设。加快推进环嘉陵江旅游开发项目建设，利用苍溪山水资源，加大与阆中水上旅游的深度整合。同时，以行政区划调整为契机，将八庙镇所在地迁至百利新区，扩大镇域范围，并更名为百利镇，有效推进与阆中相向建设，共谋发展。

5. 推进流域协同治理

统筹沿嘉陵江山水林田湖草系统治理，统筹岸线保护和建设，共建嘉陵江流域生态经济带。建立嘉陵江流域生态联合管理机制，共同规划布局垃圾焚烧发电、污水集中处理、淤泥处置等设施建设，推进公园、绿道、湿地等生态工程共建共享，完善流域污染防控考核机制，探索建立常态化跨区域生态补偿机制，健全全流域成本和受益公平分配制度，打造嘉陵江流域生态文明先行示范区。

6. 推进公共服务共建共享

立足现实基础，补齐民生短板，推动公共服务网络共建共享，加快建立基本公共服务跨城乡跨区域流转衔接制度，形成要素流通的大环境。推进社会保险、公交等领域实现区域"一卡通"、政务服务"一网通"等便民服务。探索为游客提供康养医保异地结算服务，增强康养度假地对游客的吸引力。打造区域"教联体""医联体"，协同建设区域性教育、医疗中心，合作共建跨区域养老机构。抓住新一代信息技术发展的重大机遇，推进区域信息网络设施统筹布局，加快实现公共管理、政务服务、社会治理、地理空间等领域的信息共享，打通协同发展的信息"大动脉"。

三 阆苍南一体化协同发展的制约因素分析

2020年以来，推动阆苍南一体化协同发展已从两市三地的共识上升为具体行动，一体化进程已经迈入全新阶段，取得了一系列阶段性成果。但是，在观念、体制、利益分配等方面依然存在诸多制约因素，影响着一体化协同发展进程。

（一）本位主义观念亟待破除

当前，地方政府作为一级经济利益主体的地位十分突出，力量也十分强大。地方政府在现实经济生活中，具有追求自身管辖行政范围内经济利益最大化的强烈动机。阆中、苍溪、南部分属南充、广元两地级市所辖，三地经济在全省175个县（市、区）综合实力排位中均不靠前。在现阶段，都有加快本地经济发展的强烈愿望，三地协同发展面临着为各种项目投资落地在本县市而相互竞争的风险。推进阆苍南区域一体化发展，需要准确把握好局部利益与区域整体利益之间的关系，区域一体化就是在某一方面牺牲一部分利益来求得整体更大的利益，这种权益的让渡并非得不偿失，它可以在另一方面获得收益补偿，这实际上是一种非零和博弈，只有这样才能实现"双赢"甚至"多赢"局面，进而达成合作。经济圈整体利益是三地各自利益的有机融合而不是简单的机械相加，全局共同利益趋向是区域合作发展的内在动力。

（二）产业协同有待加强

在现行体制下，三地既受行政隔离，又受既有利益制约，区域之间的产业内在联系在很大程度上被行政区划和体制所阻隔。过去，阆苍南三地为了各自发展实施项目而出现产业雷同现象，为保护各自的优势而对其他地区实施不同程度产业垄断时有出现（见图2）。三县（市）同处于追求经济规模而非经济质量的阶段，发展上存在同质化竞争。在发展程度上，从2019年阆苍南GDP和三次产业总量增速情况（见表1）可看出，三地目前还处于追求经济规模的阶段，即集聚效应大于溢出效应，各自在自己优势产业领域对周边地区带动力有限，产业辐射力、产业协同程度都有待加强。

表1 2019年阆苍南GDP和三次产业总量增速排位情况

序号	县区名	GDP				第一产业增加值			
		总量（亿元）	位次	增长（%）	位次	总量（亿元）	位次	增长（%）	位次
1	南部县	400.6	1	8.1	1	67.9	1	3.0	1
2	阆中市	254.0	2	7.7	2	53.7	2	2.8	3
3	苍溪县	165.6	3	7.3	3	41.7	3	2.9	2

序号	县区名	第二产业增加值				第三产业增加值			
		总量（亿元）	位次	增长（%）	位次	总量（亿元）	位次	增长（%）	位次
1	南部县	194.8	1	9.2	2	137.9	1	9.9	1
2	阆中市	85.0	2	10.0	1	115.3	2	8.8	2
3	苍溪县	53.0	3	9.2	2	70.9	3	8.4	3

资料来源：2019年南部县、阆中市、苍溪县《国民经济和社会发展统计公报》。

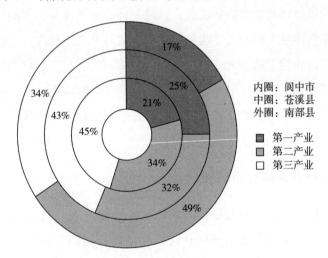

图2 2019年阆苍南协同发展区域产业结构对比

资料来源：2019年南部县、阆中市、苍溪县《国民经济和社会发展统计公报》。

（三）体制机制尚需突破

目前，三地一体化协同发展处于起步阶段，协同效率不高，制度创新不够，还未走入深水区。囿于地方保护思维，三县（市）目前的经济发展都是立足于本县市利益，缺乏整体上的宏观协调，虽然在个别领域已经开展合作，但这种合作还处于萌芽阶段，存在局部性和临时性，进而导致一体化发展的不经济性和不可持续性。

行政区划障碍是市场分割、统一的产品和要素市场难以建立、市场机制不能在区域资源配置中充分发挥作用，以及区域内优势互补的产业分工难以形成的根本原因。在我国西部地区，经济运行最明显的特征是，以行政区划为基本单元划分的经济单元之间的关联性较弱，产业缺乏协同、基础设施难以畅通，甚至以邻为壑，恶意竞争，其根源在于区域内资源配置政府占主导地位，而政府是以发展本区域经济为目的，这就使得行政隔离造成经济隔离。

（四）动力机制效用不佳

动力机制效用不佳问题是一体化协同发展推进过程中的源头问题，如果动力机制有缺陷，动力内生的能力和传导力就会有问题，就会出现"高层领导有干劲、职能部门走形式、基层工作疲应付"的现象。因此，动力机制效用是推进协同发展的先决条件，如果这个问题解决不好，后面的工作都将很难推进下去。当前阆苍南一体化发展实践中，动力机制构建方面尚不符合高质量发展的要求。一方面，三地推进协同发展的动力主要来源于上级部门的工作部署和外部倒逼力量，以内部机制改革形成内生发展新动能的目标还远未达到，其发展动力机制中内生动力源明显缺失；另一方面，市场参与度有待提高，阆苍南一体化发展的核心是建立"行政""市场"双引擎，让行政引导市场，让市场推动一体化，形成改革驱动、民生驱动的内生动力，阆苍南区域与长江三角洲和粤港澳大湾区相比，最大的差距在于经济和社会发展的活力不足，社会参与度不高。

四 阆苍南一体化协同发展的策略

（一）进一步强化一体化协同发展意识

在一体化协同发展中，各地政府工作易受既有思维束缚，本位主义严

重，只有解放思想，挖掘潜力，激发内生动力，才能做大"蛋糕"，释放出更多发展红利，让一体化发展进入新境界。三地可联合开展一体化大讲堂，借鉴长三角、粤港澳大湾区、京津冀地区等区域的一体化发展经验，提升三地党政干部、社会各界、基层群众对一体化发展的认识，凝聚共识和力量。加强学习借鉴，通过东西部扶贫协作平台，选派优秀干部到沿海发达地区挂职学习一体化协同发展先进理念和经验。

（二）进一步强化产业协作

建立产业协作体系，立足各地产业禀赋，推动产业链现代化，共同构建合理分工、良性竞争、相互配合的现代产业体系。产业协作发展要立足于全局，系统安排部署，达到"开发一点、盘活多面"的效果，强化产业要素的集聚，促进产业规模的扩张，通过实现规模化、集群化，进而推进阆苍南产业协同发展。重点围绕"强链条、育集群、建体系"来展开，根据产业基础和市场需求来共同建链、延链、补链、强链。坚持资源互补、链式关联，优化布局，促进产业协同发展、融合发展，推动实体经济与人力资源、科技创新、现代金融相协同，构建区域协作共兴的现代产业体系。

（三）进一步完善体制机制

积极争取省级层面牵头成立阆苍南一体化协同发展领导机构，并出台指导意见。同时加快推进《阆苍南一体化战略发展规划》编制，解决当前一体化发展思路不明确的问题。区域联动建立起公开、公正的市场竞争机制，破除行政壁垒和市场分割，促进各类生产要素合理流动和高效配置，是协同发展的本质要求、深化改革的关键一招。统筹建立区域内共享机制、补偿机制，构建跨区域的利益分配体系，高效合理地配置资源，实现三县（市）共同发展。

（四）进一步增强发展动力

从政府角度来看，政府的职能定位必须随着社会经济的发展而发生转变，要从管理者转向服务者，政府的主体责任是公共服务职能和宏观调控职能。对政府职能合理界定的基本原则是：在功能导向下，政府避免参与微观经营活动，从市场经营的领域逐步退出，调动民间资金，激发市场动能，而对于公益性质的公共服务和基础设施等方面，政府必须立足长远，积极介入。具体要向三个导向转变，即规划导向、投资导向、政策导向。从市场角度来看，政府不能既作为管理者又充当参与者，既当裁判又当运动员，要逐步退出微观经济活动，成为市场运行的管理者、监督者。三县（市）探索成立"平台公司"，为一体化协同发展提供力量支撑，正向引导民营企业参与一体化协同发展。研究出台引导社会资本参与区域协同发展的系列政策措施，探索运用政府和社会资本合作、特许经营等多种方式，支持各类企业参与项目建设。发挥产业联盟、创新联盟、行业协会、商会的桥梁纽带作用，使各类主体共同参与一体化协同发展。

参考文献

李礼：《长株潭生态型政府构建的困境与出路》，《湖北行政学院学报》2009 年第 4 期。

蔡岚：《论红三角区域政府合作》，中南大学硕士学位论文，2005。

吕国锋：《东北区域经济一体化研究》，东北师范大学硕士学位论文，2006。

张立勇：《西（安）咸（阳）一体化发展研究》，西北农林科技大学博士学位论文，2007。

高国力、黄征学、张燕：《促进"一带一路"与三大区域发展战略对接》，《宏观经济管理》2018 年第 8 期。

蒲洪旭：《务实高效深化交流合作 加快推动阆苍南一体化协同发展》，《广元日报》2020 年 4 月 2 日。

B.25
剑阁巩固提升天府旅游名县
创建成果研究

杜嫣然 杨仕甫 罗彦康 罗启 袁小勇 *

摘　要： 巩固和提升创建天府旅游名县成果是一项前所未有的工作，是一项全新课题。2019 年至今，剑阁克服新冠肺炎疫情带来的严重影响，创新采取系列措施和办法，促进旅游业健康发展，取得了令人瞩目的成绩，为天府旅游名县巩固提升创建成果提供了可资借鉴的宝贵经验。为了探索巩固天府旅游名县创建成果，促进县域经济可持续发展的对策，课题组通过实地考察、查阅资料、召开座谈会、分析讨论等方法，对剑阁县巩固提升天府旅游名县创建成果取得的成效、经验及存在的问题进行了总结、分析、研究。课题从进一步提升旅游景点品位、提升旅游服务质量、突出特色、形成联盟、整体推进、加大促销等方面，对巩固和提升天府旅游名县工作提出了对策建议。

关键词： 天府旅游名县　品牌提升　广元剑阁

一　剑阁巩固提升创建成果的创新做法

2019 年 4 月，四川公布了首批 10 个天府旅游名县名单，剑阁县名列其

---

* 杜嫣然、杨仕甫、袁小勇，中共剑阁县委宣传部；罗彦康、罗启，剑门关古蜀道历史文化普及基地。

中。剑阁县以荣获"天府旅游名县"为新起点,巩固提升创建成果,聚力全域旅游发展,做实"天府旅游名县"品牌,成效明显(见表1)。

表1 剑阁县 2016~2019 年旅游业运营指标

项目	2016 年	2017 年	2018 年	2019 年
接待人数(万人次)	662.2	780.40	891.2	1000.20
增长(%)	—	17.85	14.20	12.23
总收入(亿元)	72.02	90.10	110.50	122.90
增长(%)	—	25.10	22.64	11.22

资料来源:剑阁县人民政府网站。

(一)聚焦基础服务配套,提升产业发展原动力

1. 强化基础建设提升

2019 年,整合项目资金 1.03 亿元,新建和改造旅游集散中心 3 处,实施剑门关景区服务设施提升等项目;修缮古蜀道 18.6 公里,投入 2.45 亿元,完成普安绕城路、国道 108 普安过境段改线工程和剑张、剑双、广剑旅游公路 206.77 公里;建成国道 108 小剑门旅游综合服务区 1.6 万平方米,投入资金 5072 万元。

2. 加大重大项目建设

成功签约剑门关柏朗三国文化酒店、五指山农旅融合开发、石洞沟农旅融合产业园、凤栖湾生态农旅开发等项目,总投资 11.5 亿元。央企华侨城公司投资 10.9 亿元的剑门关旅游服务区、剑州小镇和双旗美村·剑溪谷项目正加紧施工,投资 5000 万元的崖壁灯光秀项目即将投入运营;四家民营企业投资 12.8 亿元建设的名洲缘、翰林苑等 4 个旅游综合体项目已完工 70%。总投资 17.5 亿元的天赐温泉三期、剑门石斛二期、清江龙湾二期等项目正加快前期准备,即将全面开工建设。

3. 着力城市品质提升

加快剑州温泉小镇、宝龙山森林康养小镇等特色旅游项目建设,概

算投资达 82 亿元；新建和提升城市绿道 7.6 公里，建成特色美食街 2 条，改造排水排污管网 10.22 公里，加固维修桥梁 7 座，配套生活垃圾分类智慧居家馆 23 个，升级改造城市旅游公厕 7 座；开通县城至景区旅游专线 3 条，投放共享单车、电动车等 700 余辆。剑阁旅游公共服务建设经验被编入 2019 年出版的《全国旅游厕所革命工作推进现场会典型经验汇编》。

（二）聚焦融合发展战略，提升全域旅游带动力

1. 深化文旅融合

积极推进文旅资源普查和保护利用，奋力推进大蜀道博物馆建设；尽快实施红军血战剑门关遗址建设工程和改造提升化林大寨 3A 级景区，助推红色旅游发展；规划并实施剑州古城保护性开发建设，形成昭化古城、阆中古城旅游环线；推出傩戏面具、羊岭布艺等 30 多种文创产品，创作《家长审批》《剑阁雄起》等文艺作品 15 个，精编姜维守关、孔明巡关等舞台剧目 50 个，进一步丰富全县文化旅游内涵；定期举办蜀道文化旅游节、蜀道国际山地马拉松、四川省"百万群众迎新登高"等赛事活动。

2. 注重坚持农旅融合

投资 8000 万元打造百里彩画廊自行车骑游线路；新建农旅融合示范园 10 个、休闲农业专业村 11 个；培育森林人家 34 家、星级农家乐 93 家、森林康养小镇 1 个、精品民宿 20 家、国家级森林乡村 9 个；创新推出土鸡宴、全鱼宴、豆腐宴、山珍宴、民俗宴等五大菜系，培育剑门豆腐、剑门土鸡等特色餐饮品牌；提升剑门牛肉、上陈匠酒、剑门石斛等旅游特色商品质量。2019 年，旅游商品销售额达到 2.24 亿元。

3. 坚持康旅融合

引领生态康养旅游名县建设，编制《剑阁县大健康产业发展规划》，·扩建 3 家温泉酒店，推出"泉疗""药疗"等特色服务；建设剑门石斛中医药康养园、五指山生态康养等项目；财政投入 6800 万元建设 10 家，并

引导社会资本建设 12 家养生养老机构；新建、扩建县人民医院、县中医院、县妇幼保健院、县疾控中心业务综合大楼，共投入资金 3.8 亿元；投资 1.05 亿元，提档升级 14 个乡镇卫生院硬件设施，进一步夯实康养医疗服务基础。

（三）聚焦行业监督管理，提升共建共树向心力

1. 加强宣传引导

通过电视、广播、网络等媒介，广泛宣传《旅游法》《风景名胜区条例》等行业法规和文明旅游公约，引导旅游从业者守法诚信经营；组织全县旅游经营户深入学习四川省旅游标准化示范县（区）、天府旅游名县等行业标准，推行信用等级"红、黑榜"，严格实施旅游企业质量等级考核，加强行业协会自律管理，推进文旅市场信用体系建设。

2. 注重教育培训

制定《剑阁县 2019 年旅游从业人员年度教育培训工作方案》，与高等院校合作大力培养企业管理、职业经理及旅游应用型专业人才，同时通过轮岗、交流、挂职等途径，加强本地人才培养；在剑门关景区探索实行专业团队委托式管理；由行业主管部门举办导游讲解、文明礼仪、特色餐厨等业务培训班 4 期，参训率达 95% 以上。

3. 做好疫情防控

制定疫情防控工作方案，严格管控文化旅游公共场所，剑门关景区实施游客脚踏"蓝丝带"保持间距等做法；定期对文旅场所进行执法检查，从严整治市场乱象；建立 12 支应急救援队、15 支党员志愿服务队，常态化开展旅游应急救援和志愿服务工作；加强旅游咨询投诉受理、处理工作，确保受理率、处理率、满意率均达 100%。

（四）聚焦市场巩固拓展，提升旅游名县影响力

1. 围绕交通线路做实城市宣传营销

瞄准高速公路、铁路、航空、嘉陵江水路等交通线路，切实做好交通沿

线城市宣传营销。在京昆、成渝、兰海、成雅等高速公路沿线设置立柱和天桥广告 11 处；在广元机场 11 个通航城市和西成高铁沿线城市开展宣传，投放宣传广告，并常态化开展专场旅游推介活动，在西成高铁开行"剑门关号"高铁专列，剑门关景区在西安地铁站冠名。

2. 围绕两大品牌推进联盟宣传营销

以"天府旅游名县"和"大蜀道"两大品牌为依托，强化联合协作。联合蜀道沿线 11 市文旅部门、11 家景区，成立大蜀道旅游联盟，签订文旅经济协同发展协议、发表共同行动宣言，实现抱团发展。高质量承办大蜀道文化旅游节和中国"关隘文化"大讲堂，推出 5 条蜀道文化精品旅游线路，推动联盟城市协作开发蜀道文创产品。利用天府旅游名县联盟优势，积极参加宣传推介活动 17 次。

3. 围绕三大市场加强境外宣传营销

紧盯港澳、日韩、欧美三大境外客源地，积极拓展境外市场。2019 年，新聘 10 名国际友人担任剑门关文化旅游推介大使；设立韩国首尔剑门关景区营销中心，开设韩文网站，参加韩国模德世界旅游博览会、首尔哈拿多乐第十三届国际旅游博览会；邀请美国友人贾和普第 21 次重走蜀道，剑门关景区再次亮相美国纽约时代广场。

二 剑阁巩固提升创建成果成效比较

一年过去了，首批天府旅游名县是怎样巩固提升其创建成果的，取得了哪些宝贵经验？

首批天府旅游名县在做实、叫响、擦亮"天府旅游名县"金字招牌方面的工作各具特色，均发生了新变化，取得了新经验，获得了新成果（见表2）。与其他 9 个县区相比较，剑阁县在战胜严重疫情和打赢脱贫攻坚战的基础上，旅游经济稳步发展。

表 2　首批天府旅游名县巩固提升创建成果成效一览

地区	取得的成果
稻城县	全县贫困人口围绕旅游直接和间接年人均收入超过 6100 元,占总收入的 64%;稻城群众围绕旅游直接和间接人均增收超过 10000 元,占总收入的 70% 以上
峨眉山市	成功引导 4500 余名景区村民生态搬迁下山,全面完成 390 亩生态修复。全域推进"绿秀峨眉",全市森林覆盖率 63.5%,空气质量优良率 93.4%,"国家生态文明建设示范市"已通过国家复审
广安区	新签约文旅项目 19 个,总投资 56 亿元,新开放旅游景区景点 6 个;全区接待游客 1731 万人次,同比增长 14.8%;实现旅游总收入 182 亿元,同比增长 14.9%,增幅创近年新高,并荣获"2019 中国(区域)最具魅力人气旅游城市"美誉
长宁县	主导推出"竹海长宁依然美丽、天府名县加力前行"等主题活动。2019 年,接待游客 1201.78 万人次、旅游收入 142.10 亿元,分别增长 22.16%、14.78%;2020 年 1~7 月,游客量达 658.15 万人次、旅游综合收入 69.72 亿元
阆中市	2019 年,阆中市接待游客达 1441.31 万人次,同比增长 19.34%;实现旅游收入 170.01 亿元,同比增幅达到 30.11%。过去一年先后获得"中国最具魅力文化旅游城市""2019 年度中国国家旅游特色古城旅游目的地"等荣誉
汶川县	将文旅产业发展作为核心抓手。坚持省委、省政府"做实、叫响、擦亮"天府旅游名县金字招牌的战略思路,通过做相生共兴、融合交汇,让汶川县旅游业释放出强大动能,日益成为引领汶川可持续发展、富民强县的重要产业
都江堰市	从"国际化标准、全域式推进、特色化彰显"三方面持续深化"天府旅游名县"建设,大幅提升旅游产业能级、城市功能品质、旅游品牌形象
剑阁县	2019 年,全县游客接待量达到 1000.2 万人次,同比增长 12.2%;旅游综合收入 122.9 亿元,同比增长 11.2%;获得"四川省全域旅游示范区""2019 中国县域旅游竞争力百强县""中国楹联文化县"等荣誉

资料来源:四川省文化和旅游厅网站、凤凰网四川频道"一年看变化"首批天府旅游名县印象。

三　剑阁巩固提升创建成果经验分析

1. 创新体制用好"指挥棒"

建立县委、县政府主要领导任双组长的旅游产业发展领导小组,各乡镇、村成立相应机构,确定每季度专门研究旅游发展工作,会商解决重大问题。结合古镇、古村、古柏保护,撤并蜀道沿线 14 个小乡镇 90 个行政村,组建 10 个文化旅游大镇,把中心镇的旅游产业做大做强,夯实旅游经济发

展新支撑。

2. 统筹规划把好"方向盘"

县委、县政府坚定贯彻落实省委建设文化旅游强省战略部署，立足资源和区位优势，大力实施"旅游＋"融合发展战略，精心编制《剑阁县旅游发展总体规划》和建设性详规，坚持规划围绕旅游转、资金围绕旅游统、项目围绕旅游建、产业围绕旅游抓，促进县域经济高质量协调发展。

3. 多元投入打好"增收牌"

2019 年，财政共投入旅游公共基础设施资金 5 亿元，撬动社会资本 30 亿元投资旅游产业，为旅游产业快速发展提供了财力保障。积极发展全域旅游，有效拉动交通、餐饮、住宿、商贸、物流等产业发展，带动 6.2 万人就业，16 个乡镇 35 个村 1.86 万人脱贫奔小康，探索出以全域旅游带动群众增收致富的新路子。

四　剑阁巩固提升创建成果的问题和不足

1. 天府旅游名县的品牌效应发挥不够

作为首批天府旅游名县，如何做实叫响、擦亮天府旅游名县金字招牌需要经历一个艰苦的探索过程，任务重，压力大。从硬件设施上看，剑阁属于秦巴山区连片贫困地区，在旅游业基础设施建设方面的投入不足始终是短板。剑阁有着深厚的历史文化积淀，旅游资源极其丰富。要把资源优势变为旅游业经济优势需要不断投入、不断创新，需要高水平的文化创意和策划。如何发挥首批天府旅游名县的引领作用、示范作用，在营造全省文旅业态蓬勃发展氛围上发挥作用，需要举全县之力，集全县之智，脚踏实地，苦心经营。

2. 景区景点运营管理尚需加强

剑阁县以全域旅游为目标，适时引进国内著名管理企业、投资集团加盟，是剑阁推进文旅产业可持续发展的重大举措，在具体操作过程中需要调整、磨合，业主要为投资、营运者提供良好的投资营运环境，投资者、营运者要向业主负责，从而实现旅游业态的最优化、文旅产业的可持续健康发展。

3. 战略布局与战略支撑方面存在薄弱环节

必须谋划剑阁文旅产业可持续发展大局，增加新的景区、景点助推旅游业发展，增添新的创意和新的文旅产品供游客消费。

4. 旅游产品单一亟待丰富完善

景区除观赏的自然景观和人文景观外，缺少游客可以互动的项目，"玩"的要素不足，尤其缺少具有特色的旅游纪念品和特色餐饮，"住"和"行"的问题也很突出。

五　剑阁进一步巩固提升创建成果的对策建议

（一）提高对创建工作的认识

1. 创建天府旅游名县是推动县域文旅经济高质量发展、整体提升旅游品质的重要举措

个别干部群众对创建天府旅游名县工作的认识不足，存在为创建而创建的思想，没有把创建工作和提升旅游品质联系起来，往往创建过程中积极性很高，但创建成功后就认为万事大吉，可以松口气了，其根本原因是没有充分认识到天府旅游名县这块金字招牌对推动旅游经济高质量发展、整体提升旅游品质的重要作用。要通过多种形式、多种渠道加强对天府旅游名县创建工作意义和作用的宣传教育，努力提高干部群众对创建天府旅游名县的认识，积极主动投身到巩固提升创建成果的实践中，为实现剑阁旅游高质量、跨越式发展做出贡献。

2. 创建不是终极目标而是一项长期的事业

创建不是终极目标，通过创建推动旅游快速发展才是最终目的。创建不是阶段性工作，而是一项长期的事业。从某种意义上讲，创建成功难，巩固创建成果更难，要以创建为契机，探索巩固创建成果的措施和办法，建立有助于巩固创建成果的管理体制和机制，管理方和经营方相互支持，总结经验，创新思路，形成合力，推动发展。

（二）借助天府旅游名县品牌，将剑阁旅游打造成具有世界影响力的旅游品牌

1. 突出特色品牌提升旅游品位

针对特定的细分客源市场，认真进行市场需求调研，树立品牌形象，提高旅游产品的知名度和美誉度，并在此基础上开展有针对性的品牌产品促销活动。

就具体景观而言，剑门关应突出雄、险特色，让游客体验"一夫当关万夫莫开"的奇险；翠云廊应突出古幽特色，让游客品味历史的厚重感；觉苑寺应突出宗教特色，让游客在欣赏艺术珍品的同时，了解佛教文化的相关知识；鹤鸣山应突出文化特色，让游客了解厚重的历史文化，增强对历史文化的热爱之情。其他旅游景点和景观各具特色，需要进一步发掘和培育。

剑门关、翠云廊虽然已经是享誉中外的特色品牌，但宣传促销力度仍然需要加强，而国家级文物保护单位觉苑寺、鹤鸣山以及其他重要景区、景点却养在深闺人未识，更需要调动各种宣传手段，加大宣传力度，努力提高其知名度和美誉度，要借助天府旅游名县这块金字招牌，做大做强全域旅游，促进旅游经济迈上新台阶。深入挖掘大蜀道文旅资源，做大做强蜀道文旅产品，及早建成大蜀道国际知名旅游"目的地"。并要大力发展养生养老产业，努力打造宜居宜业宜游精品"公园城市"，建成成渝地区旅游休闲康养"优选地"。

2. 进一步提升旅游服务质量

剑阁已经成熟的景区和景点，基础设施还不够配套，尤其是交通、住宿、餐饮、购物等服务设施还需要下大力气加强。要形成吃住行一条龙服务，给游客提供方便，让游客不仅玩得开心，而且吃得开心，住得舒服。

要加强对景区和景点服务人员的业务培训和职业道德教育，养成文明、礼貌接待游客的习惯，要重视导游的素质提升，端正服务态度，提高解说质量，给游客留下美好的印象。

3. 加强宣传力度，努力提升知名度

尽管省委、省政府已经采取多种形式对已经创建成功的 10 个天府旅游名县进行了大力度地宣传包装，但天府旅游名县自身也要加大宣传力度，要走出去宣传，不仅要到国内大中城市做宣传，还要到农村、到海外做宣传，要利用微信、抖音、快手等平台，使天府旅游名县的宣传深入人心，做到家喻户晓。

（三）组建联盟，整体推进

1. 建立天府旅游名县联盟组织

50 个天府旅游名县形成互动机制，统一规划、统一营销，旅游产品互补、客源互流、连点成线、串线成网，形成合力，抱团发展。

2. 强强联合，整体推进

要主动加强与其他创建成功或正在创建的天府旅游名县联合，通过区域的组合与互动，形成强强联合的态势，全方位、多渠道、多手段地对剑阁旅游进行整体营销，形成多层次的宣传促销合力，营造大市场，互换客源，达到互补正效益。

（四）加大旅游资源利用力度，提升旅游产品质量档次

1. 积极开发利用尚未开发的景点

剑阁旅游资源丰富，品位很高，除已经成熟的剑门关、翠云廊外，尚有觉苑寺、剑州古城、鹤鸣山、翠云湖、升钟湖长岭段、江口嘉陵江、茶园沟、五指山、马耳山等景点或尚未开发或开发力度不够，应积极开发，以增加旅游景点的丰富性，形成真正意义上的全域旅游。

2. 努力提升景区或景点档次

完善景区配套设施，增加娱乐性和互动性项目，让游客不仅有看的，还要有玩的。尤其要在旅游服务设施上加大投入力度，切实解决好景区交通，建立起全县旅游交通网络；建立大量有特色、上档次的旅游饭店、农家乐等；建立旅游购物点，推销特色旅游产品。

（五）打造特色旅游产品，培育特定客源市场

进一步打造剑门火腿、剑门石斛、剑门手杖、剑门豆腐、剑门土鸡等独具特色的旅游产品，做大豆腐宴、百鸡宴、大肉会等餐饮品牌，在此基础上，开发出更多的特色旅游产品和餐饮品牌，吸引游客消费。

按照不同人群的不同消费需求，设计可供消费的项目。重视培育除观光以外的科考、青少年教育、体育运动等客源，打造独具特色的品牌，并开展有针对性的品牌产品促销活动。

（六）多形式多载体打捆促销

通过报纸、电台、电视、刊物、户外广告、多媒体等多种平台展开宣传攻势。在充分发挥传统媒体传播范围广、传递信息速度快、宣传效果好的同时，加大电子网络的宣传，通过微信、QQ、抖音、腾讯、景区网站、网页等平台，实施旅游网络营销。

制作旅游形象片、广告片、专题片等宣传品，将旅游区的视频、文字、图像、动画、音乐、音效等资源进行高效整合，与名人代言相结合，以图文并茂、影音互动的形式表现出来。

利用特定媒体促销。包括印刷媒体、电波媒体、户外媒体等。如机场、重要火车站及高速公路两旁等交通要道设置宣传广告牌等。

借助名人的声望宣传旅游产品，邀请明星代言；邀请有影响力的旅游机构高层主管、旅游杂志编辑、新闻媒介记者、旅游专栏作家、摄影家、画家等名人来进行观光、摄影、创作、绘画、购物等体验考察，吸引舆论关注。

积极参加各类旅游展览会、博览会、推介会、交易会，深入旅游客源地，使目标市场公众及时了解旅游产品信息。

与周边知名景区之间建立友好合作关系，尤其与50个天府旅游名县强强合作，进行联合营销，统一宣传，实现优势互补。

参考文献

四川省委办公厅、四川省人民政府办公厅:《关于开展天府旅游名县建设的实施意见》,《四川日报》2019年2月23日。

四川省人民政府:《四川省十三五旅游业发展规划》,四川省人民政府网,2017年4月24日,http://www.sc.gov.cn/10462/10464/13298/13301/2017/4/24/10420831.shtml。

B.26
旺苍构建"一心两翼四片"
城乡发展新格局研究

张健 柳玉强 赵勇 龙婷 曾艳玲*

摘 要: 开展脱贫攻坚以来,旺苍在脱贫攻坚战役中,针对城乡规划滞后、定位不高、发展不均衡等瓶颈问题,按照"优化布局、重点突破、城乡联动、融合发展"的思路,注重城乡融合发展,着力构建"一心两翼四片"城乡发展新格局,有力地促进了以城带乡、联动发展,实现城乡共同繁荣、城乡居民共同富裕。课题组针对旺苍城乡建设中基础薄弱、规划滞后、执行多变等问题,从建强"一心"、拓展"两翼"、壮大"四片"、彰显"红城"、加快培育"一带"、着力提升"四大板块"、全面提升县城品质、重点打造八大重点集镇、梯次建设多元化特色集镇等方面对旺苍"一心两翼四片"新型城乡发展体系建设提出了可操作性的建议。

关键词: 城乡融合 乡村振兴 "一心两翼四片" 广元旺苍

一 旺苍城乡结构及发展现状分析

(一)旺苍城乡融合发展抓新机创新绩

旺苍县委、县政府高度重视城乡建设事业发展,全面落实习近平总书记对四川工作系列重要指示精神,把握成渝地区双城经济圈建设重大机遇,坚

---

* 张健,中共旺苍县委宣传部;柳玉强,旺苍县住房和城乡建设局;赵勇、龙婷、曾艳玲,中共旺苍县委党校。

持以脱贫攻坚为统揽,加快推进"大城镇"结构调整,着力构建"一心两翼四片",强力塑造城市发展品牌,不断完善县域新型城乡发展体系,进一步提升县城对城乡融合发展的核心带动作用,促进以城带乡、联动发展,实现城乡共同繁荣、城乡居民共同富裕。2019年,旺苍地区生产总值(GDP)达到129.47亿元,按可比价计算,同比增长6.1%,为旺苍全面建成小康社会奠定了扎实的基础(见图1)。

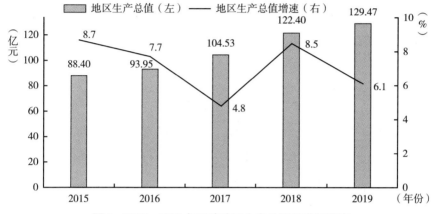

图1　2015~2019年旺苍地区生产总值及增长速度

说明:地区生产总值增速由可比价计算。

资料来源:旺苍统计局。

(二)城乡规划体系日臻完善

旺苍坚持把城乡融合发展纳入政府发展的战略目标,先后完成了县域新村建设总体规划和182个新村聚集点规划、工业园区控制性详细规划、大中坝修建性详细规划、红旗坝工业园区产城一体控制性详细规划等各类规划编制200余项。截至目前,全县城乡规划覆盖率达到90%,县城详规覆盖率达到70%,以中心城区为核心、国家和省级试点镇为支撑,一般小集镇为基础的县域城镇体系逐渐完善。

(三)县城建设速度全面提高

近年来,旺苍全面启动美丽县城建设工作,按改造旧城、开发新区、完

善基础的思路,先后建成世行一二期、旺月堤延伸段等 20 余个重大市政项目。大中坝市政配套全面完成,城市亮化绿化提档升级,县城道路全部黑色化。新建改建河堤道路超过 40 公里,建成城市休闲广场 5 个、健身步游道 18 公里,整治背街小巷 24 条。启动实施城市开发和旧城改造项目 48 个,建筑面积 240 余万平方米,县城电梯公寓 60 余栋,人居环境明显改善,城市形象大幅提升。

(四)美丽镇村建设有序推进

锚定美丽城镇建设全年目标任务,以钉钉子精神担当尽责,积极克服新冠肺炎疫情影响,抢抓机遇,镇村建设统筹推进。坚持将建设重心逐步向镇村延伸,木门、三江全国重点集镇打造和"四川百镇试点"建设通过验收,五权、水磨等乡镇场镇面貌焕然一新,东河东郊等 7 个村成功入选国家级传统村落名录,15 个村被评为省级传统村落,成功打造美丽幸福新村 114 个。

(五)环境承载能力大幅提升

旺苍始终围绕环境抓建设,交通红绿灯、测速抓拍系统、道路隔离栏等硬件设施逐步完善,损毁绿化带和各种景观设施全面修复,道路和建筑施工扬尘得以管控,垃圾处理和污水处理等公共服务设施相继建成投用,县城区环卫等设施全部更新。同时,以"扫黑除恶专项斗争"为契机,狠抓作风纪律建设,提升政务服务效能,持续优化营商环境。

二 旺苍城乡融合发展中的困难与问题

(一)经济发展滞后,建设资金短缺

1. 经济下行压力加大

受新冠肺炎疫情影响,经济指标大幅下降,经济增长明显回落。2020 年一季度,全县地区生产总值实现 24.97 亿元,按可比价计算,同比下降

3.8%，较上年同期回落 11.0 个百分点，高于全国 3.0 个百分点，分别低于全省、全市 0.8 个、2.8 个百分点。

2. 二三产业受挫明显

农业生产较为稳定，工业、服务业发展受挫明显。2020 年一季度，旺苍规模以上工业增加值同比下降 0.4%，增速分别高于全国（-8.4%）、全省（-0.9%）8.0 个、0.5 个百分点，低于全市（2.6%）3.0 个百分点，增速排广元全市第七。旺苍县规模以上工业企业实现总产值 29.33 亿元，同比下降 6.8%，从全市情况看，仅三个县区产值呈负增长，而旺苍县产值同比降幅最大。第三产业实现增加值 9.89 亿元，同比下降 2.5%，较上年同期回落 5.9 个百分点，增速高于全市 0.4 个百分点，低于排位第一的昭化区4.4 个百分点，居全市第 4 位（见表1）。

表1　2020 年一季度旺苍县三大产业经济指标对比表

地 区	地区生产总值				第一产业增加值		第二产业增加值		第三产业增加值	
	总量（亿元）	位次	增长±%	位次	总量（亿元）	增长±%	总量（亿元）	增长±%	总量（亿元）	增长±%
全 省	10172.85	—	-3.0	—	804.68	-1.3	3585.45	-3.4	5782.72	-2.9
全 市	195.20	—	-1.0	—	26.89	-0.8	80.83	0.6	87.48	-2.9
利州区	69.67	1	-0.6	4	2.03	-0.9	32.28	2.0	35.36	-3.6
昭化区	13.89	5	1.8	1	2.66	-0.8	6.33	2.4	4.89	1.9
朝天区	13.14	6	1.0	2	1.71	-0.6	6.96	2.4	4.47	-1.4
旺苍县	24.97	4	-3.8	7	4.05	-0.9	11.03	-5.3	9.89	-2.5
青川县	10.78	7	-2.1	6	2.54	-0.9	3.29	2.7	4.95	-6.4
剑阁县	29.18	3	-0.3	3	6.48	-0.8	10.74	2.3	11.96	3.1
苍溪县	33.57	2	-1.8	5	7.42	-0.8	10.74	-2.0	15.95	-2.0

资料来源：广元市及所属县（区）统计局。

3. 指标排位全面垫底

几项主要经济指标中，地区生产总值、规模以上工业增加值、社会消费品零售总额、地方一般公共预算收入等 4 项指标增速全市排位垫底，城镇居民人均可支配收入增速全市排位倒数第二，全社会固定资产投资、农村居民

人均可支配收入等2项指标增速全市排位第四，7项指标中没有一项增速排位进入前三（见表2）。

表2　2020年一季度旺苍主要指标完成情况对比

指标名称	单位	一季度完成			与平均增速差距	全市排位
		全市平均增速（%）	绝对值	增速（%）		
地区生产总值（GDP）	亿元	-1.0	24.97	-3.8	-2.8	7
全社会固定资产投资	亿元	1.2	—	2.9	1.7	4
社会消费品零售总额	亿元	-12.5	10.09	-13.5	-1.0	7
地方一般公共预算收入	亿元	-9.6	0.72	-44.6	-35.0	7
规上工业增加值	亿元	2.6	—	-0.4	-3.0	7
城镇居民人均可支配收入	元	0.9	9007.00	0.8	-0.1	6
农村居民人均可支配收入	元	5.6	2984.00	5.8	0.2	4

资料来源：旺苍统计局。

（二）城市建设滞后，城市品位低

1. 基础薄弱

旺苍地质地貌复杂，山高谷深，农业基础薄弱，工业转型压力大，第三产业潜力不足，属典型的秦巴山区。基础差、底子薄，长期投入不足，加之前些年没有抓住西部大开发、川陕革命老区发展振兴等历史机遇，把握棚户区改造、PPP融资模式等政策也不精准，城市建设与周边县城相比差距明显。城市建设过程中"绿谷、红城、茶乡、古道"等独有的文化名片没有充分融入，既缺乏鲜明的时代风格，又缺乏丰富的人文气息，导致城市建设标准不高。

2. 规划滞后

旺苍城市规划空间布局落后于现实需求，原来的城市总体规划与旺苍县城市发展现状不相适应，不能满足城市建设、新型城镇化和统筹城乡协调发展等需要。如，旺苍《县域城镇建设体系规划》《县城总体规划》仍沿用2005版，2013年开始的总规修编因各种原因也一直未完成。许多地块发生了重大变化，但项目布局、审批仍然执行原有规划，不能很好地指导城市建设和发展。城区、景区、园区等功能区未能实现有机融合发展，导致城市建设经常出现"自相矛盾"的问题。

3. 执行多变

城市规划本是一项刚性要求，但在实际执行中过于弹性，经常因为一些临时问题和眼前利益随意调规。城市用地布局较为零乱，电力、通信、供水、交通等相关职能部门各自为政，多头施工现象依然存在。部分单位和个人法律意识淡薄，不能严格执行城市规划的要求，随意改变规划的现象时有发生，城市品质难以提升。

（三）基础设施不均衡，人居环境差

1. 基础建设不均衡

旺苍县城区基础设施建设更多关注完善路网，改变交通格局，忽略了城市修补、背街小巷整治、城市园林绿化提升和公共厕所布局等涉及民生的重要事项，县城人居环境、城市形象与周边县区存在明显差距，广大市民的幸福生活指数大打折扣。

2. 城乡建设差距大

旺苍县城建设投入多，乡镇建设项目布局少，导致县城与乡镇差距大。公路铁路沿线乡镇利用便利交通和区位优势，申报各级重点镇或试点镇，整体变化很大，但更多的偏远乡镇由于缺乏区位优势和支柱产业，乡镇之间发展差距明显。

3. 村镇环境需改善

旺苍农村生活垃圾的处理方式仍以简易垃圾填埋场和堆肥为主，由于环保教育不足，部分干部群众环保意识淡薄，一些村镇环境卫生状况较差。北部山区的一些村社只有简单的垃圾屋，清扫作业工具等基本的环境卫生设施都无法配备完全，农厕改造、给水排水、绿化美化等项目更是无法保障。

三　深化"一心两翼四片"旺苍城乡发展新格局
　　打造发展新引擎

（一）围绕"一心两翼四片"，规范城乡发展格局

加快新型城镇化建设，旺苍立足"优化布局、重点突破、城乡联动、融合发展"战略思路，精心布局"一心两翼四片"，形成城乡发展新格局。到 2022 年，旺苍县城面积将达到 20 平方公里，县城常住人口将达到 20 万；旺苍全县城镇化率将达到 45% 以上，城乡居民人均可支配收入将分别达到 4 万元、1.9 万元以上，城乡融合发展将达到一个新的高度。

1. 着力构建"一心两翼四片"城乡发展新格局

（1）建强"一心"

围绕建设广元副中心城市，着眼城市骨架扩张、城市容量增加、城市品位提升，深入推动县城由传统工业城市向红色文旅城市转型，打造宜居宜业宜旅城市，进一步提升县城对城乡融合发展的核心带动作用。

（2）拓展"两翼"

以广巴高速为轴线，"西翼"以白水为中心，含张华等乡镇，以发展家居建材、水果、茶叶为重点；"东翼"以三江为中心，包含普济、大德、大两等乡镇，以发展核桃、黄茶、渔业等种养殖产业为重点。

（3）壮大"四片"

①国华片区

以即将建成的京昆高速复线为轴线，以国华、双汇、天星、盐河等乡镇为对象，以发展生态旅游、道地药材等特色优势产业为重点。

②英萃片区

以省道 301 公路双汇至檬子段为轴线，包括英萃、米仓山、檬子等乡镇，以发展生态旅游、优质核桃产业为重点。

③五权片区

以五权、水磨等乡镇为中心，以发展茶叶、道地药材等优势特色产业为重点。

④木门片区

以省道302公路为轴线，包括木门、龙凤、九龙等乡镇，重点在发展红色旅游、黄茶、优质粮油、生态养殖等特色优势产业上下功夫。

2.高品质开发建设"一城一带四大板块"

（1）充分彰显"红城"

中国红军城是川陕苏区后期首府之地，是红四方面军长征的战略集结地和出发地，在中国革命史上具有突出和特殊地位。要突出"红色旺苍、中国茶乡"核心品牌，彰显"红城"名片，把红军城打造成川陕甘结合部区域红色文化中心，打造成全国最大的红色文化体验基地。

（2）加快培育"一带"

满足旺苍县城群众休闲康养生活需要，沿县城区东河流向，加快推进壅水工程、景观廊桥、滨河绿道、水上宾馆、水上乐园等娱乐休闲项目建设。并注重沿河堤步行道、休闲道的光亮、绿化、风貌建设，积极培育月光经济，努力打造特色购物、餐饮娱乐、水上游玩、观光体验等新型休闲商业业态。

（3）着力提升"四大板块"

①南阳板块

根据南阳一带的地理特征和区域优势，开发打造包括凤凰梁片区、南阳山、大中坝等区域特色休闲康养经济区，重点推进大中坝高端商业综合体，建设广巴高速县城互通物流集散中心，建设南阳现代农（林）业文旅体验观光园区等重大民生工程。

②松米山板块

包括马家渡、孙家坝、长滩坝、松米山，重点推进星级酒店、高端商住、东河记忆·黄茶小镇、孙家坝市政道路、长滩坝滨河路、长滩坝大桥等重大项目建设。

③红旗坝板块

嘉川镇红旗坝板块包括何家坝、鸡鸣山等区域，重点建设食品饮料工业园区、鸡鸣山农旅休闲公园。建成鸡鸣山至何家坝一带的滨河路，使之与县城一脉相连，扩大旺苍县城功能，形成集多功能为一体的现代化城市。

④新区板块

包括县城沿 G542 嘉川至东河段与广巴达铁路之间区域，重点推进新型工业园区的集聚集约建设和大型物流综合性建设。

3. 加快形成"一城八镇""多元特色"梯次支撑新格局

（1）全面提升县城品质

突出县城核心辐射带动作用，以东河镇为中心城区，嘉川镇为副中心城区，坚持规划先行，强化建设管理，创新城市经营，不断拓宽县城骨架，着力提升县城品质。

（2）重点打造八大重点集镇

抢抓乡镇行政区划调整改革契机，持续巩固木门、三江全国重点镇建设成果，打造县域重点集镇建设示范镇。大力推进白水省级"百镇建设行动"试点镇建设，积极创建全国重点镇。着力扩大国华、英萃、五权片区中心集镇和黄洋、普济区域重点集镇规模，积极创建省级重点镇。

（3）梯次建设多元化特色集镇

立足各乡镇产业基础、文化特点和自然生态禀赋，按照"精、美、特、优"要求，突出特色文化元素和独特建筑风貌，大力实施"彩化、香化、净化、文化"四化工程，着力打造一批红色小镇、温泉小镇、水乡古镇、茶叶小镇、地质小镇、生态康养小镇、鱼米小镇、民俗小镇、特色水果小镇等特色功能性集镇，加快形成支撑城乡融合发展的梯次集镇支撑格局。

（二）瞄准主导产业，深入推进产城产镇产村融合发展

1. 深入推进产城融合

围绕"一心两翼四片"格局形成，结合"一城一带四大板块"布局，旺苍重在突出主导产业，并注重功能互补，推进产城分片分区融合发展。中

国红军城突出红色文旅产业，滨水休闲经济带突出城市休闲娱乐产业，南阳板块突出综合商贸、农旅休闲产业，松米山板块突出行政办公、商住酒店产业，红旗坝板块突出商贸物流产业，新区板块突出新型工业产业，并配套发展公共服务、餐饮购物、金融信息等相关城市业态，着力推动城市建设发展与城市业态深度融合。

2. 深入推进产镇融合

围绕县域经济发展次级支撑和区域性服务"三农"基地功能定位，结合重点镇、特色镇的区域产业特色，整合集聚人口、资本、信息、交通等产业发展配套要素，着力将八大重点镇建设成为区域综合型产业集镇，着力建设五权等茶叶产业集镇，九龙红色文旅产业集镇，高阳温泉康养产业集镇，盐河、米仓山等生态旅游产业集镇，龙凤、大德等鱼米农业集镇，张华等水果产业集镇，带动区域性特色产业差异化、错位式互补发展。

3. 深入推进产村融合

结合特色新村建设，依托现代农业园区、文化旅游景区和"一村一品"示范园、特色微庭园，壮大集体经济组织，培育多元化新型经营主体，着力打造木门三合、高阳虎垭等一批茶叶产业村，白水水峰、普济远景等一批核桃产业村，张华松浪、嘉川寨梁等一批果蔬产业村，东河南阳、高阳温泉等一批旅游产业村，国华花街、盐河青山等一批道地药材产业村，推动各村产业特色化、专业化、标准化、规模化发展。

（三）加大投入力度，狠抓城乡基础设施建设

1. 整治农村人居环境

缩小城乡差距，重点要抓好农村垃圾、污水、厕所等卫生环境的专项整治。农村污水治理、农村垃圾处理、农村厕所革命、禽畜粪污资源化利用、村庄清洁是重点，围绕这"五大行动"，要加快推进城乡标准化公共厕所和片区垃圾压缩站、乡镇垃圾仓、村社垃圾屋三级城乡环卫设施建设，完善"户分类、村收集、镇转运、县处理"的城乡生活垃圾集中处理模式，到

2022年实现农村垃圾全部无害化集中处置。

2. 加强水电路气建设

深入推进交通强县，加快形成"六横四纵两环线"县域交通主骨架格局。坚持建养并重、管养结合，全域建设"四好农村路"，到2022年乡镇通油路率100%，建制村通硬化路100%。大力推进农村土地整理、农田水利建设和现代农业园区建设，不断提高农业生产能力。统筹推进农村电网、气网、讯网、安全用水、电商平台、"雪亮"工程等基础设施配套建设，不断增强乡村振兴支撑能力。

3. 提升农村聚居点功能

结合易地扶贫搬迁、灾后重建、重点工程项目集中安置点和传统农村聚居点建设，持续巩固"1+8"村级公共服务中心标准化水平，统筹配套完善医疗、教育、健康、养老、社会保障等公共服务和水、电、路、气、讯等基础设施，着力打造农村新型社区。

（四）深化农村改革，强化规划管控和建设管理

要围绕建设广元副中心城市，充分把握旺苍县城由传统工业城市向红色文旅城市转型、打造宜居宜业宜旅城市的战略定位，明确生产、生活、生态优先秩序，注重统筹城市空间布局、历史文脉、要素配置和功能分区，充分考虑交通网络、产业布局、人口流动等实际和趋势，全面落实"多规合一"，不断完善城市总体规划，加快形成"一城一带四大板块"的城市规划体系。同时，要充分发挥规划建设的战略引导和刚性约束作用，城市规划确定后，任何人都无权擅自调整，确保一张蓝图干到底。

四 "一心两翼四片"布局对旺苍城乡融合发展影响

旺苍构建"一心两翼四片"，将对旺苍经济社会发展产生深远影响。

（一）形成"旅游＋发展"模式

发展文旅产业是时代需求。旺苍处于南北气候的分界线上，境内有5200余种动植物，是天然的动植物基因库，森林覆盖率达75.33%，处处山奇水秀、风光旖旎。特别是盐井河彩色原始森林、鼓城山—七里峡、"四川名泉"鹿亭温泉、世界级地质奇观潜龙十八潭、原始画廊檬子大峡谷等都是品质极高的旅游资源。除此之外，旺苍还有源远流长的汉唐贡茶文化和历史最为悠久的米仓古蜀道；有全国现存面积最大、保护最完好、遗址点最多的革命文物遗址群中国红军城，国家级重点文物保护单位和全国爱国主义教育基地的木门军事会议会址；有多次荣获国际金奖并登陆纽约时代广场的米仓山茶系；有20世纪留存的较为完整的"三线"遗址及全国独一无二的造币文化。文旅产业是绿色产业、朝阳产业、富民产业、幸福产业，文旅产业的发展不仅能带动村民增收致富，也将为美化生态环境、优化公共服务配套、推进美丽乡村建设提供支持。

（二）形成"工业＋发展"模式

工业在国民生产总值（或国民收入）中占有重要比重，工业化是现代化的核心内容，是一个城市发展的基础。旺苍县拥有雄厚的工业基础，围绕"大工业"产业结构调整，按照"突出项目、做强企业、壮大产业、提升园区"的发展思路坚持生态优先、绿色发展理念，坚持在盘活存量中壮大规模，实现全年经济运行、项目推进、企业培育、信息化建设和科技创新等方面的长足发展。持续聚焦聚力项目投资"大比武"，紧紧围绕"工业挑大梁、投资唱主角"抓实抓细工业投资工作，加快推进重大工业项目建设。成渝地区双城经济圈建设是旺苍工业高质量发展的契机，更是承接产业转移的主战场。要紧抓成渝地区双城经济圈建设机遇期，在成渝产业发展格局中找准定位，在产业承接、补链成群、配套加工、联合招商、项目建设等领域开展交流合作，跨区域构建完善上下游产业链，协同打造集建材家居、食品饮料、机械制造、清洁能源化工等于一体的特色产业集群。

（三）形成"农业＋发展"模式

旺苍要充分发挥全国有机产品认证示范区、全国绿色食品原料标准化生产基地、中国名茶之乡、中国杜仲之乡等资源优势，在稳定粮油生产基础上，按照"集中突破、壮大规模、提升品质、促进融合"的发展思路，突出建设米仓山茶全链条百亿产业集群。一是促进"农业＋新村"融合，到2022年，建成木门黄茶小镇、张华水果小镇、天星高山果蔬小镇；二是促进"农业＋旅游"融合，到2022年，建成农旅融合园区5个、采摘及加工体验园10个以上；三是促进"农业＋康养"融合，到2022年，完成米仓山康养小镇和盐井河彩色原始森林公园小镇建设，建成康养民宿30家、康养基地5个以上；四是促进"农业＋文创"融合，到2022年，建成高阳汉唐贡茶文化小镇，示范形成农业与文创深度融合新格局；五是促进"农业＋教育"融合。

（四）形成"特色＋发展"模式

1. 抓住红色文化特色促发展

旺苍作为第二次国内革命战争时期川陕苏区后期首府，川陕省苏维埃政府、西北革命军事委员会等46个党政军机关进驻长达两年零四个月，在此召开了著名的"木门军事会议"，诞生了人民军队历史上最大规模的妇女武装——妇女独立师、最早的水兵红四方面军直属水兵连、最大的红色童子团——少年国际先锋师，留下了"中国红军城""木门会议会址"等一大批弥足珍贵的红色文化遗址（迹），是全国现存面积最大、保存最好、遗址点最多的红军旧址之一。

2. 抓住生态文化特色促发展

旺苍是国家重点生态功能区，南北气候交界线和东西部地理分界线在此交汇，四季山清水秀，常年蓝天白云，森林覆盖率达75.33%。全县已建成4个国家AAAA级旅游景区，有鼓城山—七里峡国家级自然保护区、米仓山大峡谷国家级风景名胜区、檬子大峡谷探险区、旺苍大峡谷森林公园、四川名泉鹿亭贡茶温泉,有世界地质奇观"潜龙十八潭"、"天下第一鼓"鼓城山、四万公顷彩色原始森林等自然风景名胜资源。这里既有"绿树村边合,青山郭外斜"的山城之美,又具"春水碧于天,画船听雨眠"的水乡之秀。

3. 抓住茶叶文化促发展

旺苍是中国名茶之乡、汉唐茶乡,贡茶文化源远流长。西汉时期高阳坡茶就被列为皇家贡品,诗圣杜甫曾赞誉"巴山茶为圣,高阳味独珍"。旺苍境内茶叶种植面积已超过 20 万亩,米仓山茶富硒富锌,与峨眉山茶、蒙顶山茶、宜宾早茶成为川茶"三山一早"重要品牌。米仓山茶是"广元七绝"之一,还代表川茶品牌惊艳亮相于纽约时代广场,生动诠释了"绿水青山就是金山银山"。米仓山黄茶(广元黄茶)被誉为"茶中黄金",曾荣获国际名茶评比金奖。旺苍是全国最大的黄茶生产基地、全国有机产品认证示范区、全国绿茶加工示范基地、四川首个绿色食品(茶叶)原材料标准化生产基地。

4. 抓住古道文化促发展

旺苍早在新石器时代就有先民栖居,自南朝宋武帝永初元年设郡县至今。汉唐文化、蜀道文化在这里交相辉映。米仓古蜀道贯穿全境,是我国历史最为悠久的古蜀道,与金牛道、阴平道、荔枝道并称为四川四大古蜀道。

参考文献

李笛:《乡村振兴战略视域下的城乡关系研究》,武汉大学硕士学位论文,2019。

隋斌、张庆东、张正尧:《论乡村振兴战略背景下农业工程科技创新》,《农业工程学报》2019 年第 4 期。

薛姣贤:《京津冀生产性服务业的产业协同集聚效应研究》,天津师范大学硕士论文,2018。

李广文:《山地—盆地过渡带城镇化过程中存在的环境问题及景观生态规划》,陕西师范大学硕士论文,2006。

代蕊、李全民:《四川旺苍:构建"一心两翼四片"城乡发展新格局》,四川新闻网,http://www.scgw.gov.cn/Detail.aspx? id = 20200515094245975。

B.27
青川生态特色优势产业发展
现状与趋势研究

陈明忠　刘琪　李波[*]

摘　要：　实施脱贫攻坚战役以来，青川利用生态特色优势资源大做文
　　　　　章，大力发展生态旅游、生态农业、生态工业，在生态扶贫、
　　　　　生态强县上取得显著成效。尤其是生态旅游，2019年实现旅
　　　　　游收入103亿元，排位首次升至广元四县三区第二，成功实
　　　　　践了绿水青山就是金山银山之路，生态经济成为青川经济发
　　　　　展的基础。课题针对青川基础设施仍然薄弱、产业带动效益
　　　　　偏低、名优生态品牌不强、科技人才缺乏等主要问题，提出
　　　　　了全域建设生态旅游分类旅游区、积极主动融入成渝经济圈、
　　　　　提升生态优势特色产业科技含量、拓宽生态优势特色产品营
　　　　　销渠道等对策建议，以推动青川生态特色优势产业更上一
　　　　　层楼。

关键词：　生态资源　生态产业　生态发展　广元青川

一　青川生态特色优势产业基础

　　绿水青山就是金山银山，青川在经济社会发展中不忘习近平总书记的嘱

＊　陈明忠、刘琪、李波，中共青川县委宣传部。

托，充分利用自己手中一副"绿水青山"底牌，紧盯生态抓发展，走出一条依靠青川生态特色优势产业发展经济之路。

（一）生态环境基础

青川县位处川陕甘三省结合部，属于"鸡鸣三省"之地，嘉陵江重要支流白龙江、青竹江从境内穿越。森林覆盖率达 73.77%，主要河流水质全部达到 II 类标准，人均水资源拥有量是全国的 5 倍、全省的 4.2 倍。年平均温度 13.7℃，PM2.5、PM10、臭氧浓度值均优于欧盟标准，森林覆盖率和空气质量一直保持在川东北 5 市 34 县市区前列。

青川是嘉陵江、长江上游的重要生态屏障，是大熊猫国家公园的重要组成部分，被国家确定为重点生态功能区。由于青川重视生态环境保护，重视发展生态经济，先后获得国家生态原产地产品保护示范区、中国国家旅游最佳生态旅游目的地、全国绿色食品原料标准化生产基地、国家有机产品认证示范区等荣誉称号。

（二）生态资源基础

青川生态特色优势资源丰富多样。有包含珍稀的野生植物多达 3100 余种，堪称野生植物王国；野生动物有大熊猫、金丝猴、扭角羚等国家保护动物，珍稀动物也多达 1069 种；山珍和有机食品有竹荪、香菇、黑木耳、茶叶、核桃、油橄榄等；中药材如天麻、乌药、青贝等远近闻名。其中黑木耳、天麻、竹荪等七种生态产品获得"国家地理标志保护产品"称号。

青川自西汉置郡至今已有 2200 多年历史。四川北出古蜀道有 4 条，其中金牛道、阴平道两条最重要的交通要道穿境而过，先秦文化、木牍文化、三国文化、红色文化和民俗文化丰富而厚重。青川是中原文化和巴蜀文化交融之地，青川战国木牍、吕不韦铜戈两件国家一级文物就是最好的见证。国家级非物质文化遗产薅草锣鼓名气在外，是蜀文化和巴文化的遗产。青川的这些历史文物，成为青川人民世代相传的文脉与乡愁。

生态旅游资源富集是青川发展生态旅游的基础，潜力巨大。青川大力开

发挖掘的生态旅游资源，有唐家河国家级自然保护区、白龙湖国家级风景名胜区、青竹江国家级水利风景区、青川地震遗迹国家地质公园、4 个国家 AAAA 级旅游景区等品牌旅游景区景点。

（三）政策基础

生态发展，是青川立县之基。2008 年汶川大地震后恢复重建，青川就确立了生态立县的发展思路，并一直在探索、实践。2016 年 5 月，青川县委、县政府根据青川生态资源优势和发展前景，审时度势，科学决策，制定了《关于支持生态产业加快发展的实施意见》（以下简称《意见》）。《意见》决定，每年财政预算安排资金 6000 万元用于生态产业发展；明确支持从事生态发展的各类经营主体，鼓励民间资本投入生态产业发展；还从生态品牌创建、生态市场开拓、生态发展要素保障等方面做出了具体安排。4 年来，由于有《意见》政策的支撑，青川生态特色优势产业得到长足发展。

（四）市场基础

2008 年灾后重建以来，青川持之以恒坚持生态立县思路，着力发展生态产业，在市场培育、市场发展上狠下功夫，走出了线下线上结合、依靠电商拓宽市场的独特之路。青川由于电商发展迅速、路径独特，效益明显，成为商务部电子商务进农村综合示范县、全国供销合作总社电子商务进农村试点县（见表 1）。一年四季，青川近百家电商通过互联网不间断地把青川优质新鲜特色生态产品销往全国、全球。其中，"海伶山珍""淘宝特色中国青川馆"是青川电商的代表。

2016 年 3 月，青川电商平台建设进入高潮，集电商孵化、物流配送、O2O 体验、金融服务、人才培训为一体的青川电子商务综合服务中心"双创空间"投入使用。"双创空间"成为广元首个特色电商产业集聚区，"淘宝特色中国青川馆""苏宁云商青川馆""京东青川商城"等知名电商平台纷纷入驻。青川优质特色生态产品实现了从"卖得掉"到"卖得俏"的市场格局转变。2016 年，青川入选"2016 四川电商十强县"，当年就促进青川农民人均增收 1700 元以上。

表 1　2016～2019 年青川电商收入一览

单位：亿元

年份	2016	2017	2018	2019
收入	1.40	2.52	2.83	5.50

资料来源：青川县统计局。

（五）交通基础

青川自古就是巴蜀通往西北和中原的主要通道。今天，兰渝铁路、宝成铁路、西成高铁和京昆高速、广（元）平（武）高速（在建）交会于此。便捷的交通条件，使青川 1 小时就能够到达广元机场。交通便捷、快速，交通工具多元，从青川出发，到东西南北任何目的地都方便快捷。特别是成为成渝经济圈通往大西北的通道，为青川加快融入双城经济带提供有利条件。

二　青川生态特色优势产业发展现状分析

青川拥有得天独厚的生态天然资源优势，用好绿色资源，打好生态（品）牌，促进生态旅游、生态农业、生态工业融合发展，建成广元生态经济先行区，就成为青川生态特色优势产业发展的奋斗目标。青川县属于国家级贫困县，2018 年宣布脱贫摘帽，这与青川全力推动生态特色优势产业发展密不可分，生态脱贫成为现实。

（一）生态旅游

2019 年以来，青川依托独特的生态资源和历史文化资源优势，发展全域旅游，深入挖掘本土旅游资源文化内涵，持续推动生态旅游上档升级，生态旅游的经济效益和社会效益不断提升。2019 年实现旅游收入 103 亿元，

排位首次升至广元第二。青川 2016～2019 年度年均接待国内外游客 678.7
万人次（见图 1）。其间，成功创建为首批国家全域旅游示范区，入选天府
旅游名县候选县。

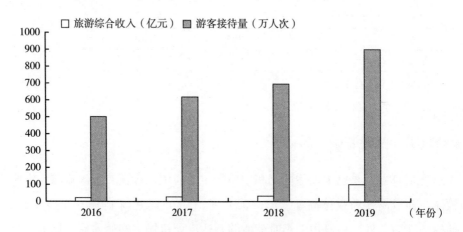

图 1　2016～2019 年青川旅游经济增长情况

资料来源：青川统计局。

1. 不断发掘文化内涵，提升旅游品质

近年来，青川县利用高山沟谷、生态良好、景色宜人、乡情浓厚的资源
禀赋，努力发掘特色风光，先后建成了世外桃源——边城秘境阴平村，建成
了依山傍水风光秀丽的 3A 级旅游景区白龙湖幸福岛，建成了呈现自然风光
与田野风情相结合的农家田缘张家·初心谷、大坝银杏谷、仙雾茶海等乡村
旅游示范点，充分展现出"一沟一品、一沟一景、一沟一特色"的特色生
态旅游景区，把"望得见山，看得见水，记得住乡愁"的文化意境生动展
现在游客面前。目前，从一步一公园处处鸟语花香的县城到林荫丛中的古老
村落，从特色优质的现代生态产业园到历史现代文化富集的古镇新村，移步
换景，一步一景，处处惊喜，成为青川生态旅游发展的显著特色。

2. 不断推陈出新，创建生态品牌旅游

近年来，青川依托得天独厚的自然资源和生态优势，始终坚持生态优
先、绿色发展的思路，将品牌生态旅游作为发展生态旅游的引擎。在已有的

品牌基础上，近4年来，又连续荣获"中国最佳旅游目的地"、中国最具魅力生态县、四川省首个"乡村振兴旅游目的地"等称号。其中，唐家河景区、战国木牍文化生态园、东河口地震遗址公园品牌效应显著。

（二）生态农业

青川依托生态资源优势，按照规模化、标准化、产业化、品牌化的路径，在大力发展农业六大优势特色产业上取得重点突破。

1. 优质绿茶

青川产茶历史悠久，东晋常璩所著《华阳国志·巴志》有记载，商亡周兴之后，巴子国进贡的贡品中有来自苴族的茶叶，青川当时属于苴人所在地。可见，青川茶叶已经有3000多年的历史。关于青川茶叶，还有一段传说：中国唯一女皇帝武则天幼年时就喜欢上了青川七佛之地生产的茶叶，当政后对七佛茶叶情有独钟，专在此地设置了茶官，建起了贡茶园。

青川地理位置优越，处于南北气候交界线，气候环境、土壤水质，特别适宜高山云雾茶生长，所产茶叶在外观、香气、耐冲泡等方面具有独特优势，因而享有"中国茶乡"之美誉，所产的"七佛贡茶"在2008年就被国家质检总局认定为"国家地理标志保护产品"。近年来，青川县围绕"绿色崛起"主旋律，坚持农业供给侧结构性改革，把名优茶叶生产确立为青川县六大优势特色产业体系之一，突出建基地、创品牌、搞加工，重视规模化、品牌化、特色化发展，青川茶叶有了质与量的提升。

2018年7月，在习近平总书记的关心下，浙江安吉援助广元青川白茶茶苗450万株，填补了广元没有白茶生产的空白。

青川还是四川省重点茶叶发展县之一，被农业部确定为全国优势茶叶发展区。目前，全县共栽植茶叶面积25.58万亩，其中有10.8万亩茶园成功创建为全国绿色食品原料标准化生产基地。2016~2019年，青川茶叶年产量平均7000余吨，其中春茶产量1000吨左右，产量约为全年茶叶产量的15%，产值占比45%。全县茶叶产业带动3.14万户增收致富，平均每人增收3200元。

2. 绿色山珍

一提起青川，就会想起竹荪、香菇、黑木耳、茶叶、核桃、油橄榄等山珍产品。青川天然纯净的空气、水质等生态环境，让青川成为"山珍王国"。

青川山珍各有特色，但有机无公害是共同品质。以青川黑木耳为例，均以小叶青冈木为栽培基质，在天然环境下自然生长，质厚朵大，色泽鲜润，食用泡发时膨胀率高，且蛋白质、维生素 B 含量丰富。目前，青川从事黑木耳加工的规模企业有 10 余家。青川山珍产品通过电商，还出口到美国、欧洲、拉丁美洲等国家和地区。

青川竹荪蛋白质、维生素、氨基酸等营养成分丰富，美誉度极高，因形态色彩俱佳而被消费者誉为"雪裙仙子""菌中皇后"。青川竹荪肉质肥厚，中为空心，再久煮也不失脆嫩之特征，为火锅消费的可口菜肴。

再就是青川从 20 世纪 80 年代开始探索的羊肚菌人工驯化种植结晶——羊肚菌。羊肚菌肉质脆嫩、菌味浓郁、香甜可口，是当今生态有机食品中又一消费者喜爱产品。羊肚菌富含氨基酸等 7 种人体必需的营养成分，属于高级营养滋补品。青川现已探索总结出一套人工仿生大田栽培羊肚菌的新技术，培育出"欣源Ⅰ号""欣源Ⅱ号""欣源 HM"等 3 个新品种，"羊肚菌菌种分离方法"和"羊肚菌大田栽培技术"两项技术已申报专利。新品种的开发，推动了青川羊肚菌的可持续发展。

2018 年，青川共发展段木木耳 3000 万棒、香菇 5000 万袋、竹荪 6000亩、羊肚菌 3500 亩；产山珍 1.24 万吨，实现总产值 10 亿元。2019 年，青川食用菌种植面积达到 2.35 万亩，实现食用菌产量 1.23 万吨，产值 10.01亿元。

3. 生态养殖

生态养殖成为青川脱贫致富又一法宝。2016 年以来，青川围绕"突破牛羊蜂，提升禽兔鱼，推广标准化，延长产业链"的生态养殖产业发展思路，强化畜牧产业供给侧结构调整，注重生态养殖，成绩斐然。目前，青川"唐家河蜂蜜"等 3 种生态养殖产品获国家地理标志保护产品称号。

最具代表的是青川唐家河蜂蜜。唐家河保护区山高林密，原始森林中蜜源植物种类多，且面积大，酿制的蜂蜜风味独特，香味浓郁，而且无任何污染，所产蜂蜜属于典型的原生态产品，高质量、高品质，一直供不应求。

另一代表就是"青竹江娃娃鱼"。青川人工养殖的"青竹江娃娃鱼"体型特别，头部扁宽、眼睛小无眼睑，且四脚粗短，体型健硕，与野生娃娃鱼有明显区别。经科学鉴定，"青竹江娃娃鱼"氨基酸含量超过14%，蛋白质含量高达15%，脂肪含量低于2.5%，有丰富的微量元素，营养价值极高，加上肉质细嫩、口感独特，市场前景特别看好。

生态养殖，带动了农民脱贫增收，促进了青川生态产业发展（见表2）。截至2020年6月，全县生态养殖共存栏生猪9.5万头、肉牛3.1万头、肉羊4.9万只、家禽163.6万只，养殖中蜂9.2万箱、娃娃鱼20万余尾。预计2020年可实现畜牧和水产总产值10亿元以上。

表2 2016～2019年青川生态养殖产值一览

单位：亿元

年份	产值
2016	7.82
2017	8.06
2018	7.96
2019	9.03

资料来源：青川农业农村局。

4. 道地药材

由于青川地处秦巴山脉，山高林密，终年云雾缠绕，地面腐殖质沉积，土质疏松肥沃，是天麻、柴胡、重楼、白及等中药材天然的温床。特别是"青川天麻"，为青川中药材中唯一国家地理标志保护产品。"青川天麻"的特点是色黄白、质坚硬，呈半透明状，并且个大、肥厚。据专业机构检测，青川人工栽植的天麻，天麻素含量达到0.62%，是国家药典标准的3.1倍。

391

2018 年，青川以中药材市场需求为导向，坚持发展中药材产业。青川引进顺尧农林开发等企业，在省中医科学院等院校专家的指导下，采取集中连片、茶药套种、机械化生产、信息化管理等方式，稳定发展天麻、乌头、前胡等青川优势品种。重点种植乌药 3500 亩、天麻 100 万窖、其他药材 6500 亩。截至 2019 年，草本药材种植共计 2.8 万亩，实现草本药材产量 1.89 万吨，实现产值 5.1 亿元。

5. 木本油料

青川林木生态资源中，木本油料植物有一定优势，如生产桐油的桐油树。但随着桐油的市场量减少，桐油树栽植逐步萎缩。由于青川土壤气候适宜油本植物生长，青川把目光瞄上了山桐子和油橄榄种植。

青川栽植的山桐子，属大风子科，落叶乔木。果肉含油率为 4.4%，种子含油率 23.4%，亚汕酸含量较高，其油性可代替桐油。同时，山桐子产出的油经加工可供食用，其商业价值明显。目前，青川栽种有山桐子 3 万多亩。

青川重点发展的是油橄榄木本油料植物。青川通过引进、选育，选择了适合青川环境生长而且能高产稳产的油橄榄品种科拉蒂、皮削利、豆果、鄂植 8 号等优质品种落户。在管理上采取"以点带面 + 示范带动 + 大户联动 + 建立农民专业合作社"模式，实行标准化管理。截至 2019 年，青川已经发展油橄榄 4 万多亩，油橄榄鲜果产量达到 4000 吨，综合产值达到 2.32 亿元。

青川引进油橄榄种植后，不仅带来经济价值，还成为青川当地的一道风景线。青川充分发挥这一独特资源优势，将油橄榄产业园建设与旅游融合，打造了幸福岛油橄榄重点园区。幸福岛油橄榄园区依托丰富的油橄榄资源，先后开发了森林休闲、花卉观赏等产旅融合项目，并创新开发了油橄榄野外露营、油橄榄采摘等旅游活动。目前，已经打造生态"森林人家" 52 户，2019 年园区接待游客达 89 万人次，旅游收入达到 500 万元，实现户均增收 7800 元。由于幸福岛油橄榄园区地处白龙湖库区，还辐射带动了整个库区油橄榄产业的发展。

6. 风景银杏

青川发展风景银杏已经有 10 年的历史。银杏俗名白果,一身是宝,其叶、果、木质、形态既可食用、药用、材用,又有绿化、观赏等价值。多种用途为一体,具有很高的经济价值和生态利用价值。10 年来,青川把发展银杏风景林产业作为农民长期增收致富和推进生态旅游强县的重要途径来抓。截至 2019 年,青川已发展银杏 18 万亩,栽植银杏 1000 万株以上,收购加工银杏鲜叶 4000 吨以上,产值在 6000 万元以上,还培育了高氏药业等银杏加工龙头企业,加工银杏茶、银杏酒等特色旅游商品。

青川当年大力发展银杏时,有一句人人都熟悉的口号,叫"一人十株银杏树,十年就成富裕户"。据了解,青川原大坝乡公路沿线的村民,仅捡拾银杏叶卖,户均就要增加 1 万元的收入。如今,走进青川,无论是省道还是县道,无论是乡道还是村道,两边的行道树几乎都是清一色的银杏树。县城里有银杏主题公园、银杏广场、银杏大道,还设有银杏游客服务中心。另外,青川银杏文化建设也表现出生机勃勃,不仅引进企业开发银杏系列旅游商品,打造了一批突出银杏特色和以银杏命名的酒店和宾馆,还积极创作了以银杏为题材的旅游歌曲《四季放歌》,旅游电影《银杏之梦》。如今,到青川吃银杏果、品银杏茶、饮银杏酒、赏银杏景、体味山中"银杏人家"风情,已经成为许多游客到青川旅游的目的。

(三)生态工业

截至 2019 年,青川由于产业水平不断上档升级,品牌效应不断显现,青川农产品加工转化率达到 75%。随着青川农业生态特色优势产业发展,相应的生态产品加工业应运而生,生态工业成为青川生态发展又一特色标志。

1. 园区集聚效益充分显现

截至 2019 年末,孔溪、木鱼、青溪等重点园区已入驻规上工业企业的 33 户,入驻率达到 95%,累计实现工业产值近 42.3 亿元。其中,以青川特色山珍、食用菌、油类等深加工为主的木鱼生态食品产业园,已入住规上工业企业 2 户,全年累计实现工业产值 5.7 亿元。以茶叶、食用菌、魔芋、腊

肉、蜂蜜、橄榄油等农副产品加工为主的孔溪小企业创业园，入驻规上工业企业7家，全年累计实现工业产值7.1亿元。截至2020年7月，累计实现工业产值22.18亿元，其中，生态工业是主角。

2. 产业规模逐步壮大

截至2019年末，青川规上工业企业有43户。其中，以食品饮料加工为主导的川珍实业、山客山珍等20户企业，累计实现工业产值20.64亿元。青川全年以生态工业为主的规上工业累计实现工业产值50.2亿元，同比增长12.3%，规上工业增加值增速累计增长11.4%，居全市第一位。截至2020年7月，青川生态工业企业增至46户，克服疫情带来的种种困难，累计实现工业产值26.1亿元。

3. 产业效益全面提升

2019年，青川43户规上工业企业主营业务收入累计达46.6亿元，同比增长9.1%；实现利润总额3亿元，同比增长11.9%；实现利税总额3.7亿元，同比增长8.2%。截至2020年7月，青川规上工业企业46户，实现主营业务收入24.2亿元，实现利税1.78亿元，全年有望保持增长。

三 青川生态特色优势产业发展中的问题分析

近年来，青川生态特色优势产业得到了长足发展，但由于总体基础薄弱，生态产品单一，综合产值不高，科研水平滞后，也出现了一些生态产业发展中急需解决的问题。

（一）基础设施仍然薄弱

青川县以中山地形为主，农业基础设施条件虽得到了一定程度的改善，但总体仍比较滞后。青川所处的地质环境差，地震、洪灾、旱灾频频，因此不可预测性隐患多。这就导致青川生态特色优势产业发展具有不可确定性，需要气象、地质等部门加强预测，进行科学预判，防患于未然。

（二）产业带动效益偏低

青川具有生态特色产业优势，但由于交通、地理环境仍然有诸多瓶颈等问题，影响产业的规模化聚群化发展。龙头企业少而不强，带动效应有限。青川虽然生态资源丰富生态产业内容多，但相互之中缺乏产业链链接，作坊式家族式小企业多，且分散，难以形成产业综合发展效应。另外，生态产业发展中个体行为多，单打独斗、盲目跟风，抗风险能力不强，制约了经济效益扩展提升，需要在扩大加强专业合作社上下功夫。

（三）名优生态品牌不强

虽说青川也有"七佛贡茶""青川山珍"等诸多名优生态产品，也有诸多国家授予的地理保护产品等种种荣誉称号，但比起"茉莉花茶""竹叶青""西湖龙井"等名优生态品牌，还是不响亮，受地理环境制约，也只是墙内开花墙内香。离开广元、离开四川，离开中国，就再也没有声响了。要进一步做大做强青川生态优势特色产品品牌，才能让青川生态优势特色产业再上台阶。

（四）科技人才缺乏

青川生态产品多属于粗加工类型，科技含量低，推陈出新慢，影响市场发展。主要原因就是：科技人员不足，科技手段不多，新品种研发滞后，市场开发受到制约。

（五）劳动力不足

青川农村青壮劳动力大量外出务工，致使银杏、核桃、油橄榄等生态产业缺乏有效管护，抚育和管护难以同步到位，一定程度阻碍了青川生态产业发展。灾后重建结束后，农村大多数青壮年劳动力外出务工，家中仅有留守老人、儿童，劳动力严重缺乏。

四 青川生态特色优势产业发展对策与前景分析

青川必须立足优势、抢抓机遇，从新的历史维度、发展程度、战略高度、全局角度去找准方位、铆定坐标、明确靶向、锁定目标，在更深层次、更广领域、更大范围去开辟生态优势特色产业，青川生态发展中存在矛盾与问题必然会得到有效解决。

（一）全域建设生态旅游分类旅游区

青川生态旅游资源丰富，生态旅游品种众多，生态旅游个性显著，努力挖掘其禀赋，满足不同需求人群，市场必将壮大。在东部，青川应以白龙湖为依托，重点建设赏景、特色餐饮与漂流、步行为主的运动康养旅游区。在西部，应开发以阴平古道、唐家河、摩天岭、青龙湖为支撑，以青溪古城·唐家河为重点的生态文化假区。在南部，应以青川地震遗迹国家地质公园为主体，结合马鞍山、荞鱼洞、金子山等景点，重点开发建设地质科普旅游区。在中部，应以县城为核心，建设青川全域旅游集散中心，辐射各重点生态旅游区。

（二）积极主动融入成渝经济圈

青川要紧紧抓住川渝经济圈共建西部农业开放合作试验区机遇，扬长避短，尽快将青川生态优势特色产业融进去，建成西部生态产品培育基地、供给基地，让青川的优质生态产品成为西部农业开放合作试验区的生态"标配"和"金字招牌"。要通过"生态＋电商"，搭乘5G时代快车，完善物流网，深化与陕西、甘肃、青海、新疆等西部地区交流协作，作为成渝经济圈生态排头兵抢占西部生态产品市场。生态旅游是成渝经济圈的一大特色，青川要根据自身独有的生态旅游资源优势，精准对接成渝、川陕甘毗邻、东部沿海地区等大市场对生态康养的广泛需求，喊响"熊猫牌"，加大力度建设大熊猫公园，打造好以熊猫为主题文化的旅游小镇和特色旅游景区，延伸大熊猫文化产品产业链，建成嘉陵江上游大蜀道腹地生态康养天堂。

（三）壮大生态优势特色产业

山珍等青川生态产品在市场上有一定知名度和美誉度，对扶贫带动产生了关键性效益。进入后脱贫时代，青川要巩固提升，要实现乡村振兴，进一步发展壮大生态优势特色产业是关键。深化农业产业结构调整，继续重点深耕绿色山珍、优质茶叶、道地药材等生态优势特色产业，突出它们在青川产业发展中的主导优势。要在优化产业布局、壮大主导产业规模上下功夫，形成生态优势特色产业集群发展。

（四）提升生态优势特色产业科技含量

针对青川生态优势特色产品加工存在的瓶颈，要引进壮大科技人员队伍，不断研发生态产业新品种。要引进高效杀菌、无菌包装、在线监测、智能控制等自动化农产品加工设备，推进加工工艺技术提升。支持新建经营主体、改造升级初加工设备。根据市场需求和消费者需求，加强新产品研发力度，丰富特色农产品系列，大力开展农产品精深加工。支持食用菌、茶叶生产加工企业建设新型冷链基础设施，建成集生态产品流通加工、冷藏、散批发等功能于一体的现代物流中心。

（五）拓宽生态优势特色产品营销渠道

青川拓宽生态优势特色产品市场，首先是强化品牌建设，加大培育生态品金字招牌。青川虽然有"七佛贡茶""青川黑木耳"等"七大地标"产品，但影响力还不够大，不够有气势，要进一步加强培育和宣传。有了金字招牌，就不愁没有市场。在拓展市场上，不仅要充分利用融入成渝经济圈的新机遇，还要依托东西部扶贫协作已有的基础，促进产销对接，逐步提高产品市场占有率。在创新销售模式上，青川要依托电商产业的优势，采用"农产品＋电商""农产品＋直播""农产品＋短视频"等方式，扩大市场销售半径。

参考文献

中共青川县委、县人民政府:《关于支持生态产业加快发展的实施意见》,青川县人民政府网,2016 年 5 月,http：//www. cnqc. gov. cn/NewDetail. aspx? id ＝20180312171338748。

尹衍雨:《关于推进生态与产业融合发展的思考与建议》,中国农业规划网,2019 年 7 月,http：//www. agriplan. cn/experts/2019 – 07/zy – 4285_ 21. htm。

王烨冰:《生态农业与乡村旅游业融合发展模式与路径研究》,《现代农业科技》2016 年第 19 期。

B.28
脱贫视角下的乡村振兴路径研究

——以利州区为例

尹国剑 杨雁冰 董红明 吴雨明 李少斌*

摘　要： 利州区在广元市率先退出贫困县序列，随即编制乡村振兴战略规划并组织实施，现已取得相当成效，农业农村现代化有了较强基础。但仍有对农业农村现代化认识不全面、人口结构失衡、乡风文明引领作用发挥不够等问题，建议从农业现代化内涵把握、产业提升、村落重组、文明乡风塑造、新型职业农民培育等方面发力推进乡村振兴。

关键词： 乡村振兴　脱贫攻坚　广元利州

一　利州区退出贫困县后即启动编制实施乡村振兴战略

广元市利州区2018年退出贫困县，同年成为四川省乡村振兴规划试点县。

（一）高标准编制乡村振兴战略规划

2018年，利州区成立以党政主要负责同志为主任的规划委员会，建立规划工作联席会议制度，启动该区乡村振兴战略规划编制工作。规划编制团

---

* 尹国剑，中共广元市利州区委；杨雁冰、董红明，中共广元市利州区委宣传部；吴雨明，广元市利州区农业农村局；李少斌，中共广元市利州区委党校。

队在实地调研基础上，专题座谈 20 余场次、走访群众 1000 余人次、查阅各类史料 2000 余份。在系统梳理全区地理特征、自然资源、人文风俗等基本情况基础上，坚持"城乡融合、区域一体、多规合一"原则，严格对标"指导工程设计、引导项目落地、约束要素配置、激励社会投资"编制要求，在省委"1＋6＋N"规划编制体系基础上，创造性增加"乡村全域旅游""乡村治理""脱贫攻坚巩固提升"等 3 个专项规划，全面形成"1＋9＋N"利州规划编制成果。

发展定位上，深入践行"绿水青山就是金山银山"重要理念，健全城乡融合发展体制机制和政策体系，推进乡村产业、人才、文化、生态、组织"五个振兴"。空间布局上，精准划定"三区""三线"，科学布局"一带两核三区四廊"城乡融合发展空间格局，重点突出以赤化—宝轮—白朝为主要区域的三江新区乡村振兴示范带等两个重点区域。空间形态上，坚持一村一品、百村百态，突出乡村全域景观化景区化建设，抓实山水林田湖草综合治理和重要节点空间、公共空间、建筑景观建设，加快形成"园村一体""景村一体"新型城乡空间形态。将"五个振兴"量化成 47 项考核指标，作为推进乡村振兴的具体实践路径。

（二）高精度锚定乡村振兴目标任务

坚持以农业供给侧结构性改革为主线，以优化农业产能和增加农民收入为目标，以"都市休闲农业产业＋辅助产业"的模式发展为抓手，着力念好"优、绿、特、强、新、实"六字经，着重发展绿色农业、自然农业、生态都市农业，全面提升乡村产业发展速度、质量和效益，构建利州区"5＋3"产业发展体系，形成利州乡村振兴现代农业产业发展方向，推动乡村产业振兴。以社会主义核心价值观为引领，传承发展利州优秀传统特色文化，打造乡风文明新村。按照"农业成景观、农居成景点、农村成景区"三景合一标准，构建人与自然和谐共生、生产生活生态有机相融、山水林田湖草相得益彰的现代乡村新形态，进一步丰富幸福美丽新村建设内涵，改善农村人居环境，完善镇村体系规划，建设生态宜居乡村。以实施党建引领乡村治理"七大工程"为抓手，健全现代乡村治理体系。提升基本公共服务保障水平，保障和改善农村民生。推动人才、土地、资本等要素双向流动，建立健全城乡融合发展体制机制。

（三）大力度推进乡村振兴规划实施

乡村振兴战略逐步实施，利州区农业产业、生态环境、乡村治理模式等发生较大变化，现代化农业生产方式方法得到大面积推广运用，为农业农村现代化奠定了坚实基础。

1. 突出产业发展

利州地处四川盆地北部山区，农业适度规模经营发展相对缓慢。近几年，这方面用力较多，成效明显，现代农业园区（见表1）、家庭农场示范场（县级以上，见表2）、合作社示范社（县级以上，见表3）分别达到10个、37个、56个。

表1　利州区现代农业园区情况

级别	数量（个）	名单	建设规模（公顷）
市级	10	大石现代农业园区、龙潭蔬菜园区、菖溪河现代农业园区、井田现代农业园区、三江现代农业园区、月坝现代农业园区等	9670

资料来源：广元市利州区农业农村局统计资料。

表2　利州区家庭农场示范场情况

级别	数量（个）	名单
省级	11	鸿英家庭农场、琪瑞家庭农场、红凌家庭农场、得苗家庭农场、海堂家庭农场、两棵树家庭农场、三正家庭农场、桃花源家庭农场、春祥家庭农场、郭延坤家庭农场、鸿发家庭农场
市级	21	农生源家庭农场、长参家庭农场、群富家庭农场、立信家庭农场、安乐窝家庭农场、礼荣家庭农场、丰成家庭农场、春魁家庭农场、飞华家庭农场、瑞星仁和家庭农场、坪茂家庭农场、放野火地坡家庭农场、金晨家庭农场、桃园养殖家庭农场、林燕杰新型农场、游子家庭农场、王钦春家庭农场、春兰家庭农场、富利家庭农场、党家山家庭农场、隆鑫家庭农场
县（区）级	5	井田家庭农场、袁格茂家庭农场、国仓家庭农场、原耕家庭农场、小康家庭农场

资料来源：广元市利州区农业农村局统计资料。

表3 利州区合作社示范社情况

级别	数量(个)	名单	主导产业及规模
国家级	3	林园无公害农业、康宁种植、勤丰养殖	蔬菜 14.7 公顷,核桃 37.3 公顷,鸡 12000 只,牛 1200 头
省级	13	广利蔬菜、声宏养殖、垦农种养殖、百吉中药材种植、蒙家山种植、鲜绿特蔬菜、华盛林业、利青水稻种植、中旺三泉种养殖、洪银木本油料、关山栀子种植、金鼓仔猪、麒程种植	蔬菜 66.7 公顷,果树 86.7 公顷,水稻 73.3 公顷,核桃、油橄榄、栀子及其他中药材 357.3 公顷,猪 1200 头,牛 2300 头,二杂母猪饲养、销售、仔猪收购 2500 头
市级	22	宝轮益农核桃种植、长参果树种植、天绿果业、隆兴农业技术、天婴果蔬、鹏宇果蔬、大山核桃、绿硕水果、川葵种植、寿锋食用菌种植、区君心植保、财鑫植保、三颗石种养殖、精珍种植、和成林业、武森种养殖、国成种养殖、双花中药材种植、万福种养殖、紫爵大朝油橄榄、雯宇蔬菜、蜀山生态种植	核桃 134 公顷,果树 128.7 公顷,油橄榄 88 公顷,蔬菜 267.5 公顷,中药材 146.7 公顷,食用菌 220 万袋,粮油 53.3 公顷,植保(病虫害防治)86.7 公顷,牛 2190 头
县(区)级	18	信立食用菌、神龙茶叶、津荣农林、海松种植、玉米地农产品、白宝林副产品、荣生家畜养殖、龙潭乡供销、鑫鸿农机、惠康种养殖、鑫玉种植、广湖种养殖、金轮果蔬、雪梅植保、森园谷峰养殖、万山植保、鹤山种养殖、高全种养殖	食用菌 670 万袋,茶叶 66.7 公顷,蔬菜水果 98.2 公顷,红薯 40 公顷,玉米 33.33 公顷,中药材 20 公顷,猪 1300 头,蜂 500 箱,农机服务 66.7 公顷,植保(病虫害防治)33.7 公顷

资料来源:广元市利州区农业农村局统计资料。

2. 改善生态环境

农村垃圾、污水整治和厕所改造取得重大成效。全区农村新建和改造公厕 70 余座,建设 40 余个村的污水治理工程,累计新建污水管网 75 千米,生活污水处理率达 70%。

3. 提升内生动力

组织开展"扶智扶能树新风""赞脱贫话党恩"知客宣讲比赛等活动,在广大农村大力弘扬社会主义核心价值观。各村综合性文化服务中心标准化建设进度快,乡土文化人才培养工程推进有序。

4. 强化基层治理

结合农村农业实际和特点,加强村民组织和个人协作,初步形成党委政府、社会组织、村民个人相互配合相互协作的自治、法治、德治相结合的"三治融合"乡村治理模式。农村党建质量显著提高，吸引 74 名优秀农民工党员进村"两委"班子，村级建制调整改革涉改村优秀农民工担任党组织书记达 87.76%，涉改村党组织书记、村委会主任"一肩挑"达 100%。回引培养优秀农民工 280 余人，新发展农民工党员 52 人，培养后备干部 234 人。5100 余名农村党员直接联系 3.6 万户群众，提供服务 2.7 万人次。"法律七进"活动、"六无平安村（社区）"建设、法治乡村示范创建、道德评议会的建立等，促进了乡村治理深入推进。

5. 提高居民收入

在稳定作物播种面积、保障粮食生产安全的前提下，着力抓好绿色果蔬等特色产业发展，家畜家禽养殖和特色养殖得到发展壮大。2019 年，全区农村居民人均可支配收入实现 13558 元，增长 10.9%，增速高于全国 1.3 个百分点、全省 0.9 个百分点、全市 0.2 个百分点。

二 利州区实施乡村振兴战略中存在的问题与不足

（一）对农业农村现代化认识不全面，重农业现代化轻农村现代化

农业农村现代化是实施乡村振兴战略的总目标，但在实际工作中，部分人认为农业农村现代化就是农业生产形式由传统形式转变为提高农业生产力水平的农业"物"的现代化，主要是用现代科学技术和现代工业产品来装备农业，用现代经济管理手段来经营农业；没有充分认识到包括"人"的现代化、乡村治理体系和治理能力的现代化等农村现代化的重要性。

（二）乡居零散、人口结构失衡，制约农业农村现代化进程

当前利州区大部分农村居民聚居点是在适应个体农户开展土地耕作、"交通靠走通信靠吼"的条件下自然形成的，人口规模小、数量多、布局分散。随着城市化进程加快，大量中青年人常年外出务工或购房定居城市，农

村常常仅老人留守。在这种条件下，延续既有的农村聚居点、农村道路、基本医疗卫生、教育、通信等公共设施建设，耗时耗力耗资源，受益对象大部分却又是使用现代交通通信方式很少、对医疗卫生条件要求高的农村老人，不管是社会投入的效益、还是受益者直接受益程度都很低下。

（三）乡风文明引领作用发挥不够，影响农业农村现代化加快推进

全区文化站、村文化室等硬件基本齐备，但充分利用这些设施设备形成三治融合治理格局还不够。农民对文化活动与文化建设的参与度不高。对利州特色文化直接继承较多，推动创造性转化创新性发展不足，发挥乡村文化凝聚民心、教化民众、约束村民言行的作用不够。

三　推进利州区实施乡村振兴战略的对策建议

（一）提高认识，全面把握农业现代化的深刻内涵

只有深入理解农业现代化的内涵，才能真正明确农业现代化的建设方向。一般意义上的农业现代化，是在农业生产中普遍使用现代农业机械和现代农业科学技术；但就利州实际而言，农业现代化还应该特别强调以充分满足社会生活的实际需要为前提，发展因地制宜的经营管理方式和生产组织形式。

（二）发力产业，奠定农业农村现代化的坚实基础

瞄准城乡居民消费需求，进一步建设高质量的休闲农业、乡村旅游和高效率的农村电商等产业，构建农业生产、农产品加工、乡村服务融合发展产业链，激发乡村活力，奠定农业农村现代化的坚实基础。

积极主动适应市场需求，突出效率效益优先。根据利州区地域特性和多年实践，适度规模经营的家庭农场模式应该成为农业产业提升的重点发展形态。家庭农场主作为有文化、有市场意识、承担责任的生产主体，能集中精力，根据市场需要及时调整生产项目，实现生产效率最大化，保证农业生产

效益。专业合作社是一个松散的个体组合，凝聚力不强，每个个体生产效率和质量参差不齐，要积极引导他们做到生产建设效率最大化和生产管理最有效化。在农业农村从事生产经营的大型农业公司，要引导他们不仅围绕政府项目投资而建设，更要把主要精力用于发展农业生产。

（三）重组村落，突出农村地域环境、文化特色

推进农业农村现代化进程，客观上要求村落重组。要进一步巩固四川省乡镇行政区划调整改革，尤其是村级建制调整改革利州区取得的成果，在打造县城—集镇（小城镇）—中心村的进程中，加强村落重组。以适应现代生产生活条件为原则，以客观环境条件为依据做好村落规划建设，做到村落交通通信、基础教育、基本医疗等功能符合农村实际，充分满足村民需要，突出地域环境、文化特色。

（四）着力塑造新时代文明乡风，推动乡村实现精神家园现代化

硬件设施只有与精神文化密切联系才能形成一个活生生的人居社会，才能让人产生放不下的牵挂。否则，再现代化的设施设备，也只是无感情的物资堆积，永远不会产生那一缕让人魂牵梦萦的乡愁。

要突出农民主体地位，从利州广大农村的实际出发，发挥村民作为建设家园的主力军作用，传承好脱贫攻坚内生动力，用好农村各种传统文化硬件和软件资源，着力塑造与新时代相适应的利州农民精神风貌。加大矛盾纠纷调解力度，培育民主法治意识，营造依法治村的良好氛围。处理好继承与发展的关系，充分挖掘保护利州传统文化资源，利用录音录像等技术，保存好三堆唢呐、赤化牛灯等传统文化音像资料；用社会主义核心价值观重新审视并创造性发展传统文化形式尤其是民俗文化，在创新中传承并在传承中创新。注重示范引领，消除陈规陋习，推动农村社会风气持续好转。

（五）大力培育新型职业农民，保障农村社会治理现代化

土地家庭承包责任制发展到现在，分散生产组织形式强调个人和家庭意

识，容易造成集体观念淡薄。随着大量青壮年外出务工，部分土地管理不到位，甚至被撂荒。这种分散生产组织形式与农业农村现代化要求不符。为此，需要优化土地流转政策措施，吸引有文化、有技术、有资金的人在农村开展适度规模经营。适度规模化经营的业主，通过土地使用权的流转，在一定的区域内，集约经营以前被分割成块、分别由数十户农户经营的土地，实现土地的充分开发利用，保证农业生产效率和效益。一是这部分人成为职业化农民，对农业生产的投入更精准充分，能使土地生产效率和产出效益提高。二是职业农民在生产过程中，为留守在家的老弱妇女提供弹性就业机会，既形成一个宽松的集体组织，有利于组织生产和引导社会治理落实，又提高他们的收入，使其生活向富裕方向发展。三是职业农民本身具有一定的文化和管理能力，对国家政策变化比较敏锐，法治意识比较强；同时又与散居村民生活联系紧密，被村民认可、信任度高，能有效引导村民认识和接受新的农村治理方式，对农村社会治理落实具有最直接有效的保障作用。在这个意义上，农村生产组织形式变革，建立适应现代社会生产条件的农村生产组织形式，能快捷有效地推进三治融合的治理方式落实，实现农村有效治理。

参考文献

习近平：《把乡村振兴战略作为新时代"三农"工作总抓手》，《求是》2019 年第11 期。

张华伟：《乡风文明：乡村振兴之"魂"》，《学习时报》2018 年 9 月 14 日。

B.29
昭化安居扶贫模式价值研究

王 壮 邹贤良 仲明强 喻代斌 吴大春*

摘 要: 2016 年以来,昭化按照中央、省、市战略部署,对标脱贫攻坚和乡村振兴的具体要求,坚持把安居扶贫工程作为脱贫攻坚的重中之重,通过制定政策、统筹结合、压实责任、紧盯关口、完善配套创新探索出安居扶贫"五个三"工作模式,走出了一条可复制可推广的安居扶贫新路子,成为全国安居扶贫典型案例。在此基础上,形成的因地制宜分类推进、统合力量科学部署、激活群众内生动力、提高建设奖补标准、做实乡村振兴核心等经验,对广元及秦巴山连片贫困开发地区奋力决战脱贫攻坚、决胜全面小康具有深刻的影响力。

关键词: 安居扶贫 奖补政策 建新拆旧 昭化模式

广元市昭化区地处秦巴山连片扶贫开发地区,2014 年全区农业人口 21 万余人,有建卡贫困村 63 个、建卡贫困人口 8850 户 30051 人,贫困发生率达 14.17%,是典型的秦巴山南麓深度贫困县区,具有秦巴山区共有的贫困面宽量大、贫困程度较深、脱贫基础薄弱等显著特征。脱贫攻坚以来,昭化区围绕"群众住房安全有保障"的工作目标,启动实施"建新房、改旧房、拆危房"工程,区本级累计投入资金 6.7 亿元,撬动农户投资达 20 亿元以上,农村土坯危房存量从 4.15 万余户降低至 2205 户,占比

---

* 王壮、邹贤良、喻代斌,中共昭化区委宣传部;仲明强、吴大春,昭化区住房和城乡建设局。

由近70%降至3.6%，农村居住条件得到明显改善，安居扶贫工作取得阶段性成效。

一 昭化推进安居扶贫工程背景分析

土坯房作为中国农村千百年留存的历史产物，在经济社会不发达的时代，由于其较好的经济适用性、保温保湿性，一度成为广大农村地区的主要居住载体。在20世纪中后期，昭化区受制于落后的经济发展水平，农村地区几乎全部是夯土修建的土坯房。

随着经济社会发展，土坯房存在的构件强度不足、节点连接弱、结构体系稳定性差、配套设施不完善等问题越来越凸显，尤其是许多土坯房年代久远，历经一次次修补后，早已破败不堪，墙体侵蚀严重，不能满足安全居住需要。

作为贫困山区、革命老区、移民库区，昭化区经济社会发展相对滞后，多年来农村群众的居住条件虽有改善，但仍有大部分群众居住的房屋为危旧土坯房。截至2012年底，昭化区农村土坯危房存量仍然有4.15万余户，占比接近70%，成为广大群众居住的严重安全隐患。住房问题牵涉民生、维系发展，关系人民安居乐业，影响经济社会发展全局。党的十八大以来，习近平总书记站在增进人民福祉的高度，心系万千群众安居冷暖，始终把"实现全体人民住有所居目标"作为农村地区重要改革任务，周密部署、协调推进。

唯有安居才能乐业。在坚决打赢脱贫攻坚战的时代背景下，住房安全有保障是"两不愁三保障"的重要内容，是贫困人口脱贫的基本要求和核心指标，直接关系脱贫攻坚质量。群众居住条件得不到根本性改善，脱贫攻坚的支撑就不稳固，成色会大打折扣。推进安居扶贫、改善居住环境，成为昭化区脱贫攻坚中必须完成的重点任务。经过持续努力，全区安居扶贫工作取得显著成效（见图1）。

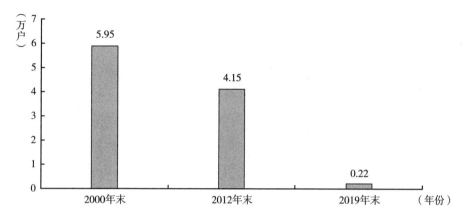

图1　昭化土坯房存量变化对比

资料来源：昭化区住房和城乡建设局。

二　昭化推进安居扶贫工程需要解决的问题

虽然广大群众安居形势严峻，土坯房改造迫在眉睫，但在安居工程实施过程中，昭化区也面临一些现实问题，推进阻力较大。

1. 部分群众思想贫困，土坯房改造意愿不强

随着脱贫攻坚的深入推进，建档立卡贫困户在国家政策的扶持下住进了新房，部分非贫困户滋生"红眼病"现象，产生"懒人有懒命""等一等国家就会再扶持"的心理，坐等、观望思想严重。同时，随着城镇化进程的大步迈进，大量群众因务工进城磨灭了乡愁思想，产生了"寡种游商即是安"的心理，回乡建房、改房意愿严重减弱。

2. 土坯房改造资金短缺，财政压力较大

按照户均120平方米测算，建房成本在10万元/户左右，而农村危房改造补助资金标准最高不超过2万元/户，补助对象仅为包括非建档立卡贫困户在内的"4类人员"。昭化区不是"4类人员"的非建档立卡贫困户农村危房存量较大，农民人均纯年收入刚过万元且不稳定，在无上级补助资金的

情况下，若无地方专门补助，每户农户的建房资金缺口在 8 万 ~ 10 万元，仅依靠本级财政资金投入，压力较大。

3. 基础条件受限，土坯房改造力量薄弱

昭化区属山区地形，山高坡大，地形平均坡度超过 25°，且属于自然灾害频发的地质灾害区，交通等基础条件普遍较为薄弱，农户在异地新建时，选择合适的宅基地较为困难，在原宅基地建房时，建材及运费成本又较高。再加之农村青壮劳动力普遍外出务工，留在家中的多为老弱病残幼，农村建房有效劳动力严重缺乏。

三 昭化推进安居扶贫工程主要对策措施

面对土坯房存量大、占比高的实际，昭化区把以土坯房改造为主的安居扶贫工作作为最紧迫的民生工程，集中人力物力财力，创新制度，聚力攻坚，助力人民群众实现安居梦。

（一）压实责任，形成联动合力

火车跑得快、全靠车头带。昭化区通过充分发挥组织优势和干部力量，压实各级领导干部责任，实现率先垂范、以上示下，干部带头、干事创业成效凸显。

1. 压实联席部门责任

昭化区委区政府出台《关于建立全区农村住房建设统筹管理联席会议制度的通知》《关于调整充实安居扶贫领导小组的通知》等制度性文件，建立区政府领导牵头，住建、发改、扶贫等部门为成员的农房建设联席会议制度，形成部门联挂合力，统筹解决安居扶贫工程相关问题 500 余个。

2. 压实乡镇村社责任

乡镇村社是安居工程的具体落实者和推进者，昭化区委区政府坚持抓总，分别与各乡镇、区级各联挂部门签订建新拆旧军令状，各乡镇与村社签订责任书，聚焦"危旧土坯房全面拆除、贫困户住房全面建成"行动目标，先后在乡镇召开 4 次"建新拆旧·产业发展"现场推进工作会，推进拆旧工作有力开展。

3. 压实党员干部责任

昭化区坚持区委区政府主要领导带头，全区各级党员干部担纲安居工程实施主体力量，坚持示范带头，带头拆除土坯房 2154 户，以实际行动感染带动广大群众。坚持冲在一线，干在前列，积极发动群众、组织群众，带动全区共拆除废弃闲置农房 20707 户，完成农村危旧房改造 34583 户。

（二）制定政策，激发建房意愿

昭化区通过深入调查分析存量原因，量身定制危房改造奖补政策，明确建房奖补时限，激发群众抢抓政策机遇建房。

1. 丰富改造途径

采取"建改保拆"并举，鼓励支持有能力、长期在家居住的农户新建住房，鼓励支持房屋结构安全牢固、经济条件较弱的农户改造住房，对暂无建房需求的或无能力建房的，可将危旧土坯房拆除保留宅基地权益，对建新未拆旧的或一户多宅户的动员拆除旧房恢复耕地。对于房屋状态较好且具有旅游开发价值的房屋鼓励保留；对于具有一定特殊历史背景的土坯房强制保留，如红军曾住房、清代土坯房、接待过名人的房舍等。

2. 出台补助政策

把奖补政策作为推动安居工程的重要一环，坚持建房补助政策覆盖昭化区所有农户，针对新建农房户，易地搬迁贫困户按照省市统一标准补助每人 2.5 万元，在此基础上，区本级多方筹集资金，对非易地搬迁贫困户按照每人 2 万元、非贫困户按照每户 2 万元给予新建奖补。针对改造农房户，按照非贫困户每户 2 万元、贫困户每户 2 万元加每人 1 万元给予改造补助。针对拆除旧房户，在全市率先推行非农业户拆除土坯房奖补细则，每户拆旧奖补 2 万元，农业户拆除土坯房，保留宅基地暂不新建的农户，每户奖励 1 万元（见表 1）。

表 1　补助政策汇总

农户类别		补助标准
新建农房	易地搬迁贫困户	按省市统一政策标准 2.5 万元/人执行补助
	非易地搬迁贫困户	区本级筹集资金,按照 2 万元/人给予新建奖补
	非贫困户	区本级筹集资金,按照 2 万元/户给予新建奖补
改造农房	非贫困户	2 万元/户
	贫困户	贫困户 2 万元/户 + 1 万元×家庭人数
拆除旧房	非农业户	每户拆旧给予 2 万元奖补
	农业户	拆除土坯房,保留宅基地暂不新建的,每户奖励 1 万元

资料来源:昭化区住房和城乡建设局。

3. 灵活改建方式

坚持分户施策、分类推进,对劳动力充足的农户,为调动其建房积极性,让其可以自行参与并聘请有施工资质的工匠押证施工,参与投工投劳,以便降低建设成本。对无劳动力或外出务工的农户,由当地村委会聘请专业施工队按设计标准委托代建。对人力资源充足的农户,通过技能培训合格后,可成为农村个体工匠,承揽农村建房,在充实农村劳动力的同时增加就业和收入(见表2)。

表 2　建房方式汇总

家庭情况	建房方式
劳动力充足	自行参与并聘请有施工资质的工匠押证施工,并参与投工投劳
无劳动力或外出务工	由当地村委会聘请专业施工队按设计标准委托代建
人力资源充足	技能培训合格后,成为农村个体工匠,承揽农村建房,在充实农村劳动力的同时增加就业和收入

资料来源:昭化区住房和城乡建设局。

(三)紧盯关口,严把标准质量

"政府多跑路,群众少操心。"昭化区坚持把制定建房标准、过程质量安全监管、保障资金安全等管理工作"一包到底",让群众少跑路、少操心。

1. 严把面积标准关

把面积标准作为硬性指标，严格落实建卡贫困户新建住房人均不超过25平方米、户均不超过125平方米，非建卡贫困户人均不超过30平方米、户均不超过240平方米的建房标准，加强一线督导，确保不逾"红线"。对于在聚居点内建辅助用房或生产用房的，推行连排连户修建方式，每户面积不超过30平方米，高度不超过3米，既保证新建房屋功能实用，又有效降低建房成本，杜绝因建房举债。

2. 严把质量安全关

昭化区印发农房建设指导图集、建卡贫困（易地扶贫搬迁）户建房通用图集，为建房户提供样本参考。将全区划分为5个片区，分别派驻专业监理人员蹲到片区，点对点督导农房建设，构建起"村建员＋监理员＋建筑工匠＋农户"的全方位质量安全监督格局，实现农村安居工程建设设计、质量、安全、进度、标准"五同步"。

3. 严把资金保障关

农房建设竣工严格按照村社初验、乡镇复验、张榜公示5个工作日后，由乡镇政府向区安居扶贫工作领导小组办公室提出书面验收申请，再统一组织区级专业人员按行业规范综合验收，抽查核实。区财政局直接拨付资金到乡镇并按进度打卡到建房户，解决了群众跑路多时效慢、建房资金接续保障不及时等问题。

（四）完善配套，打造良好环境

1. 完善住房功能

在住房室内，围绕"六改"合理完善区域功能，做到改水洗漱方便、改电去杂除乱、改厨吊顶防尘、改厕方便快捷、改圈人畜分离、改卧室前后开窗通风采光。在住房室外，突出"踢脚线、白墙面、脊座白、青瓦片、门窗柱头显本色"的川东北民居风貌。在周边，聚焦"六建"发动群众在房屋周边建微田园、办小庭院，贴近生产生活，打造舒适环境。累计完成708户建卡贫困户室内厨房和厕所功能配套、2663户贫困户入户路、1511

户贫困户院坝建设，实现所有贫困户住房功能配套和基础设施完善。

2. 合力美化家园

开展"自力更生、美化家园"专项行动，引导群众自觉保持房前屋后、室内室外干净整洁无异味、物品摆放整齐有序、各类管线规范整齐，同步建成全区"村社乡镇分类收集—区转运—市处理"的城乡垃圾处理体系，确保垃圾分类收集并有序转移。坚持区主导、乡镇实施的原则，在重点集镇和中心镇建成污水处理厂26个，大型聚居点、人口集中区域设置污水处理站点37个。全域实施厕所改造工程，推进农村无害化厕所全面覆盖。

3. 保护传统村落

在全面开展农房革命的同时，坚持对传统村落连片保护，杜绝"一刀切"，向中央、省级累计争取专项资金850万元，昭化镇城关村属国家级传统村落，落实重点保护责任和措施，投入资金实施整体修缮保护，深入研究21个传统村落的现状，全面落实乡镇和村的属地保护责任，全部挂牌保护，修缮加固传统老院子566个，确保住在新房，守住回忆，留住乡愁。

（五）统筹结合，降低致贫风险

1. 风险监测与成果巩固相结合

针对住房安全致贫风险，出台脱贫攻坚返贫致贫监测阻击十四条措施，明确区、镇、村三级监管职责，落实镇、村各1名的住房安全巡查管理人员，常态化对辖区边缘户和收入不稳定户的住房安全状况实施网格化监管，特别是在地质灾害、洪灾季节后，做到及时上报、及时会商、及时处置隐患，有效消除住房安全风险，全面清零住房安全隐患。累计投入资金107.5万元，化解住房安全隐患风险24户82人。

2. 民居保护与开发利用相结合

在保护传统民居的同时，通过指导民居权属人对室内功能进行修缮配套，将一楼装修成商铺、二楼装修成客房，实现门面变商铺，农房变客房，淡季发展商品零售，旺季接待休闲度假客人，充分盘活增值。累计招引旅游开发公司2家，建成村落民宿3处，2019年收入达300余万元，成功实现民居效益反哺增收、农户固定资产增值。

3. 安居扶贫与乡村振兴结合

在全面"安居"的基础上，迅速将重心转移到"乐业"上来，实现安居扶贫和乡村振兴有效衔接。按照"房在园中，园绕房转"思路，采取民居聚居点配套产业园、分散户建设小庭院、保障户保送就业方式，建成种养绿色循环基地 1.5 万亩，水果—蔬菜、经济林—中药等立体种植基地 3.5 万亩，稻渔共生种养基地 1.2 万亩，新建休闲农业园区 2 个、休闲农庄 5 个，全区以"内保外送"方式解决贫困户就业 1.2 万余人，通过发展猕猴桃、生猪、土鸡等户办小庭园 1232 户，人均年收入超过万元。

四　昭化安居扶贫工程成效与价值体现

（一）群众安居基本保障

昭化区累计新建和改造农房 3.4 万余户，拆除危旧土坯房 2 万余户，发放各类奖补资金 6.7 亿元，撬动农户投入建房资金 20 亿元（见表 3）。全区贫困户 8738 户 28913 人全部实现住房安全有保障。累计建成聚居点 218 个，挂牌保护和修缮传统村落 21 个（其中国家级 12 个、省级 9 个），成功评选四川最美古村落 2 个、最美小镇 1 个。成功承办全省脱贫攻坚住房安全保障现场会，《"六制度四行动"改善农村居住条件》《广元市昭化区土坯房改造及建新拆旧的做法、问题和建议》被省政府《要情专报》第 21 期、省脱贫

表 3　安居工程累计投入资金

单位：亿元

投入来源	金额
中央及省级专项资金	1.7
区级自筹	5.0
农　户	20.0

资料来源：昭化区住房和城乡建设局。

办《脱贫攻坚简报》第 180 期刊载推广。昭化区作为四川省唯一一个县区接受国务院农村危房改造激励督查，受到高度肯定。

（二）人居环境舒适宜人

通过对农村土坯房进行全面改造，视觉上的贫困落后面貌得到全面消除，居住条件得到全面改善。房屋功能分区更加明显，物品的摆放更加有序。通过人畜分离、环境整治，房屋内外干净整洁无异味，各类管线整齐规范成为常态。生活垃圾源头减量和简易分类处理效果明显，利用庭院、闲散地、废弃地，建成一批宜业宜居宜乐的生态"微田园""微菜园""微果园"，农村人居品质得到极大提升。

（三）产业增收带动富民

采取"政府补一点、集体出一点、企业投一点"方式，围绕产业园生产、销售、服务等环节，配套建设作业道、微水池、冷链物流、电商销售、农资服务站等生产服务设施。结合土地整理、土地增减挂钩项目，在农户住房或聚居点周边建设产业园，统一发展乡镇或村确定的主导产业，引领农户发展产业，确保稳定增收。以清水镇清泉湾易地扶贫搬迁安置点为例，共新迁安置 33 户 118 人。安置点建成后，下大力气做实后续产业发展，以特色产业园建设为载体，按照"村集体组织＋专合社＋龙头企业（业主）＋农户"模式，探索出"一统""双包""三分红"后续产业发展机制，实现贫困农户与增收产业有机衔接，确保搬得出、稳得住、能致富，有效解决了"怎么扶""怎么富"等问题。

（四）文明养成蔚然成风

好房子带来好日子，好房子促进好习惯好风气的养成，住房建设有效破解农村居民"精神贫困"，在昭化区安居扶贫工程中展示出的"村看村、户看户、不会学着会的做"的比、学、赶、超局面和"自力更生、美化家园"精神深入人心，良好的社会风气正在逐步形成。

（五）治理效能显著提升

"家是最小的国，国是千万家"，小家有保障，社会更祥和。党员干部带领群众共同努力住进新居，人民群众幸福感、获得感更加强烈，政府公信力得到更大提升。干部想干，群众愿干，干群关系更加融洽，有效促进了基层事业发展，许多社会矛盾等得到有效化解，社会环境更加稳定和谐。

五　昭化推进安居扶贫的经验启示

昭化区作为秦巴山连片贫困县区，在贫困县区中具有样本作用，彰显典藏性价值。安居扶贫的成功实践，为贫困地区推进安居扶贫蹚出了一条特色之路，形成了一整套行之有效的操作办法。

（一）因地制宜分类推进，彰显地方特色

"没有调查就没有发言权"，各地区农房建设实际情况不同，只有在充分调研和征求群众意愿的情况下，在法律法规大框架下，因地制宜、分类出台建房政策，才能充分调动群众建房、改房积极性。注重选址与产业配套相结合，实现安居与产业融合、向景区靠拢、与社区同建，确保生产生活方便，群众安居也能增收。同时，充分考虑地方民居特色和价值，实施科学的甄别标准和保护措施，加大传统村落和历史文化名村、历史乡土建筑等保护力度，杜绝农房建设"一刀切"，力促特色延续和有序传承。

（二）统合力量科学部署，坚持干部带头

"村看村、户看看、百姓看干部"，群众要行动，先看的是干部行动没行动。要充分发挥集中力量办大事的制度优势，建立党政主要领导负总责的联席会议制度，横向凝聚部门合力统筹推进。要逐级压实党员干部干事创业责任，具体明确到户、细化到人，形成竖向压力推进农房建设。要积极探索党员干部带头建新拆旧奖励机制，充分调动党员干部带头作用。

（三）激活群众内生动力，突出主体地位

要坚持"农民主体、以奖代补、先建后补"的原则，实行分户、分类、分项补助，用"真金白银"助推农房建设，通过制度性奖补措施，让群众更加积极主动地参与到安居扶贫项目中来，避免大包大揽。事实证明，只有充分发挥群众的主体作用，真正激发主观能动性，让群众在政府引导下参与到农房改建、产业发展中来，才能完成大范围、大体量、独个体的宏大工程。

（四）提高建设奖补标准，发挥撬动作用

通过本级财政适当补充，提高建卡贫困户建房补助标准，缓解建档立卡贫困户建房压力。此外，应动用金融力量、社会力量，探索建立农村住房建设专项基金，或者建立分级按比例分担的专项基金等方式，以贴息、免息等金融手段，支持贫困县区安居保障和住房风险预警阻击，撬动农户投入资金参与建设和巩固安居成果。同时，在实施乡村振兴战略的时代背景下，全域推进农村居住条件彻底改善，应结合地区和农户实际，把非贫困户作为重点，出台改造土坯房的奖补政策。

（五）做实乡村振兴核心，发挥致富作用

产业兴旺是乡村振兴的基础和抓手，也是安居之后人民群众的必然期盼。要坚持产业与安居结合，多点开花、多业支撑、多元帮扶，通过"量身定制"发展产业渠道和增收渠道，让乡村产业兴起来、群众腰包鼓起来、乡村留得住人气，在不断夯实脱贫成果的基础上开创乡村振兴新局面。

参考文献

中共中央、国务院：《关于打赢脱贫攻坚战的决定》，2015 年 11 月 29 日，中国政府

网，http：//www.gov.cn/zhengce/2015－12/07/content_ 5020963.htm。

中共中央、国务院：《关于打赢脱贫攻坚战三年行动的指导意见》，2018年6月15日，国务院扶贫开发领导小组办公室网站，http：//www.cpad.gov.cn/art/2018/8/20/art_ 46_ 88282.html。

中共中央、国务院：《中国农村扶贫开发纲要（2011～2020年)》，《国务院公报》2011年第35号。

B.30
朝天创新路径脱贫攻坚研究报告

王国章　周密　易铭君　孙亮　王维*

摘　要： 2014年以来，朝天区精准聚焦"两不愁三保障"标准，立足区情实际，充分发挥自身优势，构建了"1+4+11+N"精准扶贫总体方略，建立了"责任"和"任务""两张清单"，还通过"菜单选择"促搬迁等方式方法，探索出脱贫攻坚的朝天路径、朝天经验、朝天样本。课题组不仅分析研究了朝天区立足实际、创新路径、打好脱贫攻坚战的实践过程，还客观分析了朝天脱贫攻坚存在的主要困难和问题，如脱贫成果巩固难度较大、扶志扶智还需持续用力、帮扶干部扶贫能力有待提升、脱贫攻坚与乡村振兴有机衔接有待加强等。课题组在巩固脱贫成果方面提出了具有前瞻性、科学性、现实可操作性的对策建议，一是持续落实"1+25+29+214"一体化作战要求，做到摘帽不摘责任；二是持续稳定兑现各类扶持措施，做到摘帽不摘政策；三是持续落实好"六个一"驻村帮扶机制，做到摘帽不摘帮扶；四是持续开展返贫致贫阻击，做到摘帽不摘监管；对后脱贫时代实现与乡村振兴有效衔接也有启发。

关键词： 脱贫攻坚　菜单选择　两张清单　广元朝天

2014年以来，广元市朝天区深入学习贯彻习近平总书记关于扶贫工作

---

* 王国章、周密、易铭君、孙亮、王维，中共朝天区委宣传部、朝天区扶贫开发局。

的重要论述，聚焦"两不愁三保障"标准，狠下"绣花"功夫，决战贫困顽疾，推动脱贫攻坚取得决定性进展。截至2019年底，全区累计实现64个贫困村退出，24671名贫困人口脱贫，贫困发生率下降至0.01%（见图1）。2019年4月，朝天区经省政府批准退出贫困县序列。

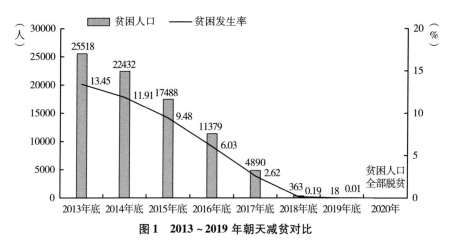

图1　2013~2019年朝天减贫对比

注：2020年数值为估算值。
资料来源：朝天区扶贫开发局。

一　朝天区脱贫攻坚前贫困状况分析

1994年，朝天区经国务院批准，被确定为国家级贫困县区；2012年，被确定为集中连片特殊困难地区县，集国家扶贫开发重点县和片区县为一体，是秦巴山区脱贫攻坚的主战场之一。一直以来，基础差、底子薄、经济总量小、发展不平衡不充分是朝天的基本区情。2013年底，通过精准识别，全区共有64个建档立卡贫困村、7421户25518名贫困人口，贫困发生率为13.45%。贫困状况主要呈现以下特点。

（一）自然条件恶劣

全区山地地貌90%以上，耕地面积仅为辖区面积的10%，坡度在25度

以上的耕地 75% 以上。"山高摔死鸡，水急不养鱼，有马不能骑，有病不能医""上山碰鼻子，下山蹭钩子（屁股）"这些民谣就是对朝天人生存条件恶劣最生动、最直观的写照。

（二）基础设施建设滞后

"相隔两座山，说话听得见，走路要半天，脚下是深渊。"朝天建区时间短，基础条件差，民生问题十分突出，绝大多数贫困人口处于边远山区，且居住分散，基础设施和公共服务建设投入成本高、实施难度大。

（三）自然灾害频发

"地无三尺平，十年九受灾。"受地理条件影响，全区自然灾害发生率高，干旱、洪涝、泥石流、冰雹等自然灾害易发多发。

（四）自我发展能力不足

全区小学以下文化程度人口占比达 50.6%，因病、因残致贫和老年人占比较高，因学致贫现象较为突出，自身造血能力不足，群众发展产业、稳定增收难度较大。

二　朝天脱贫攻坚创新做法

脱贫攻坚，精准是要义，必须坚持从实际出发，因地制宜，厘清思路、完善规划、找准突破口。2014 年以来，朝天区始终坚持因地制宜，将精准施策要求贯穿脱贫攻坚全过程，充分发挥比较优势，探索符合自身特点的脱贫路径，形成了一套山区脱贫奔小康的科学体系。

（一）完善"1＋4＋11＋N"总方略，构建脱贫攻坚政策体系

坚定落实中央、省、市脱贫攻坚决策部署，深入开展调查研究，完善形成了"1＋4＋11＋N"精准扶贫总体方略（"1"，即一个工作目标：2018 年脱贫摘

帽，2020 年全面小康；"4"，即四个指导性意见：《关于打好全面建成小康社会新阶段扶贫开发攻坚战的决定》《扶贫开发实施意见（2011～2020 年)》《创新机制深入推进扶贫攻坚行动实施方案》《精准扶贫精准脱贫总体规划》；"11"，即产业扶贫、新村扶贫等 11 个专项扶贫规划；"N"，即分年度制订脱贫专项计划），制定了符合朝天实际情况的工作方针、制度体系、政策体系。

（二）建立"两张清单"抓脱贫，压实脱贫攻坚政治责任

1.建立责任清单

打赢脱贫攻坚战，组织领导是根本。朝天区充分发挥各级党委总揽全局、协调各方的作用，创新构建了"1 + 25 + 29 + 214"一体化作战体系，即建立 1 个区级战役作战指挥部、25 个乡镇战区作战指挥部、214 个村战场作战指挥部，以及 29 个行业扶贫方面军作战指挥部，全面落实一把手负责制，层层签订军令状，压紧压实攻坚责任，实行全域覆盖、立体布局、无缝衔接、合力攻坚（见图 2)。

2.建立任务清单

区脱贫攻坚指挥部（领导小组）分年度制订脱贫攻坚工作计划、减贫计划，各行业扶贫牵头部门分年度制订扶贫专项实施方案，各帮扶部门对当年计划退出贫困村、计划脱贫贫困户制订脱贫计划，对已退出贫困村、已脱贫户分年度制订巩固提升计划，将脱贫攻坚任务分解到点到人、项目落实到村到户、工期细化到月到天，强力压茬推进。

3.强化精准督战

朝天持续深化扶贫领域腐败和作风问题专项治理，以严实作风、铁的纪律护航脱贫攻坚。全区整合纪委监委机关、巡察机构等 8 股力量，组建全区督战总队、战区督战分队和行业扶贫方面军督战分队，围绕"两张清单"常态化开展督战，盯工作落实、盯项目推进、盯干部作风、盯问题整改。精准发现、精准处置、精准查处、精准曝光、精准运用是朝天区在实践中总结并大力推行的反对扶贫领域形式主义、官僚主义及不精不准、不严不实问题，从严从快追责问责，全面确保脱贫攻坚工作质效的"五步工作法"。

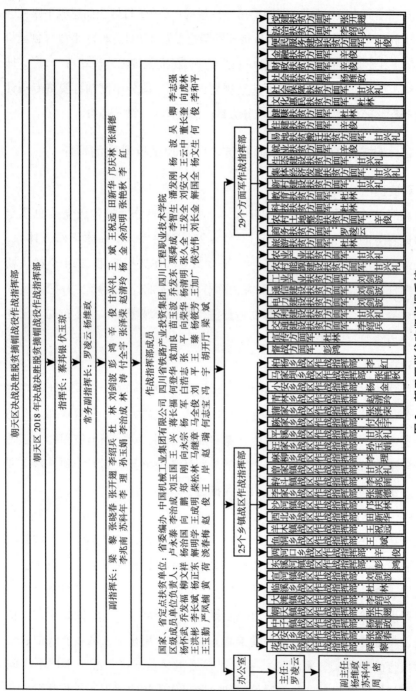

图 2　朝天区脱贫攻坚指挥系统

资料来源：中共朝天区委组织部。

（三）坚持"多措并举"促增收，共圆贫困群众致富梦想

朝天区始终坚持把产业发展和就业增收作为贫困群众高质量脱贫的根本之策，因村因户，精准施策，助力贫困群众走上脱贫致富"快车道"。

1. "三园联动"壮产业

大力发展核桃、蔬菜、畜牧、食用菌、蚕桑以及藤椒、中药材、小水果等"5＋N"农业特色产业，核桃产量连续 11 年稳居全省县区首位。坚持"三园联动"，累计建成区级现代农业园区 10 个（其中创建省三星级园区 1个）、"一村一品"村特色产业园 341 个、户办小庭园 2.2 万余个（其中脱贫增收自强园 6410 个），带动 2 万余名贫困群众依靠产业脱贫增收。

2. "五个促进"稳就业

支持贫困劳动力就业，是促进贫困群众增收最直接见效的办法。朝天区大力实施"3＋5"就业扶贫工程（有培训意愿的贫困劳动者 100%培训，有转移就业意愿的贫困劳动者 100% 转移，有创业意愿的贫困劳动者 100% 帮扶"3 个 100%"，扎实开展技能培训、企业吸纳、转移就业、创业带动、公岗开发"五大行动"），通过精准对接、岗位推送、培训提能、公益保障、创业引领"五个促进"稳就业，累计开展贫困劳动力职业技能培训 3014 人，实现贫困劳动力转移就业 17214 人次，贫困劳动力公益性岗位安置 1378 人次，确保有劳动能力的贫困家庭至少有 1 人实现就业。

3. "农旅文"融合助增收

生态是朝天的名片。2014 年以来，在"绿色牵动"战略指引下，朝天深度挖掘民俗文化、红色文化、康养文化，建成中国农业公园——多彩曾家山等 7 个 A 级景区，明月古道、溶洞石林、草甸飞瀑、彩林层染的天赋资源成为助力脱贫攻坚的宝贵财富。曾家山平均海拔 1400 米，是典型的高寒山区，有"广元小西藏，蜀道亚高原"之称。20 世纪末，有人断定"曾家山要解决温饱问题，除非再造一个太阳"。近年来，朝天区全力推动农旅文融合发展，曾家山连续 4 次入选"中国十大避暑名山"，成功创建为中国农

业公园，实现了华丽蜕变。高标准创建一批旅游示范村、示范户、农家乐、林家乐，全区 9000 余名贫困群众通过旅游扶贫实现增收。

（四）实施"全域新村"夯基础，提升农村公共服务水平

近年来，朝天区把全域新村建设作为推进脱贫奔小康的重要载体之一，坚持"五个全域"，每年启动一片、建成一片、提升一片，连片成带、持续纵深推进。截至 2019 年底，新村建设累计覆盖全区总行政村数的 93%、总农户数的 86.4%。其中，实现了"两个全覆盖"（即实现了全区 64 个贫困村新村建设全覆盖、建卡贫困户新村户办工程建设全覆盖），为全区脱贫摘帽，实现全面小康、实施乡村振兴战略奠定了坚实基础。

1. 完善"1＋N"公共服务体系

结合山区实际，因地制宜，通过建立联合党总支或中心村，将政府公共服务职能逐步向村延伸，214 个行政村均完善了"1＋N"公共服务体系（1个党群公共服务中心，配套完善文化体育、医疗卫生、农资超市、矛盾调解、远程教育等公共服务体系建设），文化室、卫生室实现全覆盖，群众就近就能享受到医疗、文化、金融等多种公共服务，持续提升农村公共服务水平。每到夜幕降临，家住小安乡龙灯村的老人常常围聚在村文化广场，跳跳广场舞，聊聊家常事。随着精准扶贫政策的落实，村民们不仅住上了新房子，精神文化活动也丰富了。

2. 大力推行"强村行动"

创新实施以"强班子、强产业、强基础、强服务、强治理、强改革"为主要内容的"强村行动"，强力推进贫困地区路、水、电、网、通信等基础设施建设，不断夯实贫困地区发展后劲。千百年来，沟壑纵横的深山峡谷，是陈家乡梯子岩村村民通向外界的巨大障碍。"要过梯子岩，小心命来还"是梯子岩村世代相传的谚语。精准扶贫实施后，梯子岩村新建并硬化通村、通组公路 13.5 公里，修建便民桥 1 座，彻底斩断"天梯"，铸就了脱贫奔小康的"天路"。通过持续推进"强村行动"，综合配套交通建设扶贫、水利建设扶贫、电力建设扶贫、信息通信建设扶贫等多项措施，以梯子

岩村为代表的全区 214 个行政村，清泉流进千家万户，明灯点亮每个人的心房，满格的信号更是连通山里山外，昔日穷山沟今朝换新颜。

（五）创新"菜单选择"促搬迁，保障贫困群众住房安全

住房安全有保障是贫困群众脱贫的一项硬指标、硬任务。朝天区立足实际，创新举措，坚决打赢住房安全保障战役。为破解"一方水土养活不了一方人"的困局，创新推行"菜单选择"易地扶贫搬迁模式，制定了灵活安置、科学建管、多渠道增收三张菜单，让贫困群众自由选择、科学建设、综合发展。

1. 灵活安置菜单

灵活安置菜单是指根据贫困群众实际情况，通过分散自建、规模集中、城镇购房、政府兜底等选项进行差异化补助和安置。

2. 科学建管菜单

科学建管菜单是指推行多种建房方式，科学建管，同时优化公共服务设施，提升基础设施配套，高质量改善搬迁区域生活环境。

3. 多渠道增收菜单

多渠道增收菜单是指通过壮大特色产业、推动就业创业、扩大资产收益等方式多元化增收。

4. 菜单效应

2016 年以来，全区共完成易地扶贫搬迁 2625 户 9086 人，建成集中安置点 13 个，逐步实现"搬得出、稳得住、逐步能致富"的总体目标。

"菜单选择"这一模式受到国家、省、市各级肯定，被人民日报三次报道，该经验入选人民日报"大国攻坚·决胜 2020"推荐案例，并在全国作经验交流推广。2017 年，蒲家乡罗圈岩村易地扶贫搬迁安置点迎来了全国扶贫现场会的观摩。

同时，大力推行"1 + 3"危房改造模式（即一个标准，消除危房安全隐患，统一规划、统一建筑风格风貌，提升人居环境；三大机制，多元统筹机制夯实危房改造补助资金保障，阳光运行机制确保补助资金足额兑现到

广元蓝皮书

户，联动监管机制确保危房改造质量安全），4567户贫困群众住房安全得到有效保障。

（六）坚持"综合施策"强保障，兜牢贫困群众民生底线

1.扎实推进教育扶贫

严格落实控辍保学"五长责任制"，全区义务教育阶段适龄儿童入学率、巩固率100%。全面完成义务教育薄弱学校改造工程，成功创建为全国义务教育基本均衡县区。创新形成"国机+朝天"教育扶贫模式，全面落实"三免一补"和学生资助政策，发挥好教育扶贫救助基金的补充作用，实现应助尽助，确保不让一个学生因家庭经济困难而失学辍学。

2.扎实推进健康扶贫

全面落实"两保三救助三基金"、先诊疗后付费、"一站式"报销和家庭医生签约服务等健康扶贫政策。区财政全额代缴了贫困人口参加城乡居民医疗保险个人缴费部分，确保了贫困人口参保率达到100%，贫困人口免费健康体检和家庭医生签约服务率达100%，贫困患者区内住院和慢性病门诊维持治疗医疗费用个人支付占比均控制在9%以内，有效破解了贫困患者"看不上病、看不好病、看不起病"等健康扶贫难题。全区群众"因病致贫、因病返贫"现象得到有效遏制。

3.扎实推进社会保障扶贫

严格落实兜底保障政策，将符合条件的8847名贫困群众、1145名农村特困供养人员纳入低保范围，为16137名城乡困难群众代缴了养老保险，兜底保障质量不断提升，实现了应保尽保。统筹各类保障措施，保障范围进一步扩大，待遇水平稳步提高，服务能力明显提升，广覆盖、保基本、多层次、可持续的社会保障和救助体系逐步形成。

（七）坚持"内外联动"聚合力，构建多方参与大扶贫格局

1."六共行动"添动力，扎实开展驻村帮扶

创新实施共学政策、共谋发展、共解难题、共庆佳节、共树新风、共话

428

感恩"六共"行动，3740 名干部全覆盖结对认亲 7421 户贫困户、结对联系 4 万余户非贫困户，下沉到村到户、倾情真帮实扶，全面落实产业、就业、住房、教育、医疗、社会保障等扶持政策，贫困群众获得感、幸福感显著增强，党群干群关系更加密切，党的执政基础在农村全面夯实。

2."山海结盟"补外力，扎实推进东西部扶贫协作

与浙江省台州市路桥区携手唱响扶贫协作"山海经"，按照"中央要求、朝天所需、路桥所能"原则，坚持党政紧密互动、产业融合发展、劳务精准对接、人才双向支持，扎实推进东西部扶贫协作，初步形成"互利共赢、共同发展"区域协同新路径。累计实施东西部扶贫协作帮扶项目 24个，引进东部企业 11 家，转移劳动力 3591 人次。

3."七进村社"激活力，有效激发贫困群众内生动力

朝天区深入开展文艺演出、文明新风、脱贫攻坚政策宣传、法治宣传、科普宣传、卫生健康、家风家训"七进村社"活动，坚持扶贫同扶志、扶智相结合，大力加强群众感恩奋进教育，提升贫困群众自我发展能力。大力开展"十大最美扶贫人""十佳脱贫示范户"等评先树模活动，蔺丽苹荣获 2019 年全省脱贫攻坚奖，赵清明等 6 人被评为"四川好人"，侯银堂等 2 人入选"感动广元十大人物"，营造了不甘落后、争当模范的浓厚氛围。创新推行"138123"村民积分制管理模式，将积分与集体经济分红、实物兑换、就业推荐、创业扶持、关怀慰问等挂钩，群众主体作用充分激发。

（八）脱贫攻坚主要成果展示

1. 群众收入大幅增长

2019 年，全区农民人均可支配收入达 12882 元、增长 10.9%，是建区时的 54 倍，增速连续 7 年居全市第一（见图 3）。有劳动力的贫困家庭稳定实现"户户有门路、人人能增收"。2013 年以来，朝天区四次荣获全省农民增收工作先进县区称号。

2. 农村面貌焕然一新

全区通村、通组公路硬化率均达 100%，入户路硬化率达 68%。全区乡

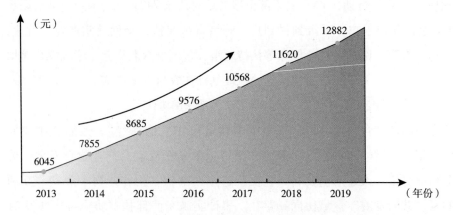

图3　2013～2019年朝天农民年人均可支配收入增长情况

资料来源：朝天区统计局。

镇、村、户新村覆盖率分别达到100%、93%、86.4%；64个贫困村文化室、卫生室、通信网络和25个乡镇中心校、卫生院、便民服务中心100%达标；贫困群众安全饮水、生活用电、广播电视100%达标，义务教育、基本医疗、住房安全得到有效保障。

3. 良俗新风加快形成

朝天64个贫困村全部建立规范的调解室，设立法律服务诊所，所有行政村聘请了村级法律顾问。全区刑事案件明显下降，被评为全国社会治理创新典范区、全国法治宣传教育先进县区、全国信访工作"三无"县区、全省平安建设先进县区。2019年党风廉政建设满意度排名全市第一，平安建设满意度居全省第十、全市第二，群众的幸福感、安全感明显增强。

4. 县域经济跨越发展

坚持脱贫攻坚与县域经济发展同步提升、相融互促。2019年，全区地区生产总值实现64.24亿元，同比增长8.2%，总量是建区时的64倍；八大主要经济指标增速在全市排位取得了"四个第一、两个第二、一个第三、一个第六"，县域经济考核排位在全省重点开发区类别中较2018年上升5位。近年来，先后获得了全省县域经济发展先进县区、全省"三农"工作先进县区等荣誉称号。

三 朝天后脱贫攻坚时代存在的问题与对策建议

（一）问题分析

在脱贫攻坚工作推进中，也存在一些困难与挑战，主要表现在以下几个方面。

1. 脱贫成果巩固难度较大

通过"两不愁三保障"回头看大排查，全区共摸排出边缘户 16 户 48 人和脱贫监测户 28 户 91 人，极易因病因灾致贫返贫。

2. 扶志、扶智还需持续用力

个别贫困群众内生动力激发不够，"等、靠、要"思想依然存在，自我发展能力仍然不足。

3. 帮扶干部扶贫能力有待提升

个别帮扶干部帮扶方式简单，创新不足，帮扶工作未能立足长远。

4. 脱贫攻坚与乡村振兴有机衔接有待加强

如何完善脱贫攻坚与乡村振兴相互支撑、整体联动的体制机制，实现脱贫攻坚与乡村振兴战略有机衔接、协调推进，还需进一步研究探索。

（二）巩固提升的对策建议

如期完成脱贫攻坚目标任务，如期全面建成小康社会，是我们党做出的庄严承诺。全面打赢脱贫攻坚战、全面建成小康社会，必须坚定以习近平总书记关于扶贫工作的重要论述为指导，精准聚焦"两不愁三保障"标准，严格落实"四不摘"要求，多措并举巩固脱贫成果，有效激发贫困群众内生动力，着力推进脱贫攻坚与乡村振兴有效衔接，确保高质量完成脱贫攻坚目标任务，奋力夺取脱贫攻坚战全面胜利。

1. 认真落实"四不摘"要求，坚决夺取脱贫攻坚战全面胜利

打好脱贫攻坚战是实施乡村振兴战略的优先任务。要认真落实"四不

摘"要求,切实巩固脱贫成果,围绕2020年全面打赢脱贫攻坚战、全面建成小康社会目标,保持焦点不散、靶心不变。

(1)持续落实"1+25+29+214"一体化作战要求,做到摘帽不摘责任。实行指挥体系全体作战力量指挥在一线、攻坚在一线,压紧压实战区、行政村战场和行业扶贫方面军指挥长"第一责任人"责任,形成主要领导亲自抓、条块结合全面抓、层层落实真格抓的组织领导和责任落实体系。切实巩固"党政一把手负总责、三级书记一起抓"工作格局,扎实开展遍访贫困对象行动,及时发现问题、解决问题。

(2)持续稳定兑现各类扶持措施,做到摘帽不摘政策。因地制宜发展"5+N"特色产业,持续完善益贫带贫机制,创新扶贫产品销售体系,搞好消费扶贫,助力贫困群众持续增收。针对性开展就业培训,通过东西部扶贫协作、定向招工等措施促进转移就业,通过生产奖补、以工代赈、公益性岗位、扶贫车间等措施促进就近就地就业,让贫困群众获得稳定收益,切实增强"造血"功能。稳定落实教育、医疗、社会保障等扶持政策,及时兑现到村到户到人,保证扶持政策的延续性,确保已脱贫群众稳定脱贫、逐步致富。

(3)持续落实好"六个一"驻村帮扶机制,做到摘帽不摘帮扶。结合乡镇行政区划和村级建制调整改革,全面调整优化帮扶任务、帮扶力量,保持帮扶力量稳定,做到帮扶队伍不散、帮扶力度不减。全面加强帮扶干部日常管理,常态化开展督查督办,确保帮扶干部下沉到村到户,精准施策,切实提升帮扶实效。要坚持严管与厚爱相结合,严格落实各类保障政策,加强关怀激励,激发全体帮扶干部干事创业热情。

(4)持续开展返贫致贫阻击,做到摘帽不摘监管。继续坚持精准督战、宣讲、问题整改、责任落实和绩效考评、激励约束"五大机制",全力保障脱贫攻坚高质量推进。认真落实防止返贫致贫预警阻击机制,扎实开展动态监测评估,对脱贫监测户、边缘户、临时困难户,逐一确定返贫致贫风险等级、建立管理台账、制订针对性阻击措施、压实帮扶责任,及时开展"回头帮",坚决防止返贫、遏制新贫。

2. 坚持综合施策，充分激发贫困群众内生动力

坚持扶贫与扶志、扶智相结合，充分激发贫困群众的积极性和主动性，使脱贫具有可持续的内生动力。

（1）加强教育引导。深入开展"六共行动"和"七进村社"活动，持续加强感恩奋进教育，激发贫困群众不等不靠、自力更生改变贫困面貌的干劲和决心。持续开展"示范脱贫户""致富能手"等先进评选活动，用身边人身边事示范引领，让贫困群众学有榜样、行有示范、赶有标杆。推广"138123"村民积分制管理模式，营造脱贫光荣、勤劳致富的良好氛围。

（2）提升发展能力。办好"农民夜校"，引导贫困群众学文化、学政策、学法律、学技术。采取灵活多样的方式，精准培训、按需提能，加强贫困群众对核桃管护、生猪养殖、农村电商、经营管理等实用技术培训，大力实施"农村家庭能人培养计划"，提高贫困群众自我发展能力。抓实教育扶贫，加强控辍保学，稳定落实各类救助政策，阻断贫困代际传递。

（3）改变帮扶方式。健全群众参与机制，采用以奖代补、劳务补助、以工代赈等方法，把帮扶资金转化为产业投入、劳动报酬、公益岗位补贴，组织引导贫困群众在住房、基础设施建设和产业发展、公共服务等方面广泛参与，提倡"多干多支持""多劳多得"。

（4）推进移风易俗。坚持自治、德治、法治相结合，大力开展移风易俗活动，发挥村民议事会、道德评议会、红白理事会等自治组织和村规民约的作用，加强婚丧大操大办、子女不赡养老人、对政策不满足、消极被动、信访突出等问题治理，推动形成文明和谐乡风。引导贫困群众加强环境卫生整治，养成好习惯、形成好风气。

3. 着力强基提能，切实提升干部实战能力

要加强帮扶干部培训，加强基层组织建设，加强扶贫领域腐败和作风问题专项治理，培育一支懂扶贫、会帮扶、作风硬的扶贫干部队伍。

（1）抓实干部培训。通过集中授课、现场观摩、交流学习等方式，加

强对第一书记、驻村工作队员、帮扶责任人及乡村干部的培训，既让他们掌握精准脱贫方法论，改变简单的帮扶方式，提高扶贫政策运用、转化和落实能力，扶到点上、扶到根上，又让他们理解乡村振兴战略总要求，改变思想观念，立足长远抓帮扶，带领贫困群众稳定脱贫、逐步致富。

（2）强化基层基础。深入推进抓党建促脱贫攻坚，实施基层党建质量提升工程，推进城乡党建结对共建，持续整顿软弱涣散基层党组织，提升基层组织战斗力。壮大村组后备干部队伍，鼓励大学生、退伍军人、在外务工经商人员、本村致富带头人等本土人才返乡担任村干部。每年开展乡村党组织书记集中轮训，提高政策落实能力、带领贫困群众脱贫奔小康本领，着力打造一支留得住、能战斗、带不走的乡村干部人才队伍。

（3）深化作风建设。要把全面从严治党要求贯穿脱贫攻坚工作全过程和各环节，持续深化扶贫领域腐败和作风问题专项治理，精准发力，坚决整治脱贫攻坚工作中存在的松劲懈怠、苦熬厌战现象和形式主义、官僚主义、不严不实、不精不准问题。要持续抓好精准督战，通过督战推动脱贫攻坚责任、政策、工作全面落实。要开展常态化约谈，随时发现问题，及时开展约谈，限时进行整改。要切实抓好"三盯""三公开"工作，确保扶贫资金安全使用，充分发挥最大效益。

4. 注重工作统筹，促进脱贫攻坚与乡村振兴有效衔接

2020年后的一段时期内，是两大战略有效衔接的过渡期。由于刚脱贫，产业基础都还相对薄弱，要以巩固脱贫成效为重点，坚持好的经验做法不动摇，全面落实乡村振兴战略"1＋4＋N"政策体系，大力实施"三大行动""七大工程"，推进脱贫攻坚与乡村振兴战略同频共振，确保稳步实现农业强、农村美、农民富。

（1）在工作体系上实现同频共振。充分借鉴脱贫攻坚成功经验，延续一体化作战要求，压紧压实党政"一把手"责任，及时研究出台责任落实、组织领导、工作过程、结果考核等方面的实施细则。转化利用脱贫攻坚"1＋4＋11＋N"精准扶贫总体方略的成功经验，延续"两张清单"促

落实、"三位一体"聚合力、"五大机制"保运行等典型做法，在责任不变、力度不减、队伍不散的同时，在方法、措施上实现从精准到共享、从特惠到普惠、从管理到服务的转变。

（2）在制度机制上实现同频共振。坚持深入调研，认真研究制定后扶贫时期相关扶贫政策，确保已脱贫人口不返贫。持续完善提升精准扶贫精准脱贫政策体系，在一段时期内保持政策的延续性，确保贫困人口持续稳定脱贫，坚决遏制新贫。强化扶贫项目统筹完善，对项目中需要延续和升级的内容进行科学分析研判，并纳入乡村振兴的项目规划中。科学制定考核评价机制，在乡村振兴初期充分借鉴在脱贫攻坚过程中形成的科学的考核评价体系，在此基础上逐步形成一套科学合理的阶段性考核评价指标体系。

（3）在投入保障上实现同频共振。资金投入是决胜脱贫奔小康、实施乡村振兴战略的基本保障。面对"吃饭财政"的区情实际，要始终坚持"多个渠道引水、一个龙头放水"的理念，继续运行"涉农投入统筹整合、金融投入财政撬动、社会投入政府激励"体系，发挥财政资金最大效益，不断拓宽资金筹措渠道，切实保障巩固提升脱贫成果与乡村振兴资金需求。一是加强资金"统筹整合"，科学完善资金统筹整合使用方案，把精准扶贫、公共事业发展和涉农资金等投入统筹起来，做到"应整尽整"，确保整合资金发挥最大效益。二是加强资金"杠杆作用"，借鉴并创新脱贫攻坚资金筹措方式，通过以奖代补、贴息、担保等方式，发挥财政资金的引领撬动作用，引导金融和社会资本更多地投向扶贫和乡村振兴事业。

参考文献

《习近平扶贫论述摘编》，中央文献出版社，2018。

中共中央、国务院：《关于打赢脱贫攻坚战三年行动的指导意见》，2018年6月15日，国务院扶贫开发领导小组办公室网站，http：//www. cpad. gov. cn/art/2018/8/20/art_ 46_ 88282. html。

中共四川省委、四川省人民政府：《关于打赢脱贫攻坚战三年行动的实施意见》，2018 年 8 月 31 日，四川省人民政府网站，http：//www. sc. gov. cn/10462/10464/10797/2018/11/1/10461954. shtml。

社会科学文献出版社

皮 书

智库报告的主要形式
同一主题智库报告的聚合

❖ 皮书定义 ❖

皮书是对中国与世界发展状况和热点问题进行年度监测,以专业的角度、专家的视野和实证研究方法,针对某一领域或区域现状与发展态势展开分析和预测,具备前沿性、原创性、实证性、连续性、时效性等特点的公开出版物,由一系列权威研究报告组成。

❖ 皮书作者 ❖

皮书系列报告作者以国内外一流研究机构、知名高校等重点智库的研究人员为主,多为相关领域一流专家学者,他们的观点代表了当下学界对中国与世界的现实和未来最高水平的解读与分析。截至2020年,皮书研创机构有近千家,报告作者累计超过7万人。

❖ 皮书荣誉 ❖

皮书系列已成为社会科学文献出版社的著名图书品牌和中国社会科学院的知名学术品牌。2016年皮书系列正式列入"十三五"国家重点出版规划项目;2013~2020年,重点皮书列入中国社会科学院承担的国家哲学社会科学创新工程项目。

中国皮书网

（网址：www.pishu.cn）

发布皮书研创资讯，传播皮书精彩内容
引领皮书出版潮流，打造皮书服务平台

栏目设置

◆ **关于皮书**

何谓皮书、皮书分类、皮书大事记、
皮书荣誉、皮书出版第一人、皮书编辑部

◆ **最新资讯**

通知公告、新闻动态、媒体聚焦、
网站专题、视频直播、下载专区

◆ **皮书研创**

皮书规范、皮书选题、皮书出版、
皮书研究、研创团队

◆ **皮书评奖评价**

指标体系、皮书评价、皮书评奖

◆ **互动专区**

皮书说、社科数托邦、皮书微博、留言板

所获荣誉

◆ 2008 年、2011 年、2014 年，中国皮书
网均在全国新闻出版业网站荣誉评选中
获得"最具商业价值网站"称号；
◆ 2012 年,获得"出版业网站百强"称号。

网库合一

2014年，中国皮书网与皮书数据库端口
合一，实现资源共享。

权威报告·一手数据·特色资源

皮书数据库
ANNUAL REPORT(YEARBOOK)
DATABASE

分析解读当下中国发展变迁的高端智库平台

所获荣誉

- 2019年，入围国家新闻出版署数字出版精品遴选推荐计划项目
- 2016年，入选"'十三五'国家重点电子出版物出版规划骨干工程"
- 2015年，荣获"搜索中国正能量 点赞2015""创新中国科技创新奖"
- 2013年，荣获"中国出版政府奖·网络出版物奖"提名奖
- 连续多年荣获中国数字出版博览会"数字出版·优秀品牌"奖

成为会员

通过网址www.pishu.com.cn访问皮书数据库网站或下载皮书数据库APP，进行手机号码验证或邮箱验证即可成为皮书数据库会员。

会员福利

- 已注册用户购书后可免费获赠100元皮书数据库充值卡。刮开充值卡涂层获取充值密码，登录并进入"会员中心"—"在线充值"—"充值卡充值"，充值成功即可购买和查看数据库内容。
- 会员福利最终解释权归社会科学文献出版社所有。

数据库服务热线：400-008-6695
数据库服务QQ：2475522410
数据库服务邮箱：database@ssap.cn
图书销售热线：010-59367070/7028
图书服务QQ：1265056568
图书服务邮箱：duzhe@ssap.cn

社会科学文献出版社 皮书系列
SOCIAL SCIENCES ACADEMIC PRESS (CHINA)

卡号：831248525121
密码：

中国社会发展数据库（下设12个子库）

　　整合国内外中国社会发展研究成果，汇聚独家统计数据、深度分析报告，涉及社会、人口、政治、教育、法律等12个领域，为了解中国社会发展动态、跟踪社会核心热点、分析社会发展趋势提供一站式资源搜索和数据服务。

中国经济发展数据库（下设12个子库）

　　围绕国内外中国经济发展主题研究报告、学术资讯、基础数据等资料构建，内容涵盖宏观经济、农业经济、工业经济、产业经济等12个重点经济领域，为实时掌控经济运行态势、把握经济发展规律、洞察经济形势、进行经济决策提供参考和依据。

中国行业发展数据库（下设17个子库）

　　以中国国民经济行业分类为依据，覆盖金融业、旅游、医疗卫生、交通运输、能源矿产等100多个行业，跟踪分析国民经济相关行业市场运行状况和政策导向，汇集行业发展前沿资讯，为投资、从业及各种经济决策提供理论基础和实践指导。

中国区域发展数据库（下设6个子库）

　　对中国特定区域内的经济、社会、文化等领域现状与发展情况进行深度分析和预测，研究层级至县及县以下行政区，涉及地区、区域经济体、城市、农村等不同维度，为地方经济社会宏观态势研究、发展经验研究、案例分析提供数据服务。

中国文化传媒数据库（下设18个子库）

　　汇聚文化传媒领域专家观点、热点资讯，梳理国内外中国文化发展相关学术研究成果、一手统计数据，涵盖文化产业、新闻传播、电影娱乐、文学艺术、群众文化等18个重点研究领域。为文化传媒研究提供相关数据、研究报告和综合分析服务。

世界经济与国际关系数据库（下设6个子库）

　　立足"皮书系列"世界经济、国际关系相关学术资源，整合世界经济、国际政治、世界文化与科技、全球性问题、国际组织与国际法、区域研究6大领域研究成果，为世界经济与国际关系研究提供全方位数据分析，为决策和形势研判提供参考。

法律声明